城厢年鉴

YEARBOOK OF CHENGXIANG 2021

中共莆田市城厢区委党史和地方志研究室　编

方志出版社
Publishing House of Local Records

图书在版编目（CIP）数据

城厢年鉴. 2021 / 中共莆田市城厢区委党史和地方志研究室编.—北京 : 方志出版社, 2021.12
ISBN 978-7-5144-5192-4

Ⅰ. ①城… Ⅱ. ①中… Ⅲ. ①区（城市）－莆田－2021－年鉴 Ⅳ. ①Z525.74

中国版本图书馆CIP数据核字（2021）第275601号

责任编辑：王娜
责任校对：刘玉霞
责任印制：梅中英
出 版 者：方志出版社
地　　址：北京市朝阳区潘家园东里9号（国家方志馆4层）
邮　　编：100021
网　　址：http://www.zgfzcb.cn
发　　行：方志出版社图书营销中心（010-67110500）
印　　刷：福建名彩印刷有限公司
开　　本：889毫米×1194毫米　1/16
印　　张：23
字　　数：618千字
版　　次：2021年12月第1版
印　　次：2021年12月第1次印刷
定　　价：280.00元

《城厢年鉴》编辑部

编辑说明

一、《城厢年鉴（2021）》以马克思列宁主义、毛泽东思想、邓小平理论、“三个代表”重要思想、科学发展观、习近平新时代中国特色社会主义思想为指导，坚持辩证唯物主义和历史唯物主义的立场、观点和方法，全面、客观、翔实、系统地记载2020年城厢区政治、经济、文化、社会、生态等方面的基本情况，突出反映各行各业、各条战线的新发展、新成就、新经验。

二、《城厢年鉴（2021）》原则上记载城厢区2020年度资料，记事时限为2020年1月1日至2020年12月31日。年鉴内容分为三大版块，卷首设图片、专记、大事记、区情概览；内文（主体部分）以概况、职能、工作条目、综合记事条目及年度动态等各类条目为主要信息和基本撰稿内容；卷末设人物 名录、附录等。

三、本年鉴框架设计上采用类目、分目、条目三级结构，除特载、专记收录综合性文章外，内文（主体部分）采用综合年鉴规范性记述，以条目为基本单元和主要表现形式。

四、《城厢年鉴（2021）》采用记述体为主兼具说明体，文字、标点符号、计量单位均以国家现行规范为准。附录等部分内容基于习惯，保留使用计量单位“亩”“公里”“公斤”。文中“省”“全省”均指福建省，“市”“全市”均指莆田市，“区”“全区”均指城厢区,除“民主党派”部分外，凡简称“党员”均指中国共产党党员。

五、《城厢年鉴（2021）》所有资料均由各有关单位提供并审核，作者署名。相关统计数据，均以区统计局公布统计资料为准，统计局统计范围之外的数据，由各主管部门提供。由于统计口径不同，个别数据在不同条目中不尽相同，使用时请注意出处。

六、《城厢年鉴（2021）》配备双重检索系统，正文前刊有目录，书后配有索引。索引采用主题分类法，款目按汉语拼音字母顺序排列。

12 月 30 日，莆田市城厢区第九届人民代表大会第五次会议召开　　（陈建国 摄）

12 月 29 日，中国人民政治协商会议第八届莆田市城厢区委员会第五次会议召开　　（陈德胜 摄）

8 月 20 日，千年古陂木兰陂

4 月 26 日，城厢区后花园天马晴岚

（许金珊 摄）

（许金珊 摄）

8 月 7 日，城厢城北新颜

（许金珊 摄）

5月15日，在建中的木兰大道华亭段　　（蔡昊 摄）

5月16日，在建中的福厦客专城厢段　　（蔡昊 摄）

7月10日，在建中的下黄顶墩片区　　（蔡新添 摄）

7月20日，在建中的坂头东片区　　（蔡新添 摄）

8月13日，修建中的灵华线灵川云庄村段道路涵洞　　（路刚 摄）

2 月 13 日，福建才子集团（东海镇厂区）防护服生产车间（易振环 摄）

4 月 30 日，城厢区常太镇举办首届“云上枇杷文化节”，区长吴文恩（左）走进直播间（易振环 摄）

5 月 15 日，莆田三利谱光电科技有限公司工人作业中（蔡昊 摄）

5 月 15 日，溢通环保科技（莆田）有限公司工人作业中　　（蔡昊 摄）

7 月 21 日，自动收割机在东海镇的田间地头作业　　（易振环 摄）

2020 年，莆田市力奴鞋业有限公司工人作业中　　（易振环 摄）

1 月 1 日，“健康莆田·报效桑梓”系列活动第四站——省级医师团大型义诊活动举行　（许金珊 摄）

1 月 6 日，筱塘幼儿园新园启用（许金珊 摄）

1 月 14 日，2020 年莆台家庭教育论坛在筱塘小学举行　（许金珊 摄）

6 月 30 日，城厢实幼滨溪园区 2020 年首届大班毕业典礼举行 （许金珊 摄）

7 月 10 日，在建中的泗华小学 （蔡新添 摄）

8 月 24 日，2020 年福建省中学英语学科教研员研修班开班仪式举行 （许金珊 摄）

9 月 1 日，下黄小学新校区投入使用　（许金珊　摄）

9 月 7 日，九华学校首届新生军训　（许金珊　摄）

12 月 15 日，城厢区教育系统党委到常太镇洋边村、岭下村举行主题党日活动
（许金珊　摄）

目录

专记

大事记

区情概览

自然资源管理

生态环境

中共莆田市城厢区委员会

莆田市城厢区人民代表大会

莆田市城厢区人民政府

政协莆田市城厢区委员会

纪检　监察

民主党派　工商联

群众团体

法 治

军　事

应急管理

经济管理

市场监督

财政 税务

金融 保险

城乡建设与管理

农业 农村

工业 商贸

交　通

教　育

科技　气象

文化　旅游

卫生　体育

社会民生

镇（街道）

人物 名录

附 录

索 引

木兰溪生态文明建设实践

2020 年，城厢区继续坚持以习近平新时代中国特色社会主义思想为指导，深入贯彻落实习近平生态文明思想和木兰溪治理重要理念，以推进水生态文明建设为总揽，以水生态保护与修复为重点，以示范工程和重点项目为抓手，以“幸福河湖”创建为契机，加快推进“六水共治”“木兰溪水环境治理”，持续实施“河长制”“湖长制”，统筹做好水生态保护修复、水环境治理。

一、坚持工作创新，机制升级

一是建立网格联动机制。利用莆田河长助手 App、建立“河长微信群”、设置视频监控探头，在镇街（除常太镇外）各村居交界断面共设置 100 个监测点，通过落实“四个有”（有专管员、有保洁人员、有督查长、有河道警长），依托“三张网”（河长巡河 App 网、治安探头监控网、环境水质监测网）、“两队伍”（专管员队伍、志愿者队伍），推进全区河务监管网格化。二是建立督查整改机制。深入实施“一河一清单、一周一督查”机制，区河长办不定期对木兰溪及周边支流开展督查，着重找问题、找短板，并以督办单形式发送至各单位限期整改。2020 年，区级开展巡查 196 次，发现问题 201 处，下发整改通知 105 件，发现问题已基本整改完成。三是建立河长督办机制。各级河长坚持问题导向，深入河湖一线巡河护河，现场找问题、促整改，对全区每条河流进行“把脉问诊”，积极探索河流治理“良方”。四是建立民间河长机制。探索在莆田十二中、城厢逸夫小学等校园设立民间河长，带动社会力量参与监督治水工作，使全社会自觉参与到河长制和保护生态环境工作中来。五是建立“幸福河湖”创建机制。申报延寿溪、长岭溪为首批区级“幸福河湖”创建示范点，通过抓示范带全面，推动全区“幸福河湖”创建深入开展。以提升“三率一感”（群众知晓率、群众参与率、群众满意率、群众幸福感）为抓手，通过各种形式载体宣传引导群众积极参与。

二、坚持综合整治，行动升级

（一）深化木兰溪流域水葫芦集中清理专项行动

2020 年 4 月 7 日至 17 日，在木兰溪流域范围内开展水葫芦集中清理专项行动，出动人员 2196 人次，设备 35 台次，清理水葫芦 1.86 万吨，恢复水域面积 4.65 万平方米。同时，4 月 30 日与第三方签订合同，由专业化队伍实施打捞，形成日常保洁机制，并将河道水葫芦清理保洁工作经费列入区年度财政预算。

（二）深化黑臭水体专项整治

实施龙桥溪水质提升工程，对龙桥溪暗渠及明渠段进行清淤，同时加固驳岸，在河床底部铺设鹅卵石，模拟天然河床状态；实施下磨溪水质提升工程，对文献小学段建设引水涵洞，加快该段水流循环能力，完善周边停车场及景观。据省生态环境厅2018年至2020年每季度水质检测，城厢区两条黑臭水体均合格。同时，市住建局每月水质检测通报，下磨溪全年水质情况总排名全市第一，龙桥溪全年水质情况总排名全市第二。

（三）深化饮用水源地保护专项整治

综合整治生活垃圾污水污染、农业面源污染、畜禽水产养殖污染，重点抓好东圳库区水环境综合治理，5座小水电站严格实施最小生态下泄流量整改；加强农业面源污染管控治理，全区完成测土配方施肥技术推广12.07万亩次，其中木兰溪流域7.86万亩次，常太镇3.68万亩次；完成统防统治8.5万亩次，绿色防控27.5万亩次，其中木兰溪流域统防统治2.93万亩次，绿色防控11.2万亩次，常太镇统防统治面积1.86万亩次，绿色防控面积7.20万亩次；完成造林绿化4038亩、森林抚育6696亩、封山育林7125亩。

（四）深化“清四乱”专项整治

结合城厢区河流沟道实际情况和管理现状，以“四乱”问题清查整治为抓手，制定《城厢区河湖“清四乱”专项行动工作方案》《关于进一步推进河湖“清四乱”工作的通知》，对全区范围内河湖管理保护突出问题逐河逐项、分组分片地毯式全面排查，对发现问题及时建立问题隐患和整改销号台账。当年内清理占用河道建筑300平方米，清理河道（河岸）种植约3000平方米，清理倾倒垃圾渣土50立方米，清理占用河道水域滩地50平方米。同时，对河道突出问题直接采集、挂号、登记，以督办单方式通报镇（街）整改，活动开展以来清查摸底“四乱”问题31个，已全部清理到位。并对2019年市委专项巡察反馈的41处乱占河道问题继续督促整改，已全部整改到位。

（五）深化畜禽养殖专项整治

严格落实畜禽养殖污染防治长效管理机制，突出监管和规范排污，实行不定期督查，共组织督查31次、涉及96个村次，其中：木兰溪流域督查18次、涉及65个村次；常太督查10次、涉及40个村次，发出整改函2份，完成整治2起，有力遏制畜禽反弹复养。加强对已审批（或备案）畜禽规模养殖场违法违规行为查处力度，实行半月一督查、一月一监测，严厉拆除超规模养殖、超范围养殖、擅自闲置污染防治设施、无证排污、违法设置排污口等环境违法行为；对存在废水偷排或超标排放的，一律依法责令关闭。

（六）深化工业企业专项防治

完善涉污企业在线监管机制，全程跟踪木兰溪沿线天怡屠宰场等9家重点企业排污情况，一旦发现违规排污行为，坚决依法从重处理。同时，开展“清水蓝天”“利剑斩污”等专项执法行动，严厉打击无证排污、超标排污、偷排漏排、私设暗管等处置废水的典型违法行为。2020年以来，执法行政立案处罚共35件，处罚金额约33.1万元，实施查封扣押9件。其中：木兰溪汇水流域立案处罚32件，处罚金额21.1万元。

（七）深化生活垃圾专项治理

城区方面，将下磨溪等城区河道水面保洁一并纳入城市综合管理范围，三个街道专职保洁队伍对辖区河道进行每日8小时巡查保洁，据不完全统计，2020年1—12月，河面河岸共督查整改问题1543个，清理垃圾量4.09吨。农村方面，围绕“清洁家园、清洁水源、清洁沿线”等治理范围，结合开展农村生活垃圾治理、村庄清洁行动季度战役、木兰溪流域沿线整治和东圳水库水源保护行动、滨海大道沿线等整治，促进农村人居环境不断改善。健全区、镇（街道）、村（居）三级环卫保洁管理体制，坚持定期清扫和日常保洁相结合，共清理农村生活垃圾约3.93万吨，实现日产日清，无害化处理率100%。

（八）成效

一是木兰溪水环境治理成效突出。以木兰溪全流域系统治理专项巡察整改为契机，强化木兰溪流域水环境治理，在全市木兰溪流域水环境治理七项指标考评中，连续三个月名列前茅。

二是“幸福河湖”创建成效突出。坚持以提升“三率一感”为抓手，通过短信群发、微宣传等形式，广泛征求群众意见建议，引导发动群众积极参与幸福河湖创建，不断提升创建水平。

三是农村污水治理成效突出。区委书记王文才和区长吴文恩亲自策划9次在华亭镇召开现场会，总结推广华亭镇农村污水治理建设模式，全市唯一（县区）实现农村污水收集全覆盖、全收集、全处理，得到市委、市政府高度肯定，在全市进行推广，兄弟单位多次参观学习。

四是黑臭水体治理成效突出。据省生态环境厅每季度水质检测及市住建局每月检测通报，下磨溪全年总排名全市第一，龙桥溪全年总排名全市第二。

五是河长制工作成效突出。代表莆田市接受省河长办检查，并得到检查组的充分肯定。

六是节水工作成效突出。成功创建2020年国家级节水型社会建设达标县。

城厢区水利局　蔡夏夏

城厢区抗击新冠肺炎疫情专记

2020年，新型冠状病毒感染的肺炎疫情（以下简称新冠肺炎疫情）突袭而至，区委、区政府始终严格落实属地责任，坚定不移贯彻落实习近平总书记关于应对新冠肺炎疫情的一系列重要讲话和指示批示精神，认真贯彻落实党中央、国务院和省市有关疫情防控要求，切实把疫情防控工作作为当前压倒一切的重要政治任务，外防输入、内防扩散，全力以赴做好疫情防控各项工作，毫不懈怠抓紧、抓实、抓细常态化疫情防控工作。

一、非常之时，群防群治、联防联控

（一）建立组织保障体系

疫情发生后，特别是全省启动公共卫生事件一级应急响应后，第一时间升格区疫情防控工作领导小组，成立由区委、区政府主要领导为指挥长的应对疫情防控工作指挥部，建立24小时值班、集中办公、信息联络员、督导检查、零报告日报告等工作机制，各镇（街道）、园区建立相应的工作机制，确保做到形势第一时间研判，指令第一时间下达，问题第一时间解决。指挥部总指挥长、区委区政府主要领导靠前一线指挥，多次深入社区（村居）、学校、企业、医疗机构、公共场所等检查指导疫情防控工作，定期召开指挥部例会、区委常委会、区政府常务会议等，分析研判，解决具体困难问题，全面调度综合协调、摸排管控、疫情防控、医疗救治、环境整治、舆论宣传、督导检查等工作小组。统筹调配疫情防控力量向社区（村）居下沉，通过成立临时党支部、党员先锋队、志愿服务队、劳务协作工作站等，将区直机关、镇街（园区）党员干部压到村居、企业、学校等防控一线，充分发挥党员干部先锋模范作用；整合社区（村居）党员干部、人大代表、政协委员、志愿者等人员力量，进一步落细落实精准防控措施。

（二）四个层面摸排管控到位

疫情紧急状态下，区级层面，组织各行业主管部门提早对在我区务工或工作的有风险区域流动人员春节返乡情况进行摸排，并督促企事业单位、生产经营单位加强内部人员管控。重点紧盯 2 个高速出入口、国省道重要路段，设立定点卡口，24 小时人员值班值守，对所有车辆消毒消杀，所有外来人员逐人进行健康管理登记、测量体温，按照登记信息落实管控措施。镇街层面，充分发挥基层党组织战斗堡垒和党员干部先锋模范作用，全面调动镇村干部、公安民警、网格员等力量，利用大数据实行网格化筛查、地毯式动态排查。村级层面，对全区 121 个村（居）的主要通道口实行管控，通过专人把守，严格控制村民走亲访友，非本村（社区）人员车辆一律禁止进入，本村人员非必要不得外出。社区层面，所有小区（含酒店式公寓）、写字楼、办公楼一律实行封闭式管理（开放式小区由社区协同楼房、门卫负责），外来人员和车辆一律不得进入小区；所有出租房房东及房屋中介机构一律暂停出租，对已租住的建立租赁人员健康管理档案，确保全覆盖。非涉及居民生活必需的公共场所一律关闭，农贸市场、超市、药店等场所合理安排营业时间，定期消杀，进入人员一律测量体温、佩戴口罩。

（三）抓好社会引导管控

一是实施严格公众聚集活动管控，面向全区范围先后发布通知、通告，落实行业主管部门责任，加强对人群密集场所和活动的管制，实行最大限度减少公众聚集性活动的管制措施，立即停止存在明显交叉感染风险的公众聚集性活动，最大限度减少人群聚集传播风险。通过工作人员上门宣传、发放宣传单、悬挂宣传标语、派遣宣传车、村居广播（大喇叭）等各种方式，每天不间断宣传。二是市场监督管理，发改、市场监督管理等部门保障商品供应，平抑物价、防止哄抢。组织专门力量，坚决打击恶意囤货、故意哄抬物价等扰乱市场秩序行为，确保市场供应顺畅有序。严格对禽鸟类、野生动物市场的监督检查，关停活禽鸟类及野生动物交易，严厉打击非法贩运、交易，确保野生动物和农贸市场管控措施落实到位。三是舆论宣传引导，及时发布疫情信息，按照规范渠道第一时间如实上报辖区最新情况；利用“今日城厢”等新媒体公众号，积极回应社会关切；针对社会上的一些不实、负面言论，及时发布辟谣信息，严厉打击造谣行为，确保宣传舆论引导措施落实到位。

（四）严把医学观察“管理关”

全区各级各类医疗机构严格落实预检分诊制度，全面落实发热门诊病人的信息登记、上报制度，同时广泛发动群众反映疫情相关线索，确保第一时间发现、第一时间处置、第一时间管控。集中医学观察方面，安排区镇村领导干部、公安民警、医护、消毒消杀等人员驻点，实施最严格的管理措施。严格落实好单人单间隔离，对每天生活物资需求提前收集、统一配发；严格落实好体温测量、通风透气、个人卫生等规范医学观察流程，做好心理健康疏导、健康档案管理，一旦发现有症状者，及时转运定点医院；严格落实好消毒消杀、垃圾处理等重点环节，指定专业消杀人员负责隔离场所和物品消毒消杀，指定专人定时分类收集处理生活医疗垃圾。居家医学观察方面，发动周边群众监督举报，在重要路段部位安装视频监控，加大移动宣传车巡逻、干部巡查力度，严格重点人员管控，对群众每天生活物资需求提前收集，由镇街统一配发。通过车载喇叭、村广播系统、干部上门不间断宣传、分发一封信、一份倡议书、一份居家隔离注意事项等方式，要求在家人隔人，严格实行分居制、分餐制，正确佩戴好口罩，落实好通风透气、个人卫生、体温检测、消毒消杀、垃圾收集等隔离规范措施。落实好健康信息卡管理，密切跟踪居家生活动态和轨迹，护好村（社区）、家庭和个人三道隔离防线，坚决守住疫情扩散关。

（五）整治环境卫生

消毒消杀方面，组建专业消毒消杀队伍，按照属地责任，每天对各自辖区范围内企业、开放式小区、农贸市场、村庄、道路等早晚消毒；组织全区 60 家物业服务管理企业，对 88 个小区的楼道、电梯、垃圾箱等重点公共部位进行预防消毒。垃圾清理方面，生活垃圾，创新疫区、集中医学观察点处理模式，抽调9名环卫工人，组建2支环境卫生突击分队，分别配备1辆运输车辆（采用密闭自动卸料车型）、1部工具车（用于搭载环卫工人），每接收一个点位垃圾后，对垃圾包装袋、工作人员及车辆消毒半个小时后，再清运至指定垃圾处理厂进行处理，做到“户收集、定时投、专人收、专车运、日产日清”，该做法得到市级肯定并在全市推广。医疗垃圾，建立危废管理台账和转移联单制度，严格实行专人专车回收，实行单独标记、分类贮存、定时收集，由专业公司统一处置，防止二次污染。

（六）调度应急防疫物资

应急防疫物资调度上，通过各种资源和渠道，积极联系国内外厂家，由区工信局牵头，统一协调采购口罩、防护服、一次性医用防护服、红外体温计等各类防控物资。整合辖区资源，鼓励有条件的企业转型生产防护服、口罩等医用物资产品；发动社会各界捐赠，接收海内外各界捐赠资金、各类物资。同时，建立防疫应急物资储备库，每天收集汇总供需计划，及时对接调配。市场供应上，采取有针对性措施，全力以赴保障市场供应，全区粮食、生猪、蛋、禽、蔬菜等生活必需品均供应正常，价格总体平稳。我区救灾物资储备库累计调拨帐篷、羽绒服、太空被等物资389件（套）、87466.5元，用于支持开展疫情防控工作。

二、夯实四方责任，健全完善组织保障体系

一是健全指挥体系。在领导不变、组织不变、机制不变的前提下，区指挥部抽调卫健、教育、公安、交通、工信、文旅、商务、市场监管、外办等部门人员组建区疫情防控工作专班及其办公室，定期召开例会，分析、研判、解决防控各阶段存在问题；建立健全24小时值班、信息联络等工作机制，及时上情下达、下情上传，统筹安排全区疫情防控工作，做到统一指挥、统一协调、统一调度，确保各项部署决策及时落实到位。二是压实各方责任。制定完善疫情常态化防控责任清单，由区委、区政府各分管领导、挂钩镇街道（园区）统筹负责所分管的部门、挂钩的镇街（园区）疫情防控工作，经常蹲点检查督导，及时指出存在问题和薄弱环节，及时督促落实整改到位。强化各级各部门、园区等属地、部门、单位、个人等四方责任，严格落实主要责任人亲自抓工作机制，加强镇街、园区及部门间协调联动，切实做好推进疫情防控和经济社会发展工作。同时，区督导检查组分为4个小组，根据各阶段防控工作的责任要求、重点环节、重点对象、重点场所等，不间断对各镇街道、园区、村居及区直各企业事业单位、各公共场所等落实疫情常态化防控工作进行巡查巡检，及时通报提醒，严格责任问责，推进疫情防控各项措施及时落实到位。充分发挥社区（村居）党支部战斗堡垒作用，健全完善“党建+”疫情常态化防控平台。

三、抓紧抓实重点对象，健全完善闭环管控机制。

（一）国内中高风险地区人员摸排管控

制定出台《关于进一步做好“外防输入”工作的通知》等文件，加强人员宣传、排查、登记、管控等全流程管理，实时更新国内高中风险地区，按照常住人口、流动人口和重点人员等分类管理，依托大数据平台，由区委政法委、区公安警务中心、卫健等部门人员组成工作专班，精准推送至各镇街、园区、村居，加强信息核实查验。同时，强化落实属地责任，压实社区（村居）防控主体责任，应用“大数据+网格化”工作平台，全面调动镇街村居包片干部、网格员、老协会、党员志愿者等队伍，通过广泛宣传、通知公告、有奖举报、楼幢清查等多形式、多渠道、全方位加强对各类信息、各类人群的排查登记、信息比对、分类对接、健康管理等，确保精准摸排到位，确保常态化防控不放空、不留漏洞。

（二）境外人员摸排管控

一是由侨务、外事等部门，联合商会、联合会等，及时掌握海外乡亲归国人员的动态，发出告知书、倡议书等，做好相关人员稳在当地工作。二是统筹大数据及侨务、基层干部、公安民警、网格员等力量，开展全面摸排管控。对境外已入区人员，第一时间逐一上门排查，重点核查是否从境外中转入境，核清其姓名、身份证号、护照证件、入区时间等，及时纳入管理，并做好身体健康状况监测跟踪，确保重点人员排查监测横向到边、纵向到底。三是重点防范非法入境风险，构建立体化巡逻防控体系，由区公安分局与海警、海事等部门协作配合，组织民警、村居干部、网格员以及群发群治队伍等强化岸线巡逻，充分应用海防视频、无人机等开展不间断巡查，筑牢海陆空坚实防线；加强渔船、渔民走访摸排，严格日常动态管理和信息登记备案，严防发生船舶参与或被用于偷（私）渡等违法犯罪行为；广泛宣传防疫管理规定、出入境管理法律政策以及有奖举报制度，形成人人参与的浓厚氛围。四是做好境外返莆人员“点对点”接送闭环管理，从区直相关部门抽调责任心强、作风扎实的干部成立接送专班，专门负责境外从福州、厦门、晋江等三个机场返莆人员对接工作，对拟境外返莆人员的信息逐一进行核实，严把居家医学观察条件关。对符合条件人员，由市前线指挥部统一安排车辆送达莆田黄石高速路口，由区专班人员对接移交镇街，由镇街干部专人专车“点对点”送到境外返莆人员家中继续居家医学观察 7 天，并按规定严格落实相关防控措施。

（三）加强哨点监测预警

区卫健、市场监管、民政、公安等进一步加强对辖区内医疗机构、重点单位、社区（村居）、流动人口、零售药店等监测预警，落实退热止咳信息登记制度，做好辖区药店疫情防控摸排，发挥药店疫情防控的“前哨”作用。

四、紧盯重点环节，推进精准防控

（一）严格社区和物业小区防控

规范社区、村居及物业小区日常防控，投入资金 1251 万元，用于各镇街开放式小区封闭设施建设。强化物业小区出入管理，在出入口设置检测点，落实“健康码”查看、体温检测、信息登记等常态化管理机制；在电梯、地下停车场所等人群密集或空气流动性差的场所，张贴提醒告示，提醒群众自觉全程佩戴口罩，提高自我防护意识。印发《今冬明春新冠肺炎疫情个人防护措施指引》，各镇街、园区分发至社区、村居及物业小区，引导群众增强防控意识，养成戴口罩、勤洗手、常通风、不聚集、一米线等良好的生活和卫生习惯。

（二）严格医疗机构防控

通过健康宝、微信公众号等，推广分时段预约诊疗、预防接种。严格医院发热门诊管理，按照规范要求独立设置，规划独立通道，并安排医护人员实时引导。规范预检分诊设置，安排专业医生与护士对就诊患者进行分诊，所有进入医疗机构就诊的患者及其家属全程科学佩戴口罩，查看健康码、测量体温，询问症状与流行病学史，并按规定进行登记分流；对可疑人员，立即安排进入隔离室并转送定点医疗机构进一步排查。严格做好入（住）院患者及探视和陪护管理，落实核酸检测，严格活动区域和路线，最大限度减少病区人员聚集。

（三）严格校园防控工作

一是有序推进复学复课，在开学前全面摸排、厘清每一位师生的假期去向及身体健康状况，做到底数清、情况明。组织模拟应急演练，完善复学复课管理预案、应急处置预案等，区教育局、疾控中心联合开展学前督导评估工作，围绕中小学、幼儿园复学复课等，组织开展疫情防控培训会。建立健全复学复课“点对点”协作和校情处置机制，安排抽调医护人员组成复学复课疫情防控服务队，按照每个中学配备一医一护、小学和幼儿园属地划片配备医护人员的原则，分别对接辖区内 155 所学校，切实做好校园防控工作。二是严格校园管理，校外无关人员一律不准进校。定期开展对校门口、食堂、厕所、教室、宿舍等重点区域、重点岗位、重点环节的巡查，发现潜在风险并及时通报和督促整改。做好校园内教室、食堂、宿舍、图书馆等学生重要聚集场所和洗手间、洗漱间的保洁和消毒，加强物体的表面清洁消毒。三是严格健康管理，严格执行“日报告”“零报告”制度，逐日登记全区全体教职员工和学生的健康情况管理，建立健康状况台账；落实教职员工和重点学生人群核酸检测“应检尽检”。

（四）严格公共场所防控工作

一是按照“谁主管、谁审批、谁负责”的原则，对公共场所进行责任细化，全面分解细化公共场所行业主管部门监管责任，全面落实镇街、村居属地责任及机关企业等用人单位的主体责任，对照《全国不同风险地区企事业单位复工复产疫情防控措施指南》《新冠疫情流行期间办公场所和公共场所空调通风系统运行管理指南》等相关公共场所防控指南，组织指导做好园区、场站码头、公共交通工具、宾馆、商超、楼宇、食堂等公共场所的空气流通、日常清洁、消毒等相关防护管理，落实公共场所的常态化防控，织密织牢公共场所防控网。多途径发布健康提示、宣传教育，引导公众减少非必要的聚集性活动，减少参加聚集性活动的人员，自觉保持1米以上社交距离。

（五）严格重点机构、重点人群防控

高度重视重点机构、重点人群的常态化防控，组织公安、民政、卫健等部门，切实加强对养老机构、福利院、监所、精神卫生机构等风险防范排查，严格落实人员进出管理、人员健康监测、消毒等措施，严防输入性疫情和内部疾病传播。组织卫健、民政、残联、妇联等及镇街、村居等资源力量，通过家庭医生走访、基本公共卫生服务、青年志愿者帮扶、社区上门慰问关怀等，切实指导、帮助做好辖区内老年人、儿童、孕产妇、残疾人、严重慢性病患者等重点人员的个人防护、健康管理，做到常态化疫情防控和关怀关爱措施双到位。

五、落实落细核酸检测，提升核酸检测能力

（一）重点人群“应检尽检”

对中高风险地区入莆人员、密切接触者、境外入莆人员、发热门诊患者、入（住）院患者及陪护人员、医疗机构工作人员、学校教职员工、公共场所服务人员和社会福利养老机构工作人员等重点人群，全面落实行业主管部门监管责任、镇街村居属地责任、用人单位主体责任，做到应检尽检。

（二）行业人员“适时抽检”

组织开展银行工作人员、母婴服务人员、物业安保人员、各类公共交通从业人员、社区疫情防控工作人员和志愿者等7类人员适时抽检和其他4类场所（城市污水、公厕、商超、酒店餐饮场所）的外环境监测。

（三）提升区内核酸检测能力。制定下发《核酸检测采样流程》，以村（社区）为单位共计安排130处核酸采样点。由区财政安排专项资金，城厢区医院、疾控中心基因扩增（PCR）实验室建成投用。辖区内现有4家核酸检测机构（4家分别区医院、区疾控中心、安泰医学检验实验室、博奥医学检验实验室，不含莆田市第一医院），核酸检测日检测量9000人份，预期日最大检测量13000人份（不含莆田市第一医院）。

六、盯紧盯牢冷链防控，健全完善人物同防机制

（一）明确责任分工

制定《进口冷链食品新冠肺炎疫情防控部门责任工作要求》，对涉及进口冷链食品的市场监督、商务、工信、交通、交警、农业农村、卫健等部门职责及属地镇街、园区的责任要求进行再明确、再具体、再分工，努力做到各司其职、协同推进。

（二）全面排查检测

围绕运输、贮存、流通、市场、零售等一条线，对辖区内冷链运输车辆、食品生产经营企业、市场、商超、餐饮企业、冷冻冷藏库房等进行全面摸底排查，全面登记造册，建立健全冷链食品台账。严格推进涉及进口冷链食品一条线从业人员、食品、外环境、内外包装等核酸检测工作。

（三）落实防控措施

围绕全批次核酸检测、全过程溯源监管、全过程闭环消毒、全员核酸检测、全面健康宣教的责任要求，举办冷链食品生产经营者责任约谈会，统一印制分发《食品进货查验登记台账》《食品销售登记台账》《冷藏冷冻库温度监测记录台账》《环境卫生消毒记录台账》《防控消毒技术指南》《防控疫情责任告知书》等资料，全面与生产经营单位签订《疫情防控承诺书》，指导、督促冷链食品经营单位建立实名制从业人员台账，落实进货查验、索证索票制度以及销售登记等食品追溯制度，督促落实环境、设施设备及冷链食品全面预防性消毒措施。

七、有力有序复工复产，加快经济发展

（一）政策先行上

结合区情实际，进一步细化省市有关文件精神，先后出台了加强疫情科学防控有序推进企业项目复工复产6条补充措施和扎实做好“六稳”工作13条措施等惠企助企政策，对生产防疫物资、开工复工和达产增效等企业项目，分节点、分行业予以政策支持。出台对企业交通及包车费用、复工返岗补贴等支出实行到岗一次性综合奖励等相关政策，制定工业企业、三产企业及项目复工复产工作流程图，帮助企业更快更好复工复产。

（二）力量全压上

第一时间调整充实区防控新冠肺炎疫情和推进企业项目复工复产工作指挥部，增设政策保障、用工保障、金融保障3个小组；同时，实行区领导挂钩服务责任制和区政府分管领导牵头制，组建8支复工复产党员志愿服务队、7支企业复工复产服务队、16支企业复工复产疫情防控医学随访服务队入驻华林、太湖、东朱等园区，推动人员下沉、资源下沉、服务下沉、责任下沉，从人员力量上服务保障企业疫情防控和复工复产。

（三）服务紧跟上

推行一线工作法，坚持问题导向，区四套班子领导、行业主管部门、镇街、园区深入重点项目和企业一线，切实帮助协调解决复工复产面临的紧迫问题。采取“点对点”接驳、开展网络用工招聘、通过劳务协作工作站外省（市）招聘等方式帮助企业解决用工难、返岗难等问题，已为企业办理“点对点”包机、包车业务；通过协调银行转（续）贷、延长还款期限、暂不抽贷、压贷、断贷、推荐政策性银行小额信贷支持等，帮助重点企业化解信贷风险，推荐企业预对接融资，缓解企业融资困难；成立口罩调度工作组，协调解决企业口罩、红外体温枪等防疫物资需求，助力企业复工复产。

八、统筹安排疫苗接种，建立人群免疫屏障

扎实做好疫苗紧急接种，根据疫情防控总体形势及不同人群暴露风险和实际需求，按照各级统一部署，组织制定新冠病毒疫苗接种方案、应急处置方案和技术方案等，开展应急救治演练，确保疫苗接种安全、有序进行；综合考虑新冠病毒疫苗接种要求、医疗救治等综合因素，确定城厢区医院为定点接种单位，凤凰山街道社区卫生服务中心为备用接种点。组织各行业主管部门对重点人群进行调查摸底，确定意愿接种对象，按照自愿知情的原则，做好受种者接种前身体状况筛查，先期予以接种。

九、巩固防控成果，做好应对疫情准备

（一）备足医疗物资储备

制定《城厢区疫情防控医疗物资保障组工作流程》《城厢区疫情防控常态化重要医疗物资保供工作应急预案》等文件，严格落实物资储备更新、设备检测维护和应急调运准备工作，动态掌握需要更新物资储备的品种、数量、期限和性能状态。我区区属医疗卫生单位已储备口罩、医用连体防护服、隔离衣及防雾护目镜、鞋套、医用帽子、酒精等防护物资，基本满足满负荷运转30天；同时，按照采购流程进一步采购有关物资，充实物资储备。

（二）建立医疗技术保障队伍

已组建26支156名核酸检测采样人员，各基层医疗机构均具备核酸检测采样能力；成立一支区级疫情防控专家队，共含10名疫情防控专家；建立流调人才储备库共3队36名流调人才，各镇（街道）配备至少一组流调行动小组共7组25名，各村（社区）按照3—5名标准配备协查员共计515名；组建区级消杀专业队伍共15名，各村（社区）按照3～5名标准配备消杀人员495名。组织开展覆盖疾控机构、医疗机构、基层医疗卫生机构的全员大培训。

（三）备用集中医学观察场所

根据我区常住人口数，已对接并签约壶兰大酒店（161 间）、唯尚商务酒店（50 间）、兰逸精品酒店（82 间）、宜尚酒店（100 间）作为集中医学观察备用点，共计 393 间；足额预留集中医学观察点所需医务人员、社区工作人员、公安干警、后勤服务人员。

十、开展爱卫运动，推进环境整治

（一）开展以“防疫有我　爱卫同行”为主题的第 32 个爱国卫生月活动

活动月期间，共制作横幅标语 160 条，印发各种宣传资料 3.3 多万份，努力营造社会关心、支持和参与爱国卫生运动舆论氛围，进一步提升全区居民的卫生健康意识。各镇（街道）积极发动群众投工投劳 1900 余人次，全面清扫沿线路面、清理阴沟暗渠、清除室内外、路面、背街小巷、卫生死角，以及“四害”滋生场所积存的垃圾、杂草、污水、污物等，城乡环境卫生面貌得到明显改观。

（二）开展农贸市场环境卫生专项整治

落实“一日一清洗、一周一消毒、一月一休市”制度，整治市场内及周边区域的杂物、垃圾等环境卫生脏乱差等问题，彻底清除卫生死角及“四害”滋生场所。完善市场内公厕的洗手、冲水的设施，开展蹲位、便器、地面、墙壁的清洁工作，保持良好的卫生状况。共整治农贸市场 19 个，参加整治活动 5950 人次，整治市场卫生死角 511 处，开展卫生消杀 456 次，开展卫生消杀面积 15.796 万平方米。组织禽类“白条”上市，野生动物贩卖专项整治 81 次，针对经营者和从业人员的健康教育宣传 197 次，宣传普及人数 5446 人，集中整治取得了较好的成效。

（三）开展城乡统一除“四害”活动

在全区范围内全面开展“城乡环境卫生综合整治+清除四害”为主要内容的爱国卫生活动，采取以环境治理为主，化学、物理等手段为辅的综合防制措施，共开展三轮大规模城乡统一除四害施药活动，累计投放灭鼠药 3.1 吨、杀虫剂原药 3.9 吨、蟑螂药 10.2 万包，消杀面积 91.25 平方公里，蚊媒密度由灭前 3.6% 下降到灭后 2.5%。制订完善《2020 年城厢区登革热媒介伊蚊监测方案》，以自然村为单位，做到 4 个镇 3 个街道全覆盖开展监测工作，及时掌握四害种群变化及其活动消长态势和滋生环境，为科学用药、有效用药，提高防治效果提供科学依据。

十一、普及防疫知识，倡导健康生活

（一）突出主流媒体引领作用

在《今日城厢》新媒体平台开设《抗击疫情》《重要通告》等专栏，及时准确宣传中央、省、市相关部署，第一时间报道全区疫情和防治、处置等防控情况，发布权威信息，最大限度将广大群众统一到抗击疫情的战线上。“今日城厢”微信公众号申请为白名单，实现一天内多次转载刊发，刊播相关新闻 3000 余篇，浏览量超 2800 万次。

（二）扩大社会宣传覆盖范围

在村居主干道主要路口、小区门口悬挂气拱门横幅，发放告知书，制作普通话和莆仙方言视频和音频，发挥好农村广播“村村响”、流动宣传车和乡村“大喇叭”的作用，做到 120 个村（居）微型消防车、流动宣传车、乡村大喇叭全覆盖不间断。充分发动全区各镇（街道）、各单位整合酒店、商场、超市、沿街店铺、大型 LED 屏等公共媒体资源，持续滚动播放防控宣语、视频，依托微信群、朋友圈、横幅、告知书、流动宣传车等线上线下方式积极转发宣传防控措施、防范知识等，共张贴宣传标语、广告等 3 万多份，LED 屏滚动 10 万余次，进企业宣传 1.2 万余次。

（三）普及健康文明生活方式

着重宣传医疗卫生、生活习惯相关科普知识，开展多种形式的身体健康、心理健康等知识普及活动，印制《新型冠状病毒感染的肺炎公众防护指南》5000 册，印发《今冬明春新冠肺炎疫情个人防护措施指引》5 万份，制作抖音、美篇等宣传作品 100 多个，积极倡导公众养成“一米线”、“勤洗手”、戴口罩、用公筷、少聚集、不扎堆等卫生习惯和生活方式。

城厢区卫健局　林　丽

同心抗疫

2月10日，抗疫志愿者对返乡人员登记归类安置 （许金珊 摄）

2月10日，抗疫志愿者在龙桥街道下磨社区卡口值班 （许金珊 摄）

3月4日，医务人员在常太镇金川村进行入户体温检测 （许金珊 摄）

3月27日，城厢区慈善总会接收爱心企业捐赠的防护服 （易振环 摄）

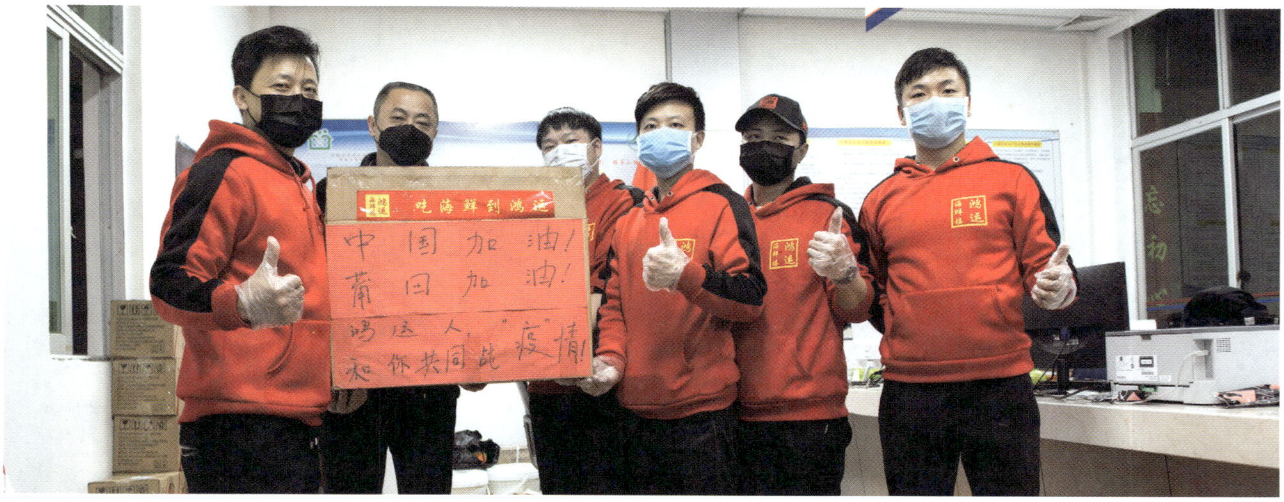

2月13日，餐馆工作人员为抗疫志愿者免费送餐 （许金珊 摄）

复工复学

2 月 20 日，太湖园区复工　　（易振环 摄）

2 月 27 日，区交通局组织客运车辆“点对点”运输帮助企业职工复工复产　　（路刚 摄）

4 月 7 日，莆田三中高三毕业班复学　　（许金珊 摄）

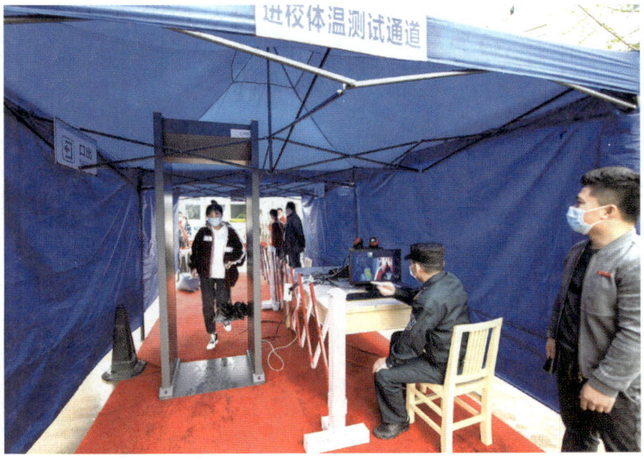

4 月 7 日复学后，城厢区各中小学和幼儿园设置进校体温测试通道　　（许金珊 摄）

4 月 19 日，莆田文献中学九年级学生复学　　（许金珊 摄）

5 月 11 日，饮食业复工　　（易振环 摄）

大事记

1 月

6 日，区科技局深入振兴旅游、协顺鞋业等 7 家企业开展科技计划项目执行情况检查工作。

7 日，区教育局在逸夫实验小学五楼会议室召开全区校外培训机构消防安全专题会议。

7 日上午，城厢区交通局召开 2019 年城厢区寄递物流安全管理工作年度联席会议。

8 日，区科技局对云林名优“‘早钟 6 号’枇杷省力化高效栽培技术研究与示范推广”项目进行验收。

9 日，区委宣传部联合区直 21 家单位，在灵川镇桂山村举行城厢区文化、科技、卫生“三下乡”集中服务活动，为当地群众送去科技文化图书、疾病预防和卫生知识，并举办现场义诊、写春联等多项活动。

9 日上午，城厢区召开全区规范生产经营活动促进企业健康发展验收工作会议。

10 日上午，在区政府三楼小会议室召开关于中医院征迁补偿问题会议，霞林街道等参加。

10 日上午，城厢区在区政府三楼小会议室召开关于研究荔景小学征迁问题会议，霞林街道等参加。

10 日，团区委携手区妇联在东海中心小学开展 2020 年城厢区“把爱带回家”寒假特别行动。

10 日，城厢区第 23 期中青年干部培训班在区人武部五层会议室举行结业典礼，区委副书记、党校校长郑松青出席并讲话。

10 日，区法院在万达广场开展“莆田市城厢区 2020 年春运道路安全启动日”交通安全宣传活动。

10 日下午，在区委六楼一号会议室城厢区召开突出开放招商强化项目带动务虚会，区委书记王文才主持。

15 日，城厢区科技局对东南艺术的“水性无污染印花技术的研究”项目进行验收。

16 日，区妇联与区总工会、团区委开展“春运志愿行 温暖回家路”把爱带回家系列活动，为踏上春运之旅的旅客提供各种服务。

17 日下午，城厢区在区机关三层大会议室召开“不忘初心、牢记使命”主题教育总结大会，区委书记王文才主持。

20 日上午，区委书记王文才带领区应急局、区消防大队等部门主要领导先后到快乐农庄公安检查站、中石化华亭加油站、液化天然气（LNG）气化混气灌瓶站、万达广场等处检查节日市场供应和安全生产工作。

27 日，召开城厢区环卫处疫情防控工作紧急会议，传达上级疫情防控指示，部署环卫系统抗疫任务。

27 日上午，区委书记王文才、区长吴文恩带领区卫健局、区疾控中心、区医院等部门主要负责人到常太镇督导检查疫情防控工作。区领导吴建銮、杨碧静、林一虎陪同。

28日，城厢区教育局召开新型冠状病毒感染的肺炎疫情防控工作推进会，会议传达1月27日晚省、市新型冠状病毒感染的肺炎疫情防控工作紧急电视电话会议和城厢区新型冠状病毒感染的肺炎疫情防控工作会议精神，通报城厢区疫情防控情况，并安排部署教育系统疫情防控工作。

29日上午，区委书记王文才带领区卫健局、区医院、区疾控中心主要领导先后到华亭镇后塘村、华林经济开发区督导疫情防控工作。区领导郑松青、陆建琪、张伟国、陈丽萍陪同。

30日下午，区委书记王文才带领区卫健局、区疾控中心、区医院等部门主要负责同志先后到灵川镇太湖村、凤凰山公园、永辉超市、希尔顿酒店、常太镇溪南村、金川村督导疫情防控工作情况。区领导陈庆王等陪同。

31日，城厢区召开疫情防控心理咨询热线志愿服务工作座谈会。会议指出，新型冠状病毒感染的肺炎疫情处于关键时期，参与心理热线服务的25位教师要坚定信心、暖心上线、周到服务，减轻疫情对大众心理的干扰及可能造成的心理伤害，促进社会和谐稳定。

31日上午，区委书记王文才带领区卫健局、区信访局、区疾控中心、区医院等部门主要负责同志到常太镇金川村督导疫情防控工作情况。区领导吴建銮、杨碧静、林一虎陪同。

下午，区委书记王文才带领区卫健局、区医院主要领导督导疫情防控情况，并先后察看霞林街道星际皇庭宾馆、龙桥街道小天鹅宾馆、凤凰山街道丘比特酒店等医学观察点。各街道挂钩区领导分别陪同。

1月，城厢区妇联与爱心企业携手开展“把爱带回家”慰问活动，慰问困难家庭46户，发放慰问金和慰问品计10万元。

2月

1日上午，在区机关三层大会议室，组织收听收看市应对新型冠状病毒感染的肺炎疫情工作指挥部第八次会议，随后召开区应对疫情工作指挥部会议。

下午，区委书记王文才带队到各镇（街道）随机抽查疫情防控工作情况，区领导陆建琪陪同。

晚上，在区机关三层大会议室，收听收看省委视频会议，研究疫情防控医用物资生产保障工作。

2日上午，区委书记王文才带队先后到凤凰山街道南门社区外贸小区、东方国际大酒店督导疫情防控工作。区领导黄美光、黄光明、黄斌华、林一虎、陈丽萍陪同。

下午，区委书记王文才带领区卫健局、区疾控中心、区医院主要领导，并邀请市疾控中心专家到常太镇金川村督导疫情防控工作。区领导吴建銮、杨碧静、莫彩华陪同。

3日下午，区委书记王文才带领区工信局等部门主要负责人，先后到东海镇才子服饰有限公司、华林经济开发区督导疫情防控工作情况。区领导张伟国陪同。

4日上午，市委书记刘建洋带队到常太镇金川村调研疫情防控工作。区领导王文才、杨碧静、莫彩华、林一虎等陪同调研。市里一行返程后，区委书记王文才继续察看并作工作部署。

晚上，区委书记王文才带领区卫健局、区医院、区疾控中心、区环卫处主要领导先后到东方国际大酒店、壶兰大酒店、南方大酒店督导疫情防控工作。区领导郑松青、黄光明、林少敏、郭国辉、陈丽萍陪同。

5日，城厢区妇联主席谢芳菁到城厢区医院慰问抗击疫情的医护人员，送去生活物资约1万元，表达对一线抗疫医务工作者的关爱和敬意。

6日上午，在区委六楼一号会议室，区委书记王文才主持召开疫情防控工作督查汇报会。区领导郑松青、余丽红、陆建琪，区纪委监委、区委组织部分管领导，各督察小组组长参加会议。

7日上午，在区委六楼一号会议室，区委书记王文才主持召开社区疫情防控工作专题会议。

区领导郑松青、谢长征，区住建局、区城管执法局主要领导，龙桥街道、霞林街道、凤凰山街道党工委书记参加会议。

8日上午，市委常委、市纪委书记、监委主任吴立新，深入常太镇金川村金竹坑自然村、九龙谷等集中医学观察点，看望慰问奋战在疫情防控第一线的工作人员，为集中医学观察群众送去党的关怀和温暖。区领导王文才、余丽红全程参加，吴建銮、杨碧静、莫彩华分别在点上参加。

8日起，区法院组织58名党员干警深入辖区各街道（园区）配合做好疫情防控各项工作。

9日上午，国务院应对新型冠状病毒感染的肺炎疫情联防联控机制指导组到莆田指导，并先后到华亭镇五云村、后塘村指导村居防控工作，到区医院现场指导基层医院防控工作。市领导李建辉、陈惠黔，区领导王文才、郑松青陪同。

下午区委书记王文才带队到各镇（街道）随机抽查小区疫情防控工作情况，区领导谢长征陪同。

10日上午，国务院应对新型冠状病毒感染的肺炎疫情联防联控机制指导组到莆田指导，并到壶兰大酒店医学观察点指导。市领导李建辉、陈惠黔、黄玉明，区领导王文才、吴文恩、林少敏陪同。

随后，区委书记王文才带队到华林经济开发区先后察看复茂食品、力奴鞋业复工及疫情防控情况以及华亭镇疫情防控情况。区领导陆建琪、张伟国分别在点上陪同。

下午，在区机关三层大会议室，收听收看省、市疫情防控视频会议，区领导王文才、吴文恩、郑松青、张伟国、陈丽萍以及相关区直单位主要领导参加。

11日上午，区委书记王文才带领7个镇（街道）及有关部门主要负责人，先后到龙桥街道太平社区及东方国际大酒店医学观察点，召开疫情防控工作现场会。区领导郑松青、黄光明、林少敏、谢长征、郭国辉、陈国忠等参加。

12日上午，区委书记王文才主持召开会议，听取摸排新冠肺炎疫情管控情况汇报。区领导郑松青、陈庆王、黄斌华、陈朝辉，区委政法委俞学军、黄永国，区卫健局陈清汉等参加会议。

同日，市纪委书记吴立新到南方大酒店督导疫情防控工作，区领导王文才、谢长征、郭国辉陪同。

13日下午，区委书记王文才带领区工信局、卫健局、医院、疾控中心等有关部门主要负责人，到太湖园区、灵川镇、东海镇，走访调研部分企业复工复产进度，督导疫情防控措施落实情况。区领导施清芳全程陪同，陈洪武、陈庆王、郑尚庆分别在点上陪同。其间，陪同市委书记刘建洋赴才子服饰调研。

15日下午，区委书记王文才带领区工信局、区卫健局、区疾控中心等部门主要负责人，先后到台富食品、三威鞋业、荔城纸业、唯尚酒店督导疫情防控及复工复产工作。区领导张伟国陪同。

16日下午，组织收听收看全省有关企业和项目复工复产工作视频会议。

18日下午，在区机关三层大会议室，区委书记王文才主持召开区科学防控疫情及推进企业项目复工复产工作会议。区四套班子领导，各镇（街道）党政主要领导，华林经济开发区负责人，太湖工业园主任以及相关区直部门主要领导参加会议。

18日，城厢区住建局组建志愿者帮扶小组积极为复工复产企业协调口罩等防疫物资。

18日，区委常委、组织部部长、区总工会主席陆建琪带队到南方酒店隔离点、灵川镇卫生院以及才子服饰、嘉裕华、亚明、力奴、郭氏等，走访慰问防控一线医护人员和重点物资保障企业复工复产职工，深入了解企业复工复产情况，并送去慰问金及防疫物资，共计39.55万元。

20日晚上，在区防汛指挥部视频会议室，区委书记王文才主持召开区科学应对疫情及复工复产工作视频会议，各镇(街道)、园区设分会场。

21日，城厢区教育局举行校外培训机构疫情防控工作加温会暨业务培训会，传达国务院教育督导委员会办公室关于“严禁任何校外培训机构近期以任何形式开展线下培训”的紧急预警精神以及省教育厅关于疫情防控期间校外培训机构重申监督管理的要求，签署《城厢区校外培训机构落实新型冠状病毒感染肺炎疫情防控责任状》，具体布置校外培训机构教职工健康信息排查、防控物资筹备和场所消毒消杀等重点工作。

24日上午，区委书记王文才带队随机走访园区、镇（街道），督导检查疫情防控和复工复产工作。先后察看祥冠鞋业、星冠鞋业、霞皋村部、霞皋村出租民房、塘里小区、顶前小区等。区领导陆建琪、张伟国陪同。

26日上午，市委书记刘建洋带队到华林经济开发区、太湖工业园调研复工复产及园区建设工作，市领导沈伯麟、陈志强，区领导王文才、张伟国陪同。

28日上午，市委书记刘建洋带队察看木兰大道三期工程，区领导王文才、陆建琪陪同调研。

28日，区法院率先制定全市首个《关于充分发挥审判职能作用为疫情防控和企业复工复产提供司法服务保障的若干意见》。

2月，抗疫期间，团区委组建由30余名心理专业青年组成的线上心理咨询青年突击队；组织100余名志愿者到社区开展信息登记、体温测量、社区巡逻等志愿服务工作，志愿服务时长1000多小时。

2月，城厢区总工会开展关心关爱疫情防控一线医护人员，发放慰问金6万元，并走访慰问区医院赴湖北医疗救援队员林某清家属，送慰问金2000元。

3月

2日上午，市委书记刘建洋带队调研城市更新工作，并先后察看龙德井片区、沟头片区，市领导沈伯麟、郑瑞锦、林素琼，区领导王文才、肖志雄、黄美光陪同调研。

随后，在区机关三层大会议室，收听收看全省疫情防控工作视频会议。

4日上午，市委书记刘建洋、市长李建辉带队调研“两高”沿线环境综合整治工作，市领导沈伯麟、郑瑞锦，区领导王文才、谢长征陪同调研。

5日，区法院与区妇联联合出台《城厢区人民法院 城厢区妇女联合会关于建立家事调查员、调解员、联络员工作机制的联合意见》。

6日，城厢区委常委、组织部部长陆建琪，市妇联副主席郑丽萍，区妇联主席谢芳菁分别深入区医院、区疾控中心、区卫生消杀站、灵川卫生院、常太派出所、华林经济开发区和部分村（社区），送上鲜花和慰问品，看望慰问奋战在疫情防控一线的基层女医护人员、女民警、女社区工作者、区派党员先锋队女队员、基层妇联干部。

8日上午，市委书记刘建洋带队到集中观察点检查疫情防控和安全生产工作，并先后察看启迪温泉酒店、唯尚酒店、星际皇庭酒店等，区领导王文才陪同。

随后，区委书记王文才带队督导疫情防控、复工复产及安全生产等工作，并先后察看融创雅筑、嘉辉光电、昌德食品、华亭镇精神病院等处，区领导郑松青、张伟国陪同。

9日下午，在区机关三层大会议室，收听收看全省安全隐患大排查视频会议。

10日下午，在区委六楼一号会议室，区委书记王文才主持召开听取沟头片区规划设计汇报会议。

11日下午，区委书记王文才带领区住建局、区应急局等部门主要负责人，调研精准脱贫及房屋建筑安全工作，并先后到常太镇长基村察看枇杷园项目、龙桥街道融侨碧桂园铂玥府察看建筑安全、龙桥街道大唐广场原家乐福超市察看房屋安全。区领导杨碧静、莫彩华在点上陪同。

11日，区行政服务中心深入太湖园区协调对接复工复产惠企政策落实事宜。

12日，城厢区教育局在六楼会议室举行城厢区春季延期开学期间学校安全暨线上教学工作视频会议，深入分析当前教育系统疫情防控形势，具体部署校园安全工作，强调推进全区学校线上教学工作。

12日下午，区委书记王文才带队到东海镇、霞林街道，调研督导疫情防控、安全生产和复工复产等经济社会发展各项工作。区领导陈洪武、陆建琪、肖志雄等分别在点上陪同。

14日下午，在区机关三层大会议室，收听收看全市房屋隐患排查有关工作视频会议。

14日，全区宣传、组织、统战工作会议召开。

18日下午，在区机关三层大会议室，收听收看全省重大项目视频连线集中开工活动和全省、全市安全隐患大排查大整治工作暨统筹疫情防控和复工复产视频会议。

18日下午，全省党校（行政学院）校（院）长会议召开，会议以视频形式召开。

19日下午，在区政府三楼小会议室召开城厢区钟潭片区土地征收碰头及荔景小学用地推进会，霞林街道等参加。

20日，区法院举行“抗‘疫’逆行者”平安归来欢迎仪式。

20日上午，市委书记刘建洋、市长李建辉带队开展木兰溪全流域系统治理工作调研暨“河长日”活动，并先后察看木兰溪园头桥国控断面水质情况及霞皋沟黑臭水体情况。市领导傅冬阳、沈伯麟、吴健明、郑瑞锦，区领导王文才、肖志雄、谢长征陪同。

21日下午，在区机关三层大会议室，收听、收看全省视频会议，深入研究应对输入性风险防控策略和政策举措，落实外防输入重点任务。

22日上午，区委书记王文才带队督导疫情防控工作，并先后察看南方大酒店、壶兰大酒店集中医学观察点。区领导郑松青、林一虎、陈丽萍全程陪同，林晋居、郑尚庆分别在点上陪同。

23日下午，收听收看全省精准脱贫视频会。

23日，区行政服务中心联合市中心深入华林经济开发区开展重点项目沟通协调。

25日，城厢区生活垃圾分类减量体验馆完成建设并投入使用，在全市率先探索有害垃圾兑换激励措施。

25日上午，市委书记刘建洋带队调研政法工作，并先后察看霞林社区警务工作站、莆田市（城厢区）大调解中心。市领导李飞亭、沈伯麟，区领导王文才、陈庆王陪同调研。

随后，区委书记王文才带队调研精准脱贫工作，先后到凤凰山街道白洋村察看食用菌产业扶贫基地、华亭镇五云村察看晚熟龙眼产业基地，并到华亭镇隆兴村慰问贫困户林国良。区领导郑松青、杨碧静陪同。

26日上午，在区机关三层大会议室，区委书记王文才主持召开区开放招商领导小组第一次会议。区委、区政府领导，区人大常委会主任、区政协主席，区直有关单位主要领导，各镇（街道）党政主要领导，华林经济开发区负责人，太湖工业园主任参加会议。

30日下午，在区机关三层大会议室，收听收看市疫情防控指挥部第二十一次会议暨复工复产工作服务组第七次会议。

31日下午，在区委六楼二号会议室，区委书记王文才主持召开听取龙德井片区规划设计汇报会议。

3月，团区委开展“童心战‘疫’”系列活动，号召全区少先队员用画笔讴歌战“疫”英雄，用诗歌礼赞战“疫”事迹，表达对抗疫一线先锋的祝福，收到全区各中小学生作品459个作品。

3—4月，面临疫情防控期间农产品滞销的情况，团区委招募40余名青年志愿者参与“青春助农”创业体验赛。

3月，城厢区妇联携手中国人寿莆田分公司，联合开展基层妇联主席关怀慰问活动。慰问奋战在防控疫情和复工复产一线的7个镇（街道）以及华林经济开发区8位基层妇联主席。感谢她们对疫情防控、复工复产、女性健康工作做出的贡献。

4月

2日上午，通过腾讯会议平台由市自然资源局主持召开关于莆田市坂头东片区改造项目地块二项目建设工程设计方案部门、专家联合预审会。霞林街道等参加。

3日上午，区委书记王文才带领区教育局、卫健局、工信局、市场监管局等部门主要负责同志到莆田五中调研开学准备工作。区领导郑松青、黄美光陪同。

6日下午，在区机关三层大会议室，收听收看全省视频会议，研究部署强化非法入境人员新冠肺炎疫情管控工作。

7日上午，区委书记王文才带队到灵川镇、东海镇调研非法入境人员疫情管控工作，并先后察看灵川镇太湖码头、东海镇西黄妈祖庙澳口（含西厝、蔡厝船舶停靠点），区领导郑松青全程陪同。

14日上午，在区政府三层小会议室由常务副区长肖志雄主持召开城厢区开放招商工作推进会暨项目业务培训会，霞林街道等相关单位参加。

15日下午，在区机关三层大会议室，组织收听收看全省贯彻落实习近平重要讲话重要指示批示精神情况通报暨新一年工作部署会。

16日下午，在区机关三层小会议室，区委书记王文才主持召开城厢区创建第六届全国文明城市、省级文明城区再动员部署会。区直有关单位主要领导及各镇（街道）党委（工委）书记，华林经济开发区负责人，太湖工业园主任参加会议。区领导郑松青、吴建銮、杨碧静出席会议。

随后，在区委六楼二号会议室，区委书记王文才主持召开沟头片区、龙德井片区进展情况汇报会。

同日，在区委六楼二号会议室，区委书记王文才主持召开听取沟头片区规划设计汇报会议。

17日，区行政服务中心召开“自己批、网上办”工作推进会。

18日上午，区委书记王文才带队到龙桥街道北磨社区、龙桥街道太平社区、凤凰山街道筱塘社区、霞林街道肖厝社区、霞林街道霞林社区调研社区“邻里”党群服务中心工作。区领导郑松青、陆建琪、陈庆王、肖志雄、黄美光等陪同调研。

19日上午，区委书记王文才带队到木兰陂公园等处调研河长制工作。区领导陆建琪、肖志雄陪同调研。

20日上午，市委书记刘建洋带队开展“河长日”活动，并在木兰陂北岸，乘船察看木兰溪防洪工程樟林段。区领导王文才、陆建琪、肖志雄陪同调研。

24日，区法院开展全市首个涉莆田农商银行“精准”曝光失信被执行人专项行动。

24日，区法院开展全市首个涉莆田农商银行“精准”曝光失信被执行人专项行动。

26日，城厢区总工会在华林鞋艺小镇开展2020年劳动竞赛动员大会，区委书记王文才亲自出镜为“莆田好鞋 城厢制造”代言。

29日下午，在区机关三层大会议室，组织收听收看全省统筹推进常态化疫情防控和经济社会发展及安全生产工作部署视频会议。

30日下午，市委书记刘建洋带队到沟头片区调研木兰溪南岸片区开发建设工作。市领导沈伯麟、郑瑞锦，区领导王文才、肖志雄、陈国忠陪同调研。

随后，在区委六楼一号会议室召开城厢区年轻干部座谈会。区领导王文才、郑松青、陆建琪、莫彩华，各镇（街道）党委（工委）书记，8名科级及以下年轻干部代表参加会议。

30日，城厢区教育局在三楼会议室举行创建第六届全国文明城市、省级文明城区迎评攻坚动员部署会。

5月

1日上午，区委书记王文才、区长吴文恩带队到沟头片区、龙德井片区看望项目一线干部、调研项目改造工作。各片区挂钩区领导在点上陪同。

3日下午，区委书记王文才带队到沟头片区、龙德井片区调研项目改造工作。各片区挂钩区领导在点上陪同。

4日，团区委为纪念五四运动101周年和中国共青团建团98周年，开展“弘扬五四精神 竞展青年风华”纪念五四运动101周年专题知识竞答活动，参与人数 3 千余人。

5 日上午，区委书记王文才到腾晖工艺，慰问大国工匠、省劳模郑春辉。区领导陆建琪陪同。

7 日晚上，区委书记王文才带队到沟头片区、龙德井片区调研项目改造工作。

8 日下午，区委书记王文才带领区商务局、区招商局、安福电商城管委会等部门主要负责人到洋西跨境电商生态园、莆田市零伍玖肆电子商务有限公司、莆田国际油画城调研电商工作。区领导陈国忠陪同。

9 日下午，在区机关三层大会议室，组织收听收看市委常委会（扩大）会议暨加强常态化精准化疫情防控加快推进经济社会发展视频会议。

9 日，城厢区教育局在六楼会议室召开学校复学督查暨安全隐患大排查工作汇报会。

10 日，城厢区妇联联合区卫健局、区计生协会、中国人寿莆田分公司，以庆祝母亲节为契机，开展“关爱计生贫困母亲”活动，为 50 名计生贫困母亲每人送去 1000 元共计 5 万元的慰问金。

11 日下午，区委书记王文才带领区住建局等部门主要负责同志，到福兴小区、沟头片区等处调研城市更新工作。区领导郭国辉陪同调研。

12 日上午，市委书记刘建洋、市长李建辉带队，开展城市更新工作调研及现场会，并先后到沟头片区棚户区改造项目、福兴小区老旧小区改造项目实地察看。区领导王文才、吴文恩全程陪同，郑松青、肖志雄、郭国辉、陈国忠等分别在点上陪同。

13 日，城厢区住建局组织志愿者在万达广场开展主题为“养成节水良好习惯，树立绿色新风尚”节水周宣传活动。

14 日上午，在市行政服务中心五楼 522 室召开关于莆田市城厢区沟头片区城市更新建设项目可研论证会，霞林街道等相关单位参加。

16 日下午，在市自然资源局四楼 412 会议室召开莆田市沟头片区城市设计、修建性详细规划、交通组织研究专题及沟头顶墩分区单元控规调整可行性报告专家评审会，霞林街道等相关单位参加。

17 日上午，区委书记王文才带队调研生态环保、精准脱贫、防汛备汛、片区改造及软弱涣散村转化等工作。区领导陆建琪全程陪同。

18 日下午，在区机关三层大会议室，召开区纪委九届五次全会。区委书记王文才讲话，区委副书记、区长吴文恩传达市纪委全会精神，区委常委、区纪委书记、区监委主任余丽红作工作报告。

同日下午，在区机关三层大会议室，召开 2019 年城厢区基层党委（党工委）书记抓基层党建工作述职评议会议。

18 日，城厢区税务局积极走访本地“两会”代表，面对面送政策、问需求、征建议、解难题，共商良策助力企业复工复产。

18 日，区法院新审判大楼正式启用，办公地点由莆田市城厢区霞林街道学园南街 1388 号迁至莆田市城厢区霞林街道肖厝路 366 号。

19 日上午，城厢区自然资源局开展全区范围内的地质灾害防治知识培训。

20 日，“城厢区治安防控督察队”更名为“城厢区治安防控中心”，“城厢区大调解工作领导小组办公室”更名为“城厢区大调解工作中心”，“城厢区社会治理服务中心”更名为“城厢区社会治理网格化中心”。

20 日，区城管办制定下发《城厢区城市管理提升工作实施方案》（莆城城管委〔2020〕1 号），着力通过严抓环卫标准、改善市容市貌、规范交通秩序等整治攻坚行动，有序改善城区环境，确保城市管理创城常态化。

20 日下午在区委六楼一号会议室，区委书记王文才主持召开区委常委会。会上，听取省委巡视一组巡视莆田市反馈意见涉及城厢区整改任务分工有关情况汇报，研究贯彻落实《中国共产党宣传工作条例》有关事宜，研究区民盟换届主委有关事宜，审议《城厢区 2020 年提升脱贫质量决战决胜脱贫攻坚行动方案》。

21 日，省检察院副检察长

叶燕培到城厢区检察院调研刑事检察工作。

21日上午，在区政府三层小会议室由区委常委黄美光主持召开迎接市政府教育督导委对区党政主要领导2019年度履行教育职责督导评估推进会，霞林街道等相关单位参加。

26日下午，在沟头片区城市更新建设项目指挥部由指挥部领导肖志雄、陈国忠、黄光明、林素香主持召开城厢区沟头片区城市更新建设项目房屋征收补偿方案论证会。

26日，城厢区税务局以2019年度个人所得税汇算为主题，举办一期纳税人学堂直播互动课程。

27日上午，在区委六楼一号会议室、二号会议室，召开区开放招商领导小组工作例会。

28日上午，在区机关三层大会议室，召开九届区委第十一轮巡察动员部署会。

28日，区委书记王文才、区委常委、政法委书记陈庆王到区检察院调研；同日，区检察院举办“同舟共济，检护未来”检察开放日活动。

28日，区委书记王文才，区委常委、政法委书记陈庆王等一行到区法院调研指导审判执行工作。

29日上午，在区机关三层大会议室，收听收看省委常委会（扩大）会议传达学习全国两会精神视频会。

5月中旬至6月，城厢区举行2020年庆“六一”暨“星星火炬 互助成长”“大手拉小手 快乐共成长”等活动。

6月

1日，城厢区人大常委会主任王国太、副主任黄光明及部分区人大常委会委员深入区法院开展调研工作。

3日上午，市委书记刘建洋带队调研城厢区城市防洪排涝工作，并先后察看下磨溪文献路政协桥段、324国道祥和山庄段内涝治理项目。市领导沈伯麟、吴健明，区领导王文才、郭国辉陪同调研。

4日下午，区委书记王文才带队调研疫情防控和公共卫生安全工作，并先后察看沟头小学、区医院、区疾控中心等处。区领导陈丽萍陪同调研。

4日，城厢区迎接市委第十二轮“优化营商环境”专项巡察暨“放管服”改革巡察“回头看”工作部署会。

4日下午，在区政府三楼大会议室召开城厢区脱贫攻坚专项巡察暨扶贫领域巡察“再回头”专项督导动员部署会，霞林街道等相关单位参加。

4日下午，在区市场监管局二楼会议室召开餐饮行业新型冠状病毒疫情防控工作推进会，霞林街道等相关单位参加。

5日，区环卫处组织区直部门、2个街道前往福州市鼓楼区学习生活垃圾分类管理工作。

5日下午，在区机关三层大会议室召开优化营商环境专项巡察暨“放管服”改革巡察“回头看”动员会。

8日，城厢区教育局召开2020年“七五”普法总结检查验收工作动员部署会，全力以赴做好“七五”普法总结检查验收阶段各项准备工作。

9日下午，省安全生产服务指导组对霞林街道莆田第五中学、阳光酒店进行安全检查。

10日上午，省督查组到下黄社区检查疫情常态化工作开展情况。

11日下午，由市体育局副局长苏德权带队，深入肖厝、霞林社区调研“党建+”社区邻里中心建设情况，以及社区晨晚点、现代公共文化服务体系建设情况。

12—14日，城厢区总工会开展第二期“打造深精准电商直播淘宝与微商高效运营培训”班，200多名学员参加培训。

16日上午，市委书记刘建洋带队调研城市交通管理工作，并先后察看荔城中大道公共自行车站点、南门片区等处，市领导李飞亭、沈伯麟、陈枫，区领导王文才、林福全陪同。

随后，区委书记王文才带队调研疫情防控常态化工作，并先后察看下磨市场、下磨网格站、沃尔玛购物广场荔城大道店、亚明食品、华亭卫生院等处，区领导郑松青、陈国忠、陈丽萍全程陪同，陈庆王、林福全在点上陪同。

16日下午，在区委六楼一号会议室，区委书记王文才主持召开城厢区委编委会2020年第一次会议。会上，审议《莆田市城厢区深化镇（街道）机构改革实施方案（送审稿）》、审议《中共莆田市城厢区纪委、莆田市城厢区监委派驻（出）机构改革方案（送审稿）》。

17日下午，区委书记王文才带队调研生态环保、精准脱贫及扫黑除恶等工作。

18日，城厢区住建局携手建筑企业福建威宏建设工程有限公司、水立方建设集团股份有限公司在常太镇政府会议室开展端午扶贫献爱心活动。

18日，团区委召开城厢区青年工作联席会议第一次全体会议，会议由区政府副区长杨碧静主持，区委常委、组织部部长陆建琪强调讲话，城厢区是全市首个召开青年联席会议的县区，且被选为福建省青年发展规划试点区。

19日上午，区委书记王文才带队到龙桥街道、霞林街道、凤凰山街道调研“党建+”社区邻里中心试点建设工作，并在龙桥街道召开工作推进会。区领导陆建琪、陈国忠陪同。

24日下午，市长李建辉带队前往霞林街道肖厝社区，了解社区养老服务照料中心建设运营情况，实地察看“党建+”社区邻里中心运营情况。

28日下午，市民政局党组书记吕正山、局长张宗贤、副局长张元真等9人对霞林街道霞林社区、肖厝社区的“党建+”社区邻里中心建设进行调研。

28日下午，区委书记王文才带队调研省委、省政府检查备选项目并开展“七一”慰问困难党员、上党课活动。

29日，城厢区科技局对协顺鞋业的“户外防砸运动鞋关键技术研究”市级科技计划项目进行验收。

29日，城厢区行政服务中心召开城厢区优化营商环境深化“放管服”改革推进会。

6月，城厢区兑现惠企政策奖励资金超7600万元。

6月，城厢区总工会开展“消除事故隐患，筑牢安全防线”有奖知识竞答安全生产月宣传活动。

7月

1日上午，区委书记王文才带队调研“六稳六保”工作，并先后察看东南艺纸、杰讯光电、祥冠鞋业、瑞智无忧、喜盈门家居建材广场等处。

3日下午，在区委六楼一号会议室，区委书记王文才主持召开区委理论学习中心组专题研讨交流会。区人大常委会主任、区政协主席列席。

3日，城厢区住建局组织党员干部参观岭下村东圳精神纪念馆红色基地。

3日，全体干部参观莆田市油画交易中心，“七一”党建红色记忆“油彩记录峥嵘岁月•画卷抒发爱党之情”油画展览。

5日上午，市委书记刘建洋带队到莆田五中、莆田一中检查高考考点准备工作。市领导沈伯麟、胡国防，区领导王文才、黄美光陪同。

随后，区委书记王文才带队到莆田三中检查高考考点准备工作，区领导黄美光陪同。

7日上午，市委书记刘建洋带队到沟头片区、龙德井片区、绶溪片区调研重点项目工作。区领导王文才、肖志雄全程陪同，郑松青、黄美光在点上陪同。

9日下午，在区机关三层会议室，先后召开区委政协工作会议和2020年乡村振兴暨农村人居环境整治工作联席会议。

10日，区检察院联合多部门在区公安分局设立未成年被害人“一站式”取证中心；同日，区检察院在区委台港澳办设立“涉台检察联络室”，聘任“涉台检察联络员”。

10日，团区委与区检察院、城厢公安分局等多个部门联合成立莆田市首个未成年被害人“一站式”取证中心，开启城厢区未成年被害人司法保护与社会综合保护的新模式。

14 日，区教育局组织全区各高中校及中职学校收听收看福建省生源地信用助学贷款业务视频培训会。

16 日上午，在区机关三层小会议室，组织收听收看 2020 年全市生态环境保护工作视频推进会。

17 日上午，在区委六楼二号会议室，先后召开全区城市功能与品质提升汇报会和全区工业园区及产业转型升级工作推进会。

17 日下午，在区机关三层大会议室，组织收听收看 2020 年省委和省政府上半年经济形势分析会暨工作调研检查总结会。

17 日，区法院联合城厢区妇联、城厢团区委、肖厝社区家长学校、启明社工服务中心在肖厝社区"党建+"邻里中心开展"关爱明天 普法先行"法治教育主题讲座。

20 日上午，在区机关三层小会议室，组织收听收看全市上半年经济形势分析视频会议。

20 日，区委书记王文才带队深入一线开展"送清凉、送健康、送安全"活动，慰问环卫工人、交警、网格员等艰苦奋斗在一线的干部职工。

21 日下午，区委书记王文才带队开展创城督导及"送清凉""送安全""送健康"活动，先后在凤凰山公园慰问环卫工人、在台湾大酒店路口慰问一线交警、在南湖公园慰问网格站一线人员，并到霞林社区、油画城、南门农贸市场、八十亩小区、龙桥社区等处督导创城工作。区领导陆建琪、郑松青、陈庆王、林福全分别在点上陪同。

21 日，在赛博思五楼召开区城管办创城部署会，并就创城关键区域、项目进行专门部署，落实创城实地考察点挂钩人员岗位职责，加强创城督查督导。

22 日，城厢区总工会在龙桥社区"党建 +"邻里中心举行户外劳动者"爱心驿站"揭牌仪式。

27 日，城厢区总工会联合莆田市总工会举办第二届关爱职工子女暑托班开班，全区共设 4 个班次，97 名职工子女参加。

31 日上午，在区机关三层小会议室，收听收看全市创建全国文明城市工作推进视频会议，随后召开全区创建第六届全国文明城市（省级文明城区）工作推进会。

31 日，"青青七彩行 亲亲邻里情"城厢区"党建 +"社区邻里中心返乡大学生志愿服务月在龙桥街道太平社区"党建 +"社区邻里中心正式启动。团市委副书记黄子迪，区委常委、组织部部长陆建琪，团市委组织部部长梁弨彬等领导，区启明社工及 7 支返乡大学生实践队 70 余人参加启动仪式。

31 日至 8 月 5 日，城厢区妇联在城厢区龙桥街道太平社区"党建 +"社区邻里中心举办为期一周的"创城有我 携手共筑"小小营活动。

8 月

5 日，区法院与区检察院、霞林街道木兰村村委会联合召开"生态司法联席会"。

6 日，最高人民法院咨询委委员、福建省高院原党组书记、院长马新岚和福建省高院原党组成员、副院长何鸣等一行到城厢区法院调研关于疫情防控常态化条件下司法保障服务工作，市人大常委会副主任宋建新，市法院党组书记、院长苏建平及区委常委、政法委书记陈庆王陪同参加。

6 日，在区法院的积极推动下，成立城厢区诉非联动中心。

7 日下午，由区领导李文杰带队到莆田国际油画城交易中心对城厢区"非遗"夜市活动策划选址进行实地调研。

9 日，城厢区总工会组织已建会"八大群体"企业的 50 名一线女职工在莆田市第一医院开展免费健康体检活动。

10 日下午，市长李建辉、区长吴文恩到霞林街道综合文化站及肖厝佳园小区入户调研工作。

19 日上午，在区机关三层大会议室，组织收听收看全省重大项目视频连线集中开工活动。

随后，区委书记王文才带队调研"两高"沿线环境综合整治工作。区领导李文杰陪同。

21日下午，区委书记王文才带队开展“河长日”及精准扶贫工作调研，并先后察看霞皋沟水质提升、霞皋村污水管网建设、日有喜扶贫超市总店、龙桥溪水质提升、延寿溪水质提升情况等。区领导杨碧静、郭国辉陪同。

21日，区法院与城厢区食品产业委员会共同协商，在福建复茂食品有限公司成立莆田市城厢区食品产业诉调工作站，区委常委、组织部部长陆建琪和院党组书记、院长陈志权一同为工作站揭牌。

21日，城厢区总工会联合莆田市总工会在三威鞋业举办“大学习”走进共享职工之家活动。

23—29日，城厢区科技局在全区范围内举办以“科技战疫创新强国”为主题的2020年城厢区科技·人才活动周。

26日，城厢区科技局深入绿丰园艺、诚味食品等2家企业指导、调研市级科技特派员示范基地申报工作。

27日上午，省委组织部部长杨贤金到莆调研，并到龙桥溪察看城市黑臭水体整治情况。

28日，区环卫处联合区卫健局在城厢区医院召开生活垃圾分类业务培训会，约60名医疗机构人员参与，推进全区卫健系统生活垃圾分类工作。

28日，由区河长办牵头，区水利局、市木兰溪建设管理处、华亭镇人民政府等部门，对木兰溪防洪工程华亭段新建堤防背水坡填土铺路及违法侵占行为开展联合执法。该次行动组织20余人，动用2部挖掘机，对木兰溪防洪工程华亭段侵占排水渠的构筑物进行强制拆除。

31日上午，市委书记刘建洋带队检查全国文明城市常态化创建工作。区领导王文才、郑松青全程陪同，陈国忠在点上陪同。

8月上旬至8月底，区委组织部、区委党校联合举办“城厢区区管干部学习贯彻中共十九届四中全会精神轮训班”，采取线上线下相结合的方式，全区科级干部1475人参加。

8月，城厢区总工会开展“您的健康我关注”活动，送去3场关爱女职工心理健康辅导讲座，开展2020年“遵法守法 携手筑梦”服务农民工——《中华人民共和国民法典》宣传活动3场。

9月

1日下午，在区机关三层大会议室，召开中共莆田市城厢区委九届十二次全会。

1日下午，区委副书记郑松青、区委组织部部长陆建琪等到霞林社区“党建+”邻里中心指导工作，霞林街道等相关单位参加。

2日下午，厦门市委组织部考察组到霞林社区考察“党建+”邻里中心建设。

9月2日至10月30日，城厢区财政局开展2020年会计监督检查工作。

5日上午，区委书记王文才带队督导创城工作，并先后到棠坡社区察看社区及市场周边环境卫生、交通秩序整治情况；到南门农贸市场察看市场及周边小区环境卫生、交通秩序整治情况；到北磨社区察看社区及市场周边环境卫生、交通秩序整治情况等。区领导郑松青陪同。

5日，高级讲师谢志壮受市委宣传部邀请参与录制的第190期《你说我说大家说》“大学习”进万家节目在莆田广播电视台播出。

8日下午，区委书记王文才带队开展教师节慰问暨新校区开学工作调研，并先后到滨溪幼儿园、泗华小学等处慰问困难教师。区领导吴建銮、黄美光陪同。

9日，城厢区小学、初中、高中三个学段分别获“莆田市教育教学优质管理县区”称号。

10日，城厢区科技局深入调研人工智能产业发展体系。

11日上午，在木兰村部三层会议室，召开木兰铁岭、坂头西片区征迁动员会。

14日上午，在龙德郡大厦五楼会议室，召开文献北片区征迁动员会。

15日，区检察院与区法院会签《关于充分发挥司法职能服务保障“六稳”“六保”的实施意见》，召开优化营商环境座谈会。

17日，莆田市人大常委会

副主任沈萌芽一行13人赴城厢区调研家庭教育工作。调研组一行实地察看华亭镇园头村家风家训教育基地建设和筱塘小学家庭教育工作情况。

18日，中共城厢区自然资源局机关委员会组织党员骨干前往仙游县游洋镇兴山村上宫支部旧址开展为期2天的党员骨干党务工作培训。

19日，城厢区妇联联合共青团城厢区委、区大调解中心、区总工会在城厢区大调解中心开展“共享网络文明 安全牢记我心”主题宣传活动、个人信息保护日主题宣传活动和“大手拉小手 快乐共成长”城厢区2020年关爱外来务工人员子女活动。

20日上午，在市木兰溪治理办会议室召开关于木兰陂世界灌溉工程遗产景区旅游运营方案专家咨询会，霞林街道等相关单位参加。

21日下午，江西省南昌市西湖区书记梅茂发一行到城厢区考察，并先后察看洋西跨境电商生态园、龙德井片区、木兰陂公园、腾晖工艺、沟头片区等。区领导王文才、肖志雄全程陪同。

22日上午，区委书记王文才带队到常太镇开展“河长日”、生态环保、精准扶贫及安全生产工作调研。先后察看东圳水库中央环保督察问题整改情况、溪南村智慧果园项目、常太镇加油站、莒溪村邻里中心，并在常太镇政府召开汇报会。区领导吴建銮全程陪同。

22日，以“兴化庆丰收 喜迎小康年”为主题的莆田市2020年中国农民丰收节庆祝活动在城厢区华亭镇五云村举行。

23日上午，区委书记王文才带队开展“两高”沿线环境综合整治及强产业重点项目工作调研，并先后察看“两高”沿线环境综合整治及太湖工业园征迁项目现场等，随后在灵川镇政府会议室召开汇报会。

23日下午，泉州市德化县书记梁玉华一行到城厢考察，并先后察看木兰陂公园和腾晖工艺。区领导王文才、郑松青陪同。

24日上午，省人大代表一行到城厢开展“党建+”社区邻里中心建设工作调研，并先后察看霞林街道霞林社区、龙桥街道龙桥社区“党建+”邻里中心。区领导王文才、王国太、陆建琪、林晋居陪同。

24日下午，区委书记王文才带队调研“双轮”驱动工作，实地察看东海征迁项目现场，并在东海镇政府会议室召开汇报会。区领导陈洪武、王乌妹、杨碧静陪同。

25日，区水利局、灵川镇政府对侵占东进海堤的违法建筑物开展联合执法。该次行动组织40余人，动用1部挖掘机，对侵占东进海堤的违法建筑物进行强制拆除。

27日，城厢区总工会在亚明食品开展“垃圾分类新时尚 文明城厢我践行”活动。

28日，城厢区税务局召开2020年营商环境第三方评估辅导会，邀请辖区内54户纳税人分批次参加培训。

28日下午，区委书记王文才带队调研“双轮”驱动工作，实地察看西许片区项目现场，并在华亭镇政府会议室召开汇报会。区领导陆建琪、林晋居、张伟国陪同。

2020年，东圳水库　　（许金珊 摄）

29日，市委书记刘建洋带队开展安全生产检查，并先后察看旷远能源公司城厢气化混气罐瓶站、万达广场永辉超市。区领导王文才、肖志雄陪同。

同日，区委书记王文才带队开展安全生产及扫黑除恶工作调研，并先后察看兴安社区（网格）警务工作站、中石化学园加油站、区交警指挥中心、名邦豪苑沃尔玛、霞林街道棠坡社区、莆田一中东大门路段、城厢区医院、凤凰山街道胜利南街典当行业店面等。

29日下午，由城厢区政府牵头召开2021年度城乡居民基本医疗保险基金征缴部署动员会，区税务局、医保局、区财政局等各相关部门及各镇、街道、管委会的分管领导和各村居经办人员参加会议。

29日，市民政局，市老年大学在霞林社区开展庆祝国庆中秋双节活动暨养教结合实践基地揭牌仪式。

29日，城厢区教育局联合区委宣传部、区委文明办、区团委、区妇联、区关工委在常太学校举行2020年“向国旗敬礼 做一个有道德的人”主题教育实践暨思政系列活动。

29日，在赛博思五楼召开区城管办应对秋冬新冠肺炎疫情防控专题会议，统筹单位疫情防控和年度重点工作，抓好防控工作落实。

29日，城厢区总工会在力奴鞋业开展2020年城厢区关爱外来工国庆中秋双节联欢会活动，有1600多名职工群众参加。

30日上午，区四套班子领导在闽中革命烈士陵园纪念广场参加全市烈士纪念活动。

9月，城厢区举办“亚明杯”2020全国海鲜烹饪邀请赛“全闽乐购·富美城厢”美食品鉴展会。

9月，第三届中国中式菜肴产业发展高峰论坛在城厢区召开。

10月

1日，2020年城厢区为民办实事25座公厕完成建设任务，免费对外开放。

2日下午，区委书记王文才带队开展“双轮”驱动及安全生产工作调研，先后察看文献北片区、凤凰山公园、公交南站、木兰铁岭片区、坂头西片区。

11日下午，大悦城控股集团一行到莆交流，并先后察看月塘南片区一期、钟潭片区、樟林片区、万达广场、正荣财富中心等处。区领导王文才、肖志雄、郭国辉全程陪同。

11日，省扫黑办到区法院督查扫黑除恶工作，区委常委、政法委书记陈庆王，区法院党组书记、院长陈志权陪同参加。

13日上午，在区机关三层大会议室，召开九届区委第十二轮巡察动员部署会。

14日，城厢区住建局在赛博思大厦七楼会议室开展救护员应急救护培训会。

14日上午，省民政厅调研霞林“党建+”社区邻里中心建设运营情况座谈会，霞林街道等相关单位参加。

14日，区检察院印发工作方案，部署开展“保市场主体、护民营经济”专项行动。

15日，区法院司法技术鉴定室分中心在北磨交通审判团队设立并揭牌，该中心是全市首个专门受理道路交通事故诉前鉴定中心。

16日上午，在区机关三层小会议室，组织收听收看国土空间规划与优化区域协调发展布局专题授课视频会。

16日下午，在区机关三层大会议室，组织收听收看全省深入推进扫黑除恶专项斗争视频会。

19日上午，区委书记王文才带队开展全面从严治党、精准扶贫、乡村振兴工作调研及“安全生产日”、“河长日”、慰问活动，并先后察看霞皋沟水质提升情况、华林园区三威鞋业、华亭镇云峰村幸福家园、华亭镇云峰村加油站、华亭镇五云村邻里中心、华亭镇园头村廉政广场，慰问华亭社区百岁老人王尾张厝、困难老人许寿章等。

20日上午，召开城厢区学习贯彻中共十九届四中全会精神轮训专题辅导讲座，区委书记王文才作专题辅导报告。

21日，宁夏回族自治区总工会党组书记、常务副主席马利明带队到城厢区参观郑春辉大国工匠工作室，推进闽宁工会互帮互学协作项目落实。

22日下午，市检察院检察长许志鹏一行到城厢区调研，察看三威鞋业公司“党建+”邻里中心，并参加“服务六稳六保”、护航民企发展主题党日活动。区领导王文才、林秀冰陪同。

同日，在区机关三层大会议室，召开城厢区创建省级文明城区迎评动员大会。

23日上午，在区机关三层小会议室，组织收听收看福建省党政领导干部学习习近平生态文明思想专题辅导报告会。

23日，城厢区总工会开展向“八大群体”赠送入会爱心礼包活动，共赠送爱心礼包230份。

24日下午，区委书记王文才带队开展“双轮”驱动工作调研，并实地察看文献北片区，区领导郑松青、黄美光、郭国辉陪同。

26日下午，区委书记王文才带队调研扫黑除恶专项斗争工作，并先后察看相约网络会、万达中央华城物业，随后在区扫黑办召开汇报会。区领导陈庆王全程陪同。

26日，区环卫处召开庆祝第二十五届环卫工人节活动，现场慰问50名优秀环卫工人代表，并向全区环卫工人发放节日慰问金。

26日，城厢区总工会在南湖公园开展“关爱环卫工 圆梦微心愿”——城厢区庆祝省第二十五届环卫工人节活动，为全区200名环卫工人点亮微心愿。

27日下午，在区机关三层小会议室，组织收听收看全市2020年第三季度经济形势分析视频会议。

27日，莆田市、城厢区两级检察院、工商联在莆田华林经济开发区“华林e站”企业服务中心联合举办“服务‘六稳’‘六保’，护航民企发展”检察开放日活动。

28日上午，城厢区组织开展木兰溪畔志愿红活动暨《莆田市文明行为促进条例》（以下简称“条例”）宣传活动，号召广大群众自觉践行条例，共享文明守法美好生活。

29日上午，市委副书记齐凤瑞调研城厢区工作，并先后察看东圳水库、龙德井片区、木兰陂公园、霞林社区“党建+”邻里中心、沟头片区等处。区领导王文才、肖志雄全程陪同。

29日，城厢区财政局向区九届人大常委会第二十九次会议作调整2020年度区本级财政预算报告。

29日，城厢区科技局深入华林经济开发区调研省级产业园区科技发展情况。

30日，区自然资源局以“保护野生动植物 养成文明卫生饮食习惯”为主题，在凤凰山公园举办“福建省第三十届保护野生动物宣传月”活动。

11月

3日下午，在区机关三层大会议室，组织收听收看国务院联防联控机制全国疫情防控工作电视电话会议。

6日上午，中央特派督导组督导城厢区扫黑除恶专项斗争工作。

6日，区法院召开《2017年1月至2020年7月民间借贷纠纷案件审判通报》新闻发布会，多家媒体记者以及部分区人大代表、政协委员到场参加。

10日上午，在区委六楼一号会议室，召开优化营商环境专项巡察暨“放管服”改革再检查、再评估工作向区委书记反馈巡察情况会议。随后，在区机关三层大会议室，召开优化营商环境专项巡察暨“放管服”改革再检查、再评估工作反馈会。

13日，区法院与区妇联在霞林社区“党建+”邻里中心举行家事调解员、调查员、联络员聘任仪式。

16日上午，在区机关三层大会议室，集中收听收看学习贯彻中共十九届五中全会精神中央宣讲团报告视频会。

16日下午，区委书记王文才带队开展创城督导，并先后察看龙桥社区、筱塘市场、万达广场等处，区领导郑松青陪同。

18日上午，市委书记刘建洋带队开展学习宣传贯彻中共十九届五中全会精神活动暨“党建 +”乡村邻里中心调研，并在五云村学习宣传贯彻中共十九届五中全会精神，察看“党建 +”乡村邻里中心建设情况，听取乡村振兴及脱贫攻坚工作情况汇报。区领导王文才、陆建琪陪同。

18 日，莆田市医疗保障局城厢分局、国家税务总局莆田市城厢区税务局联合召开城厢区 2021 年度城乡医保工作推进会。

22 日上午，区委书记王文才带队到东海镇开展学习宣传贯彻中共十九届五中全会精神、“安全生产日”、“河长日”活动及“两高”沿线整治、精准扶贫工作调研。先后察看天誉首府二期在建工程、海头溪利角段水质提升情况，并在东海镇坪洋村，学习宣传贯彻中共十九届五中全会精神，察看日有喜超市、村集体活动中心等。区领导陈洪武陪同。

23 日上午，区委书记王文才带队督导疫情常态化防控工作，并先后察看力奴鞋业、万达永辉超市、万辉国际城等处。区领导陈丽萍陪同。

23 日下午，省纪委书记李仰哲带队到城厢区检查新冠肺炎疫情防控工作，并先后察看力奴鞋业、宜尚酒店等处。区领导王文才、陈丽萍陪同。

23 日，省总工会原党组书记、主席韦立等 17 位省总工会厅级离退休干部、省总工会领导到城厢区调研基层“党建 +”邻里中心建设、新农村建设和乡村振兴工作开展情况。

24—25 日，城厢区总工会举办城厢区工会干部业务培训班，有 200 名左右基层工会干部参加培训。

24 日上午，在区机关三层小会议室，组织集中收听收看学习贯彻中共十九届五中全会精神省委宣讲团报告视频会。

25 日，水利部公告城厢区成为第三批节水型社会建设达标县（区）。

26 日上午，在区机关三层大会议室，组织集中收听收看第四季度全省重大项目视频连线集中开工活动。

26 日下午，在区机关三层小会议室，组织集中收听收看市信访工作联席会议全体成员（扩大）会议。

30 日上午，区委书记王文才带队调研“双轮”驱动工作，并先后察看龙德井片区改造、木兰铁岭片区改造、坂头西片区改造等。各项目挂钩区领导分别在点上陪同。

30 日，城厢区科技局对衡力传感器、亚明食品、协信制模、东南艺纸等 4 家企业进行科技计划项目双随机检查。

11 月，腾晖工艺有限公司高级工艺美术师郑春辉获得 2019 年“大国工匠年度人物”荣誉称号。

11 月，溢通环保公司和亚明食品公司入围工信部第二批专精特新“小巨人”企业。

12 月

1 日下午，在区机关三层大会议室，区委书记王文才主持召开学习贯彻中共十九届五中全会精神市委宣讲团报告会（城厢区专场）。市水利局党组书记、局长黄德元宣讲中共十九届五中全会精神。

1 日，城厢区总工会联合共青团城厢区委、城厢区妇联、城厢区疾控中心等相关部门在凤凰山街道筱塘社区“党建 +”邻里中心开展“携手防疫抗艾 共担健康责任”主题宣传系列活动。

2 日至 11 日，选派 17 名科级干部组成区委宣讲团，先后深入 7 个镇（街道）、华林经济开发区、9 个系统党委宣讲中共十九届五中全会精神，听众 1500 余人，受到基层干部群众的广泛好评。

3 日，团区委联合多家单位在泗华学校开展“华彩青春 与法同行”城厢区 2020 年法治游园会，团市委书记郭志诚为宣讲活动致辞。

3 日下午，省委常委、统战部部长庄稼汉到莆调研，并先后察看广化寺、福建佛学院、春晖木雕艺术馆。市领导陈志强，区领导王文才、陈洪武陪同。

4 日上午，在区机关三层大会议室，召开城厢区乡村振兴暨精准扶贫联席会议，区领导王文才、郑松青、杨碧静出席。

4日，城厢区在万达广场举行城厢区2020年宪法宣传周法治宣传活动。

4日，城厢区人社局、税务局、农行城厢支行三方联合在区税务局三楼大会议室举行全区城乡居民社会养老保险业务培训班。

4日第七个国家宪法日之际，城厢区妇联分别在筱塘社区、砺成中学、泗华学校、力奴鞋业有限公司、万达广场开展宪法宣传周法治宣传活动，增强全社会的宪法意识。

7日下午，区委书记王文才带队到龙桥街道综治网格中心调研社会治理工作，区领导陈庆王陪同。

7—8日，城厢区财政局开展全面检查全区2019—2020年扶贫资金的使用管理情况、各类脱贫攻坚监督检查。

8日上午，市委书记刘建洋带队调研社会治理工作，并察看龙桥街道综治（网格）中心。市领导李飞亭、沈伯麟、陈文荣，区领导王文才、陈庆王陪同。

随后，区委书记王文才带队调研疫情防控工作，并先后察看万辉社区、沃尔玛超市、三峰冷冻厂等处。区领导陈丽萍陪同。

8日，区法院开展“亮剑八闽——扫黑除恶 收官之战”直播活动。活动由区法院党组书记、院长陈志权带队执行，邀请区人大代表、政协委员监督见证，网易福建全程互动直播。

9日，省妇联党组成员、副主席袁素玲带队深入莆田市家庭亲子阅读体验基地——城厢区筱塘小学宣讲中共十九届五中全会精神并调研家庭教育工作开展情况。

9—11日，福建省“义务教育管理标准化学校”实地评估组深入华亭兴沙小学、中特小学进行实地评估，评估组成员通过听取汇报、提问答辩、查阅资料、师生问卷、实地考察等方式对两校进行全方位评估。

10日，城厢区第24期中青年干部培训班在区人武部五层会议室举行开学典礼，区委副书记、党校校长郑松青出席并作重要讲话。

10日，省税务局副局长林茂椿一行在市税务局局长李东的陪同下深入才子服饰股份有限公司和莆田市华源工贸有限公司开展调研。

11日上午，在区委六楼一号会议室，区委书记王文才主持召开城厢区“十四五”规划和二〇三五年远景目标征求意见座谈会。各民主党派、工商联、无党派人士代表，“两代表一委员”，企业家代表，基层党员群众代表以及相关区直部门主要领导参加会议。区领导郑松青、陈洪武、肖志雄出席会议。

14日，区城管办制定下发《城厢区2020年度城市综合管理考评（含农村垃圾治理）绩效考评工作方案》（莆城城管办〔2020〕8号），进一步优化城市管理考核指标，构建差异化绩效考核，切实做好2020年度区级城市综合管理的绩效考核工作。

15—17日，区委组织部、区委党校联合举办的“2020年村（社区）党组织书记暨第五批省、市、区驻村第一书记培训班”，采取视频会议的形式举行，全区党组织书记143人参加。

18日上午，由城厢区税务局承办的网上纳税人学堂如期举行，此期学堂以2020年个税社保联动后的风险防控新方向为主题，邀请专业培训讲师授课。

18日，城厢区教育局、区教师进修学校联合在区第一实验小学举行2020年城厢区中小学美术教师教学能力提升培训。

18日下午，区委书记王文才带队开展精准扶贫、乡村振兴工作调研及“河长日”“安全生产日”慰问活动，并先后到华亭镇隆兴村慰问贫困户林国良，到华亭镇园头桥察看木兰溪水质提升情况，到云峰交通岗亭察看道路交通安全，到建工混凝土察看安全生产工作，到云峰村察看乡村振兴推进情况及日有喜扶贫超市总部，到新冠体育察看安全生产工作。区领导陆建琪、杨碧静全程陪同。

22日下午，在金海湾酒店二楼201会议室召开龙德井片区、沟头片区城市更新建设项目市政道路方案专家论证会。

23日，“放飞青春梦 奋进十四五”中共十九届五中全会精神宣讲进校园活动在莆田五中举行。

23—24日，区直机关党工委、区委党校联合举办的区直机关党组织书记及党务干部学习贯彻中共十九届五中全会精神培训班，全区党组织书记及党务干部共86人参加。

25日上午，在区机关三层大会议室，召开中共莆田市城厢区委九届十三次全会。区委书记王文才代表区委常委会向全会作报告。

26日，区教育局在区第一实验小学大有厅举办以“校本教研与质量提升”为主题的城厢区第十七届“教育论坛”。

29日上午，区委书记王文才带队调研“双轮”驱动工作，并先后察看龙德井片区改造，霞林地块七安置房，沟头片区改造，木兰铁岭片区改造，坂头西片区改造，坂头东二、三、四地块安置房，顶墩下黄安置房，月塘南片区改造等。区领导肖志雄全程陪同，各点挂钩领导在点上陪同。

29日，城厢区财政局在区九届人大五次会议上作关于莆田市城厢区2020年预算执行情况及2021年预算草案的报告。

12月底，城厢区城区完成100座分类屋（亭）建设任务，并投入使用。

12月，区委宣传部组织编辑的《家园记忆之东海篇》一书出版。

12月，腾晖工艺有限公司高级工艺美术师郑春辉入选2020“中国非遗年度人物”。

2020年天怡、天喔食品、才子服饰、力奴鞋业4家企业获得省级龙头企业称号。

区情概览

自然环境

【区域位置】 城厢区地处福建省“黄金海岸”中部，位于北纬25° 15′ 34″～25° 35′ 14″，东经118° 49′ 13″～119° 02′ 48″。西与仙游县、泉州市泉港区相邻，北接涵江区，东连荔城区，南为秀屿区。北距省会福州市108千米，南距厦门经济特区190千米，与台湾隔海相望，距台中港仅72海里，是全市承北接南、推进与“南北两州”（福州和泉州）、“南北两角”（“珠三角”和“长三角”）、“东西两岸”（台湾和大陆地区）对接工作的重要阵地。全区东西宽约20千米，南北长36千米，全区土地总面积50506.25公顷，其中市区面积1350公顷，域内山、海、田兼备。

（陈 琪 郑向高）

【地形地貌】 城厢区地处福建沿海中部低山丘陵区，由低山、丘陵和平原组成。域内山脉纵横，丘陵起伏，河谷错综其间，地形较复杂，山脉属闽中戴云山脉向东延伸的支脉。区域内地势西北高东南低，区内为树枝状水系，主要河流为木兰溪。木兰溪从西向东贯穿中部，延寿溪从西北向南流经东部、北部，全市最大的东圳水库坐落域内。最南端的灵川、东海2个镇临界于“世界少有、中国不多”的优良港湾湄洲湾，滩涂和浅海面积较大，适宜发展滩涂和浅海养殖，是本区主要的海产品养殖基地。沿海岸有成片围海农田、水产养殖区及盐场，胜利围垦的耕地面积1006.67公顷，为域内最大的围垦耕地。域内地层分布广，出露地面约430平方千米，占全区面积88.8%。有上侏罗长林组（J3c）、南园组（J3n）和第四系（Q）。南园组占绝对优势，呈大面积分布。第四系仅分布在木兰溪两岸、沿海地区山间盆地，长林组仅见于常太镇至侯山一带，面积4平方千米。南园组分为第一段（J3n1）、第二段（J3n2）、第三段（J3n3）、第四段（J3n4）4个岩性段。以第二、第三段为主，第四段次之，第一段仅在东海镇上炉一带，面积3.5平方千米，第四系根据成因类型分为更新洪冲积层（Q3pal）、全新统洪冲积层（Q4pal）和海积层（Q4m）。

（陈 琪 郑向高）

【气候】 2020年，城厢区夏、秋两季气象干旱严重，气候年景中等偏差。年平均气温为21.9℃，与常年相比高1.2℃，属异常偏高，年均气温历史第1位。年极端最高气温37.6℃，出现在7月23日；年极端最低气温3.7℃，出现在12月31日。年降水量1233.3毫米，较常年少243.5毫米，属偏少。年日照总时数1813.8小时，较常年少37.4小时，属正常。

年内共出现2次较强冷空气、19次强对流、2个台风、2次高温、7场暴雨过程和夏、秋气象干旱。年内气温偏高，以冬、夏季为甚，高温日数（≥35℃）多于常年平均。年内降水总量偏少，主要分布为7月、10月降水量异常偏少以及4月、11月降水显著偏少，其余月份降水均正常。强对流过程出现次数偏少，5—6月强对流过程频发并多次出现冰雹过程。7月未出现台风，影响个数也少于常年，其影响以大风为主、程度较轻。是年，城厢区气象灾害主要为气象干旱，5月3次的冰雹强对流；台风及暴雨洪涝灾害轻。

（林　楠）

自然资源

【土地资源】 区域域内不仅拥有部分市区，还有山区、低山丘陵区（由低山、丘陵、草地和平原组成），以及浅海面积较大的滩涂。土地类型较齐全，自然资源丰富，全区土地总面积50506.25公顷，其中，农用地面积34966.64公顷，占土地总面积的69.23%；建设用地面积6699.85公顷，占土地总面积的13.27%；其他土地面积8839.76公顷，占土地总面积的17.50%。全区耕地面积5396.6公顷，占土地总面积的10.69%。主要分布于沿海低丘台地、中部平原和北部山区。其中灵川、常太、华亭3个镇耕地面积都超过1333.33公顷。3个镇耕地面积总和4239.44公顷，占耕地总面积的78.56%。全区园地面积8394.96公顷，占土地总面积的16.62%。有果园8358.22公顷，茶园34.78公顷，其他园地1.96公顷。园地主要分布在平原与山区过渡地带的丘陵缓坡上，果树大多属热带和亚热带树种，主要有龙眼、枇杷、荔枝、橄榄等果树，园地分布在华亭（3210.24公顷）、常太（3653.98公顷）两镇，分别占全区果园面积的38.41%、43.72%，其次为龙桥街道，占4.64%；沿海灵川、东海两镇果园较少。林地面积19857.7公顷，占土地总面积的39.32%，主要分布在北部的低山丘陵区。其中华亭镇（4661.16公顷）和常太镇（9310.22公顷）林地面积较大，两镇林地面积总和为13971.38公顷，占全区林地总面积的70.36%；其他区域林地总面积为5886.32公顷，占全区林地总面积的29.64%。其他农用地面积4853.57公顷，占土地总面积的9.61%。主要为田坎、农田水利用地和农村道路。湿地总面积5709.8147公顷，分为4类、9型、45斑块。其中，近海湿地与海岸湿地2849.1328公顷，河流湿地696.292公顷，沼泽湿地1.9559公顷，人工湿地2162.434公顷。

（陈　琪　郑向高）

【矿产资源】 全区已发现矿产20种，其中金属矿产有铁、铬、铜、铅、铅锌、多金属、镍、金8种；非金属矿产有滑石、蛇纹石、高岭土、叶蜡石、水晶、黄铁矿、饰面石材、建筑石料、建筑用砂、砖瓦黏土10种，能源矿产有泥煤、地热水2种。

从总体上看，城厢区矿产矿种少，且以非金属矿建筑用石料和石材为主。建筑用石料资源非常丰富，饰面用石材储量也较为丰富，主要品种有“华亭青”（石英闪长岩）等。金属矿产少，仅镍矿有一定的储量规模，能源矿产仅有地下热水，储量较丰富，开发利用前景良好。探明资源储量居全省第一位的常太长基镍矿、滑石、化肥用蛇纹石中型矿床，因位于东圳水库边，属禁采区，无法开发利用。

（陈　琪　郑向高）

【生物资源】 全区海水养殖品种主要有牡蛎、花蛤、缢蛏、梭子蟹、青蟹、泥蚶、欧洲鳗、真鲷、大黄鱼、鮸鱼、鲈鱼、石斑鱼、海参、麒麟藻、龙须菜、硬壳蛤等。2020年，渔业总产量57879吨，总产值38447万元。花蛤苗是城厢区特色优势养殖品种，苗种除供本地养殖外，还远销全国各地。淡水鱼类共有81种，隶属于21科，以鲤科种类最多，有43种，经济价值较大的有草鱼、鲢鱼、鳙鱼、鲤鱼、鲫鱼、鲮鱼、鲴鱼、倒刺鲃鱼、鲇鱼、黄颡鱼、鲈鱼、月鳢鱼、鲻鱼、鲚鱼、鳗鲡鱼、罗非鱼等。

（陈 琪 郑向高）

【森林资源】 2020年底，森林面积3.427万公顷，森林覆盖率71.33%，森林蓄积量122.54万立方米。森林面积中：乔木林面积2.081万公顷，占森林面积的60.72%；竹林面积0.054万公顷，占森林面积的1.58%；国家特别规定灌木林面积1.152万公顷，占森林面积的33.62%；非林地上片林面积0.14万公顷；活立木蓄积量128.4万立方米。

辖区内有森林公园2个，分别为福建九龙谷国家森林公园（以下简称九龙谷森林公园）和莆田天马山省级森林公园（以下简称天马山森林公园）。其中，九龙谷森林公园位于莆田市城厢区常太镇溪南村，距离莆田市区32千米，总面积1054.66公顷，在城厢区界内有917.2公顷，森林覆盖率95%以上，素有莆田“后花园”之称，与风景名胜区九鲤湖接壤，俗称“下九鲤”，于2006年被评为国家级森林公园；天马山森林公园位于莆田城厢区龙桥社区，紧邻莆田城区，南面与莆田市政府相接，背面是东圳水库，西面是凤凰山风景区，于2006年经福建省林业厅批准成立，面积217.76公顷。

（陈 琪 郑向高）

【海洋资源】 城厢区海域面积约3300公顷，大陆海岸线全长24.033千米，其中人工岸线23.996千米（渔业岸线15.044千米，工业岸线1.360千米，造地工程岸线7.592千米），河口岸线0.037千米。海洋资源开发以渔业为主要产业，其次还有港口，用于渔船停泊与避风以及渔业运输。区内缺乏深水岸线资源，但有浅水岸线多处，地处内湾避风条件好，1998年在东海镇东海村南岸建一座东港陆岛交通码头，灵川镇下尾村海岸修建一座渔港。临海乡镇有灵川和东海2个镇，有12个渔业村，全区渔业人口11712人，全区已开发利用海洋养殖面积约1666.67公顷。

（陈金楷）

【旅游资源】 2020年，城厢域内有相对较为成熟的旅游景点40多个，其中包括AAAA级旅游景区1个（九龙谷生态景区）、AAA级旅游景区4个（御庄园度假村、绶溪公园、马院人家和岭下村旅游景区），以及凤凰山、木兰陂、钟潭景区、东海灵川等特色旅游景点。此外，还有国际油画城、春晖艺术馆、庄严苑、百年复茂饼家、万隆古玩城等文化景观资源；木兰陂公园、钟潭公园、南湖公园等城市游憩资源；东岩山“三一教”祖祠、广化寺、梅峰寺、龟山寺、东汾五帝庙、石梯寺等宗教文化资源；东圳水库、常太马院村、岭下村，凤办坑洋村、林桥村，灵川径里村、下尾村、桂山村，华亭涧口村、后角村、柳园村，东海坪洋等乡村山水田园景观资源和东海、灵川滩涂、码头等滨海旅游资源。

（廖娴娴 吴青青 林 婉）

建置与行政区划

【建置】 1984年，析莆田县的城厢镇和城郊公社设立城厢区，为县级建置，直属莆田市；5月25日，成立中共城厢区委员会，组建城厢区人民政府，6月1日，正式对外办公。10月，城郊公社改为城郊乡，城厢镇改为荔城街道办事处。2002年2月1日，莆田市区划调整；5月，常太镇、华亭镇、灵川镇、东海镇划归城厢区。至2020年12月，城厢区下辖龙桥、凤凰山、霞林3个街道办事处和常太、华亭、灵川、东海4个镇。

【行政区划】 置区之前，城厢是莆田县境域的组成部分，其行政区划隶属沿革随莆田县。

南朝陈光大二年（568），析南安郡东北部地置莆田县，县治在延陵里，隶属丰州（州治在今福州）南安郡；不久县废，地还属南安郡。隋开皇九年（589），改丰州为泉州（州治在今福州），析南安县地再置莆田县属之；大业三年（607）撤销莆田县建置，其地归建安郡（郡治在今福州）南安县。唐武德五年（622），析南安县置丰州（州治在今泉州），复置莆田县属丰州。圣历二年（699），置武荣州，析莆田西部地置清源县（后改名仙游县），莆田、清源两县同属之。景云二年（711），武荣州改名泉州，莆田县属之。天宝元年（742），升泉州为清源郡，莆田县属之。后汉乾祐二年（949），升泉州为清源军，莆田县属之。北宋乾德三年（965），改清源军为平海军，莆田县属之。北宋太平兴国四年（979），析莆田、仙游、福清、永福（今永泰）山区接合部之地置兴化县，县治设在今仙游游洋，同时建太平军领之；不久，改太平军为兴化军。北宋太平兴国五年（980），莆田县改隶兴化军。北宋太平兴国八年（983），兴化军治所从游洋迁莆田县公廨里，并筑军城，隶属不变。南宋景炎二年（1277），升兴化军为兴安州，莆田县属之。同年十月，元军占领莆田，改兴安州为兴化路，莆田县属之。元至正二十年（1360），置兴化路分省，莆田县属之。明洪武元年（1368），改兴化路为兴化府，莆田县属之。明正统十三年（1448），撤销兴化县，以武化、长乐二乡的六个里并为广业里，划归莆田县。清沿明制，废兴化、平海二卫。直至清宣统三年（1911），莆田县均隶属兴化府。

民国2年（1913），撤销府建置，福建设省、道、县三级地方政权。全省划分为东路、西路、南路、北路四道，莆田县属南路道。民国3年（1914），南路道改称厦门道，莆田县属厦门道。民国15年（1926），道废，莆田县直属福建省政府管辖。民国22年（1933）11月，国民革命军第十九路军在福建成立中华共和国人民革命政府，莆田县隶属兴泉省。次年1月，“闽变”失败，国民党南京政府恢复统治，莆田县隶属第四行政督察区。

1949年8月21日莆田县解放。1949年10月1日中华人民共和国成立，福建省划分为8个专区及福州、厦门两市。莆田县成立人民政府，隶属福建省第五行政督察专员公署（驻泉州）。1950年4月起，第五行政督察专员公署先后更名为“晋江行政督察专员公署”和“晋江地区专员公署”（以下简称“晋江专署”），莆田县隶属不变。1955年12月，莆田县人民政府改称莆田县人民委员会，仍隶属晋江专署。1967年7月，成立莆田县军事管制委员会（以下简称“军管会”），隶属于晋江专区军事管制委员会。1968年9月，撤销“军管会”，成立莆田县革命委员会，隶属晋江专区革命委员会。1970年2月17日，经国务院批准，莆田县由晋江专区划属闽侯专区；专区“革委会”机关由闽侯螺洲迁至莆田县城厢镇。1971年4月13日，改闽侯专区为莆田专区。同年5月，改莆田专区为莆田地区，莆田县隶属莆田地区。1979年1月，莆田地区革命委员会改称莆田地区行政公署。1980年12月，莆田县革命委员会改称莆田县人民政府，隶属不变。1983年5月，撤销莆田地区，成立莆田市筹备组；9月9日，经国务院批准，建立莆田市，为省辖地级市，下辖莆田、仙游两个县和涵江、城厢两个区。1984年5月25日，中国共产党莆田市城厢区委员会成立。6月1日，莆田市城厢区人民政府正式挂牌办公。

（区委史志室）

国民经济和社会发展

【概况】 2020年，城厢区生产总值485.85亿元，比上年增长3.8%。其中工业增加值113.76亿元，增长3.5%；第一产业增加值11.16亿元，增长2.1%；第二产业增加值170.70亿元，负增长0.8%，第三产业增加值303.99亿元，增长6.7%。人均地区生产总值89723元。规模以上工业增加值112.53亿元，增长4.2%。农林牧渔业总产值22.52亿元。社会消费品零售总额545.14亿元。外贸出口额62.01亿元。城镇居民人均可支配收入47081元，农村居民人均可支配收入23067元。

【疫情防控】 2020年，城厢区坚决贯彻党中央决策部署，统筹推进疫情防控和经济社会发展工作，在全市疫情形势最复杂、防控难度最大的严峻挑战面前，全区上下同舟共济、众志成城，以金川攻坚战为重点，突出联防联控、群防群控、闭环管控，抽调500多名干部支援社区抗疫一线，动员荔城纸业等19家企业及时转产口罩等防疫物资，对全区154个开放式小区实行封闭式改造，在不到一个月时间内取得战疫工作阶段性胜利。全力推进复工复产，全市第一家出台推进复工复产6条补充措施、做好"六稳"工作13条措施、促进复产达产若干措施等针对性激励政策，成立31支服务队下沉一线靠前服务，采取"点对点"接驳解决返岗难问题，全市首家设立省外劳务协作工作站解决"引进难"问题，为62家"白名单"中小微企业增信融资担保2.7亿元解决融资难问题，着力畅通人流、物流、资金流，兑现奖补惠企资金超1.4亿元，其中区级配套近1.2亿元，为企业降本减负6亿元，经济实现企稳回升。

【聚焦项目】 2020年，城厢区全年实施重点项目412个，完成投资270亿元，增"五个一批"("谋划一批、签约一批、开工一批、投产一批、增资一批"五个阶段项目）项目100个，总投资1000亿元。在强产业上，主动融入全市"343"（做优鞋服、工艺美术、食品3个传统支柱产业，做强新型功能材料、电子信息、高端装备、新能源4个战略性新兴产业，培育数字经济、平台经济、生命健康3个未来产业）产业布局，深入实施一、二、三产业"百千"增产增效行动，突出企业主体培育，持续实施"三转一市"（个体工商户转企业、规模以下企业转规模以上企业、有限责任公司转股份有限公司、企业上市），完成"规下转规上"12家、"限下转限上"102家；突出园区高质量发展，拓展华亭西许、太湖、东海工业集中地2600亩工业腹地，竣工投用"两体两中心"（产业综合体、创新综合体，生活邻里中心、综合服务中心）项目8个，园区承载能力进一步提升；突出"五条战线"齐招商，签约落地产业类项目22个，总投资150亿元，大唐5G产业东南总部基地、中电科创城等一批重大项目实现动工建设，全区经济发展后劲进一步增强。在"兴城市"上，按照市委"集中连片、整体推进，干一片成一片"的要求，拆除房屋面积超240万平方米，出让经营性土地8宗461亩。城市北部完成延寿整村改造；中部停滞十多年、全市关注的龙德井、沟头片区被一举攻克、全部拆除，文献北片区启动前期工作；西南部先后完成月塘南、万达南、坂头东、坂头西等连片改造，同时"跨溪南进"，木兰铁岭片区基本完成征迁，城市框架进一步拉开。

【固定资产投资和重点项目建设】 2020年，区发改局深入贯彻"突出开放招商、强化项目带动"决策部署，坚持项目为先、项目为基、项目为要，全方位推动高质量发展超越。一是固投增长韧性持续显现。全年固定资产投资同比增长10.6%，高出全市平均水平12.9个百分点，增幅连续7个月位居全市第一。同时，全年增入库项目150个，总投资创历史新高。二是项目建设攻坚加速。实行重大项目处级领导挂钩机制，全方位推动项目建设，全年共实施区重点项目412个，完成年度投资270亿元，其中沟头片区城市更新、坂头东片区改造等百个"重中之重"项目全年完成投资238.5亿元，超过全年目标任务5.8个百分点；钟潭片区综合开发、顶墩片区改造等46个省、市重点项目完成投资85.6亿元，完成年计划的129%；23个市"双百"项目开竣工率87%。全年增"五个一批"项目100个，总投资1000亿元，其中增谋划项目33个，增签约项目22个，增开工项目30个，增投产项目15个，"五个一批"项目正向激励综合考评持续保持全市前列，其中第三季度综合考评位列全省第九。三是专项攻坚成效显著。围绕市委、市政府关于"双轮"驱动战略部署，高强度实施"三改一拆"工程，采取边征迁边出让模式，重点实施沟头、龙德井、坂头西等片区改造，拆迁房屋面积超240万平方米，出让经营性土地8宗30.73公顷，进一步强化土地要素保障，全力助推重点项目、重大工程落地建设。四是招商引资取得实效。坚持以主导产业、特色产业、新经济、新基建为招商重点，突出“五条战线”齐招商，强化“一把手”招商、以商引商、产业链招商，依托“屏对屏”“云招商”等招商方式，设立开放招商滚动项目库，全年累计实现38个项目签约落地，其中大唐网络东南运营总部、中电科创城等产业类项目22个，助农平台、众智汇平台等总部平台类项目16个。

【现代服务业】 2020年，城厢区三产增加值占生产总值比重达64.4%，创历史新高。拓展对外贸易，借力莆田市入选中国跨境电子商务综合试验区，大力推动莆田跨境电商“9610”通关平台建设，落地跨境电商B2B出口业务，日通关量超6万件，助力传统外贸企业进入跨境电商“航道”。做强电子商务，成功承办第五届中国电商讲师大赛全国总决赛、跨境电商综试区建设发展高峰论坛，建成“海丝”跨域集采数字化展馆，联发电商城、跨境电商生态园、油画交易中心等电商园区企业入驻率近100%，电商年交易额突破200亿元。壮大平台经济，出台专项扶持政策，落地众智汇、萝卜创客等平台项目6个，17家平台年交易额突破45亿元。做大楼宇经济，建筑业总部入驻企业32家，莆田西、金海湾等一批专业楼宇加快产业集聚，实现年税收亿元以上专业楼宇2幢。发展直播经济，孵化百盛、0594、油画城等一批直播基地，打造专业化电商直播产业集群。扩大传统消费，开展“全闽乐购、富美城厢”系列促消费行动，会聚3000家商户参与，带动消费3.1亿元，香格里拉酒店开业，社会消费品零售总额完成年计划的150%以上。

【工业经济】 2020年，城厢区大力实施创新驱动，规模以上企业研发支出增长22%，新增国家高新技术企业7家、工信部“专精特新”小巨人1家、省级高新技术企业8家、科技小巨人领军企业3家、企业技术中心2家，每万人发明专利拥有量跃居全市第一。鼓励企业技改升级，出台促进工业企业增产增效二十一条措施，增省市级技改项目17个、企业上云42家；建立鞋服产业链原材料供应库，扶持辖区内企业互采互购；成立5G产业投资基金、莆育晟田产业投资基金，签约落地产业赋能创新中心平台，传统产业加快转型。深入实施质量强区战略，引导企业参与制定国家标准4个、行业标准2个、地方标准11个、团体标准2个，提高行业话语权。积极应对企业信贷风险，帮扶60家困难企业转（续）贷6.3亿元，妥善化解不良贷款16笔1.6亿元，企业信贷不良率稳控在1%以内。

【实施乡村振兴】 2020年，城厢区出台七条产业发展扶持政策，培育农业农村转型发展新动能。聚焦示范带动，华亭五云、常太溪南等8个省级、13个市级试点村建设走在全市前列，承办莆田市2020年“中国农民丰收节”庆祝活动，促进消费向农村延伸；积极培育“互联网+农业”“平台经济+特色农业”等多种融合发展新模式，创新实施云端认养“智慧”枇杷树，推进农村产业融合发展。500亩桂圆示范基地、80万羽蛋鸡存栏项目、台湾牛樟芝种植基地等一批重点农业项目加快建设。落实粮食安全行政首长责任制，扎实抓好“米袋子”“菜篮子”供给及生猪稳产保供工作，创建优质农产品标准化示范基地2个，新建高标准农田2330亩。

【城市建设】 2020年，城厢区大力提升城市品质，实施11个城乡面貌品质提升重点项目和19个园林绿化项目，完成新塘社区、福兴小区等6个老旧小区823户8.8万平方米改造，加快绶溪公园二期、木兰陂世遗公园建设，新建洋西、泗华等5个“口袋公园”，完善木兰溪、延寿溪、北渠等滨水绿道，新增绿道6公里。

不断完善基础设施，滨溪北路实现通车，福厦客专、木兰大道三期、灵华线等重大交通设施项目加快建设。实施“安置房建设年”行动，有序推进24个安置区建设，实现华亭山牌、木兰溪防洪工程西许等7个安置房项目959套回迁，坂头东、霞林地块七等8个项目竣工扫尾，龙德井、顶墩下黄等5个项目动工建设。加强城市精细化管理，开展创城“十大行动”，出台数字城管案件处置奖惩机制，处置各类城管案件13万多件，按时处置率99.96%。垃圾分类试点取得新成效，率先开展“环保酵素制作、生活垃圾减量”行动，大力推广垃圾分类“物业+、支部+、公司+”三种模式，建设城区100座分类屋亭，基本建成城区生活垃圾分类处理系统，生活垃圾无害化处理率100%，垃圾分类逐步成为新时尚。

【民生事业】 2020年，城厢区多措并举稳就业、保就业，全区城镇增就业人员5686人、失业人员再就业2248人，均完成年计划的150%以上，2020年离校未就业高校毕业生就业率80%以上，均居全市第一，期末城镇登记失业率3.18%。强化社会救助兜底保障，城乡低保标准提高到660元，发放低保金、救助金10.1万人次超3500万元。创新消费扶贫模式，建立扶贫超市42家、产业扶贫基地26个，全区建档立卡贫困户年人均可支配收入1.97万元，7个建档立卡贫困村集体经营性收入均19万元以上，有力巩固脱贫攻坚成果。深入推进55个项目30001套历史遗留安置房不动产证办理工作，首次登记率100%，转移办证率95%。优先发展教育事业，大力推进学校建设，泗华小学、顶墩学校等8所学校建成投入使用，九华学校、霞林学校扩容工程基本建成，增中小学及幼儿园学位7700个，为全市最多，有效缓解中心城区上学难问题。加快城镇小区配套幼儿园治理，学前教育普惠率91.1%，居全市首位。教育教学质量稳步提升，小学、初中、高中教育教学综合评价均名列全市第一。探索城区优质校与园区5所学校“一对一”融合办学模式，提升园区教学质量。深入推进“健康城厢”建设，区医院病房楼基本完成建设，建成华亭镇卫生院医养结合中心，优化提升全区65个一体化村卫生所远程视频诊疗，基层医疗卫生服务能力不断提升。文体惠民扎实开展，成功举办“亚明杯”2020全国海鲜烹饪邀请赛、第三届福建省社区（乡村）体育联赛，建村级综合文化服务中心18个、智慧体育公园等文体设施14处，巩固提升农家书屋12家。全面夯实食品安全监管工作，通过全省首批“一证通”建设试点验收，严查食品药品违法违规行为，牢牢守住食品药品安全底线。

【生态环境】 2020年，城厢区深入贯彻落实习近平总书记治理木兰溪的重要理念，深化木兰溪全流域系统治理，创新专业队伍无人机巡河护河机制，实施饮用水水源地保护等一系列专项行动，全力推进中央、省、市生态环保督察反馈问题整改，整治2502个入河排污（雨）口，木兰溪干流水质优良（达到或优于Ⅲ类）比例、东圳水库水质达标率均100%；强力实施内河综合整治，完成25处截污改造工程，建设城区污水管网6公里，下磨溪等10条城市内河全面消除劣Ⅴ类水质；持续开展农村黑臭水体治理，小流域7个考核断面水质均达到省考要求。大力推进“一革命四行动”，完成80个村庄房前屋后、1250栋既有农房整治和1300户户厕改造，建城乡公厕25座，提升3条主要县道80公里沿线绿化景观，城镇生活垃圾无害化处理率100%。大力实施“区级主导、镇街主责、村居主体、群众参与、长效管理”五方共治及“包工不包料”的农村污水治理模式，88个村近2000公里农村污水管网全面建成投用，治理经验全省推广。开展农村乱占耕地建房专项整治，拆除“两违”35万平方米。综合整治“两高”沿线环境，拆除高速沿线广告牌72块，完成裸房立面整治9.9万平方米、“平改坡”6.2万平方米，畜禽养殖场整治6.5万平方米。加大造林绿化力度，增植树造林

4000亩、森林抚育6700亩、封山育林7100亩，全区森林覆盖率71.3%，稳居全市第一。

精神文明建设

【概况】 2020年，中共莆田市城厢区委文明办（以下简称“区委文明办”）提升公民文明素质、加强未成年人思想道德教育，创建志愿服务品牌，深入开展群众性精神文明创建活动，深化全国文明城市和省级文明城区创建，推动全区精神文明建设上新台阶，促进经济、政治、文化、社会和生态文明建设协调发展。

【精神文明创建工作】 2020年，区委文明办制定出台常态化创城工作奖惩暂行办法，组织开展莆田市创城十大行动，滚动式推动创城督查，进一步推动创城工作常态化，为莆田市蝉联全国文明城市“二连冠”做出积极贡献，受到市里充分肯定。按照创城公益广告全面提升行动方案，突出爱国卫生运动、“文明健康有你有我”、疫情防控、社会主义核心价值观等文明公益广告宣传，多方位全视觉深根植精神文明建设要义。指导新一届全国级、省级、市级各类精神文明先进推荐上报评选，区检察院等4家单位获全国精神文明荣誉称号，马院村被授予省级“文明乡风联系点”称号，推荐39个省级和组织申报137个市级各类精神文明先进单位。

【开展道德实践活动】 2020年，区委文明办成功推荐郭景平、方海星、王永文入选莆田市“三新”代表人物，欧文利入选“中国好人”“福建身边好人”榜，付博焰入选第二届福建省新时代好少年。发放“福建省好人礼遇卡”39张。开展“木兰溪畔志愿红”等系列志愿服务活动100余场次。全区注册登记志愿者人数3.5万人。福建省授予区医院洪玉清为“五星志愿者”、凤凰山妈祖义工志愿服务驿站为“最佳志愿服务组织”、万辉社区为“最美志愿服务社区”。精心打造新时代文明实践。华亭镇作为新时代文明实践先行试点，把新时代文明实践纳入乡村振兴战略，组建新时代文明实践志愿服务队，常态化开展接地气、有活力的志愿服务实践活动。

【移风易俗工作】 2020年，区委文明办推进移风易俗工作与农村精神文明创建、“我们的节日”、文明餐桌等结合，广泛除陋习、讲文明、树新风，不断提升群众精神风貌。广泛组织评选表彰“移风易俗文明户”“五好家庭”“星级文明户”等创评活动，以评促建，提升群众文明素质。将移风易俗纳入从严治党主体责任、意识形态和文明单位考评内容，推进移风易俗工作常态化、制度化。

【诚信建设】 2020年，区委文明办开展诚信单位、诚信示范街区、诚信经营示范店等主题实践活动，构筑良好诚信经营环境。与公安部门联合开展诚信交通专项治理，规范公职人员文明交通行为，并与文明单位的评选及个人文明奖金的发放挂钩。印发《城厢区诚信领域意识形态问题清单移送办法》的通知，将诚信意识形态领域工作作为各级各类文明单位考评的重要内容。

【未成年人思想道德建设】 2020年，区委文明办制定下发《城厢区未成年人思想道德建设重点工作》，定期召开成员单位联席会议研讨。坚持开展“扣好人生第一粒扣子”主题教育实践活动。新时代好少年付博焰接受福建电视台专访，其事迹在全省播报。“非遗”之花《妈祖颂》《中华少年》在人民大会堂展演。图书馆、文化馆、“儿童之家”、校外体育活动中心等功能逐日健全。是年，“筱竹”“和美田园”两个劳动实践特色项目入选福建省第二批劳动教育实践特色项目。

（李立群）

自然资源管理

【概况】 2020年，莆田市城厢区自然资源局（以下简称“区自然资源局”）在区委、区政府的正确领导下，坚持以习近平新时代中国特色社会主义思想为指导，全面贯彻落实习近平生态文明思想和中央“六稳”“六保”的决策部署。围绕“强产业、兴城市”双轮驱动工作部署，坚持规划先行，优化国土空间布局，保障项目用地，出让经营性土地8宗，成交金额85.05亿元，致力保护资源，建设生态文明新形象，完成造林绿化和森林经营面积1174.93公顷，筑牢法治思维，规范资源管理秩序。

【矿产资源管理】 2020年，辖区内没有持证矿山企业。全区已取缔、关闭采矿点，没有发现“死灰复燃”现象。全区未发现无证非法采矿和越界违法采矿情况，未发生因非法违法采矿造成死亡等矿山安全生产事故。

【海洋资源管理】 2020年，区自然资源局协助市自然资源局完成城厢区海岸线修测工作；办理临时海域使用审批两项，发证两本，总面积1020平方米；全面开展入海排污源摸底排查及入海排放口监测整治，经排查监测，全区40多个排污源均未发现尾水排放超标现象。配合市海洋与渔业局对中灵、宝华公司等养殖基地的尾水进行监测，强化源头防治。完成《莆田市城厢区围填海历史遗留问题生态评估报告及生态保护修复方案》编制，有序开展围填海历史遗留问题生态修复工作。

【自然资源确权登记管理】 2020年，区自然资源局启动自然资源统一确权登记，对凤凰山风景名

10月30日，区自然资源局举办福建省第三十届保护野生动物宣传月活动 （郑向高 摄）

胜区、木兰溪城厢段开展权属调查；完成农村地籍与房屋调查工作，调查94个行政村（居），面积30.93平方千米；森林督查核实图斑48个，涉及改变林地用途面积44.54公顷；普查古树名木519株，完成外业数据审核、普查数据库建档、建立古树保护App，制定《城厢区林木种质资源普查实施方案》，完成外业普查，普查线路长度40.19千米，制作标本481种。

【地质灾害防治】 2020年，区自然资源局核销已治理或降险稳定的高陡边坡25处，对4个地质灾害隐患点和63个高陡边坡点加强巡查，设立警示牌7块，地灾警示牌63块；制定印发《关于进一步推进安全隐患大排查大整治和安全生产专项整治三年行支的通知》，围绕矿山、房屋结构、“两违”、地质灾害、森林防火、渔业船舶、办公场所及车辆安全组成7个整治组，成立工作专班。排查海洋渔业一般安全隐患2项、森林防火10项、非煤矿山8项，均已落实整改。

【规划编制】 2020年，区自然资源局组织实施国土“三调”，顺利完成13154个图斑的外业举证和30158个图斑的内业处理；完成《城厢区生态保护红线评估调整报告》并纳入市生态保护红线评估调整成果，完成《城厢区发展战略研究报告》和《2006—2020年土地利用总体规划实施情况评估》，开展重点片区规划编制，龙德井、沟头、万达南片区规划编制并通过市政府审批，其他片区规划有序推进；深化村庄规划编制，完成15个乡村振兴试点村规划编制；完成全区2021—2022年97个新增建设项目梳理，涉及面积1800.13公顷。

【供地保障】 2020年，区自然资源局围绕“强产业、兴城市”双轮驱动，坚持以项目为驱动，以用地为支撑，多措并举，聚力项目用地保障，梳理开放招商用地目录，制作《城厢区招商图册》，推动项目快速落地，全年共上报农转用8个批次，面积45.67公顷，其中获批6个批次，面积18.86公顷；审批征占用林地项目28个，用林面积66.08公顷，征收植被恢复费1881.9万元；出让经营性土地8宗，成交金额85.05亿元；划拨社会事业类项目32宗119.69公顷；出让工业用地4宗，面积10.03公顷；出让养老用地1宗，面积4.25公顷，收取出让金5252.7万元。

【资源保护】 2020年，全区耕地保有量不低于4713公顷，永久基本农田4093.44公顷。完成凤凰山白洋村、华亭镇前柳村2个旧村复垦项目验收备案，增耕地3.47公顷，向龙岩市永定区购买增减挂钩指标13.33公顷。落实保护优先发展战略，初步完成自然保护地优化整合预案编制，增植树造林269.2公顷，森林抚育446.4公顷，封山育林475公顷，全区森林覆盖率71.3%。推进林地升级改造，采用商品林赎买和桉树林改造相结合方式，完成赎买67.33公顷，完成低效针叶林等林分改造26.67公顷，完成花化、彩化提升13.33公顷。松墨天牛综合防控措施有效落实，完成诱捕器挂设530套，以菌治虫352.2公顷、药物防治154公顷、以虫治虫24.33公顷。

【执法监察】 2020年，区自然资源局制定印发《莆田市城厢区关于耕地“非农化”问题集中整治工作方案》，成立工作专班，完成9906个图斑摸排；共立案查处33起，其中涉土16起、涉林14起、涉渔3起。配合区政府联合执法12次，拆除面积约35.38万平方米；排查违建别墅4宗35栋，占地面积4.13公顷，建筑物面积3510平方米，收取罚金33万元；处置闲置土地共5宗面积4.68公顷，其中已处置到位4宗2.69公顷；印发扫黑除恶专项斗争实施方案、宣传方案和工作制度，开展违建别墅清查整治、打击非法采矿、农村乱占耕地、大棚房清理、“三无”船舶清理等自然资源12个重点领域专项行动，共排查非法占用耕地、海域21家，均已处理到位。

【民生保障】 2020年，区自然资源局结对帮扶常太镇洋边、岭下、常太村和灵川镇张边村贫困户22户，均已脱贫。支持常太镇内东坪村、马院村实施竹林抚育166.67公顷，拨付抚育资金80万元，向常太镇岭下村、外东坪村各拨付造林绿化项目扶持资金10万元。全区55个历史遗留安置房办证项目已全部完成首登，涉及转移登记26666套，目前办理转移登记25374套，办证率95.15%。催缴历史遗留安置房欠款6899万元，具结办理工业企业历史遗留办证11宗。

7月1日，莆田市城厢区自然资源局举行庆祝中国共产党成立99周年活动 （陈琪 摄）

【改革创新】 2020年，区自然资源局通过减审批事项、降审批门槛、简申请材料、优审批导图，进一步优化营商环境。在工程建设项目规划审批推行“清单+告知承诺”，合并审批事项6项，减少审批事项1项，精简材料23项，优化审批导图127个。推出“网上办、掌上办、邮寄办、预约办、不见面审批”等服务方式，办结服务事项434件，全面提升服务水平。

【信访工作】 2020年，区自然资源局办结“12345”诉求件1524件，其中信访系统转来的信访件76件。办理办结市、区人大代表建议14件，办理市、区政协委员提案12件；主动公开政府信息30多条，依申请公开16件，办理诉讼案件8件，区扫黑办转来群众举报件1件，“12337”举报平台转来举报1件，均已核实反馈。

（陈 琪 郑向高）

【概况】 2020年，莆田市城厢区生态环境局（以下简称“区生态环境局”）坚持以习近平新时代中国特色社会主义思想和中共十九大精神为指引，全面贯彻落实习近平生态文明思想和治理木兰溪重要理念，紧紧围绕木兰溪流域水质提升、臭氧污染防治、中央和省级层面环保督察问题，持续开展碧水、蓝天、净土保卫战，推动解决突出环境问题，持续改善生态环境质量，全力打造人与自然和谐共生美丽莆田先行区，为建设美丽中国提供生动范本，并通过创新体制机制，建立领导责任体系，构建“党政同责”“一岗双责”纵向到底，横向到边新格局；全区城区环境空气质量二级标准以上天数比例为94.13%；全区水质稳中有升，木兰溪濑溪断面水质达到Ⅲ类，三江口国控断面水质达到Ⅳ类，达到省级考核要求，东圳水库水质达标率100%，4条小流域7个省级考核断面水质优良率为85.7%。

【生态环境督察】 2020年，区生态环境局按照“有部署、有方案、有推进、有成效”的要求，加快推进中央、省环保督察反馈问题整改。第一轮中央环保督察信访件26件、中央环保督察反馈问题16个全部整改到位；省环保督察反馈问题24个，23个基本完成，1个矿山仍在恢复治理。扎实做好中央生态环境保护督察交办信访件整改销号工作，第二轮中央生态环境保护督察交办城厢区信访件28批57件，已全部完成整改并验收销号。第二轮中央环保督察反馈问题9个，已完成整改2个（水产养殖管理、能耗总量控制问题），7个立行立改，长期坚持。

【土地环境保护】 2020年，区生态环境局全面实施土壤污染防治行动计划。开展污染耕地安全利用工作、污染地块安全管控、重点行业企业用地调查、严格建设用地环境准入、加强4家土壤污染重点监管单位环境监管、完成2家涉镉等重金属重点行业企业排查整治等一系列土壤污染防治相关工作，4家土壤污染重点监管企业已完成年度自行监测工作并完成网上公示。

【水环境保护】 2020年，区生态环境局加快农村污水设施和管网建设。全区涉及93个村（2017年前完成5个村），已全部完成建设。全区建污水管网2054.3千米，24座小型一体化污水处理设施（5座2017年前建设），12座污水提升泵站（9座2017年前建设）。三格化粪池共计63773户，其中政府累计新建改造三格化粪池19749户，村民自建44024户。农户至化粪池接管率99.38%，化粪池至村主干管接管率98.15%，村主干管至镇主干管接管率97.20%，镇主干管至市政管网接管率97.20%。

加强饮用水水源地保护 完成“千吨万人”饮用水水源地摸

底调查及评估，完成乡镇级饮用水水源地勘界和立桩，组织验收评审会，按照专家意见完成整改并报省厅审核；开展东圳水库饮用水水源地水华风险防控工作，组织相关部门开展水华风险防控工作，落实水华风险防控职责，紧盯水质数据，做好趋势研判，保障东圳水库水质安全。

加快木兰溪流域水质提升 完善木兰溪流域水质监测体系，组织建设西湖溪走马亭溪口、木兰溪木兰陂两座水质自动监测站；开展入河排污口排查整治工作，摸清全区范围内入河排污（雨）口数量2502个，其中无须整治（雨水口、农田退水口）1196个，1月底，排污口已全面完成整治。11月2—6日，组织木兰溪流域沿线5个镇街对各自辖区内木兰溪流域入河排污口进行全面排查梳理，并重新报送本辖区内入河排污口数量和完成整改数量，此次排查时未完成整治的15个（新增7个，因管网破损、堵塞出现反弹8个），已全部完成整治；加强黑臭水体治理，全区共3条农村黑臭水体，已逐条制定完整治理方案。霞皋沟治理已基本完成并消除黑臭；霞皋内沟完成排污口整治；西枫排水沟的农村生活污水治理等工作已基本完成。

【河长制】 2020年，区生态环境局全面推行河（湖）长制。一是坚持高位推动，体系升级。全区16条区级河道形成“河长、督查长、警长、检察官、法官”“五长”联动机制，有各级河道66条，设立“双河长”机制，搭建区、镇、村三级工作架构。二是坚持机制创新，制度升级。利用莆田河长助手App、建立“河长微信群”、设置视频监控探头，在全区村村交界断面设置100个水质监测点，依托“三张网”（河长巡河App网、治安探头监控网、环境水质监测网）、“两队伍”（专管员队伍、志愿者队伍），推进全区河务监管网格化；深入实施“一河一清单、一周一督查”机制，不定期对木兰溪及周边支流开展督查。区级开展巡查145次，发现问题175处，下发整改通知69件，已整改68份174处，剩余1份1个问题仍在进行整改；以延寿溪、长岭溪为首批区级幸福河湖创建示范点，以提升“三率一感”为抓手，择优创建一条河道，以便总结经验，全面推动。

【大气环境保护】 2020年，区生态环境局加强重点行业VOCs（挥发性有机物）综合治理及无组织排放排查整治。年内增涉VOCs企业61家，已完成治理；涉及2020年省级精准减排企业8家，已全部完成提升改造；重点行业及燃煤锅炉所有涉及无组织排放的工业企业有9家，已全部完成整治。加强餐饮油烟、油气整治。根据各镇街上报城厢区餐饮业数量摸排2209家，已全部完成油烟净化器安装及油水分离器安装整治工作。落实在建工地、道路扬尘管控。开展渣土车运输“滴撒漏”专项整治工作，将辖区内有渣土运输资质的运输车辆纳入工程运输车安全管控平台，通过数字化的管理，对渣土车运输时间及路线进行合理规划、实时监管，强化工地源头管控和车辆运输动态检查，形成有力震慑。全年共开展日常巡查执法整治565次，查处违规渣土运输车辆73部，罚款71500元；对在建工地展开153次督查，发出扬尘专项整治通知单87份，已整改87份，有效提升各在建工地的文明施工水平。严控露天烧烤现象。全面加强日常巡查与执法，按网格分工要求，加强辖区内夜市露天烧烤的日常巡查，发现一处，整改一处，对违规占道经营行为坚决予以取缔，对屡教不改者，依法从严处罚。全年开展联合执法24次，夜间日常巡查整治993次，劝离疏导夜市流动摊点3202摊，取缔露天烧烤摊点62摊。整治柴油货车及机动车污染。开展路检12天120辆次，开展入户监测20家100辆次，全部完成柴油货车污染治理年度任务。整治机动车污染，积极引导道路运输企业加快结构调整步伐，通过报废更新，淘汰老旧车辆，不断优化车辆结构，提升交通综合运输保障能力的同时，降低污染排放，全年共有客运车辆35辆，货车1420辆，出租车222辆。

【海洋环境保护】 2020年，区生态环境局组织在灵川太湖水域一带开展海漂垃圾集中清理整治行动，对附近海域内漂浮的木头、塑料瓶、塑料泡沫等垃圾进行打捞、清理，对码头进行清扫。建立海漂垃圾整治长效机制，在灵川、东海两镇12个渔业行政村成立保洁队伍，通过保洁队伍完成日常在各村溪流入海口海域海漂垃圾的清理工作，以点带面，增强基层群众的海洋环保意识，促进辖区内海洋生态环境保护工作长效开展，逐步推进整个海岸线海域的综合治理。开展海洋环境保护宣传讲座，提高基层干群的海洋环境保护意识，引导渔民改变落后的生产方式，减少对海洋环境的污染，参与人数100多人，分发宣传单200多份。加强入海排污口排查整治，与第三方签订入海排污口排查监测合同，全面排查辖区内排放污染物的入海排污口，排查出299口，监测数据录入完毕；继续对近岸海域污染防治不到位加强监管，切实提高城厢区近岸海域生态环境质量。

【危险废物管理】 2020年，区生态环境局推进危险废物规范化管理工作。制定《2020年度危险废物规范化管理工作方案的通知》《莆田市城厢区危险废物专项整治三年行动实施方案》，明确每季度危险废物规范化管理的任务目标及月安排计划。全年出动执法人员36人次，对金刚石工具首饰有限公司、莆田市城厢区万发皮革有限公司等12家企业进行危险废物规范化管理考核，均为达标，达标率100%。加强工业固废（危废）排查整治。对照一般工业固体废物产废企业核查要点进行检查，排查7家，其中开展危险废物专项排查整治的企业1家，即处置单位生活垃圾填埋场莆田市生物质处理产业化管理处，一般固废6家。已全部完成排查整治工作。

【环境安全建设】 2020年，区生态环境局按照国家、省、市的统一部署，制定《排污许可证件工作实施方案》，全面开展固定污染源排污许可证清理整顿工作。按照“全覆盖、零容忍、明责任、严执法、重实效”的总体要求，对所有排污单位、各类资源开发利用活动进行全面排查，切实掌握辖区内所有污染源总数、分类、污染物排放和污染治理情况等环保工作底数。全年出动执法人员1152人次，排查企业381家次。查处环境违法企业单位38家次，办理行政处罚案件37件，罚款金额52.1万元，责令改正企业36家，有效震慑违法排污企业。继续建立完善信访工作网络，加强“12369”环保举报热线管理，组织执法人员24小时值班，坚持做到有警必接，接警必出。全年处理各类投诉件1841件，办结数1836件，办结率99.73%。实行专人办理汇总，按期办结，有效维护社会稳定。按照福建省生态环境厅、公安厅在全省联合开展“清水蓝天”环保专项行动，结合疫情防控和民生需求，扎实做好“六稳”工作落实“六保”任务，监督指导和帮扶企业复工复产。同时严厉打击各类恶意环境违法排污行为。全年依法立案查处3家建筑施工噪声扰民行为和2家涉VOCs排放违法排污行为，查处26起在东圳水库一级保护区内违规垂钓的行为，对1家医疗机构超标排污行为进行立案调查。严把项目环评准入门槛，落实主体功能区划、生态保护红线和工业园区规划环评的相关要求，对不符合产业政策和环保要求的项目一律不予审批，扎实推进城厢区生态文明建设和绿色行业发展。全年审批环评文件86个（报告书16个，报告表70个），审批建设项目竣工环境保护设施（固废）验收文件36个，提前142天完成2020年国家排污许可发证和登记工作，发证登记702家（其中简化管理和重点管理企业81家，登记管理企业621家）。坚持风险防控，认真抓好企业环境风险排查。突出事故预防，对环境风险企业、工业园区、饮用水水源地开展全面的环境安全隐患排查，规范企事业突发环境应急预案修编工作，全年完成《城厢区突发环境事件应急预案》修编及8家企事业单位突发环境事件预案修编；巩固辐射安全和防护管理，对辖区内现有的9家有放射性同位素与射线装置的企事业单位开展日常监管工作，在检查中发现存在不规范行为要求限期整改。

（唐澍芬）

中共莆田市城厢区委员会

【区委常委名录】 区委书记：王文才；区委副书记、区长：吴文恩；区委副书记：郑松青；区委常委、统战部部长：陈洪武；区委常委、纪委书记：余丽红；区委常委、组织部部长：陆建琪（2012 年 5 月至 2020 年 12 月）；区委常委、宣传部部长：吴建銮（2013 年 5 月至 2020 年 12 月）；区委常委、政法委书记：陈庆王；区委常委、副区长：肖志雄；区委常委、区政府党组成员：黄美光；区委常委、人武部政委：吴彦继（2019 年 12 月至 2020 年 11 月）；区委常委、人武部部长：邵长平（2020 年 11 月起）。

【概况】 2020 年，中共莆田市城厢区委员会（以下简称“中共城厢区委”）在市委的坚强领导下，区委领导班子坚持以习近平新时代中国特色社会主义思想为指导，认真学习贯彻中共十九大和十九届二中、三中、四中、五中全会精神，紧紧围绕中央和省市各项决策部署，统筹推进疫情防控和经济社会发展，扎实做好“六稳”工作，全面落实“六保”任务，系统推进强产业、兴城市、惠民生、优生态、保稳定、重党建，突出开放招商、强化项目带动，全力以赴在加快实施“双轮”驱动，全方位推动高质量发展超越中当表率作示范，全区经济、政治、文化、社会、生态文明建设和党的建设取得新的成效。是年，主要经济指标实现持续稳定健康发展，全区生产总值完成 485.85 亿元，增长 3.8%；农林牧渔业总产值 22.52 亿元，增长 3.9%；规模以上工业产值 395.36 亿元，增长 4.5%；规上工业增加值增长 4.2%；固定资产投资增长 10.6%；社会消费品零售总额 545.14 亿元，增长 5.2%；财政总收入 34.25 亿元，其中地方级财政收入 25.04 亿元；外贸出口总额 68 亿元，增长 1%；实际利用外资 3189 万元；居民人均可支配收入 41700 元，增长 9%。规上工业增加值、固定资产投资、社会消费品零售总额、规上其他营利性服务业营业收入等 4 个指标增幅排名全市五个县区（下同）第一；生产总值、限上住宿餐饮业营业额等 2 个指标增幅排名全市第二；第一产业增加值、第三产业增加值、农林牧渔业总产值、地方级财政收入、限上批零销售额等 5 个指标增幅排名全市第三。

【严抓理论学习】 2020 年，中共城厢区委领导班子始终坚持把学习贯彻习近平总书记重要讲话重要指示批示精神和党中央决策部署作为首要政治任务，按照省委“三四八”贯彻落实机制，系统化研究谋划，节点化督促推进，目标化考评应用，促进学习、研究、落实、督查等常态化，切实推动习近平总书记重要讲话重要指示批示精神和党中央决策部署在城厢落地生根、开花结果。深入贯彻落实习近平总书记在参加十三届全国人大二次会议福建代表团审议时发表的重要讲话精神，围绕营造有利于创新创业创造良好发展环境、探索两岸融合发展新路、做好老区脱贫奔小康工作、加强党的建设等领域，主动担当，积极作为，各项工作取得了新的进展。聚焦全方位推动高质量发展超越，召开区委九届十二次全会，出台《中共城厢区委关于深入学习贯彻习近平总书记重要讲话重要指示批示精神实施“双轮”驱动聚焦项目攻坚全方位推动高质量发展超越的决定》和三个行动计划，明确一系列重实效、易操作、可落地的措施，全面部署科技创新、产业结构、居民收入等方面超越工作，坚定不移推动党中央决策部署落地落实。深入贯彻落实习近平治理木兰溪的重要理念，扎实推进木兰溪流域系统治理，以实际成效践行“两个维护”。注重规划引领，聚焦“一溪两岸、连片发展”，坚持系统规划、协同推进，统筹木兰溪城厢段上下游、左右岸、干支流系统治理，谋定而后动，确保一张蓝图干到底。强化项目带动，聚焦水安全、水生态、水环境、水文化等，积极招项目、谋项目、争项目，推进城市片区建设、两岸景观整治、污水治理等项目6个，集中打造一批具有引领性、示范性的生态治理工程。创新体制机制，聚焦项目建设、运营、管理等关键环节，创新投、融、建、管、养、监一体化长效机制。木兰溪干流和主要汇水支流水质保持稳中有升，全省首批完成县域农村污水治理规划编制，农村污水零直排埔柳模式、区镇村户四级运维机制等经验做法受到省市肯定。深入贯彻落实中共十九届五中全会精神，迅速召开区委常委会（扩大）会议进行传达学习贯彻，制定区委带头学习宣传贯彻中共十九届五中全会精神的方案，广泛开展集中宣讲、媒体宣传、理论阐释、社会宣传等工作。举办集中宣讲活动18场次、“面对面”宣讲120多场次、各级中心组学习活动180多场次，在全区上下持续兴起学习宣传贯彻热潮。对标对表中央和省委、市委全会精神，结合城厢实际，坚持开门问策、集思广益，在统筹谋划上持续发力，科学制定“十四五”规划和二〇三五年远景目标的建议，准确把握发展定位，明确重点任务目标，更好引领城厢全方位推动高质量发展超越。

【抗击新冠疫情】 2020年，中共城厢区委领导班子坚决贯彻落实习近平总书记重要讲话重要指示批示精神，认真按照党中央提出的“坚定信心、同舟共济、科学防治、精准施策”总要求和省市部署要求，全区上下万众一心、众志成城，坚定抓好疫情防控，统筹做好经济社会发展，全力以赴打好疫情防控人民战争、总体战、阻击战。坚持抓紧、抓实、抓细、抓到位“外防输入、内防反弹”，严格按照“三个一律”“两个落实”“一个不漏”要求，全力落实好“三个严禁”“五严五必查”等一系列措施，尤其在出现聚集性疫情后，果断采取有力措施，坚决阻断疫情蔓延，经受住全市疫情形势最复杂、防控难度最大的严峻考验，得到省市主要领导的充分肯定。准确把握疫情形势变化，充分发挥党组织战斗堡垒作用和党员先锋模范作用，组织动员全区549个基层党组织、1.8万多名党员干部投入疫情防控，并成立临时党支部76个，组建党员先锋队、突击队、服务队100支，织密外防输入、核酸检测、重点场所防控、村（社区）精准防控、进口冷链物流检测等网络，构建党建引领、群防群治、联防联控的工作格局。2月13日以来，无新增确诊病例，疫情防控取得重大成果。统筹抓好常态化疫情防控和经济社会发展，多措并举应对疫情冲击、稳定经济运行。及时落实分区分级精准复工复产措施，集中资源抓好防疫物资生产，广泛动员荔城纸业、才子集团等19家企业第一时间转产口罩、民用防护服等防疫物资，日产口罩60万只，防护服3000件。全力帮助企业纾困解难，在落实中央和省市政策的基础上，全市率先出台6条补充措施、“六稳”13条措施、增产增效21条措施等一系列纾困惠企政策，累计奖补惠企资金超1.4亿元；率先开辟金融服务绿色通道，为49家区级“白名单”企业提供担保融资2.69亿元，为16家企业协调过桥转（续）贷、降息超3.11亿元；率先建立鞋服企业原材料供应库，鼓励辖区39家企业互采互购；率先设立省外劳务协作工作站，为15家企业接回员工800人。一季度主要经济指标全市唯一实现正增长，全年处于全市前列，增市场主体7874户，同比增长38%，增量、增速均位居全市第一。

【打好三大攻坚战】 2020年，中共城厢区委领导班子始终把统筹推进三大攻坚战牢牢抓在手上，紧盯目标任务，抢抓时间节点，确保打好打赢三大攻坚战，为奋力夺取全面建成小康社会的伟大胜利打下坚实基础。巩固拓展脱贫攻坚成果。在贫困村和贫困人口已全部摘帽退出的情况下，严格落实“四不摘”的工作要求。聚焦“两不愁三保障”和饮水安全保障标准，强化脱贫攻坚政策落地落实。针对疫情带来的不利影响，紧盯25户易返贫重点对象，多举措开展就业扶贫、消费扶贫。制定出台防止返贫监测和帮扶机制等方案，建立返贫和新增贫困人口季度排查制度，巩固拓展脱贫成果。谋划推进巩固拓展脱贫攻坚成果与全面推进乡村振兴有机衔接，创新“公司+基地+农户”的产业扶贫模式。全力做好山海协作对口帮扶德化县各项工作，不断拓展合作广度、深度和领域。持续推进污染防治攻坚。以木兰溪流域系统治理为抓手，全面落实“河湖长制”，88个村超2000千米农村污水管网全面建成投用，治理经验全省推广，全市唯一实现农村污水收集处理全覆盖，河长制工作年度考评位列第一，荣获第三批“全国节水型社会建设达标县（区）”。强力实施内河综合整治，建设城区污水管网6.8千米，城区内河水质达标率位居全市第一；推进龙桥溪、下磨溪水质提升，全市考评分别位居第一、第二。全力推进大气污染防治工作，全区空气质量达标天数比例为93.3%。加强饮用水水源生态治理，东圳水库水质稳定达标。强化土壤污染防治，12家企业危险废物规范化管理考核达标率100%。全面推动中央、省、市环保督察反馈问题整改，第一轮中央环保督察信访件26件和第二轮57件均已完成整改；省环保督察反馈问题24项已完成整改23项，还有1项在推进整改；木兰溪全流域系统治理专项巡察反馈问题70项已完成整改69个，剩余整改任务按序时推进。全力防范化解重大风险。着力防范化解金融风险，处置化解不良贷款11家16笔1.61亿元，年末不良余额控制在2.8亿元以内，不良率控制在1%以内，坚决守住不发生区域性金融风险的底线。以“一十百千万”为抓手，深入推进“六清”行动，科学谋划“六建”工作，纵深推进扫黑除恶专项斗争，共打掉黑恶组织18个，处置涉案资产1.7亿余元，扫黑除恶专项斗争年度考评位列全市第一。全力做好重大活动安保维稳任务，集中治理重复信访，化解信访积案，实现“三下降一好转”，信访工作年度考评位列全市第一。严格落实安全生产责任制，扎实开展安全生产专项整治三年行动，全面推进房屋结构、道路交通等各领域安全隐患大排查大整治，生产安全事故起数、生产安全事故死亡人数下降率均超50%，亿元生产总值生产安全事故死亡下降率全市第一，全年未发生较大及以上生产安全事故；“智慧食安”走在全市前列，获全国食品安全工作先进集体称号。

【经济高质量发展】 2020年，中共城厢区委领导班子坚定不移贯彻新发展理念，加快建设现代化经济体系，服务构建新发展格局，为全方位推动高质量发展超越提供有力支撑。持续增强发展后劲。坚持项目为先、项目为基、项目为要，突出开放招商，强化项目带动，建立开放招商领导小组，实施五条战线、七个镇（街）、两个园区联动招商机制，举全区之力大招商、招大商、招好商，开放招商工作年度考评位列全市第一。聚焦产业招项目，全区新对接产业类项目46个，总投资299.46亿元；聚焦城市建设谋划项目，共谋划项目413个，总投资266亿元；聚焦民生、生态争项目，争取到中央预算内投资2972万元，申报地方政府专项债券项目34个，总投资540亿元，申请债券额度216.5亿元。深化“五个一批”项目推进机制，健全挂钩联系、要素保障、督办考核等一整套闭环运行体系，全区累计增（含升级）“五个一批”项目81个，总投资840亿元，三季度“五个一批”项目正向激励综合考评位居全市第一，历史首次进入全省前十（第九）。不断优化产业布局。围绕全市“343”产业布局，聚焦强攻产业、主攻工业，进一步明确产业发展路径、高质量发展办法。聚焦鞋服、食品等传统产业，成立总规模15亿元的产业投资基金，增省市级技改项目17个、企业上云42家；聚焦电子信息新兴产业，引进培育一批固链强链补链项目，中电科创城、大唐网络5G、三利谱等一批重大项目实现动工建设；聚焦平台经济等未来产业，加快培育壮大信息消费、医养健康等生活性服务平台，全年新签约落地平台企业6家，17家上线运营平台年交易额突破45亿元。推动工业园区升级。坚持以园区高质量发展为目标，实施“一区多园”发展模式，出台工业园区改革和创新发展三年行动计划。全力拓展产业发展空间，完成华亭西许片区、太湖工业园、东海集中地等三个片区106.67公顷征迁工作；强化配套支撑，实施“两体两中心”等项目48个、总投资额24.61亿元；创新体制机制，成立园区企业服务中心，打通服务企业“最后一公里”；加快推进区属国有企业、“管委会+公司”等机制改革，做大做强投融资平台，出台政策性融资担保实施办法，不断激发园区活力。充分释放消费潜力。扩大传统消费，开展“全闽乐购、富美城厢”系列促消费行动，发放3300万元消费券，会聚3000家商户参与，带动消费3.1亿元，社会消费品零售总额完成年计划的150%以上；发展新兴消费，积极发展直播经济、“互联网+”经济等新业态新模式，孵化培育百盛、油画城等一批直播基地，开展品牌直播近2000场次，打造专业化电商直播产业集群，电商年交易额突破200亿元；加快线上线下融合促消费，推荐23家餐饮企业参选百家餐饮名店，打响餐饮行业美食品牌。

【协调城乡区域发展】 2020年，中共城厢区委领导班子围绕“南进西联北优中修”发展布局，实施城市功能与品质提升三年行动计划，坚持新区建设、旧城更新、老旧小区改造“三管齐下”，实现“做一片成一片、成一片连一片、连一片兴一片”，同步推进乡村振兴，促进城乡区域协调发展。城市发展步伐加快。按照“留、改、提、拆、建”原则，新区建设坚持“以拆促建，拆建并举”，全力推进沟头、坂头西、木兰铁岭等片区征迁任务，加快万达南、坂头东等片区扫尾，“一溪两岸、连片发展”格局基本形成；旧城更新坚持“集中配套、完善功能”，结合创建国家历史文化名城、消除房屋安全隐患，全力突破龙德井、绶溪等一批群众意愿强、改造难度大的片区，同步推进9个安置房、7个“党建+”社区邻里中心、5个口袋公园等一批城市“双修”项目建设，不断补齐城市基础短板；老旧小区改造坚持“先急后缓、提升品质”，共启动8个老旧小区改造。在此基础上，全年累计拆除房屋面积超300万平方米，出让经营性土地8宗30.73公顷，顺利完成全市“双百”更新任务。沟头、龙德井等片区实现“当年度完成征迁、当年度安置房建设、当年度挂牌出让”的发展良性循环，创造出新的“城厢速度”“城厢模式”“城厢经验”，龙德井片区改造项目被评为“2020年度全省和谐征收示范项目”，在全市“三看两评”活动中兴城市工作位居全市第一。乡村振兴全面推进。以乡村振兴试点建设为抓手，培育省级乡村振兴特色乡镇1个、试点村8个，市级试点村14个，全力打造乡村振兴的城厢样板，农村重点工作年度考评位列全市第一。积极培育农业农村发展新动能，落地创建优质农产品标准化示范基地2个，增省级乡村旅游村2个，促进农业提质增效和农民就业增收。扎实推进农村人居环境整治，持续推进“一革命四行动”，相关经验做法多次在省、市乃至全国交流；打造省级生活垃圾分类试点村1个，城镇生活垃圾无害化处理率100%；加快推进“两高”沿线综合整治、农村黑臭水体治理等，农村生活污水治理率和村容村貌基本整治完成率均96.6%，持续建设好生态宜居的美丽乡村。

【推进改革开放】 2020年，中共城厢区委领导班子立足城厢实际，站位全省全市发展大局，坚持以改革开放为动力，不断提高谋划、推进、落实改革开放的能力和水平。聚焦重点领域改革激发活力。持续优化营商环境，深化“放管服”改革，全市率先开展“减事项、去材料、优导图”试点工作，精简审批环节308个，压缩审批时限760个，减少审批材料788条，“一趟不用跑”和“最多跑一趟”占比97.73%。大力实施创新驱动发展战略，科技创新水平和区域创新能力持续提升。全区规模以上企业研究与试验发展经费支出6.84亿元，有效发明专利拥有量260件，每万人发明专利拥有量5.99件，均位居全市第一。聚焦扩大对外开放增强动力。全力落实信保扶持政策，向上争取信保贴息补助691.8万元，转口贸易、市场采购等外贸新业态不断呈现。培育壮大跨境电商，中国（莆田）跨境电子商务综合试验区城厢园区落地，成功承办第五届中国电商讲师大赛全国总决赛暨跨境电商综试区建设发展高峰论坛，建成“海丝”跨域集采数字化展馆，鼓励企业开展跨境电商业务。全面实施准入前国民待遇加负面清单制度，落实“一口办理”备案模式，促进外资企业增资扩产。厦门国际投资贸易洽谈会期间对接签约外资项目9个，拟利用外资6.8亿美元。实施“以台引台”，增台资公司2家，筹建台资企业6家。

【民主法治建设】 2020年，中共城厢区委领导班子始终把政治环境建设放在突出位置，充分发挥统揽全局、协调各方的政治核心作用，全面推进依法治区、建设法治城厢，支持人大、政协和统一战线依法履职，最大限度地凝聚发展共识，形成强大合力。支持保障人大依法履职。坚持党对人大工作的领导，把人大工作纳入总体工作布局，支持和保证区人大及其常委会和人大代表依法履行决定、任免、监督等职能。充分发挥人大代表桥梁纽带作用，进一步优化代表议案建议集中交办、重点督办和跟踪督办工作机制，完善人大代表履职档案，探索代表联络活动室向村（社区）、行业延伸，密切联系人民群众，建立村（社区）代表联系群众活动室21个、企业活动室1个。充分发挥民主协商作用。支持区政协及其常委会依法履行政治协商、民主监督、参政议政等职能，充分发挥人民政协作为协商民主重要渠道和专门协商机构的作用。支持政协常委会充分发挥集中协商、专题协商、界别协商、对口协商、提案办理协商作用，拓宽协商渠道，丰富协商形式。区政协及其常委会聚焦开放招商等共遴选“重点提案”12件，围绕园区高质量发展、三大攻坚战等重点问题，形成专题调研报告2份，提出意见建议15条，全年提案办理满意率96.5%，协商议政作用发挥更加有效。扎实做好统一战线工作。持续加强党对统战工作的集中统一领导，坚定不移巩固和壮大最广泛的爱国统一战线，全面落实党的民族、宗教、侨务等政策，多党合作事业全面发展。搭建服务平台，积极发挥各民主党派、工商联、侨联和无党派人士服务发展的积极作用。深化侨联改革创新，3个村“侨胞之家”获评市级“侨胞之家”，2个村申报省级“五好侨胞之家”。加强党内党外“两支”队伍建设，聚焦巩固宗教工作成果、凝聚侨心侨力等，广泛团结各方面力量。促进工青妇等群团组织发挥桥梁纽带作用。坚持党管武装，加快推进军民融合，拓宽双拥共建领域，加强军人军属、退役军人保障。深入推进全面依法治区。

认真学习贯彻习近平法治思想，积极推动《中华人民共和国民法典》学习宣传和贯彻落实。支持和保证司法机关依法独立行使审判权、检察权，依法行政、依法治区的能力和水平进一步提高。深化“七五”普法，以“谁执法、谁普法”为原则，把普法与依法治区相结合，持续开展“法律六进”活动，依法执政能力不断增强，社会治安明显好转，法治政府建设有效推进。积极推进14个民主法治示范村（社区）创建，探索实施农村“法律明白人”培养工程，夯实基层社会治理根基。规范化建设公共法律服务中心，实现村（社区）法律顾问100%全覆盖。

【宣传思想文化工作】 2020年，中共城厢区委领导班子坚持围绕“举旗帜、聚民心、育新人、兴文化、展形象”的使命任务，坚持正确政治方向，在基础性、战略性工作上下功夫，在关键处、要害处下功夫，在工作质量和水平上下功夫，推动宣传思想工作不断强起来，更好地坚定主心骨、汇聚正能量、振奋精气神。牢牢掌握意识形态主动权。严格落实意识形态工作责任制，区委常委会研究意识形态工作5次，中心组专题学习2次，编发《舆情专报》35期，在中央和省市各主流媒体刊发新闻稿件1075篇，形成良好舆论声势，牢牢把握住意识形态工作的领导权、主动权和话语权。深化媒体融合发展，区融媒体中心正式投入上线。重点加强涉疫舆情监控和处置，及时澄清涉疫情谣言5次。开展网络信息内容生态综合治理，大力推广保护知识产权典型案例，积极正面引导舆论舆情发展。全力推进精神文明建设。把培育践行社会主义核心价值观融入创建全过程，全面推动文明城市、文明城区创建工作，助力莆田市蝉联“全国文明城市”荣誉，推动精神文明创建制度化常态化。全力推进新时代文明实践试点工作，依托实践点积极开展理论宣讲、志愿服务等活动。充分调动全区4万多名志愿者的积极性，大力开展“木兰溪畔志愿红”“爱在城厢”等系列活动20场，组织疫情防控志愿服务853次，致力打造城厢志愿服务品牌。持续深化移风易俗，推出清明节线上云祭扫等活动，树立文明乡风。开展诚信行业、诚信单位等主题实践活动和“星级文明商户”评选活动，推进诚信建设。开展“扣好人生第一粒扣子”等主题教育实践活动，“筱竹”“和美田园”两个劳动实践特色项目入选福建省第二批劳动教育实践特色项目。加快推动文化事业和文化产业繁荣发展。坚持文化惠民，大力提升文化服务供给、服务质量、服务效能，让更多群众共享文化发展成果。大力开展群众性文艺文化活动，先后组织开展各类文艺演出60余场、文旅活动50余场次等。坚持守正创新，推出一批有质量、有影响的本土文艺精品，木雕《清明上河图》作者郑春辉获得“大国工匠”称号。加大文化遗产传承保护，全面开展历史建筑普查认定，推选第六批市级“非遗”代表性传承人2人。健全文化产业发展扶持机制，实施“互联网+”“文化+”“旅游+”战略，重点打造花果埔柳、乡村岭下、马院人家等一批重点乡村旅游项目，推进油画产业与互联网融合发展。

【民生保障和社会治理】 2020年，中共城厢区委领导班子坚持以人民为中心的发展思想，不断增进民生福祉，下更大力气解决民生热点难点问题，不断推动实现人民对美好生活的向往。健全社会保障体系。坚持量力而行、尽力而为，增财力70%以上投入民生，切实抓好17件年度惠民实事项目。强化社会救助兜底保障，城乡低保标准提高到660元，发放低保金、救助金等超2700万元，救助7261人次。探索“医养结合”的机构养老模式及居家养老购买服务试点工作，累计为7类老年群体服务28340人次；建成农村幸福院65个、社区居家养老服务站18个、居家养老服务照料中心4所，养老服务体系不断完善。多措并举稳就业、保就业，城镇增就业人员5686人，完成年计划的158%以上，期末城镇登记失业率3.18%，低于市控目标。部署开展第七次全国人口普查。加快补齐民生短板。加快推进教育强区，增学位1.45万个，顶墩学校、泗华小学等一批“十三五”规划学校如期建成投入使用，普惠性幼儿园91.1%，居全市首位，教育教学质量稳步提升，小学、初中、高中三个学段教育教学综合评价连续5年均居全市第一，荣获“莆田市教育教学优质管理县区”。深入推进健康城厢，慎终如始抓好疫情防控，健全医疗卫生服务体系，加快区医院新址病房楼建设，完成65家村卫生所一体化建设全覆盖，家庭医生签约服务覆盖率30%以上。大力推进55个项目30001套历史遗留安置房不动产证办理工作，首次登记率100%。深入推进文体惠民工程，建成村级文化服务中心等文体设施24个、巩固提升农家书屋12家。提升社会治理能力。以建设更高水平平安城厢为目标，探索打造具有城厢特色的市域社会治理新模式，全区社会大局保持安定稳定，历史首次实现全年命案“零发生”、平安建设（综治工作）考评全市第一、全省唯一，荣获全省第四轮第一批平安县（市、区），为全市唯一。围绕提升社会基层服务能力和提升社会基层治理能力“两种能力”，探索创建“党建+”邻里中心试点建设，6个试点中心全部通过市级考评验收，其中霞林社区、筱塘社区被评为“五星级”试点，全市首家试点探索建设“党建+”乡村邻里中心和“党建+”园区邻里中心，以实际行动落实党建引领提升社会基层服务能力；探索建立“综治+”社会治理试点2个，通过整合资源、融合功能、力量协同，完善“1536”纠纷多元调解体系，巩固提升社会基层治理能力。深入推进“雪亮工程”建设，“合侦快破”工作机制和警用无人机运用获公安部通报表扬，基层治理体系和治理能力现代化水平不断提升。

【从严治党】 2020年，中共城厢区委领导班子能够全面贯彻新时代党的建设总要求，扛起全面从严治党政治责任、主体责任、第一责任，深化落实省委“五抓五看”“八个坚定不移”具体部署，以永远在路上的执着韧劲推动全面从严治党向纵深发展。坚持以党的政治建设为统领。深入贯彻落实中央关于加强党的政治建设意见，严格执行新形势下党内政治生活若干准则等党内法规，健全党委（党组）理论学习中心组学习通报制度，召开“不忘初心、牢记使命”主题教育总结会，把不忘初心、牢记使命作为加强党的建设的永恒课题和党员干部的终身课题。全年召开区委中心组学习29场，进一步推进党委（党组）理论学习中心组学习制度化、规范化。持续开展全面从严治党主体责任落实情况检查，发现并督促整改问题70个。强化对干部遵守政治纪律、政治规矩方面的监督。深入贯彻落实新时代党的组织路线。突出夯实基层基础，大力整顿8个软弱涣散村（社区）党组织，选优配强基层党组织。优化基层组织设置，成立3个街道大工委、21个社区大党委和212个小区党支部。创新党建工作模式，开展突破“难、硬、重、新”工作行动，在项目征迁和疫情防控中推行“党支部+指挥部”等党建工作法，充分发挥基层党组织战斗堡垒作用和党员的先锋模范作用。坚持正确选人用人导向，推行“一线考核、蹲点考核、关键节点考核、无任用考核”等考核办法，树立凭实绩用人的导向，全年职级晋升32人，进一步使用9人，提拔重用22人。坚持党管人才，认真落实人才发展体制机制改革意见，积极培育电商、油画、高新技术等领域人才，激发人才创新创造活力。坚定不移正风肃纪反腐。把“严”的主基调长期坚持下去，严格落实中央八项规定及其实施细则精神，突出整治形式主义、官僚主义，共查处违反中央八项规定精神问题85件96人。一体推进不敢腐、不能腐、不想腐，坚持无禁区、全覆盖、零容忍，保持反腐败高压态势，聚焦严肃查处不收敛不收手、政治问题和经济问题交织的腐败案件，聚焦群众反映强烈的突出问题，深挖彻查腐败问题，全年查处涉黑涉恶腐败及党员干部充当“保护伞”等5类问题26件26人，查处扶贫领域案件6件7人，查处疫情防控不力问题7件11人。探索建立“3×3闭环”机制，“点题”推动建立完善农村“三资”监管、小额工程招投标等机制制度。用好政治巡察利剑，认真做好优化营商环境专项巡察和“放管服”改革检查等问题整改工作，对14个单位常规巡察和4个单位巡察“回头看”工作，区委九届巡察覆盖率98.57%。

【自身建设】 2020年，中共城厢区委领导班子高度重视自身建设，带头增强“四个意识”、坚定“四个自信”、做到“两个维护”，严格落实和加强维护党中央集中统一领导若干规定，贯彻执行民主集中制，坚持重大事项集体研究，落实请示报告制度，召开民主生活会，开展批评与自我批评，政治能力、工作作风得到进一步提升，确保中央和省市各项决策部署落到实处。全年召开区委常委会会议18次，集体研究解决重大问题94个，有效推动议事决策科学化、规范化，民主化。严格执行中央八项规定及其实施细则精神和省、市实施办法，自觉遵守各项规章制度和廉洁自律准则，切实营造风清气正的良好政治生态。

区委办工作

【概况】 2020年，中共莆田市城厢区委办公室（以下简称“区委办”）在区委的正确领导和市委办的指导帮助下，区委办坚持以习近平新时代中国特色社会主义思想为指导，紧紧围绕区委中心工作，主动适应新形势、新任务、新挑战，坚持超前谋划、主动跟进、担当尽责，不断提升“三服务”水平，坚决当好区委坚强前哨和巩固后院，有力保障区委各项工作的平稳高效运行。

【理论学习】 2020年，区委办坚持把政治建设摆在首位，把绝对忠诚内化为干部的优良基因，着力打造党性坚强、政治过硬的模范部门。加强理论武装。班子成员坚持用习近平新时代中国特色社会主义思想武装头脑，深入学习贯彻习近平总书记治理木兰溪的重要理念，努力践行“五个坚持”，并通过学习例会、专题讨论等多种形式，带动全办人员深入学习贯彻新思想，不断树牢“四个意识”、坚定“四个自信”、坚决做到“两个维护”，始终在思想上、政治上、行动上同以习近平同志为核心的党中央保持高度一致。加强业务学习。主动把学习宣传贯彻习近平新时代中国特色社会主义思想和中共十九届五中全会精神与习近平总书记对福建工作的重要指示批示精神和治理木兰溪的重要理念相结合，深入学习省、市重要文件精神以及“双轮”驱动项目攻坚、突出开放招商、全方位推动高质量发展超越、全面从严治党等方面的政策、法规和业务知识，引导干部职工认真学习科学技术、市场经济、法律等现代知识和《秘书工作》《党办通讯》等相关业务知识，不断拓宽知识面，打造业务“多面手”，切实提高整体水平。注重学用结合。坚持边学习、边思考，把理论学习与提高“三服务”水平结合起来，把办公室工作实际与推动城厢发展更好地结合起来，做到以学促用、以用促学。围绕全区年度重点工作，开展调研并组织撰写强产业、兴城市等调研文章20余篇，为区委的科学决策参谋辅政，确保区委各项决策部署落实落细。

【疫情防控工作】 2020年，区委办全力以赴抓实疫情防控。面对突如其来的新冠肺炎疫情，认真贯彻落实中央、省委、市委、区委关于疫情防控的各项决策部署，提高政治站位，强化责任担当，高质量完成各项任务，确保疫情防控期间区委的正常高效运转。办公室全体党员干部积极主动报名投身抗疫一线，为遏制疫情蔓延、统筹协调做好疫情防控工作贡献力量。

【综合文字工作】 2020年，区委办强化精品意识和效率意识，注重提升各类综合文稿的政策性、指导性和针对性，力求政策清楚、主题突出、观点正确、格式规范、逻辑严谨、准确及时。全年高质量、高标准起草区委九届十二次、十三次全委会工作报告、城厢区国民经济和社会发展第十四个五年规划和二〇三五年远景目标的建议等区委文件以及领导讲话、汇报交流等各类文字材料350多篇，较好发挥以文辅政参谋助手作用。

【行文办会】 2020年，区委办在公文处理上，严格贯彻落实《党政机关公文条例》的要求，努力做到高效、精简、准确、快捷办文，确保公文高效流转无差错。在会议和活动保障上，坚持早谋预研、统筹协调、周密安排、严谨落实，全年承办各类会议、安排领导调研、接待上级领导检查等工作，做到一丝不苟、精益求精、万无一失。深入开展“文山会海”整治活动，严格贯彻落实上级及区委的有关文件要求，严控会议数量规模、严把发文关口，全年会议、文件精简任务均达到省市要求。

【督促检查】 2020年，区委办坚持视角前移、主动靠前、一线推动，紧紧围绕区委、区政府中心工作、阶段性工作、领导和大众关注的热点难点问题，对重大决策、重要工作部署、重点项目和领导批示，采取专项查办、重点交办、通报约谈等措施，不断增强督查实效，做到“督得准、跟得紧、把得严、落得实”，确保重大决策和重要工作部署全面落实。全年办理领导批示件130件，实现及时率、办结率100%。在2019年对全区各类督查检查考核等进行全面清理压减至20项的基础上，是年督查检查考核总量进一步压减至18项，实行总量控制，切实减轻基层负担。

【信息报送】 2020年，区委办坚持围绕中心、服务大局，以“多出大主意、好主意”为目标，紧密贴合领导关注焦点、特色工作亮点、改革推进难点、群众关心热点，在求真、求实、求准、求深上下功夫，持续提升信息收集、综合和反馈水平，实现由收信息向谋信息、编信息向写信息、报信息向点信息“三个转变”，并及时向省市报送反映城厢社会经济发展中的新成果、新情况、新问题。全年编辑《城厢信息》26期，增刊19期，业务通报4期。累计上报省、市信息1500多条，其中省委办公厅采用36条（2篇获省领导批示）、市委办采用218条，并被省委、市委办公室评为“党委信息工作优秀单位”。

【后勤保障】 2020年，区委办围绕中心工作，注重机关财务管理，严格执行预决算制度，加强公务用车使用管理，做到规范、安全、节约、高效。严格执行领导干部带班和24小时值班制度，认真做好重大节日、重要节点值班工作，切实履行好上情下达、下情上报、协调左右的职能，确保区委工作正常运转。坚持厉行节约、反对铺张浪费，进一步严肃财经纪律，严格控制“三公”经费支出，不断加强办公室财务管理。

【机要保密工作】 2020年，区委办建立健全机要工作的各项规章制度，严格落实机要密码工作“十三五”规划，进一步细化责任分工与工作任务，在新冠肺炎疫情时期，以及全国“两会”、中共十九届五中全会等重大活动期间，高质高效地完成通信保障任务，通过畅通的政令传递，助力疫情攻坚战的全面胜利以及全区各项重点任务的完成。从强化忠诚、锤炼党性出发，加强对涉密人员的教育和管理，着力提升各单位保密管理和机关干部的保密防范能力，严格按照上级部门的统一部署以及区委领导的指示要求。全年收发办理电报500余份，及时有效地传达上级各项决策部署，充分发挥“保安全、保畅通、保稳定”作用，实现“优质、高效、保密、无事故”的目标，确保各级党委政府指示政令的安全畅通。

【涉台工作】 2020年，区委办以习近平总书记对台工作重要思想引领新时代对台工作，落实落细涉台疫情防控的各项举措，不断推动各级惠台利民政策措施落地见效，持续深化对台合作交流，推动两岸经贸融合。

【党建工作】 2020年，区委办大力抓好党员干部的学习教育，不断增强干部职工自身素质、党性修养及政治意识，做到在重大原则问题、重大考验面前旗帜鲜明、立场坚定。高质量召开专题民主生活会，落细落实“三会一课”、主题党日、民主生活会、领导干部双重组织生活会、民主评议党员、谈心谈话等制度，推动党内政治生活常态化、规范化。围绕全区工作大局，注重把落实巡视反馈意见整改、精准扶贫、精神文明、平安创建、扫黑除恶、安全生产、民族宗教等各项工作和党建工作相结合，做到以党建工作推动业务工作、以业务工作检验党建工作。

【严守纪律规矩】 2020年，区委办认真落实从严治党主体责任，严格按照党要管党、从严治党的要求，恪守党员干部廉洁自律和党风廉政建设责任制的有关规定，深入学习并严格执行党内法规，模范遵守纪律规矩，自觉接受监督。支持驻区委办纪检组开展相关工作，并通过组织召开区委办领导干部述责述廉工作会议、观看《迷失的初心》《叩问初心》等警示教育片、开展红色教育等形式，引导全办干部职工坚守纪律底线，强化规矩意识，在本职岗位上履职尽责。认真贯彻民主集中制，严格按程序决策、按规矩办事，坚持重大问题和重要事项由领导班子集体讨论决定，对涉及“三重一大”等事项，均提交室务会研究，做到科学决策、民主决策、依法决策。

【整改巡察问题】 2020年，区委办强化政治意识，坚决把整改工作作为一项重要政治任务，认真对照巡察反馈意见，全力以赴抓好巡察整改工作。第一时间召开室务会、巡察整改领导小组会、全办干部大会等会议，研究部署、协调推进整改工作。区委巡察组向区委办反馈巡察意见指出的3个方面10项共16个问题，制定整改措施50条，均已整改到位。同时，把整改问题和标本兼治、建章立制工作有机结合起来，坚持举一反三，总结经验教训，及时建立健全日常管理、业务工作、党风廉政、党建规范等常态化、长效化规章制度，修订完善“三重一大”议事规则、谈心谈话、办公室学习计划、应急值班通报等机制措施，扎紧制度笼子，切实做好整改“后半篇文章”。

【意识形态工作】 2020年，区委办切实履行“三带头、三亲自”，把意识形态工作作为党的建设重要内容纳入议事日程，先后组织3次室务会研究部署意识形态工作，召开意识形态综合分析会和专题研讨会4次，认真审定落实意识形态工作责任制情况报告，传达贯彻意识形态工作会议精神。组织办公室及时制定《区委办落实意识形态工作责任制实施意见》，第一时间根据人员进出情况调整意识形态工作领导小组，组长对本单位意识形态工作负主体责任。加强意识形态阵地管理，严格落实审签制，对所有公共领域宣传载体审签实行督查，由分管领导负责督查，严防漏签现象。

【改进工作作风】 2020年，区委办认真贯彻落实中央和省市关于进一步激励广大干部新时代、新担当、新作为的意见措施，围绕履行好“三服务”的基本职能，带头弘扬“四下基层”“马上就办、真抓实干”等优良传统作风，切实提高全体党员干部的服务意识和服务水平。突出抓好办公室学习制度、值班制度、财务管理制度和工作规范运行等制度建设，完善工作规程，强化过程控制，确保各项工作职责分明、有章可循，真正做到用制度管人、按制度办事。发挥支部职能优势，积极组织党员志愿者开展形式多样的入户宣传、防汛抗台等系列服务群众、服务基层活动，继续保持扶贫力度不减，进一步提升干部干事创业精气神。

【激发队伍活力】 2020年，区委办进一步明确班子成员的责任和分工，有效调动班子成员和各科室负责人大胆开展工作，大力倡导团队精神，着力提高干部职工顾全大局、服从大局、服务大局的意识，形成相互信任、相互尊重、团结协作的工作氛围，增强工作合力。强化干部培养，有计划地实施多岗位锻炼计划，根据岗位要求，科学调整干部岗位分工，使之在岗位锻炼中提高工作能力；积极向组织部门民主推荐条件成熟的年轻干部予以提拔使用，进一步调动工作积极性，着力营造能进能出的工作环境，有效激发队伍活力。

（陈 超）

组织工作

【概况】 2020年，中共莆田市城厢区委组织部（以下简称“区委组织部”）在区委的正确领导下和市委组织部的精心指导下，坚定践行新时代党的组织路线，统筹推进疫情防控和经济社会发展工作，着力建设高素质干部队伍，稳固提升基层治理效能，持续优化人才生态环境，为全方位推动高质量发展超越提供坚强组织保证。

【疫情防控】 2020年，区委组织部坚持把疫情防控作为首要政治任务，全力以赴做好疫情防控工作。作为全市疫情防控重点区，按照区委的统一部署要求，联合区纪委第一时间成立防控新冠肺炎疫情督导检查组，下设7个督导检查小组，采取面上走、重点盯、随机察、督办改等方式，深入华亭镇、常太镇、龙桥街道等7个镇（道）、120个村（社区）及机关职能部门，及时掌握疫情、及时指导支持、果断采取行动。在防疫重点部位成立前线指挥部临时党支部17个、小区临时党支部76个；组建党员先锋队、突击队、服务队100支，参与党员人数3938人；组建党员志愿者队伍180支，参与党员人数2967人；1500多名在职党员到社区报到，充分发挥党员的先锋模范作用。先后下拨123万元用于支持疫情防控工作（含区管党费配套40万元），其中53.11万元用于慰问基层一线1063名防疫工作人员。

【基层组织建设】 2020年，区委组织部以组织体系建设为重点，积极构建上下贯通、执行有力的基层组织体系，全面提高基层社会治理水平，进一步巩固和加强党在基层的执政基础。成立3个街道大工委、21个社区大党委和212个小区党支部。建立“1+1+3”结对帮扶机制，联合区直职能部门开展“义务理发”等公益活动，下放427项便民事项，全方位服务居民群众；发挥区直部门职能、资源等方面优势，区财政、区管党费分别划拨220万元、36万元予以补助，多渠道保障邻里中心项目建设工作高效运转。通过整合、改造、提升现有幼儿园、居家养老服务中心、卫生服务站、生鲜便利店、便民服务站等资源，建成第一批6个“1+6+X”模式的“党建+”社区邻里中心并顺利通过验收，其中霞林街道霞林社区、凤凰山街道筱塘社区被评定为五星级试点。在全市率先启动乡村、园区邻里中心建设，华亭镇五云村、常太镇下莒村以及华林园区三威鞋业、郭氏鞋业已初步建成并陆续投入使用。开展“两新”组织品牌创建工作，巩固提升亚明、复茂、郭氏、方家铺子、力奴、劳动关系协会、江西商会等党建示范点6个，培育形成三威党建+邻里中心、金海湾楼宇党建等区域党建示范基地3个，带动全区“两新”组织党建工作提质提级。

【人才工作】 2020年，区委组织部牢固树立人才是第一资源的理念，充分发挥人才政策的“磁场效应”。认真落实“壶兰计划”等人才政策，组织企业、人才积极参与项目申报工作，2020年，申报国务院政府特殊津贴2人、博士后科研工作站2家、福建省“雏鹰计划”青年拔尖人才2人、省高层次B类人才2人、工科类青年人才1人；通过“壶兰计划”人才认定43人。加强高层次创新型科技人才、技能人才队伍建设，恒鑫鞋材等3家企业被评为2020年福建省科技小巨人领军企业；1月郑春辉荣获“大国工匠2019年度人物”荣誉称号，9月复茂郭继光荣获中华人民共和国人力资源和社会保障部授予“郭继光技能大师工作室”，亚明食品被授予2020年“中国中餐标准化产业基地”“莆田市科普教育基地”“国家级高新技术企业”。创新“平台经济”，实现全方位、无缝隙的新经济模式。百盛跨境电商孵化基地入驻企业36家，联发莆田电商城一期入驻20余家。注重用环境留人、用文化留人、用感情留人，提升留才的温度和力度。完善《城厢区七中山人才公寓管理暂行办法》，完成74套人才公寓升级改造，安排三批次32名优秀人才入住。

【干部工作】 2020年，区委组织部坚持加强思想淬炼、政治历练、实践锻炼、专业训练，下大力气培养建设忠诚干净担当的领导班子和干部队伍。采取“上级调训＋本级轮训”“网络培训＋直播授课”“专题辅导＋集中研讨”等方式开展培训。举办十九届四中全会精神专题轮训等，培训各级干部1523人；举办青干班1期，培训年轻干部40名。是年，提拔重用3名“80后”干部担任镇（街）党政主官和区直单位正职，提拔12名“80后”“90后”干部担任镇（街）党政副职。对疫情防控工作开展不力的1名干部予以免职。综合运用巡察、审计、“12380”信访举报等信息，完善干部监督管理信息库。聚焦关键“一把手”、疫情防控一线、“双轮”驱动一线等重点岗位、重点工作，加强对干部担当作为的监督。贯彻落实新时代新担当新作为若干措施、“建设美丽莆田”干部正向激励十七条措施及关心关爱基层干部十二条细则，健全干部激励保障体系，完善干部身心健康，落实体检、休假等制度。落实干部谈心谈话制度，及时了解掌握基层干部工作生活情况，注重对干部的心理疏导，帮助困难干部解决实际问题，对科级干部开展谈心谈话350多人次。探索建立科学的容错、防错、纠错体系，为被诬告陷害的领导干部澄清正名机制，正确对待被问责和受到处分的干部。

【离退休老干部】 2020年，区委组织部围绕“让党放心、让老干部满意”的工作目标，多措并举提升老干部工作质量，真正做到思想上关心、生活上照顾、精神上关怀。举办“党的十九届五中全会精神”老干部培训班，组织线上观看《老年人如何做好自我防护知识》等系列学习。下黄社区离退休干部党支部获评首批省级离退休干部“示范党支部”；疫情防控期间，100多名老干部加入志愿者队伍，奋战在“抗疫”一线，并捐款12.92万元。利用春节、“七一”中国共产党建党节、中秋、重阳等重要节日，组织慰问离退休老干部100余人次；为3位80岁、90岁高龄的离退休老干部祝寿；为13位离休干部无工作遗属发放生活补助费13万元，为4位困难离休干部申请帮扶基金2.14万元，为3名离退休干部申请特殊护理费补助0.9万元，充分保障老干部生活待遇。

（林倩冰）

宣传工作

【概况】 2020年，中共莆田市城厢区委宣传部（以下简称“区委宣传部”）在区委的正确领导和市委宣传部的精心指导下，城厢区宣传思想文化战线切实担好“举旗帜、聚民心、育新人、兴文化、展形象”使命任务，聚焦疫情防控工作，积极作为、靠前作为、担当作为，用正能量凝聚疫情防控共识，增强全社会打赢疫情防控阻击战的必胜信念，为全方位推动城厢高质量发展超越、全力实施“双轮”驱动战略提供有力的支持和保障。

【理论武装】 2020年，区委宣传部牢牢把握学习贯彻习近平新时代中国特色社会主义思想这条主线，印发《党委（党组）理论学习中心组学习巡听旁听工作制度（试行）》《2020年区委理论学习中心组学习计划》《关于进一步加强和改进党委（党组）理论学习中心组学习的通知》，进一步推进党委（党组）理论学习中心组学习制度化、规范化。用好用活《习近平在厦门》《习近平在宁德》《习近平在福州》等学习读本，引导领导干部读原著、学原文、悟原理，以理论滋养初心，以理论引领使命。召开区委中心组学习23场，传达学习习近平总书记重要讲话重要指示批示精神，省委、省纪委监委、省审计、市委、市信访相关工作会议精神；召开学习习近平总书记在“不忘初心、牢记使命”主题教育总结大会重要讲话精神，《习近平在厦门》《习近平在宁德》《习近平在福州》三部采访实录等专题研讨10次，不断增强“四个意识”、坚定“四个自信”、做到“两个维护”，强化理论修养。严格落实意识形态工作责任制，全面做好2019年意识形态工作责任制落实情况总结，召开2020年度全区意识形态工作综合分析会，谋划部署工作方向和思路。抓好省委巡视一组巡视莆田反馈有关意识形态问题的整改，严格按照要求进行传达部署、制定整改方案，进一步明确责任领导、牵头单位、责任单位和整改时限，切实推动整改工作落实。涉及城厢区的15个问题均已整改到位。推进意识形态工作督查常态化，牵头开展2020年度意识形态工作责任制专项督查，对全区各党委（党组）开展全面检查，及时发现问题并督促整改落实；结合区委巡察，选派专干对被巡察单位进行意识形态工作检查。

【疫情防控】 2020年，区委宣传部突出主流媒体引领作用，在《今日城厢》新媒体平台开设《抗击疫情》《重要通告》等专栏，及时准确宣传中央、省、市相关部署，第一时间报道全区疫情和防治、处置等防控情况，宣传医疗卫生、生活习惯相关科普知识，最大限度将广大群众统一到抗击疫情的战线上；推出“复工复产，城厢在行动”疫情防控公益服务平台上线，设置抗击疫情，复工复产、辟谣举报、发热线上义诊等9个专题，传递正能量，引导群众、服务群众，为有序推进复工复产工作保驾护航。《汉庭酒店免费给隔离点送早餐》等多条新闻上市电视新闻，《硬核！城厢区包车包机为14家企业接回700多名员工》等多篇文章在《福建日报》刊登推送，在《今日城厢》新媒体平台刊播相关新闻2238篇，浏览量超2000万次。依托横幅、告知书、流动宣传车等全方位、立体式、接地气等形式全面宣传疫情防控，共张贴宣传标语30000多份，发布各类倡议书、防护指南等30多万份，制作《企业复工复产疫情防控导则》等挂图、手册、宣传单30000余份、横幅3000余条，LED显示屏滚动10万余次，进企业宣传12000余次，制作抖音、美篇、“11个一律”、《企业复产复工指南》等宣传作品100多个。疫情防控期间开通今日城厢微信公众号留言功能，接受网民举报线索和违反《城厢区人民政府通告》的行为，通过《今日城厢》“抗击疫情”留言收集群众反映问题423条。

【弘扬社会主义核心价值观】

2020年，区委宣传部深入开展公民道德思想教育实践活动，持续深化“身边好人”“新时代好少年”推荐评选活动，林毅当选中国好人榜，成功推选省级、市级新时代好少年各1名，新时代好少年付博焰接受福建电视台专访，并在全省播报。强化典型引领，林毅、郭景国、林智永等身边好人受邀出席团拜会，进一步以正能量主旋律推动全区形成学习、关爱、崇尚、争当典型的良好风尚。充分发挥先进典型在疫情防控中的示范作用，中国好人林毅捐赠10万元助力疫情防控工作。注重未成年人道德建设，围绕“扣好人生第一粒扣子”主题教育实践活动，开展“携手抗疫情·别样少年心”未成年人防疫抗疫作品展播活动，引导乡村未成年人以绘画、手抄报、视频作品、征文等多种形式涵养家国情怀。紧扣“复学在即，家长如何做好交接棒”主题，开展“阳光心理健康辅导”线上公益心理微课，受益家长、师生12000人次。组织5所省级文明校园与5个乡村学校、少年宫签订结对共建协议，培育特色活动项目，“筱竹”“和美田园”两个劳动实践特色项目入选福建省第二批劳动教育实践特色项目。提高农村未成年人综合素质和劳动技能。以共建方式在莆田市博物馆、岭下美丽乡村、华亭花卉基地、九龙谷等开设研学基地，组织“重走红军路”“小小金话筒”等研学活动。开展“八不”行为规范进村（居）宣传、志愿服务助力乡村振兴等活动，引导群众以身作则、文明举止，为培树文明乡风添砖加瓦。组织教育部门和各类学校开展“向国旗敬礼，做一名有道德的人”“我们的节日·中秋”“戏曲进校园”巡演系列、“致敬革命英烈”“传唱爱国歌曲”活动60余场次，进一步加强爱国主义教育。

【精神文明建设】 2020年，区委宣传部认真做好2019—2021年度市区级文明村镇、文明社区、文明单位、文明校园申报工作，着力培育文明村镇创建典型，拓展文明单位创建领域。召开创建第六届全国文明城市、省级文明城区再动员部署会、常态化创城工作推进会，调整充实创城工作领导小组，分解任务落实责任，开展环境卫生整治、交通秩序整治、市政设施补缺等城市管理提升活动，进一步推动文明城市创建工作。印发《城厢区创建全国文明城市（省级文明城区）公益广告全面提升行动方案》《城厢区区直单位结对社区开展小区楼道整治志愿服务活动方案》，推动重要场所和重要载体的公益广告提档升级，开展区直单位结对社区小区楼道整治志愿服务活动，57家区直单位、1644名志愿者全面参与。开展“文明健康有你有我”公益广告宣传行动，围绕绿色环保、健康生活、文明行为、良好心态、环境保洁、共筑新风六个方面广泛刊播展示，形成浓厚宣传氛围。深化志愿服务品牌，开展“木兰溪畔志愿红”“爱在城厢”“美在城厢”等系列志愿服务活动近200场。积极服务疫情防控工作，发动招募志愿者4683名，成立18支队伍，开展相关志愿服务活动853次，参与志愿者人数约4589人次，服务群众2.8万人次；深化“一元理发”志愿服务品牌，组织“一元理发”志愿者为疫情防控工作人员义务理发51人次。着力提升线上志愿服务水平，开通心理健康咨询热线，共接访电话、网上心理咨询49人次；开展线上教育辅导志愿行动，充分依托“莆田市书香校园智慧阅读”平台，利用“云课通”平台、哔哩哔哩网站录制播放网课视频。推进华亭镇新时代文明实践所建设，完成辖区内35个文明实践站全部挂牌，依托实践所开展宣讲、文艺演出近50场。组建新时代文明实践志愿服务队，志愿者总数达3000多人，组织开展“疫情防控”“创城”等主题志愿活动。深化移风易俗，开展“倡导移风易俗·文明过节”“倡导移风易俗·推行文明云祭扫”“推进移风易俗·弘扬时代新风”等活动60余场。加大宣传力度，充分利用宣传车、广播、LED显示屏、印发宣传单、宣传海报、悬挂宣传横幅等方式，宣传践行“红事”停办、“白事”从简，劝阻民俗集会。疫情防控期间，全区劝停民俗庙会活动和文体活动778场，暂时关闭庙宇423间，取消寿宴、婚宴976次，用纯正民风有力支持疫情防控工作。

【新闻宣传】 2020年，区委宣传部加快区融媒体中心建设，于7月1日正式上线启动；于12月通过省级验收，获省广播电视局核发信息网络传播视听节目许可证。进一步完善组织机构和人员配备，强化高素质、高层次宣传人才引进，充实融媒体中心干部队伍，不断提升干部技能和业务水平。牢牢把握全区宣传工作重点，积极主动对接新华社、《福建日报》《湄洲日报》等上级主流媒体，围绕全区中心工作，组织采写体现全区发展特色、亮点的稿件，在《人民日报》《经济日报》等省级以上媒体刊发210余篇新闻，在《湄洲日报》上刊发新闻866篇，其中头题150条；在“今日城厢”App发稿4212条，公众号发稿2724条，不断展现城厢新形象，提高新闻宣传传播力、引导力、影响力、公信力。在“今日城厢”推出《你问我答》《有话要说》栏目，收集反馈群众的述求和问题，为群众解决身边的“烦心事”。其中，《你问我答》完成28期内容反馈。注重媒体载体创新，依托城厢新闻网、今日城厢微信公众号、新闻客户端、城厢区融媒体抖音号等资源，入驻人民号、新华号等国家级移动媒体端、优质平台，与《福建日报》《湄洲日报》、莆田广播电台等签订战略合作协议，拓宽对外宣传渠道。注重用好图片、短视频、动画等形式，尝试拍摄短视频人工智能（AI）播报，制作三句半防疫抖音、区级新时代文明实践中心抖音等，增强吸引力、扩大受众面。其中，制作短视频《250微米，萌翻了！显微镜下花蛤幼苗原来是这样》，浏览量突破110万次。短视频爱岗敬业好校长系列报道、扫黑除恶专项斗争主题《共建平安志愿先行——城厢区开展反传销宣传活动》、公益广告《一粥一饭，当思来之不易》等被推到学习强国平台，向学习强国平台推送城厢文章38篇。2月27日起，联合东南网莆田站先后推出10多期AI播报，报道辖区项目建设等新闻。5月8日，新华社福建分社记者张逸之一行采访辖区出口转内销、用工增长典型企业。7月7日，《福建新闻联播》播出记者联合区融媒体中心拍摄的《莆田马院：绿色山村的红色旅游小康路》新闻。

【社会宣传】 2020年，区委宣传部注重宣传载体搭建，突出多样化，深化各类主题宣传。协调组织在重要场所、单位内部的公共领域宣传载体上进行广泛张挂和播放十九届五中全会精神宣传标语，推动全会精神深入人心。开展纪念中国人民抗日战争暨世界反法西斯战争胜利75周年群众性主题教育，收看中央相关纪念活动、走访慰问健在的抗战老战士，利用专题专栏加大网上纪念宣传。在全区广泛组织开展庆祝中华人民共和国成立71周年主题宣传教育活动，利用发光二极管（LED）显示屏滚动播放国庆氛围宣传标语，布置彩旗、悬挂灯笼，开展主题灯光秀表演30余场次，营造浓厚的国庆佳节氛围。组织先进模范、优秀教师等，深入机关、农村、社区、学校、企业等开展分众化、精细化宣讲，举行思政课“六进”活动启动仪式，开展《习近平谈治国理政》第三卷宣讲活动，将习近平总书记的“理论宝典”“鲜活教材”带到农村基层，推动党的理论“飞入寻常百姓家”，为新中国成立71周年营造良好氛围；在城厢新闻网开辟“网络中国节·中秋”栏目，点击量达37128人次，进一步浓厚节日氛围。

【文化建设】 2020年，区委宣传部坚持文化惠民，大力开展群众性文艺文化活动，1月开展文化、科技、卫生“三下乡”集中服务活动及宣传移风易俗活动。加强文艺队伍建设，引导全区广大文艺工作者培根铸魂，切实担起时代弘道者的责任，坚持深入生活、以人民为中心的创作导向，创作一批“四个讴歌”的精品力作。疫情防控期间，组织区美术家协会紧扣主题，创作“抗击疫情”作品，连续举办两期网络美术作品展览，展览作品被《人民日报》及市文联、市美协等多家部门转载，部分作品入选福建省美协抗击疫情网络美术作品展览，并被省美术家协会、省美术馆转载。举办纪念母亲节书法展览“触不可及”架上绘画艺术展览，广受社会好评。积极争取文化文艺发展资金，推荐闽中游击区革命教育培训中心建设项目、《滦川》电影剧本大纲等4个项目申报2020年度省级文化产业发展专项资金。持续开展乡村文化文艺采风活动，收集整理记录家风家训、民俗工艺、名人传说、古厝民居等系列资料，挖掘和建设城厢传统文化资源，编辑出版《家园记忆·东海篇》。推动文化生产经营机制改革，引进齐物志研学教育项目落户莆田国际油画城。注重文化融合发展，积极推动骨干文化企业向上争取专项资金。健全文化产业发展扶持机制，实施“文化+”“旅游+”战略，打造一批乡村旅游休闲集镇。积极将乡村旅游项目建设与“幸福家园”“美丽乡村”建设等乡村振兴战略相结合，鼓励发展以田园采摘、民俗体验、生态休闲等为主体的乡村体验综合体，落实美丽休闲乡村创建工作，重点打造花果埔柳、乡村岭下、马院人家、绶溪公园等一批重点乡村旅游项目，助推乡村脱贫工作。举办“扬新风 共团圆”“阖家团圆 喜庆丰收”等文艺演出60余场次，九龙谷、南湖等“国庆体验旅游”“全民健身”篮球友谊赛100余场次，以丰富的文体活动展示新成就、讴歌新时代。

【阵地管理】 2020年，区委宣传部加强网上舆情处置。编发《舆情专报》34期，有力抢占舆论引导先机和制高点。加强涉疫情防控突发舆情处置，对造谣传谣、引发社会恐慌的，及时澄清事实、正面发声引导，并协调公安机关依法打击网络谣言，及时澄清“摔伤者为肺炎病人”等谣言5次，删除诋毁城厢疫情防控帖子3次，编发《舆情专报》3期，引导全社会正确认识疫情、增强科学防控意识，进一步稳定民心。防控疫情期间，舆论引导管控积极正面，全区意识形态领域形势整体平稳有序。

（余思宁）

统战工作

【概况】 2020年，中共莆田市城厢区委统战部（以下简称“区委统战部”）认真学习贯彻习近平新时代中国特色社会主义思想和中共十九大精神，牢牢把握大团结大联合主题，有效落实中央、省、市、区委关于统一战线重大决策部署。在推进政治协商、引导参政议政、参与精准扶贫、促进社会和谐、服务改善民生、拓展对外联谊等工作努力拼搏、不断创新，为促进全区经济社会发展发挥积极独特作用。

【统战工作会议】 4月26日，召开城厢区统战、民族宗教工作会议。区委常委、统战部部长陈洪武总结通报2019年全区统战、民族宗教工作情况，部署2020年工作任务，区委书记王文才作强调讲话。

【民族调研】 5月18日，由区人大常委会副主任王乌妹带队组织部分人大代表对城厢区少数民族群众扶贫脱贫工作进行专题调研。

【宗教领域疫情防控】 1月26日至2月2日，区委统战部牵头先后召开3次会议，布置推进落实会。专门向全区各宗教团体下发《关于暂停举办大型宗教活动的紧急通知》，明确要求各宗教团体、各宗教活动场所暂停举办一切聚集性大型宗教活动。同时，借助莆田电视台等载体宣传，采取在场所门口张贴公告方式，通知信教群众暂停一切宗教活动。动员各宗教教职人员通过对教义教规的解释，引导信教群众理解和支持各项防控措施，开展健康卫生宣传，增强自我保护意识。引导全区宗教界牢固树立大局意识，自觉服从政府相关部门的统一安排，全力配合做好疫情防控工作。区委常委、统战部部长陈洪武到重点宗教场所石室岩寺现场指导防疫工作，要求各宗教团体和宗教场所认清疫情蔓延的严峻形势，扎实做好宗教各领域疫情防控工作。1月25日起，全区108个宗教活动场所均暂时关闭，全部停止集体宗教活动。疫情防控期间，全区各宗教活动场所一律暂停开展宗教活动，民间信仰场所一律取消民俗活动。

【民盟城厢总支成立】 6月21日，民盟城厢区总支部第一次盟员代表大会召开。大会审议通过林少斌代表民盟城厢区支部第三届委员会所作的工作报告，选举产生民盟城厢区总支部第一届委员会，方碧娴当选为主任委员，郭建辉、吴懿娴、郭凤祥、林静当选为副主任委员。

【民建城厢区支部第六次会员大会召开】 10月24日，民建城厢区支部第六次会员大会召开。大会审议通过吴洪云代表民建城厢区支部第五届委员会所作的工作报告，选举产生民建城厢区支部第六届委员会，陈泗当选支部主委，黄志兴、林垒镕、林梅红当选为副主委。

【两岸书画精品大联展】 11月2日，“妈祖缘·同胞情”两岸书画精品大联展现场交流笔会在湄洲妈祖祖庙莆田会馆举办，来自台湾地区30多位嘉宾及两岸婚姻家庭代表，精选两岸精品近200幅在莆田会馆展出，有3000多人次群众观展，进一步弘扬妈祖文化，促进两岸文化艺术互动交流。

【莆田市新的社会阶层人士实践创新基地揭牌】 10月14日，莆田市新的社会阶层人士实践创新基地集中授牌仪式在复茂食品有限公司举行。是日，莆田市委统战部确认铭天下创新创业平台、海联社新媒体中心、复茂100年饼匠、莆田高新区创客梦工场、永福家具建材城、春晖木雕工艺馆等6个基地为首批市级新的社会阶层人士统战工作实践创新基地，并举行集中授牌仪式。

【城厢区新阶联理事会召开】 11月27日，城厢区新阶联在会员企业复茂食品有限公司召开2020年会员大会。会上，刘建杰会长通报城厢区新阶联2020年工作开展情况及下一阶段主要工作思路和区新阶联财务收支情况，会员企业福建复茂食品有限公司分享“英才计划”。

（黄玊军）

对台工作

【概况】 2020年，中共莆田市城厢区委台港澳工作办公室（以下简称“区委台港澳办”）充分发挥对台优势，持续探索海峡两岸融合发展新路，努力建设台胞台企登陆的第一家园，着力在夯实工作基础、落实主要任务、保障台胞权益、加强经贸合作、兑现惠台政策、促进莆台交流等方面下功夫，取得明显成效。

【莆台交流合作】 2020年，区委台港澳办全面落实好《优化营商环境条例》，推动经贸融合，突出开放招商力度，增台资企业5家、台胞个体户5家；深化对台农业合作，东海牛樟芝种植基地被省农业厅评为“闽台农业融合发展示范基地”，获闽台农业融合发展示范基地专项扶持基金10万元。

【服务台商台胞】 2020年，区委台港澳办持续落实落细国台办“31条措施”“26条措施”“应对疫情11条”等系列惠台利民政策措施，主动为台商子女就近就读提供便利。年内优龙食品商行等2家企业获得台湾特色商品店专项补助资金。

【台胞权益保障】 2020年，区委台港澳办认真贯彻落实《中华人民共和国台胞投资保护法》等法律法规，建立健全台胞权益保护和涉台投诉协调化解工作机制，设立涉台检察联络室，聘请涉台检察联络员2名，确定台胞陪审员2名，为涉台纠纷化解、优化营商环境提供机制保障。全年成功调处台商台胞诉求13件，切实为台商台胞办实事、

11月29日，平潭台商参访城厢区跨境电商生态园（吴碧清 摄）

解难题，确保时时有回应、件件有着落，得到台商台胞的广泛好评。

（吴碧清　林平凡）

机构编制

【概况】　2020年，中共莆田市城厢区委机构编制委员会办公室（以下简称“区委编办”）是区委机构编制委员会的常设办事机构，在区委编委领导下，承担区委编委日常工作，作为区委工作机关，归口区委组织部管理。城厢区党政工作部门机构改革后，设置党政机构33个，党委机构10个，其中纪检机关1个，工作机关9个，政府工作部门23个。优化镇（街道）机构设置，按照“大综合、扁平化”原则，统筹优化和综合设置镇（街道）党政内设机构5～6个，加挂牌子3个，整合设置副科级事业单位3个，明确各镇（街道）领导职数。组建镇（街道）综合便民服务中心，实现“一站式服务”和“一门式办理”。组建镇（街道）综合执法队（协调中心），实现一支队伍管执法。重新核定镇（街道）“三定”规定，重新修订镇（街道）权责清单和“属地管理”清单。年内，区委编办配合区公务员局、教育局等单位，做好2020年度公务员、事业单位人员公开招聘和教育系统招考教师等工作。

【党政机构改革工作】　2020年，区委编办调整不规范的事业单位名称，加大事业单位整合力度，全区规范更名事业单位33个、撤并整合事业单位15个。会同组织、人社、财政等4个部门出台《城厢区生产经营类事业单位改革工作意见》，全区9家生产经营类事业单位全部完成改革任务，其中撤销撤并8家，转企改制1家，收回事业编制8名。统筹调整设置综合派驻纪检监察组6个、单独派驻纪检监察组2个、派出机构1个，规范领导职数设置，增加派驻（出）机构行政编制2名、事业编制4名。调整区招商局隶属关系，由区政府直属事业单位调整为区发改局下属事业单位。调整区司法局社区矫正机构设置，在区司法局内设机构社区矫正管理局加挂“莆田市城厢区社区矫正管理局”牌子，依法承担区政府社区矫正工作。

【重点领域机构编制】　2020年，区委编办核定2019年度扩容校（或新建校）专业技术职数基数，有效解决教育编制不足造成的教师待遇问题，保障教师队伍稳定。实行编内+编外“人员总量控制”管理机制，建立编制数10%的编外合同教师专户，用于“产假式”缺编、老龄化及结构性缺员等教师补充。对连续病休1年以上，又不符合退休退职条件的人员，经县以上医院证明，并经县以上教育行政部门批准，列入编外，腾出编制补充本校教师。将区卫生消杀站余缺的人员编制统筹调整14名编制给区疾病预防控制中心使用、统筹调整3名编制给区卫生应急办公室使用，将华亭卫生院余缺的人员编制统筹调整15名编制给区疾病预防控制中心使用。适应社会发展需要，设立城厢区国有资产投资营运服务中心，并向市委编委请示机构规格

12月4日，区委编办参加国家宪法日普法宣传活动　（许燕　摄）

确定为相当正科级，增加团区委编制1名、妇联编制1名、非公有制企业和社会组织工作委员会服务中心编制2名。及时为城厢区医院援鄂编外医护人员办理转编内人员手续。

【事业单位登记管理】 2020年，区委编办全面完成事业单位年度报告公示工作，实现事业单位登记服务“最多跑一趟”。开展事业单位法人公示信息双随机抽查工作，与市、荔城区事业单位登记管理局实行“同城”联合检查，按5%的比例随机抽查11家单位，通过实地核查事业单位法人登记相关内容，督促事业单位坚持公益导向，依法履行职责。开展事业单位法人异常名录库工作，对出现异常情形的事业单位法人列入异常名录库管理，强化对事业单位法人事中事后监管。组织实施2020年度事业单位法人年检工作，全区符合《事业单位登记管理暂行条例》规定登记的事业单位285个，264个法人单位进行年检，其中通过网上审批办理设立事业单位法人登记8个，变更登记108个，注销11家，年检率95%，合格率100%。

（唐铭衍）

档　案

【概况】 2020年，莆田市城厢区档案局与莆田市城厢区档案馆〔以下简称“区档案局（馆）”〕坚持以“一亮点，四重点”为主线开展档案工作，扩大“村档镇管”辐射力度，得到国家档案局的关注。10月29日，国家档案局副局长王绍忠一行到城厢调研农业农村档案工作。开展年度建档及疫情防控、行政审批档案专题执法检查，推进新一期“乡村记忆”档案项目建设，开展档案馆内部业务规范化建设，推动全区档案数字化建设。

【档案督导】 2020年，区档案局（馆）推动疫情常态化防控档案规范管理，先后印发《关于做好我区应对新型冠状病毒感染肺炎疫情工作文件材料收集归档的通知》及《关于进一步做好疫情常态化防控档案工作的通知》，对全区23个疫情防控成员单位和疫情防控指挥部逐个走访并现场指导，同时对联络人员进行登记备案，确保规范建档；推动各领域档案规范建档，重点抓好土地确权、精准扶贫、婚姻、林权、地名、医保、社保等各类涉及民生的专门档案规范建档工作。指导、督促精准扶贫材料建档998卷（含动态建档）；推动农村土地确权档案规范建档，指导各镇（街道）、区农业农村局齐全收集4.6万户土地确权材料；指导地名普查材料建档，并参与验收；开展校安工程档案验收，开展东海东沙学校综合楼校安工程档案的验收工作。

【依法治档】 2020年，区档案局（馆）连续15年开展档案执法检查工作，经区委办领导签批于12月对全区列入政府绩效考评的65个单位年度建档情况进行检查，重点瞄准年度建档、涉及机构改革单位档案交接、“村档镇管”、档案全文数字化等；围绕疫情防控工作，对全区24个成员单位等开展疫情防控档案专项督查；围绕优化营商环境，对17个驻行政服务中心窗口单位开展行政审批档案专项检查；对照省、市权责清单及区委办“三定”中的档案行政职能职责和五级十五同事项清单，完成区档案局13项权责事项的梳理工作，其中行政处罚1项、行政监督检查2项、公共服务4项和其他权责事项6项。

【“村档镇管”】 2020年，区档案局（馆）持续巩固推进“村档镇管”工作模式，取得国家、省、市档案局领导的持续关注。10月29日，国家档案局副局长王绍忠一行到城厢调研农业农村档案工作，在实地参观了解“村档镇管”运行模式、成果以及村级档案室的建设情况后予以肯定，指出城厢档案工作有特色、有成效，并对乡镇档案和农业农村档案提出要求。是年，7个镇街综合档案室集中统一保管110多个村（社区）及所属镇街文书、土地承包、信访、司法、财务、项目、党员、声像等各类档案 4.36 万卷。

【乡村记忆档案】 2020 年，区档案局（馆）实施莆田市加大品牌争创战略，积极推进渡里村新一期“乡村记忆”档案项目建设，形成市、区、镇、村四级联动的良好局面。筹备建设闽中革命游击区渡里纪念馆，展示渡里革命基点村的基本情况、闽中三年游击战概况、烈士英雄事迹等。

【档案馆业务】 2020 年，区档案局（馆）对照福建省市、县级综合档案馆内部业务建设评价标准，推动档案库房、信息化建设、档案安全、档案资料编纂、全宗指南、展览展示、档案开放控制等档案馆业务建设。规范整理往年征集的数码照片 7000 余幅，实物档案近 300 件；规范整理并数字化往年征集照片档案 2700 余张，音视频档案近 1000 件，时长约 14000 分钟。11 月，经莆田市档案馆测评获得全市第一名。

【信息化建设】 2020 年，区档案局（馆）印发《关于做好档案数字化工作的通知》，为各单位开展室藏档案数字化工作提供业务标准，全区各单位 2019 年度文书档案全文数字化 70% 以上；全面推开纸质档案与数字化副本同步移交工作，完成 16 万条目录的著录，接收档案电子目录约 2.1 万条，接收数字化副本 10.5 万页；开展档案数据异地异质备份，及时将馆藏档案目录、数字化数据报送省档案馆备份，推进全区各单位年度建档目录数据馆内备份工作。印发《关于做好电子文件档案归档管理工作的通知》，并将 17 个驻行政服务中心窗口单位的行政审批电子文件备份、归档情况纳入年度档案执法检查内容，督促各相关单位开展电子文件归档工作。

【档案安全】 2020 年，区档案局（馆）开展档案安全工作大排查，组织人员重点围绕档案库房安全、档案信息、实体安全、安全保障机制等方面开展大排查，同时邀请专业人员一同参与机房、数字化加工场所、库房等重点领域排查，对排查出的安全隐患及时整改到位；组织 3 批次的档案库房全面清洁工作，1 批次的检修库房、机房线路，1 批次的馆藏档案实体与电子目录大审校、大清点工作等，新购置空调 1 台、除湿机 2 台、气体灭火器 2 个及烟雾报警器、防盗报警设备、电子温湿度自动监测仪等。7 月 13 日，邀请消防中心人员为档案馆及电子档案馆建设外包人员进行消防安全知识培训；10 月 19 日，联合霞林居委会开展消防安全演练，20 余人参加。

【宣传教育】 2020 年，区档案局（馆）创新开展档案法治宣传，组织全区 15 个单位 40 余名档案工作者，围绕“档案见证小康路、打赢疫情防控战”主题开展庆祝“国际档案日”送寄语活动；与市档案馆联合组织人员深入文献中学为 60 余名师生讲授档案知识；利用电视台新闻媒介、短信群发、发放宣传册等多种

10 月 19 日，区档案局（馆）与霞林社区联合开展消防安全演练
（刘海星 摄）

形式以及多个部门电子显示屏滚动播放标语等宣传档案工作在助力扶贫决胜期、服务乡村振兴中的作用。

【接收利用】 2020年，区档案局（馆）接收15个全宗3000多卷档案，接待查档2200余人次、2000多卷次，提供复制档案5000多页，为解决土地承包、婚姻关系、土地征迁等提供翔实可靠的原始凭证。提供利用族谱、县志、红色革命故事等资料5人次；接收34个单位1042件信息公开文件，及时开展公开信息文件的收集、整理、上传及利用工作，组织对接收的信息文件进行规范整理。

【资料征集】 2020年，区档案局（馆）征集到具有莆田特色的各类文史资料、族谱、杂志、报纸等500余册，其中从东海镇蔡亭村征集到的清代《愧轩诗集》《户愧轩游记集》《寿山陈氏灵岩山前族谱》等资料；征集到新冠肺炎疫情防控、龙德井片区征迁等专题照片200余张。

【编纂成果】 2020年，区档案局（馆）开展《渡里村志》编纂前期档案资料查阅、人物访谈等工作，并完成该志人口计生、生活习俗、商业统销、宗教信仰、医疗卫生、农业手工业等11章节约30万字的第一期编纂工作；组织拍摄时长21分钟的《红色记忆·渡里外坑》专题视频宣传片，用视频形式展现渡里村革命先辈艰苦斗争、浴血奋战的英雄事迹；拍摄时长6分钟的《莆田市城厢区农业农村档案暨“村档镇管”模式纪实》专题片。

（林雪娇）

党校教育

【概况】 2020年，中共城厢区委党校（以下简称“区委党校”）在区委、区政府的领导下，以习近平新时代中国特色社会主义思想为指导，认真贯彻落实《中国共产党党校（行政学院）工作条例》，坚持党校姓党，坚持围绕大局，聚焦主责主业，努力发挥理论宣传主阵地、干部培训主渠道、党性锻炼大熔炉作用，为全区干部教育培训作出贡献。

【干部教育培训】 2020年，区委党校紧紧围绕学习宣传贯彻习近平新时代中国特色社会主义思想，中共十九大，中共十九届二中、三中、四中、五中全会精神的总体要求，统筹抓好疫情防控和干部教育培训工作。全年举办各类培训班4期，培训人员1743人。采取线上线下相结合的方式，举办“城厢区区管干部学习贯彻中共十九届四中全会精神轮训班”，培训1475人，进一步深入学习贯彻中共十九届四中全会和省委十届九次全会、市委七届九次全会精神，全方位推动高质量发展超越。采取视频会议的形式，举办“2020年村（社区）党组织书记暨第五批省、市、区驻村第一书记培训班”，培训143人，坚决落实省委组织部和市委组织部关于2020年基层党建工作重点任务的部署。举办区直机关党组织书记及党务干部学习贯彻中共十九届五中全会精神培训班，培训86人，深入学习贯彻习近平新时代中国特色社会主义思想和中共十九届五中全会精神，增强抓党建工作的能力素质。举办为期1个多月的“城厢区第24期中青年干部培训班”，参训中青年干部39人。同时扎实推进干部网络培训工作，组织全区各级干部参加“福建干部网络学院”在线学习，确保如期完成年度学习任务。

【理论宣讲活动】 2020年，区委党校组织骨干教师下基层宣讲全会精神，深入区直系统党委、镇街、工业园区、村（社区）等单位开展学习贯彻中共十九届四中、五中全会精神专题讲授12场，推动党的理论创新成果走进党员、走进群众，凝聚党心民心，扩大社会共识。党校高级讲师谢志壮受邀参加莆田广播电视台第190期《你说我说大家说》——“大学习”进万家，苏辉同志受邀为东南网驻莆田站工作人员进行宣讲习近平新时代中国特色社会主义思想，取得很好的社会反响。

【精准扶贫】 2020年，区委党校坚决落实每月17日区“扶贫日”活动、“一月一走访”等日常机制，组织帮扶干部深入华亭镇走马亭村帮助解决挂钩贫困户实际困难问题。同时发动全校教职工捐赠慰问金、慰问品，让这些贫困户充分感受到党和政府的关怀和温暖。是年，区委党校挂钩帮扶的5户贫困户均实现较高质量稳定脱贫。

（吴淑香）

党史研究和地方志工作

【概况】 2020年，中共莆田市城厢区委党史和地方志研究室（以下简称“区委史志室”）深入学习贯彻党的中共十九大，中共十九届二中、三中、四中、五中全会精神和习近平对福建工作的一系列重要讲话重要指示批示精神，认真落实中央和省、市、区决策部署，坚持“党史姓党”大原则大方针，紧扣“以史鉴今、资政育人”根本任务，坚持围绕中心、服务大局，不断加强自身建设，开拓创新，务实工作。

【征编党史人物】 2020年，区委史志室进一步推进《中共城厢区党史人物（一卷）》征编工作，年内聘请两位经验丰富、认真负责的老干部充实编纂队伍，在认真校对已收编对象传略的同时，向全区各承编单位再征集补充，年内补充收集200多名在城厢区担任过副科级（实职）以上的领导干部。

【开展遗址遗迹普查】 2020年，区委史志室完成革命旧址及纪念场馆的普查勘查和申报工作，在《福建省革命遗址通览》列入名录的遗址遗迹基础上补充上报本区的遗址遗迹纪念场馆有蔡先镳家族革命旧址、闽中游击区纪念馆、东圳移民精神纪念馆，申报结果由省委党史方志办审定。

【推进党史教育基地利用】 2020年，区委史志室为推进城厢区党史教育基地资政育人、推进革命遗址遗迹保护和推动红色旅游发展，充分调研摸清底数和情况，给予省级党史教育基地龙桥街道中共闽中特委机关延寿联络站旧址维护经费1万元补助，给予市级党史教育基地常太镇闽中游击队洋边革命展览馆和侯山村烈士革命纪念堂维护经费各5000元，用于党史教育基地日常维护。另外，因地制宜，主要资金倾斜马院村闽中三年游击战争扩馆建设经费4万元。年内党史教育基地宣传教育受众近6000人次，为党史资政育人提供阵地。

【开展红军标语普查】 2020年，区委史志室为做好红军标语普查工作，11月开展红军标语普查工作，在南山广化寺释迦文佛塔内发现二十世纪二三十年代红军标语15条。

【推进党史方志宣传教育】 2020年，区委史志室为不断加大党史和地方志宣传教育力度，开展主题为“传承优秀文化，树立文化自信”的党史地情丛书赠书活动，赠送图书馆、学校、社区、农村区情资料、党史资料100余套（册）。利用主题党日活动与常太山门村党支部开展支部共建活动，实地瞻仰山门支部旧址，铭记革命历史，传承红色记忆，并赠送年鉴、区志、党史资料等书籍20余套（册）。

【编纂年鉴】 2020年，区委史志室干部坚守抗疫一线，同时不忘年鉴业务工作的有序开展。年初印发《关于做好〈城厢年鉴（2020）〉编写工作的通知》，分发《城厢年鉴（2020）》编写纲目。按照年鉴篇目、内容的要求，将年鉴编纂工作分解到各承编单位，责任到人。通过电子邮件、电话、面谈等多种方式，加强与各单位撰稿人联系，指导并督促各单位年鉴的具体编写，确保年鉴按时保质完成编辑。8月，基本收集好各单位年鉴初稿。9—10月完成《城厢年鉴（2020）》总纂工作。11月，联系出版社、印刷厂，进行版面设计，精心校对稿件，交付印刷厂出版印刷。《城厢年鉴（2020）》主要记载2019年度城厢区政治、经济、文化、社会、生态环境等方面基本情况，突出反映各行各业、各条战线的新发展、新成就、新经验。年鉴内容分为三大版块，卷首设图片、特载、专记、大事记、区情概览，根据年度动态，专记中特设中华人民共和国成立70周年系列活动图片选辑；内文（主体部分）以概况、职能、工作条目、综合记事条目及年度动态条目等各类条目为主要信息和基本撰稿内容；卷末设领导名录、高级专业职称人物表、好人好事人物表、百岁以上老人名表、先进单位和先进个人名表并收录个别重要文献资料。全书共577千字，由方志出版社出版。

【推进巡察反馈问题整改】 根据区委巡察工作统一部署，2020年6月10日至7月17日区委巡察一组对区委史志室开展巡察工作，2020年10月23日向区委史志室反馈巡察意见。区委史志室高度重视，把巡察整改作为最重要的政治任务并抓好落实，提高政治站位，加强组织领导。巡察反馈会后，及时召开室务扩大会议，逐项对照巡察反馈问题和建议，研究制定整改落实意见，要求全室上下把做好巡察整改工作作为当前和今后一个时期的重要政治任务，确保巡察反馈的问题整改到位。坚持问题导向，明确责任分解，制定《关于落实区委巡察一组巡察情况反馈意见的整改工作方案》和《中共城厢区委史志室关于落实区委巡察一组对区委史志室巡察情况反馈意见整改任务》，切实将问题逐项分解落实到位、责任到位。建立长效机制，巩固整改成果。针对指出的3个方面8项共20个问题，制定整改措施20条，完成19条，基本完成0条，未完成2个问题。

信访工作

【概况】 2020年，中共莆田市城厢区委信访局、莆田市城厢区人民政府信访局（以下简称“区信访局”）坚持以习近平新时代中国特色社会主义思想和习近平总书记关于加强和改进人民信访工作的重要思想为指导，按照中央和省委省政府、市委市政府的决策部署，紧紧围绕信访工作目标，进一步压实信访工作责任，狠抓各项工作措施落实。2020年，全区没有发生重大影响的信访突出问题和集体上访事件，实现“三个不发生”目标。

【畅通信访渠道】 2020年，区信访局畅通群众诉求表达渠道，落实首办责任，加强初访跟踪督导，接访窗口和办信部门坚持按照“初信初访分析和首办责任机制”要求，按照来访必登、认真接谈做好记录、准确甄别不予（再）受理事项，对不受理的要指明路径，不让群众跑冤枉路、动员疏导、明确管辖、及时转送交办、督查督办，进一步提升初信初访一次性办结率，为信访人“最多投一次”打好基础。加大对信访信息系统推广应用和指导督查工作，推行群众满意度评价工作。是年，受理登记初信初访726件，办结726件。

【信访事项办理】 2020年，区信访局严格按照“法定途径优先”“诉访分离”的原则，分类处理信访诉求，建立法定途径分类处理信访投诉请求清单。进一步完善信访信息系统建设，区直56个部门、7个镇（街）全部对接福建省信访信息系统并实际应用。实现信访事项网上流转“不过日”、落地受理“不过5日”、办结“不过15日”及网上投、办、督、评一体化功能。依据“谁主管、谁负责”原则，加大督查督办力度，督促责任主体及时告知受理；对受理的尽快调查处理。在程序上，查看处理意见书是否规范，是否告知信访人复查的权利，是否有信访人签收；在实体上，查看调查是否到位，定性是否准确、适用的政策法律法规是否正确、处理意见是否恰当并落实到位，进一步提高群众的满意率。

【信访机制体制创新】 2020年，区信访局建立健全领导包案“双包双挂”常态化机制。全面梳理排查群众诉求合理或部分合理的信访积案、市领导接访的尚未化解的案件及部分重点案件，全部由区级四套班子成员及镇（街）主要领导包案挂钩。建立健全“四门四访”常态化机制。深化区党政主要领导每月15日带头轮流接待来访群众，确保能在第一时间快捷高效处理信访问题。党政主要领导共接待群众来访28批55人次，已化解26件，包案领导通过进门约谈信访人，分析问题症结，推动协调化解案件13件；对省、市、区交办信访积案，区镇（街）包案领导按照“四门四访”要求，综合运用行政、政策、法律等方式方法，推动25件积案化解。建立健全矛盾纠纷多元化解常态化机制。创新打造“互联网+调解”“网格化+调解”“劳动关系1+N调处”“信访评理+信访”等平台，实现矛盾纠纷“家门口”调解，通过发挥信访事项多元调解组织、平台和队伍遍布城乡、紧贴群众优势，开展拉网式排查各类矛盾纠纷902件，调处成功902件，调处成功率100%。全力推进区、镇（街）、村（居）“信访评理室”建设，实现三级全覆盖，培育“名人评理室”示范点2个，通过政府救助、社会救助、民间互助、情感互通相结合方式，促进信访事项评理化解。全年区、镇（街）、村（居）三级开展信访评理173件，化解135件。

【信访矛盾化解】 2020年，区信访局按照“三到位一处理”工作要求，把治重化积工作与“解难题、化积案”领导包案结合起来，落实“三见面”“四认真”“五弄清”，明确责任领导、责任人员、化解措施、化解时限，强化责任落实，促进攻坚化解。其中国家局交办攻坚件2件、化解2件，中央联席办督办件1件、信访人已签订息访息诉承诺书，四重攻坚14件、化解14件，市领导包案16件、化解16件，治重化积攻坚件192件，已办结化解92件。

（陈蜜云）

机关党建

【概况】 2020年，中共城厢区委区直机关工作委员会（以下简称“区直机关党工委”）在区委的正确领导下，在市直机关党工委的指导下，区直机关党建工作以习近平新时代中国特色社会主义思想为指导，认真贯彻中共十九大和十九届二中、三中、四中全会精神，坚持围绕中心，建设队伍，服务群众。以党的政治建设为统领，着力强化责任落实，全面提高机关党的建设质量，切实增强“四个意识”、坚定“四个自信”、做到“两个维护”，为打赢疫情防控人民战争总体战、阻击战，决胜全面建成小康社会，决战脱贫攻坚，加快建设美丽莆田先行区提供坚强保证。

【坚决做到“两个维护”】 2020年，区直机关党工委把党中央关于加强党的政治建设的部署要求细化为具体措施，贯彻到机关党建设全过程和事业发展各方面，为坚持和完善中国特色社会主义制度，推进国家治理体系和治理能力现代化服务，对照“三个表率”要求，立足部门职能和岗位职责，认真执行省委、市委、区委“三四八”机制。把“两个维护”体现在贯彻落实习近平总书记对福建工作重要讲话、重要指示、批示精神上，体现在推动党中央决策部署落地生根上，体现在做好本职工作的实际成效上。

【开展“大学习”活动】 2020年，区直机关党工委持续推进“大学习”，坚持把学习融入日常、抓在经常。充分用好《摆脱贫困》《习近平在厦门》《习近平在福州》《习近平在宁德》等特色教材，与学习贯彻习近平总书记对福建的重要讲话、重要批示精神和治理木兰溪的重要理念结合起来，引导广大党员干部进一步增强政治觉悟和政治能力，做到学思用贯通、知信行统一。

【落实意识形态工作责任制】 2020年，区直机关党工委推进意识形态理想信念教育常态化、制度化，健全完善党组（党委），理论学习中心常态化学习习近平新时代中国特色社会主义思想制度。党组（党委）书记定期为党员干部上党课制度。加大政策宣传、成就宣传和形势政策教育力度。加强意识形态阵地的建设和管理，开展干部职工思想状况调研，落实意识形态分析报告制度，做深做实思想政治工作。

【筑牢防控组织防线】 2020年，区直机关党工委坚决扛起打赢疫情防控阻击战的政治责任，切实把思想和行动统一到习近平总书记关于疫情防控的系列重要指示精神上来，进一步织密建强易于集结、善于发动、便于指挥的组织体系，推动各领域基层党组织立足各自职能优势和特点，发挥强大的政治功能和组织力。

【党建工作】 2020年，区直机关党工委抓好《中央和国家机关关于加强党的建设和意见》《中国共产党党支部工作条例》《中国共产党党和国家机关基层组织工作条例》等文件的学习贯彻，把党章党规党纪作为理论学习中心组、党支部组织学习的重要内容，遵守机关党员干部八小时之外规范政治言行的具体规定，严格执行请求报告制度。严肃查处违反党的政治纪律和政治规矩问题。严格落实“三会一课”、民主评议党员、领导干部双重组织生活、谈心谈话等基本制度，切实提高党内组织生活的质量，拓展提升每月15日相对固定的“三会一课+主题党日”模式，坚持和完善新党员入党宣誓、重温入党誓词、过集体“政治生日”等政治仪式，发展积极健康的党内政治文化。

【基层党组织建设】 2020年，区直机关党工委深化党支部“达标创星”活动，建立不同领域党支部建设示范点，推进党支部标准化、规范化建设。发掘、培树和宣传区直机关各级党组织身边的先进典型，积极发挥典型示范引领作用，使之“树得起、站得住、叫得响”，让机关党组织和广大党员学有榜样、赶有目标。打造在全市乃至全省具有可推广、有影响的党员政治生活示范引领基地，并以此为依托，分门别类建设一批多功能、各具特色的示范引领单位，一以贯之推动机关党建工作走深走实。

【党员教育管理】 2020年，区直机关党工委分层分类开展基层党组织书记、党务干部治理能力专题培训。用好微学堂、微视频和虚拟现实（VR）等“三微”手段，强化全媒体传播，不断增强党员教育吸引力实效性。把好党员入口关，严格落实发展党员政治审查制度，加强党内激励关怀帮扶，加大慰问党员、干部力度和广度。搭建党员作用发挥平台，推动广大党员在大战大考中见精神、见能力。注重在疫情防控一线培养和发展党员，把冲锋在前、奋战一线、信念坚定、表现突出的优秀分子及时吸纳到党组织中来。及时发现、大力宣传疫情防控和复工复产工作中涌现的先进集体、先进个人和感人事迹。

【建立落实不忘初心、牢记使命制度】 2020年，区直机关党工委落实党组（党委）班子成员联系指导党支部工作、新任党组织书记任职谈话、基层党组织按期换届、支部委员履职培训等制度规定，认真贯彻中央和省委、市委、区委关于建立不忘初心、牢记使命的制度安排，结合实际，深化落实，推动主题教育成果不断巩固拓展。

【精神文明创建活动】 2020年，区直机关党工委以成功创建全国文明城市为契机，进一步做好区直机关文明单位申报工作。持续推进在职党员到社区报到服务，推动机关与社区组织共建、活动共联、资源共享、机制共创。充分发挥广大党员干部的主观能动性，定期或不定期开展各类健康向上、形式多样的文体活动，提升机关文化品位，不断增强机关的凝聚力和向心力。认真落实平安创建各项措施。开展平安志愿活动，按照要求，进村入户进行宣传落实，着力推进平安城厢建设更上新台阶。

【推进群团工作】 2020 年，区直机关党工委坚持和完善党建带群建工作机制。健全机构改革后的工、青、妇等群团组织建设。强化思想政治引领，广泛开展岗位练兵、技能竞赛、巾帼建功，以工人先锋号、青年文明号、青年岗位能手、“最美家庭”、巾帼文明岗等创建活动为平台，鼓励和指导机关各单位依托工青妇组织，开展全民健身运动、劳动技能竞赛、交友联谊等文体活动，陶冶党员干部情操，活跃机关氛围。

【落实机关党建主体责任】 2020 年，区直机关党工委贯彻党中央关于落实全面从严治党主体责任有关规定，强化党组（党委）书记第一责任人责任、班子成员“一岗双责”，共同抓好党建工作。推动绩效考评、文明单位考评、落实全面从严治党主体责任检查等，把提升机关党建工作质量作为重要内容，督促指导机关各级党组织扛起全面从严治党主体责任，把压力传导到“神经末梢”、任务落实到“基层细胞”。积极配合区纪委派出纪检组抓好机关党风廉政建设，正风肃纪，力戒形式主义、官僚主义。

【强化机制创新】 2020 年，区直机关党工委健全完善有关制度机制。结合实际，准确把握新时代机关党建工作的使命任务，建立常态化沟通机制。建立健全困难党员、老党员关怀帮扶长效机制，结合机关党组织换届等，选拔政治强、业务精、作风好的干部从事党务工作，着力推动不低于规定比例配备党务干部。坚持并完善党组织书记抓基层党建述职评议制度和成果运用。坚持把党建工作与业务工作结合起来，着力破解“灯下黑”“两张皮”等突出问题，积极探索推进党建和业务深度整合、相互促进的有效措施。

（吴国晖）

人大常委会主要工作

【概况】 2020年，区人大常委会坚持以习近平新时代中国特色社会主义思想为指导，深入贯彻落实中共十九大和十九届二中、三中、四中、五中全会精神，增强“四个意识”、坚定“四个自信”、做到“两个维护”。在中共城厢区委的坚强领导下，始终坚定战“疫”必胜的强大信念，围绕中心，服务大局，全面履行法定职责，充分发挥代表作用，切实加强自身建设，为城厢经济社会高质量发展超越作出积极贡献。是年，召开常委会会议7次、主任会议12次，听取和审议“一府两院”工作报告9项，开展执法检查5次、专题调研8次、跟踪调研1次、视察调查5次，专题询问1次，作出决定决议15项。依法任免国家工作人员111人次，顺利完成区九届人大四次会议确定的目标任务。

区人大主要会议

【城厢区第九届人民代表大会第五次会议】 12月29—31日，召开区九届人大五次会议，大会应出席代表197名，出席代表178名，出席区政协八届五次会议的全体委员和区政府组成人员、市直属有关部门、区直有关部门和单位负责人列席大会。会议听取和审议城厢区人民政府区长吴文恩作的政府工作报告、书面听取区发展和改革局局长陈志军作的关于区2020年国民经济和社会发展计划执行情况及2021年国民经济和社会发展计划草案的报告和区财政局局长许玉树作的关于区2020年预算执行情况及2021年预算草案的报告，听取区人大常委会主任王国太作的区人大常委会工作报告、区人民法院代院长曾奋乐作的区人民法院工作报告、区人民检察院代检察长林少雄作的区人民检察院工作报告，审查批准城厢区国民经济和社会发展第十四个五年规划纲要，并作出相应的决议。会议分别补选曾奋乐为区人民法院院长、林少雄为区人民检察院检察长、陈旭清为区九届人大常委会委员。

【城厢区人大常委会会议】 城厢区九届人大常委会第二十五次会议 2月28日下午召开，会期半天。会议采取线上形式进行。会议书面听取和审议区人大常委会执法检查组关于城厢区贯彻实施开展《中华人民共和国传染病防治法》《福建省人民代表大会常务委员会关于依法全力做好新型冠状病毒肺炎疫情防控工作的决定》《莆田市人民代表大会常务委员会关于依法防控新型冠状病毒感染疫情、切实保障人民群众生命健康安全的决议》暨新冠肺炎疫情防控工作情况视察调查报告；书面听取和审议区人民政府关于城厢区新冠肺炎疫情防控工作情况的报告。会议审议通过人事任免事项，免去欧智勇的区人民检察院检察员职务，决定接受朱德芳辞去莆田市第七届人民代表大会代表职务的请求。区人大常委会主任王国太、副主任黄光明、王乌妹、林少敏、林晋居及委员共26人出席会议。会议由王国太主任主持。

城厢区九届人大常委会第二十六次会议 4月30日上午召开，会期半天。会议听取和审议区人大常委会执法检查组关于城厢区贯彻《福建省物业管理条例》情况的执法检查报告；听取和审议区人大常委会执法检查组关于城厢区贯彻《福建省河道保护管理条例》情况的执法检查报告。会议审议通过人事任免事项，决定任命林福全为区人民政府副区长，决定免去谢长征区人民政府副区长职务；任命林丽贞为区人民法院刑事审判庭副庭长、陈金钰、谢倩倩、洪俊达为区人民法院民事审判庭（家事少年审判庭）副庭长；柯清廉为区人民法院刑事审判庭副庭长；免去林丽贞的区人民法院少年刑事审判庭副庭长职务、陈金钰的区人民法院立案庭副庭长职务、谢倩倩的区人民法院审判监督庭副庭长职务、洪俊达的区人民法院交通法庭副庭长职务、阮志娟的区人民法院民事审判第一庭副庭长职务、许国珍的区人民法院民事审判第一庭副庭长职务、吴晨的区人民法院刑事审判庭副庭长职务；任命林国华为区人民检察院检察委员会委员、检察员。区人大常委会主任王国太、副主任黄光明、王乌妹、林少敏及委员共24人出席会议。会议由林少敏副主任主持。

城厢区九届人大常委会第二十七次会议 6月28日下午召开，会期半天。会议听取和审议区人大常委会执法检查组关于城厢区贯彻实施《中华人民共和国食品安全法》情况的执法检查报告；听取和审议区政府关于2019年环境情况和环境保护目标完成情况的报告；审议代表有关事项。会议审议通过人事任免事项，作出许可莆田市公安局城厢分局对区九届人大代表蔡福美采取刑事强制措施的决定；免去张飞虎的区监察委员会委员职务；任命陈静为区人民法院副院长、曾可嘉、陈俊武为区人民法院审判委员会委员；任命林丽静等58人为区人民法院人民陪审员；免去林文兴的区人民法院副院长职务、程省立及戴爱富的区人民法院审判员职务。区人大常委会主任王国太、副主任黄光明、王乌妹、林少敏、林晋居及委员共26人出席会议。会议由王乌妹副主任主持。

城厢区九届人大常委会第二十八次会议 8月28日上午召开，会期半天。会议听取和审议区政府关于城厢区2020年上半年计划执行情况及重点项目建设情况的报告；听取和审议区政府关于城厢区2020年上半年预算执行情况的报告；听取和审议区政府关于2019年本级财政决策的报告、2019年本级预算执行和其他财政收支的审计工作报告；听取和审议区人大常委会执法检查组关于城厢区贯彻实施《莆田市中小学校幼儿园规划建设条例》情况的执法检查报告。会议审议通过人事任免事项，决定接受陈国忠、胡彬伟辞去区九届人大代表职务请求的决定，接受许庆明辞去区九届人大代表、常委会委员职务请求的决定；会议任命林德龙为区人大常委会财政经济工作委员会主任、刘祖耀为区人大常委会华侨工作委员会主任、孙曙文为区人大常委会监察和司法工作委员会主任、何福水为区人大常委会环境与城乡建设工作委员会主任、卓永安为区人大常委会农业与农村工作委员会主任、黄建山为区人大常委会教育科学文化卫生工作委员会主任、林丽为区人大常委会社会建设工作委员会主任、陈旭清为区人大常委会霞林街道人大工作委员会主任，免去林丽的区人大常委会信访室主任职务、许庆明的区人大常委会霞林街道人大工作委员会主任职务；会议决定任命陈攀为区住房和城乡建设局局长、许庆明为区水利局局长，决定免去陈攀的区水利局局长职务、黄志汉的区住房和城乡建设局局长职务；会议任命林国煌、陈碧金为区监察委员会委员。区人大常委会主任王国太、副主任黄光明、王乌妹、林少敏、林晋居及委员共26人出席会议。会议由林晋居副主任主持。

城厢区九届人大常委会第二十九次会议 10月30日上午召开，会期半天。会议听取区人大常委会视察检查组关于城厢区贯彻落实“认罪认罚从宽制度”情况的视察调查报告；听取和审议区政府关于2020年区本级预算调整的议案；听取和审议区政府关于城厢区安置房建设、回迁、产权登记及剩余安置房处置的报告，并开展专题询问；听取和审议区政府关于区九届人大四次会议代表建议办理情况的报告；审议通过莆田市城厢区人民代表大会常务委员会关于补选城厢区第九届人民代表大会代表选举日的决定；审议通过关于召开城厢区九届人大五次会议的决定。会议审议通过代表有关事项，决定接受蔡福美辞去区九届人大代表职务的请求。区人大常委会主任王国太、副主任黄光明、王乌妹、林少敏、林晋居及委员共25人出席会议。会议由林晋居副主任主持。

城厢区九届人大常委会第三十次会议 12月22日上午召开，会期半天。会议听取和审议区政府关于城厢区国有企业经营情况和国有资产管理情况的报告；审议通过关于调整区九届人大五次会议召开时间等事项的决定；审议通过关于表彰区九届人大四次会议代表建议办理工作先进单位的决定；审议通过莆田市城厢区人民代表大会常务委员会代表资格审查委员会关于补选代表的代表资格审查报告；审议通过《莆田市城厢区人民代表大会常务委员会任免国家机关工作人员实施办法（修正案草案）》；书面听取区政府关于2020年为民办实事落实情况的报告。区人大常委会副主任黄光明、王乌妹、林少敏、林晋居及委员共20人出席会议，会议由黄光明副主任主持。

城厢区九届人大常委会第三十一次会议 12月28日上午召开，会期半天。会议初审区人大常委会工作报告；审议通过区九届人大五次会议有关事项。会议补选李朝兴、吴清高、涂洪船、释滇悟、潘峰等5人为莆田市第七届人民代表大会代表。会议审议通过人事任免事项。会议任命林建华为区监察委员会副主任、免去林雪琳的区监察委员会副主任职务；任命曾奋乐为区人民法院副院长、审判委员会委员、审判员，决定区人民法院副院长曾奋乐代理区人民法院院长职务，任命曾广霖为区人民法院行政审判庭（综合审判庭）副庭长，免去曾可嘉的区人民法院执行庭庭长职务、陈金贤的区人民法院执行庭副庭长职务、徐杭的区人民法院执行庭副庭长职务、曾广霖的区人民法院行政审判庭副庭长职务；任命林少雄为区人民检察院检察员、检察委员会委员、副检察长，决定区人民检察院副检察长林少雄代理区人民检察院检察长职务。区人大常委会主任王国太、副主任黄光明、王乌妹、林少敏、林晋居及委员共24人出席会议，会议由王国太主任主持。

【重大事项决定】 2020年，区人大常委会依法任免国家工作人员111人次，其中区人大常委会工作人员11人次，区人民政府工作人员4人次，区监委工作人员5人次，区人民法院工作人员28人次，人民陪审员58人次，区人民检察院工作人员5人次，为城厢区高质量发展超越提供坚强有力的保障。

【监督工作】 2020年，开展执法检查5次、专题调研8次、跟踪调研1次、视察调查5次，专题询问1次，听取和审议“一府两院”工作报告9项，作出决定、决议15项，形成审议意见11项，促进“一府两院”依法行政、公正司法。

【代表工作】 2020年，区人大常委会坚持和发挥代表主体地位，不断扩大代表对常委会工作的参与，有计划安排代表参加各类执法检查、视察调查和专题调研列席常委会会议等活动。注重加强代表队伍建设，强化代表履职管理，探索建立人大代表履职档案，记录代表履职情况，向省人大常委会报送“发挥代表作用优秀案例”2篇，编入《新时代福建省县乡人大工作创新案例》，在全省人大系统推广。依法做好代表补选工作，充实代表队伍。自区九届人大四次会议闭幕以来，接受5名代表因工作变动等原因辞去代表职务，3名代表因调离本行政区域，代表资格自行终止，根据工作需要依法补选5名区人大代表，至区九届人大五次会议召开时，有代表178名。

【代表建议办理】 2020年，区九届人大四次会议期间收到代表建议52件，其中涉及公路建设方面6件，规划建设方面10件，社会管理方面6件，财经方面5件，交通管理方面6件，教育卫生方面10件，农业水利方面4件，环境保护方面1件，其他方面3件，并确定其中5件进行重点督办。在区政府及各承办单位的共同努力下，52件人大代表建议均已答复代表，其中已办结或基本办结29件，占总数的55.8%；正在办理10件，占总数的19.2%；向代表解释说明13件，占总数的25%。从总体上看，代表对建议办理工作比较满意。

【开展《中华人民共和国传染病防治法》《福建省人民代表大会常务委员会关于依法全力做好新型冠状病毒肺炎疫情防控工作的决定》《莆田市人民代表大会常务委员会关于依法防控新型冠状病毒感染疫情、切实保障人民群众生命健康安全的决议》暨新冠肺炎疫情防控工作情况视察调查】 2月14日，区人大常委会组织对城厢区贯彻实施《中华人民共和国传染病防治法》《福建省人民代表大会常务委员会关于依法全力做好新型冠状病毒肺炎疫情防控工作的决定》《莆田市人民代表大会常务委员会关于依法防控新型冠状病毒感染疫情、切实保障人民群众生命健康安全的决议》暨新冠肺炎疫情防控工作情况视察调查。针对城厢区传染病防治形势依然严峻、防治意识还不够强、群防联控机制落实不够到位、统筹推进疫情防控和企业复工复产工作仍需强化等问题，提出要切实落实传染病防治责任、增强传染病防治意识、有效提升传染病防治能力、依法促进疫情防控有序开展等意见建议，促进政府及其有关职能部门进一步强化责任意识，打好打赢疫情防控攻坚战。

【开展《福建省物业管理条例》执法检查】 3月25日，区人大常委会组织对城厢区贯彻实施《福建省物业管理条例》情况进行执法检查。针对业主大会、业主委员会成立难、依法履职难，前期物业招投标程序履行不到位，物业服务收费管理机制不健全，法律宣传工作的广度和深度不够等问题，建议区政府要提高政治站位，注重统筹协调，严格落实责任，坚持问题导向，突出整改实效，努力推动城厢区物业管理规范化发展。

【开展《福建省河道保护管理条例》执法检查】 3月27日，组织对城厢区贯彻实施《福建省河道保护管理条例》情况进行执法检查，针对河道管理法规宣传不够深入、联合执法力度不够，侵占破坏河道现象时有发生，河道规划建设还需加强等问题，提出要提高思想认识，健全体制机制，加大监管力度，完善基础设施等建议，督促区政府加强河道保护管理，保障防洪安全，维护河道生态环境。

【组织对城厢区调解工作情况进行专题调研】 4月9日，区人大常委会组织对城厢区调解工作情况进行专题调研，针对存在问题，提出意见建议，推动城厢区调解工作取得进展。

【组织对城厢区少数民族群众扶贫脱贫工作情况进行专题调研】 4月27日，区人大常委会组织对城厢区少数民族群众扶贫脱贫工作情况进行专题调研，深入走访少数民族贫困户，了解区政府及其有关部门工作开展情况，针对存在问题，提出意见建议，推动城厢区脱贫攻坚工作取得进展。

【开展《中华人民共和国食品安全法》和《福建省食品安全条例》执法检查】 5月27日，区人大常委会组织对城厢区贯彻实施《中华人民共和国食品安全法》和《福建省食品安全条例》情况进行执法检查，针对食品安全监管手段不够有力、“小散乱”现象仍较为突出等问题，提出加强政策法规宣传、深化食品安全监管体制、加大监管和打击力度、构建社会共治格局等建议。督促区政府及其有关部门进一步提高认识，加大执法力度，切实保障人民群众“舌尖上的安全”。

【组织对区政府关于2019年度环境状况和环境保护目标完成情况进行视察调查】 5月29日，区人大常委会组织对区政府关于2019年度环境状况和环境保护目标完成情况进行视察调查。针对存在环境形势仍然严峻，污染防治存在薄弱环节、责任主体不够明确等问题，提出要提升全民环保意识，扎实推进生态建设，加大综合整治力度，提升监管能力和执法水平等建议，促进区政府及其有关部门持续加强生态保护，改善环境质量，打造生态清新的绿色家园。

【组织对城厢区2020年上半年计划执行及重点项目建设情况进行视察调查】 7月24日，区人大常委会组织对城厢区2020年上半年国民经济和社会发展计划执行及重点项目建设情况进行视察调查。针对调查中发现的问题，建议区政府进一步强化责任落实，加快项目落地，提升产业层次，促进产业繁荣，确保全年计划目标的顺利完成。

【组织对城厢区2020年上半年预算执行情况进行视察调查】 7月24日，区人大常委会组织对城厢区2020年上半年预算执行情况进行视察调查。针对调查中发现的问题，建议区政府加大依法监管力度、注重项目品牌带动，加大财源培植力度、严格支出预算管理，继续优化支出结构，督促区政府深化财源培植，加强预算管理，确保全年预算目标顺利实现。

【开展《莆田市中小学幼儿园规划建设条例》执法检查】 8月6日，区人大常委会组织对城厢区贯彻实施《莆田市中小学幼儿园规划建设条例》（以下简称《条例》）情况进行执法检查，针对发现的问题，提出要加强宣传、营造良好氛围，深化协作、突出落实，加大投入、提升教育质量等建议，促进《条例》在城厢区得到有效实施，努力推动城厢区教育教学水平稳步提升。

【组织对城厢区贯彻实施“认罪认罚”从宽制度情况进行视察检查】 9月17日，区人大常委会组织对城厢区贯彻实施“认罪认罚”从宽制度情况进行视察检查，针对公检法司工作配合上有待深化、量刑建议工作有待优化、值班律师作用还需加强等问题，提出统一“认罪认罚”从宽制度的适用标准、依法规范提出量刑建议、切实提高值班律师法律帮助的有效性、强化对认罪认罚案件的监督等意见建议，努力推动“认罪认罚”从宽制度在我区正确规范实施。

【组织对城厢区社区便民服务工作情况进行专题调研】 9月27日，区人大常委会组织对城厢区社区便民服务工作情况进行专题调研，针对存在问题，提出意见建议。

【组织对城厢区安置房建设、回迁、办证及剩余安置房处置情况进行专题询问】 10月15日，区人大常委会组织对城厢区安置房建设、回迁、办证及剩余安置房处置情况进行专题调研，针对安置房项目逾期多、前期手续办理不规范、剩余安置房管理不够到位等问题，提出意见建议。10月30日，在区九届人大常委会第二十九次会议上，常委会组成人员分别对区住建局、区自然资源局、区财政局、龙桥街道、霞林街道、凤凰山街道、华亭镇等7家区直单位和镇（街）进行询问，被询问单位按照要求，围绕如何发挥职能作用，推动有关问题解决进行回答，努力促进城厢区安置房建设和后续管理更加规范。

（谢晓涵　陈建国）

莆田市城厢区人民政府

【区政府综述】 2020年，城厢区人民政府抢抓机遇谋发展，面对突如其来的新冠肺炎疫情和经济下行压力加大的严峻挑战，科学应对，精准施策，深入实施“双轮”驱动，夺取疫情防控和经济社会发展双胜利，经济社会实现平稳健康发展。全区生产总值完成485.9亿元，同比增长3.8%。三次产业比例调整为2.3∶35.1∶62.6。农林牧渔业总产值完成22.5亿元，同比增长3.9%；规模以上工业产值完成395.4亿元，同比增长4.2%。建筑业总产值完成139.4亿元，同比下降15%。固定资产投资增长10.6%。财政总收入完成34.3亿元，同比下降2%。社会消费品零售总额完成545.1亿元，同比增长5.2%。实际利用外资完成3189万元。规模以上其他营利性服务业收入完成25.2亿元，同比增长31.8%。全体居民人均可支配收入40405元，同比增长5.7%。

区府办日常工作

【概况】 2020年，城厢区人民政府办公室（以下简称“区府办”）在区委、区政府的正确领导下，坚决贯彻落实中共十九大精神及习近平新时代中国特色社会主义思想，充分发挥统合服务、参谋助手、统筹协调、督促检查和后勤保障等职能，创新机制，扎实工作，有力保证和促进各项工作高效运转。区府办先后荣获全省政府系统信息工作先进单位，2020年度全省优秀海防工作集体、区人大建议办理先进单位等荣誉称号。

【文秘工作】 2020年，区府办严格落实中央八项规定和实施细则等相关精神，大力整治“文山会海”，推进精文简会，严把会议、文件审批关。全区性会议减少5.3%，区政府发文数量减少4.3%。加强议题安排的协调把关和会场布置、通知发放、资料印制、会议记录、会议纪要整理等环节的服务，做到上会内容规范化，会议议题重点化，会议服务细致周到，会议记录完整准确，会议纪要编发及时，有效提高会议的质量和水平。围绕全区中心工作，公文运转做到规范、及时、准确、安全、保密，全年收到并处理省、市、区文件6705份，实现零差错。

【综合文字工作】 2020年，区府办着眼发挥办公室以文立室、以文辅政的作用，坚持贴近城厢实际、贴近领导思路、贴近工作重点，认真开展调查研究、文稿起草、信息报送等工作，为区政府决策部署提供有力的参考。先后完成各类区政府重要会议领导讲话、省市发言材料、专题材料汇报等综合材料300余篇，其中区级主导、镇街主责、村居主体、群众参与、长效管理“五方共治”及“包工不包料”

的农村污水治理做法总结材料在全市现场会上作经验交流并被省上刊登推广。

【电子政务服务】 2020年，区府办加强区政府门户网站建设，围绕习近平新时代中国特色社会主义思想和中共十九大精神以及城厢区贯彻落实情况，按照信息公开、办事服务、政民互动及政策解读四大功能对网站的内容进行重新组织，完善网站系统。以投票和留言的形式对12件政府决策向公众征集意见，开展网站调查10件，开展领导在线访谈10次。网站信息平均日更新量50条左右，日均访问量3000人次以上。

【督查工作】 2020年，区府办紧扣区委、区政府重大决策部署、领导交办的具体任务，全方位开展督促检查工作。全年办理市领导、区领导批示（办）件2576件，编发《督查与反馈》14期。抓住政府工作报告决定事项的落实不放松，及时制定工作要点，对全年的工作任务目标责任分解进行跟踪，明确分工领导和责任部门，将工作目标细化到责任人。实行每月一督查一通报制度，城厢区17件惠民实事项目（含25个子项目），已完成或基本完成任务的子项目25个，均已完成年度任务。强化人大代表建议和政协委员提案办理，对区人大代表52件建议、政协56件提案办理情况共进行4次通报，并对所有人大代表政协委员及提案人进行逐一回访。根据所征求的意见及建议，在督促相关单位限时改进后及时回访，切实促进办理工作“三率”提高。是年，市、区人大建议、政协提案办复率100%、满意率98%，解决代表委员关注的一批重点难点问题。

【信息采编】 2020年，区府办外拓信息获取渠道，内强信息内容质量，严抓信息服务水平，积极主动地开展工作，编报大量准确、及时、有效的政务信息，较好地完成政务信息全年采编工作，全年编辑刊发《城厢要讯》35期，被市府办采用信息96篇，省政府办公厅采用61篇，国办采用19篇，在全市政府系统信息采用得分位列全市各县区第一，政务信息工作被省政府办公厅评为政府系统信息工作先进单位。

【后勤保障】 2020年，区府办强化公房管理，开展公房专项督查行动，先后对全区区直各单位及各镇（街）公房进行随机抽查27次，涉及单位73个，上报问题线索8条，督促整改8次，发出整改通知书3份。规范公车出行，对全区公车定点维修，全程跟踪管理及督查，应急车辆随叫随到，顺利保障各项公务出行。提升接待水平，严格落实中央八项规定，因受疫情影响，全年接待批次比2019年有所减少，接待各级领导、宾客50多批次，费用比上年减少60%。持续完善食堂管理队伍建设，不断提高服务水平，精心设计，追求菜品的营养平衡，大力推广“光盘行动”，食堂运营广受领导和干部好评。

【海防工作】 2020年，区府办扎实开展海防工作。始终把维护沿海地区安定稳定、促进和谐发展作为重要工作来抓，不断拓宽强边固防工作思路，逐步建立起党政军警民“五位一体”的海域管理联防机制，不断提升海防防控能力。“十三五”期间，按时完成海防基础设施建设投资963.4万元，海防执勤道路项目8个，总长16.1千米。同时，提前筹划“十四五”海防路建设任务。是年，区府办被评为“2020年度全省优秀海防工作集体”。

【效能建设】 2020年，区府办完善效能建设，力求建立高效的行政管理体系。针对市委巡察组反馈的“就营商工作督促检查偏松偏软”问题，开展相关督查3次，下发通知、通报、整改通知书12份，发现问题45个；督促“12345”承办单位严格按照规范流程办理诉求件，对不及时查阅件和即将逾期办理件进行提醒预警，督促联动单位及时查阅受理、按时办结群众诉求件。全年受理“12345”平台诉求件30776件，及时回复率100%，及时查阅率100%，提前回复率31.11%，满意率99.39%。严格落实“基层减负年”有关规定，严格按照年度督查检查考核年度计划，突出问题导向，聚焦政策执行、营商环境、群众办事等领导关注、群众关心的重点领域，对线索明确或群众反映强烈的效能问题开展点穴式督查。运用模拟办事、远程视频监督等方式，加大跟踪督办和责任追究力度。是年，下发全区通报5期，予以效能问责23人次，其中通报批评17人次、效能告诫6人次。

（张剑煌）

行政服务

【概况】 2020年，莆田市城厢区行政服务中心（以下简称“区行政中心”）为深入贯彻落实市委、市政府关于“突出开放招商、强化项目带动”、优化营商环境和市委、区委优化营商环境专项巡察工作部署，聚焦解决营商环境“难点、痛点、堵点”问题，统筹推进疫情防控和深化“放管服”改革优化营商环境，区行政中心紧紧围绕深入“放管服”改革工作，聚焦“不见面审批”、工程建设项目审批制度改革等领域，坚持问题导向、需求导向、效果导向，深入推进“放管服”改革各项工作要求，进一步增强服务意识，提升群众满意度和获得感。1—12月，进驻中心各窗口共收件7583件，办结7552件，办结率为99.6%，网上预审及时率99.86%，电子证照应用率（包括上传）93.43%。

【行政审批】 2020年，区行政中心突出政策落实，深化审批制度改革，政务服务效能得到有效提升。服务保障“六稳”工作落实“六保”任务。一是优化服务，助力企业复工复产。通过“网上办、寄递办、预约办”，助力市场主体复工复产。引导群众通过网上申请，邮寄材料办理证照。对于确需到窗口办理的事项，积极开通预约服务，随到随办、即时办理，尽量减少群众外出、流动时间，避免人员聚集。对涉及疫情防控工作的特殊需要亟须办理业务的企业，开通“绿色通道”，减少登记服务环节，简化办照程序，对非要件材料实行容缺受理，即时审核，保障疫情防控物资的供应。围绕延长证件有效期限、简化查验流程等方面，在全市市场监管系统率先出台《关于推进企业疫情防控期间复工复产若干措施的通知》，加大企业复工复产保障力度。对在疫情防控期间营业执照登记事项发生变化又不能及时办理变更登记的，延期至疫情解除之后一个月内办理。药械经营许可证换证、变更申请的企业，对申请材料符合要求且材料齐全的，可直接换发许可证。对从业人员健康证明有效期届满，受疫情影响暂时无法领取新证的，原健康证明仍视同有效。二是成立企业帮办一条龙服务。为打造良好的营商环境，针对招商项目特别是重点项目、重大工程，成立企业“精准办、团队帮”（由区发改、住建、自然资源局等相关部门组成），实行“一企一策”帮扶指导，为项目落地、建成、投产提供一条龙政策咨询、培训和帮办等VIP服务，已为大唐5G、三利谱两个企业提供上门帮办导办服务，指导企业厘清审批流程和批准层级以及需办理的审批事项清单，规范化准备相关申报材料，引导企业合理安排各审批环节申报时间节点，细致帮办加快项目审批进程。三是助力工业企业厂房办证。为进一步优化营商环境，解决企业办证难问题，推动“双轮”驱动，区行政中心联合职能部门人员主动靠前服务，通过摸清底数、分类清理、入企核实、后续跟踪、会商联审等方式提供“一企一策”工作指导，全程为企业提供帮办代办服务、开通绿色通道，及时解决企业反映问题。可整改办证的15家企业已有14家企业完成办证，1家还在整改中（凯顺物流发展有限公司）。9月16日，东海镇永佳企业（原名莆田市协信企业）通过具结办理拿到全区第1张工业企业厂房权证；其他具备具结办理条件的工业企业正按序时加快推进办理，解决企业所需。持续优化“放管服”改革，降低审批服务门槛。精简行政审批事项，推进“一件事”审批改革。为进一步优化营商环境深化“放管服”改革，深入贯彻落实《2020年莆田市深化“放管服”改革优化营商环境工作要点》文件要求及市政府〔2020〕51号文件精神，对全区24个审批部门1079个审批事项进行重新梳理，按照“减事项、去材料、优导图”的工作要求，持续精简行政许可等事项，全区共提出减事项151项，减少审批材料1121条，压缩审批时限963天，精简环节366个。经过市行政中心和市审改办的最终审查，共减事项87项，精减审批环节308个，压缩审批时限760个，减少审批材料788条。按照省审改办《关于印发推进“一件事”集成套餐服务改革的通知》（闽审改办〔2020〕10号）文件要求，在市行政中心统一部署下，区行政中心已建立商事登记、民生经济、建设交通、投资项目等领域的“一窗受理”，全面实施市级、荔城区、城厢区无差别受理。全区70%以上的事项推行“一窗受理”。是年，共完成“一件事”集成套餐服务审批办件近300件，主要涉及校外培训机构设立、民办学校设立、企业开办、政府性投资类房屋建筑项目（施工许可阶段）、社会投资类经营性房地产项目（施工许可阶段）等事项。企业设立登记再提速。开通2个企业设立网上预审直通窗口，凡是网上预审通过的设立件，提交的申请材料与预审信息一致且齐全，符合法定形式，给予当场办结并发照。自6月11日至12月底，有4100家企业享受直通车即办服务。持续推进工程项目建设审批改革。按照审批环节精简效能、审批部门协同办理、审批过程并行推进的原则，在市行政中心统一部署下，根据不同项目类型，政府投资项目、社会投资项目、带方案出让用地和小型工程社会投资项目、装饰装修工程，全流程审批时限分别压缩至80个、60个、40个、20个工作日以内，且审批流程图固化在莆田市工程建设项目审批管理系统，线上线下同步运行。是年，全区工程项目审批已实施告知承诺制项目187个，多规合一55个，多评合一2个，多测合一23个，联合踏勘54个，联合验收6个，会商联审3个，联合审图实施率100%，团队帮精准办主动上门服务企业28次。

【创新服务】 2020年，区行政中心突出创新驱动，创新服务模式，政务服务水平提升得到有效提升。持续推进“自己批、网上办”。积极推进流程再造，严格按照审批导图收件和审批，形成常态化工作机制。是年，全区“自己‘批’网上办”问卷使用率99.26%，居全市前列，真正降低审批办事成本，利企便民，提升企业群众的获得感。全面推行网上办理。根据省、市工作要求，全区大力推广电子证照应用，凡可从电子证照库共享查询的证照或批文，不再要求提交，大幅减少各类证照纸质复印件收取，全年电子证照应用率93.43%。同时，督促各审批部门对存量证照进行补录转化，全区各部门已完成存量证照转化入库，全区证照库共有约80万张。12月底，全区“一趟不用跑”事项有1289个，占全部审批事项的79.99%，省网上办事大厅网上可办理率97%以上，四星级以上事项占比80.05%。实行政务服务“好差评”。围绕服务评价、差评核实、整改反馈等环节，构建闭环工作流程，真正将人民群众市场主体感受作为评判改革成效的标准，全区政务服务基本满意率100%，其中，非常满意率80.08%。推动“党建+”社区邻里中心建设。依托“党建+社区邻里中心”建设，设立北磨社区邻里中心、龙桥社区邻里中心、霞林社区邻里中心等6个市级试点，大力推行“一站式”服务，已梳理并公布455项便民服务事项，将市级统一政务服务平台系统推广延伸至社区邻里中心，实施“网上办”“掌上办”“自助办”“现场办”“帮代办”，提升社区服务水平。

【公共资源交易】 2020年，区行政中心突出风险防范，深化规范管理，公共资源交易服务质效得到有效提升。完善平台电子交易。严格按照“线上交易为原则，线下交易为例外”的工作要求，推行全流程电子化招投标，实行网上投标、网上签到、不见面开标等。推行、完善电子签名平台技术为公共资源交易中心评标业务提供专家电子身份认证、CA（认证机构）证书申请、签名采集、电子签章等服务，解决好评标专家电子签名问题，实现评标报告的电子签章，满足专家评标过程的全程电子化应用。落实营商环境招标投标指标。及时公开信息。在市、区公共资源交易中心网站及时发布相关营商环境政策、通知及全区招投标行政监督部门投诉渠道。对在公共资源交易过程中发现排斥或限制本市名优地产品参与公平竞争的，及时报相关行政监督部门。建立科室内部管理制度。制定工程建设项目投标保证金专用账户内部管理制度。定人定岗，制定相应措施，确保投标保证金及时足额清退到位。制定区中心管委会工作人员加班调休管理制度，对因招标投标工作确需加班的，合理安排人员，并严格按照制度要求予以认定调休，进一步完善本科室内部管理制度。建设工程项目小规模简易抽取平台。根据《莆田市城厢区人民政府关于进一步规范政府投资项目招投标活动若干规定（试行）》的通知（莆城政〔2020〕78号）要求建设城厢区工程项目小规模简易抽取平台（以下简称“平台”），制定小规模简易抽取平台建设方案。缩短招标时限、简化流程，统一平台、统一管理，在开放市场的环境下，培育本地名优企业，优化营商环境。公共资源交易有序推进。全年受理工程交易66笔，成交金额约71.41亿元，节约资金约4.82亿元，节约率6.3%；政府采购123笔，成交金额约1.29亿元，节约金额约1176万元，节约率8.35%；国有产权交易6笔，成交金额约1.11亿元。

【同心战疫】 2020年，区行政中心突出应急能力，强化服务意识，惠企惠民工作得到有效落实。党员先锋走在前。疫情就是命令，防控就是责任。在这场没有硝烟的“战疫”中，党员志愿者挺身而出、从不缺席。区行政中心全体党员干部积极冲锋在前，党支部书记、主任林清飞率先带头深入灵川镇太湖村，组织委员张荔君赴壶兰大酒店健康观察点，其他党员进龙桥街道下磨社区、霞林街道顶墩社区、凤凰山街道南门社区等开展相关志愿服务活动，配合各个社区做好巡查，宣传劝导群众不串门、不集会、不聚餐，出门戴口罩、勤洗手、勤消毒、勤通风，对进出社区人员体温测量、人员出入登记等防疫保障工作，充实加强一线防控力量，打赢疫情防控阻击战；林念祖、许俊风等深入园区企业，帮助复工复产企业开展摸底排查和政策宣传工作、制作复工流程图等。志愿服务暖人心。为继续落实好疫情防控常态化工作，落实好“外防输入、内防反弹”的总体疫情防控策略，区行政中心积极组织志愿者开展各类疫情防控志愿引导服务。一是主动帮助指导群众下载闽政通，注册“八闽健康码”，广泛宣传“八闽健康码”的功能作用、申领途径和使用方法，全面推广应用“八闽健康码”，落实好统一实行“亮码出入”的常态化疫情防控措施，促进政务大厅安全有序开展工作。二是在政务大厅开展志愿引导便民服务，主动引导群众佩戴口罩，自觉排队，保持距离；在大厅内部引导群众不扎堆、不聚集，认真做好防疫工作，并为群众提供引导、咨询服务。三是在政务大厅开展垃圾分类宣传活动，通过海报、LED电子屏宣传垃圾分类相关知识，呼吁干部职工、办事群众自觉分类投放垃圾，养成良好环保习惯。疫情防控期间，口罩、一次性手套、消毒剂瓶等废弃防疫用具，均按照防疫方案与生活垃圾进行分别投放收集处理，做好防疫“断尾”工作。助企复工提效率。一是设立惠企咨询窗口。为进一步推动工业企业复工复产，扎实做好“六稳”工作，按照市应对疫情工作指挥部有关文件要求和市政府领导指示，疫情防控期间在市行政服务中心大厅二层设立工业企业惠企政策咨询服务窗口，积极宣传和扩大惠企政策知晓率，提高企业申报相关优惠政策的积极性，并先行对华林、太湖工业园区400多家工业企业短期试点后总结推广。区行政中心积极组织各责任部门，及时梳理惠企政策清单、减免奖补申报办理等。二是优化服务，助力企业复工复产。通过“网上办、寄递办、预约办”，助力我区市场主体复工复产。引导群众通过网上申请，邮寄材料办理证照。对于确需到窗口办理的事项，积极开通预约服务，随到随办、即时办理，尽量减少群众外出、流动时间，避免人员聚集。对涉及疫情防控工作的特殊需要亟须办理业务的企业，开通“绿色通道”，减少登记服务环节，简化办照程序，对非要件材料实行容缺受理，即时审核，保障疫情防控物资的供应。三是进一步完善平台电子交易。优化疫情防控期间招投标举措，严格按照“线上交易为原则，线下交易为例外”的工作要求，推行全流程电子化招投标，实行网上投标、网上签到、不见面开标等，完善评标专家电子身份认证、电子签章等服务，推行电子保函应用，实现在线投标保证功能，减少企业资金成本和资金占用。全年使用电子保函的区级工程建设项目50笔，累计使用电子保函投标人14039家，电子保函保证金总额45.43亿元，为企业“降门槛，促公平”。

（林赛平）

招商引资

【概况】 2020年，莆田市城厢区招商局（以下简称“区招商局”）紧紧围绕“突出开放招商，强化项目带动”的号召，坚持项目为基、项目为要的发展理念，凝心聚力，着力项目攻坚。全区招商对接产业类、总部和平台类项目73个，产业类项目46个，计划总投资299.46亿元。其中：产业类项目46个，计划总投资299.46亿元。投产阶段9个，总投资8.12亿元；开工阶段3个，总投资57.35亿元；前期阶段7个，总投资21.39亿元；签约阶段11个，总投资78.3亿元；洽谈阶段16个，总投资134.3亿元。总部平台类项目27个，注册阶段18个，洽谈阶段9个。重点围绕电子信息产业布局和发展方向，紧盯智能制造、电子信息、总部经济和软件信息技术等重点领域持续推进招商，大唐5G东南产业基地、三利谱偏光片生产、中电科创城等重大产业类项目取得实质性进展。发挥中心城区区位优势，引进台壹购青年创业园平台、日有喜助农平台、中小企业转型升级孵化平台等总部平台类项目签约落地。

【对接洽谈】 2020年，区招商局于3月6日参加莆田“开放招商”全球云推介线上签约活动，推进大唐网络5G边缘服务在莆田市的实行和使用，全力推进莆田数字经济发展。同月27日至28日，赴深圳考察大亚湾中南实业发展总公司，拜访深圳天安智慧园区运营有限公司。7月10日，组织招商小分队赴深圳参观松山湖高新技术产业开发区和开发区内电子信息类、生科科技类企业若干家。8月份，区领导带队赴珠三角地区考察深圳中电智谷、深圳长城开发科技股份有限公司，拜访中国电子东莞产业园有限公司、东莞通亿达五金有限公司，对接顺德伦教木工机械商会。9月初，区领导赴武汉考察中国电子相关企业，探讨计划在城厢投资中国电子信创基地和中国电子云（东南）大数据中心。9月15—18日，分赴北京、苏州与中国电子系统技术有限公司负责人商讨中国电子云（东南）大数据中心项目的合作协议，在清华大学拜访林金明教授洽谈对接微流控芯片与负离子生成项目，拜访中国电子苏州信创基地，考察现代数字运营与网安生态等，并于9月16日签订中国电子云（东南）大数据中心的投资框架协议。10月底，区领导在北京与中国服务业协会对接跨境电商50人论坛，与北信源对接党建+邻里大脑全国总部项目，参加商务部产业研究院协调“一带一路”跨境电商国际高峰论坛。12月，与东华大学洽谈鞋业新材料落地事宜。

【开放招商】 2020 年，区招商局认真贯彻落实市委、市政府实施“双轮”驱动总体部署，坚持“突出开放招商,强化项目带动”重要理念，聚焦全市“343”重点产业，按照重点发展首位产业和集中突破主攻产业的思路，全力以赴抓招商促发展、抓项目增后劲，为全方位推动高质量发展超越提供支撑。

【亮点做法】 2020 年，区委、区政府高度重视招商引资工作，成立以区主要领导为组长的城厢区开放招商工作领导小组，下设五条战线招商组，统筹全区开放招商工作，开放招商新格局已初步构建。围绕项目洽谈、签约、落地等重点环节，规范实施开放招商落地细则，市区两级联动服务，成立重点项目专班服务，强化用地、资金等要素保障，力促项目快速落地转化。大唐 5G 东南产业基地项目和三利谱偏光片生产项目均已成功摘牌，大唐 5G 东南产业基地一期项目于 6 月底实现开工，三利谱项目 8 月底开工。中电科创城项目于 11 月初签订《开发建设协议》后，当月实现合资公司成立、先导区装修工程挂标，12 月启动先导区装修工作。创新实行项目化推进工作落实机制，持续深化“月通报、季考评、年奖惩”制度推进，加强督查各镇（街道）、园区固定资产投资、“五个一批”、项目征迁、招商等 7 个指标完成情况，力促早日建成投产、达产满产。大唐网络东南运营总部项目已租赁原清华园厂房建立大唐智创 5G 新基建创新示范中心，总部用地约 2.18 公顷已交地，并于 6 月 22 日开工建设。中电科创城合资运营公司国资委已批复，先导区租赁协议及店面回租工作已基本完成，先导区装修项目已开标，12 月中旬前期动工，现场围挡基本完成。积极配合战线出台“飞地”政策、配合外驻招商有作为进行择优招商；积极出台奖励机制，为五大战线招商提供有力支撑；制作城厢名片，招商手册、招商宣传片、招商政策汇编的落实，推动一批重大项目洽谈；制定城厢区促进总部、楼宇及平台经济相关政策，分别从经营贡献、租金补助、装修补助等方面予以大力扶持，出台招商引资项目审批“一站式”服务办法，优化营商环境，加强督查考核，全区招商引资工作共吸引 16 家总部企业、平台企业入驻。依托中电光谷、创业黑马、天安云谷等第三方机构，在项目策划、园区编制、项目筛选和洽谈等方面开展全方位合作，推动项目快速签约落地。9 月 28 日，与创业黑马公司共同举行 2020 年黑马莆田产业升级大会暨政企交流招商会，现场与北京晟道投资管理有限公司、洛客科技有限公司、天津瑞肯新型材料科技有限公司等 3 家落户企业签订战略合作协议。通过创业黑马，对接晟道投资计划成立产业投资基金 10 亿元，探索产业基金招商。

（陈　学）

主要会议

【八届五次会议】 中国人民政治协商会议第八届莆田市城厢区委员会第五次会议，于2020年12月29日至31日在城厢召开。会议听取并同意黄志强所作的工作报告和郑尚庆所作的提案工作报告。代表们列席区九届人大五次会议，听取并讨论政府工作、计划、预算等报告。代表们对上述报告表示赞同。会议补选肖志雄为中国人民政治协商会议第八届莆田市城厢区委员会主席、补选方碧娴、陈泗、黄志汉等3人为中国人民政治协商会议第八届莆田市城厢区委员会常务委员。会议听取提案委员会关于区政协八届五次会议提案审查情况的报告，审议通过中国人民政治协商会议第八届莆田市城厢区委员会第五次会议决议。

【八届常委会第十六次会议】 7月21日，区政协召开八届常委会第十六次会议。区政协主席黄志强，副主席林素香、郑尚庆、黄斌华、何剑锋及26名常委出席。会议听取区政府通报城厢区2020年上半年全区经济运行和社会发展情况；传达学习中央、省委、市委、区委政协工作会议精神和全国政协十三届三次会议精神；审议通过有关人事事项；通报新冠肺炎疫情防控期间城厢区政协委员“献爱心”情况；审议通过《中国人民政治协商会议莆田市城厢区委员会全体会议工作规则（修订草案）》和《中国人民政治协商会议莆田市城厢区委员会常务委员会工作规则（修订草案）》。

【八届常委会第十七次会议】 10月29日，区政协召开八届常委会第十七次会议。区政协主席黄志强，副主席林素香、黄斌华、何剑锋及26名常委出席。会议听取区政府通报2020年城厢区重点项目实施和为民办实事项目落实情况；传达学习全国地方政协工作经验交流会、全省市县政协主席工作座谈会精神；开展“加强华林经济开发区配套设施建设”专题协商；审议通过《中国人民政治协商会议莆田市城厢区委员会提案工作条例（修订草案）》。

【八届常委会第十八次会议】 12月24日，区政协召开第八届常委会第十八次会议。区政协主席黄志强，副主席林素香、郑尚庆、黄斌华、何剑锋及25名常委出席。会议审议区政协八届十八次常委会会议议程；传达学习中共十九届五中全会精神；听取区政府2020年工作情况及2021年工作思路通报；听取区政府关于区政协八届四次会议以来提案办理情况通报；听取区人民法院、区人民检察院2020年工作情况通报；开展“创新思路、强化措施，提高开放招商水平”专题协商；审议通过有关人事事项；审议通过区政协八届五次会议有关事项；审议通过区政协常委会工作报告、提案工作情况报告；通报2020年度区政协委员履职情况；民主评议提案办理单位；审议通过关于授权主席会议审议区政协八届十八次常委会会议未尽事宜的决定（草案）。

【八届常委会第十九次会议】12月29日，区政协召开第八届常委会第十九次会议。区政协主席黄志强，副主席林素香、郑尚庆、黄斌华、何剑锋及27名常委出席。会议审议通过区政协八届十九次常委会会议议程；协商提交全体委员酝酿的区政协八届五次会议选举办法（草案）；提名产生大会选举总监票人、监票人建议名单（草案）；协商提交全体委员讨论的区政协八届五次会议决议（草案）；审议通过有关人事事项。

【八届常委会第二十次会议】12月30日，区政协召开第八届常委会第二十次会议。区政协副主席林素香、郑尚庆、黄斌华、何剑锋及26名常委出席。会议审议通过区政协八届二十次常委会会议议程；听取各组讨论、酝酿、协商有关事项情况的汇报；审议决定提交大会表决通过的区政协八届五次会议选举办法（草案）；协商确定提交大会选举的补选政协第八届莆田市城厢区委员会主席、常务委员正式候选人名单；协商决定提交大会表决通过的总监票人、监票人建议名单（草案）；审议决定提交大会表决通过的区政协八届五次会议决议（草案）；听取提案委员会关于八届五次会议提案审查情况的汇报。

政协常委会主要工作

【概况】 2020年，政协莆田市城厢区委员会（以下简称“区政协”）在中共城厢区委的坚强领导下，坚持以习近平新时代中国特色社会主义思想为指导，深入学习贯彻中共十九大，中共十九届二中、三中、四中、五中全会精神，学习贯彻习近平总书记重要讲话精神、指示批示精神和中央、省委、市委、区委政协工作会议精神，坚持思想政治引领，坚持建言资政、凝聚共识双向发力，认真履行政治协商、民主监督、参政议政职能，为夺取疫情防控和经济社会发展双胜利、全方位推动高质量发展超越作出积极贡献。全年召开全委会议1次，常委会会议5次。

【政治建设】 2020年，区政协坚持旗帜鲜明讲政治，深入学习贯彻中共十九大，中共十九届二中、三中、四中、五中全会精神，增强“四个意识”、坚定“四个自信”、做到“两个维护”。及时组织全区政协委员和机关全体干部职工认真学习中共十九届五中全会精神，通过区政协党组会议、主席会议、常委会会议等载体，领导带头学、干部主动学、党员积极学、委员广泛学，迅速掀起学习热潮，积极引导各党派团体和社会各界人士以习近平新时代中国特色社会主义思想和中共十九届五中全会精神武装头脑、指导实践、推动工作，在思想上政治上行动上同以习近平同志为核心的党中央保持高度一致，不断增强对中国共产党和中国特色社会主义的政治认同、思想认同、理论认同、情感认同。切实履行意识形态主体责任，牢牢把握意识形态工作领导权、话语权，落实落细中央和省委、市委、区委关于意识形态工作的部署要求，通过向《政协天地》《莆田侨乡时报》《今日城厢》投稿，宣传政协工作，展示委员履职风采，用正确的舆论引导人、激励人、鼓舞人，筑牢思想防线。

【落实深化全面从严治党主体责任】 2020年，区政协坚持党对人民政协工作的全面领导，认真贯彻落实中办《关于加强新时代人民政协党的建设工作的若干意见》，落实深化全面从严治党主体责任，完善党组成员联系委员联络组制度，通过委员联络组统筹安排党员委员联系党外委员，努力实现党的工作对政协委员的全覆盖。扎实推进政协机关党建工作，严格落实区委《关于进一步严格党内组织生活的十二条措施》，机关党支部强化“六个基本”建设，每年3次向政协党组汇报工作，推动党支部主体作用发挥，促进机关更好地服务政协委员。

【政治协商】 2020年，区政协把协商民主贯穿于政协各项履职活动中，在充分发挥全体会议集中协商、常委会会议专题协商、界别协商、对口协商、提案办理协商作用的同时，积极推进政协协商与基层镇（街）委员联络组、社区邻里中心协商有效衔接，使政协协商向基层延伸，交流推动工作，拓宽协商渠道，丰富协商形式，营造良好的协商民主氛围。认真落实2020年度协商计划，在广泛征集协商课题的基础上，确定将《创新思路、强化措施，提高开放招商水平》《加强华林经济开发区配套设施建设》等2个课题作为常委会会议专题协商内容，形成专题调研报告2份、会议发言13篇，提出意见建议28条。

【民主监督】 2020年，区政协进一步加强同各民主党派、工商联、无党派人士和各人民团体的联系与合作，保障党派团体发表主张的权利，联合开展调研视察、举办协商议政、督办重点提案等活动。与纪委监察、法院、检察院等单位紧密配合，规范委派政协委员担任职能部门特邀监督员制度，确保委员在推动行政机关和司法机关依法行政、公正司法、促进机关作风转变等方面，发挥应有的民主监督作用。围绕着力解决重点民生问题，就“加快城厢区果树改良，促进农业产业化发展”“重点项目落实情况和为民办实事项目实施”“基层公共卫生服务队伍建设”等开展专项视察，提出意见建议15条，为增强人民获得感和幸福感献智出力。这些协商议政成果，得到区委、区政府领导和有关部门的高度重视，促进相关问题的解决。

【推进项目建设】 2020年，区政协领导班子成员协助区委、区政府抓好工作落实，为实施“双轮”驱动、推进全区经济社会发展鼓实劲、出实力、干实事。挂钩腾辉工艺产业园、沟头、龙德井、文献北等片区改造和福厦铁路客运专线等重点项目，经常到项目一线，了解掌握情况，及时协调解决项目建设遇到的困难和问题。围绕精准脱贫、污染防治、防范化解重大风险等工作，主动融入，发挥作用，为打赢打好三大攻坚战贡献政协力量。选派10名区政协委员参与市政协举办的“‘百名委员话创城’大型融媒体公益”活动，共谋创城之计，共话创城之策，争当文明创建的推动者、宣传者、实践者。

【提案工作】 2020年，区政协把协商贯穿于提案的提出、立案、交办、办理、督办和反馈全过程，不断创新和完善提案工作机制。修订《区政协提案工作条例》，促进提案工作有法可依、有章可循。切实改进提案督办方式，推动提案提交由数量型向质量型转变、提案办理由重答复向重落实转变。坚持对提案办理征求意见形式由提案委直接向提案人征询意见，推动提案办理工作质量提升。区委、区政府高度重视提案办理工作，把提案办理纳入承办单位绩效考评，要求区各级党委（党组）自觉接受政协民主监督，认真办理政协提案、建议。开展民主评议提案办理单位活动，促进承办单位把评议的压力转化为办好提案的动力。八届四次会议以来共收到提案69件，经审查立案56件，对其中12件重点提案进行督办，提案办理满意率达96.5%。11月底，所有提案均已办复，《关于加强城厢区实体经济的招商力度与方式方法》《补齐养老服务业短板，构建多层次养老服务体系的提案》《关于预防和应对未成年人欺凌的建议》等一批事关经济社会发展和民生改善的提案得到较好解决，推动社会和谐稳定。

【反映社情民意】 2020年，区政协高度重视反映社情民意信息工作，落实《关于加强反映社情民意信息工作的意见》，宣传发动全区政协委员重点围绕党委政府重视、人民群众关心的问题，积极拓宽社情民意信息渠道，不断完善信息征集、报送、督办和反馈机制。全年被省、市刊物采用信息稿件30多篇。同时与有关部门就社情民意信息的办理情况进行沟通落实，切实发挥政协社情民意信息的“直通车”作用，及时把群众的呼声传递给有关部门。

【团结合作】 2020年，区政协坚持区政协领导与各党派团体联系制度和协调沟通机制，主动征求对政协工作的意见建议，积极推荐非中共政协委员参加党委、政府部门的监督评议活动，为他们履行职责创造条件，形成相互尊重、体谅包容、畅所欲言、合作共事的民主氛围。2020年各党派团体充分发挥自身优势，积极参加政协各项履职活动，共提交集体提案7份、大会发言9篇，为助推城厢区经济社会发展发挥应有作用。主动联系异地区政协委员，通过异地城厢商会平台，宣传推介城厢创新创业的有力措施，为吸引民资回归出谋划策。广泛团结新的社会阶层、少数民族和宗教界等各方面人士，主动协助各级党委和政府协调关系、化解矛盾、理顺情绪、凝聚共识，使政协工作进一步向基层延伸、向各界别和各阶层拓展。

【对外联谊】 2020年，区政协积极搭建平台、创新形式、丰富内容，广交朋友，深交朋友，增进与各界委员的团结联谊。做好省、市政协和外地政协来城厢考察服务工作，在加强沟通、密切联系、听取意见、了解情况的过程中不断增进共识。参加市、县、区政协主席联席会议，总结经验，交流情况。全年陪同省、市政协领导考察视察11批次，外地政协来城厢学习考察5批次。

【做好精准扶贫】 2020年，区政协领导班子成员分别挂钩1户贫困户，区政协机关挂钩灵川镇太湖村16户贫困户（贫困人口34名），做到经常走访慰问贫困户，了解扶贫政策和帮困措施的落实情况，加大“造血”式帮扶力度，尽力帮助他们早日脱贫。同时，开展科技服务、医疗卫生、文化教育等主题的帮扶活动。

【做好疫情防控工作】 2020年，区政协积极响应市委、区委号召，呼应市政协倡议，以实际行动彰显政协新作为。多次召开主席会议研究部署新冠肺炎疫情防控和促进企业复工复产工作，主席会议成员深入挂钩镇（街）、企业，扎实做好确诊感染新冠肺炎群众的转送移交、密切接触者的集中隔离、其他群众的居家自我隔离等各项防控工作，及时协调解决存在的问题和困难；督促企业履行主体责任，尽快复工复产，帮助企业协调解决人员不足、防护用品缺乏等存在的问题；区政协机关全体党员分赴抗疫第一线，做好社区疫情防控工作，以实际行动砥砺初心使命。及时向全区政协委员转发《致全省政协委员的一封信》，号召区政协委员积极参与到抗击疫情工作中来，动员城厢区的政协委员为新冠肺炎疫情防控捐款捐物，据不完全统计，区政协委员及其所在企业累计捐款捐物38万多元，发动社会各界人士、海外侨胞开展爱心捐赠活动，捐款捐物200万元，支援城厢区疫情防控工作。同时，积极走访委员企业，通过各种有效方式引导社会各界正确认识、科学防范，为打好打赢疫情防控阻击战提供坚强的宣传舆论支持。

【发挥政协委员主体作用】 2020年，区政协按照习近平总书记“懂政协、会协商、善议政，守纪律、讲规矩、重品行”的要求，修订《关于区政协委员履行职责服务管理办法（试行）》，完善委员履职管理、健全考核与评价机制，通过培训班、读书班、视察调研、委员联络组活动等有效形式，提升全体政协委员的思想政治水平和履职能力，引导鼓励政协委员尽责担当。

【加强政协机关自身建设】 2020年，区政协根据政协章程和有关规定，修订完善全体会议工作规则、常委会会议工作规则等4项制度。加快提升政协履职能力的步伐，主动对接省政协在信息化建设方面的相关部署，为委员培训和履职创建新的平台。完善专委会工作制度，加强专委会之间工作联动协作，有效发挥专委会基础性作用，工作水平明显提高。弘扬“马上就办、真抓实干”的优良作风，践行社会主义核心价值观，加强机关效能建设，争创市级文明单位、平安单位建设，形成政协机关积极向上的良好氛围。

（陈德胜）

纪检 监察

【概况】 2020年，中国共产党莆田市城厢区纪律检查委员会和莆田市城厢区监察委员会（以下简称“区纪委监委”）在市纪委监委和区委的坚强领导下，全区纪检监察机关深入学习贯彻习近平新时代中国特色社会主义思想，忠实履行党章和宪法赋予的职责，增强“四个意识”、坚定“四个自信”，以高度政治自觉担负起“两个维护”重大责任，坚持严的主基调，稳中求进、坚定稳妥，在防控疫情斗争、决胜全面建成小康社会、决战脱贫攻坚、实施“双轮”驱动等大战大考中忠诚履职尽责，纪检监察工作高质量发展深入推进。全区共运用“四种形态”批评教育和帮助处理360人次，其中运用第一种形态处理203人次，把好保护爱护党员干部第一关口。全区纪检监察机关受理检控类初信初访135件，办结135件，办结率100%；转立案16件，成案率12%。全区纪检监察机关立案审查调查145件145人。其中科级案件6件6人，移送司法机关3件3人。

6月5日，区纪委监委干部参观东海镇蔡襄纪念馆（林朱平 摄）

【政治建设】 2020年，区纪委监委把学习贯彻习近平新时代中国特色社会主义思想作为首要政治任务，以“知行学堂”为载体，发挥班子成员领学、带学、导学、促学作用，做到一级带一级、层层作示范，营造浓厚“比学赶超”学习氛围，提升知行并进能力。围绕统筹推进疫情防控和经济社会发展各项决策部署要求，会同组织部门成立4个联合督导检查组，围绕“管控有效”“排摸见底”“惠企兑现”3条主线，深入疫情一线开展监督检查，查处疫情防控不力问题7起11人。因时因势精准把握监督重点，探索建立“周研判、旬通报、月点评”督查机制，形成督查通报4期，提出12条工作建议，推动形成整改工作闭环。把贯彻落实习近平总书记对福建工作的重

11 月 12 日，区纪委监委干部在东海镇大浦村设点接访
（林朱平　摄）

要指示批示和治理木兰溪重要理念作为监督重点，开展 3 轮（次）会商研判，问责 13 人。全区立案查处违反政治纪律、组织纪律案件 2 件，给予党纪政务处分 2 人。

【专项治理】　2020 年，区纪委监委着力保障脱贫攻坚胜利收官。深入推进“访一线、强监督、助攻坚”专项行动，组建 7 个工作组，委领导“一对一”包挂推动，加强对脱贫摘帽后“四个不摘”“五难”等情况的监督检查。采取“三必访两随机”方式入户访查 327 户 816 人，占全区贫困户的 44.1%，并实现对已脱贫但不稳定户、受疫情影响存在返贫风险户 100% 走访，协调解决问题 15 个，查处扶贫领域案件 6 件 7 人。着力保障专项整治长效常治。深化涉黑涉恶腐败专项治理，立案查处涉黑涉恶腐败及“保护伞”案件 26 件 26 人，其中“保护伞”案件 8 件 8 人，发出纪检监察建议书 11 份。对教育、医疗、食品药品安全等民生领域重点问题开展集中整治，查处群众身边不正之风和腐败问题 103 件 116 人，给予党纪政务处分 82 人。巩固深化移风易俗“一县区一专项”治理成果，立案查处 3 件 3 人，给予党纪政务处分 3 人。着力保障群众关切及时回应。结合“四访”“四化”工作，深入开展“十百千”“找差距、抓落实、解难题、化积案”专项行动，委领导班子成员“带信下访”化解难题积案 12 件。开展农村建房和教育领域信访举报情况专题分析、推进纪检监察信访举报工作高质量发展专题调研，及时掌握基层群众的诉求和动态。

【强化监督】　2020 年，区纪委监委协助区委制定《关于落实“1+X”监督机制的通知》，指导督促农业、住建等 30 个成员单位厘清职责职能。抓好 2019 年度全面从严治党主体责任落实情况检查，发现并督促整改问题 70 个，聚焦落实管党治党根本政治责任，问责 36 名落实主体责任不力的领导干部。以创建全市纪检监察系统扫黑除恶行业治理机制示范点为契机，探索建立“3×3 闭环”机制。健全完善“一单三制”机制，围绕跟进监督农村“三资”管理、房屋安全隐患

5 月 4 日，区纪委监委干部在沟头片区项目走访　（林朱平　摄）

整治、营商环境优化等重要事项，先后制发监督检查工作提醒督办单18份。

【改革创新】 2020年，区纪委监委完善反腐败工作体制，建立健全线索移送、定期会商、责任追究等配套机制，形成反腐败工作合力。严格落实派驻（出）纪检监察组更名及人员配备工作，制定区纪委监委派驻（出）机构改革方案，增驻市场监督管理局纪检监察组和区直纪检监察工委派出机构，进一步优化派驻机构布局，并赋予相应监察权限。制定区纪委监委监督检查、审查调查业务文书工作流程图，完善镇（街）纪检监察工作规程，强化制度集成。积极构建完善“三不”一体推进同向发力长效机制，相关经验做法被市委《改革与调研》专版刊用，受到市委、市纪委监委领导高度肯定。

【正风肃纪】 2020年，区纪委监委紧盯关键节点、关键场所，采取“督查＋暗访”方式，严查“四风”隐形变异、餐饮浪费行为及违规使用办公用房等问题。全区查处违反中央八项规定精神问题85件96人，其中形式主义、官僚主义问题50件60人。深化“一镇一孝廉”创建活动，参与汇编《家国莆阳》《莆阳御史》稿件，组织拍摄常太镇党委原书记吴晋春案件警示教育片《迷失的初心》，以身边案警示身边人。打造报、网、微、端四位一体融媒体党风廉政宣传矩阵，策划制作《赶考，从红船开始》等4篇稿件在省纪委微信公众号阅读量达10万人次，有效提升城厢纪检监察廉政宣传工作的影响力、引领力。

11月24日，区纪委监委干部在华亭镇项目现场开展专项督查

（黄志明 摄）

【自身建设】 2020年，区纪委监委严格履行纪检监察系统自身建设主体责任，落实班子成员“一岗双责”，把干部监督抓在平常、抓到具体。带头加强党的政治建设，落实党建工作责任制和意识形态工作责任制。把提升政治能力摆在首位，强化实践锻炼和专业训练。探索建立“自主学＋专题辅＋光盘教＋集中研＋警示促＋考核测”的“六位一体”综合教学模式，编印“口袋读本”，创设“指尖微学堂”，推动最新理论知识“码”上学，不断提升纪检监察干部政治素养和履职本领。是年，举办研讨学习15期、知识测试5场、培训干部1040多人次。

【政治巡察】 2020年，区纪委监委提高政治站位，紧扣中心大局，聚焦“巡察全覆盖”目标任务，把巡察作为党内监督的重要抓手。围绕统筹疫情防控和经济社会发展，开展15个单位常规巡察和4个单位巡察“回头看”工作，高质量完成现场巡察全覆盖。综合运用“联动＋交叉”和“专项＋回头”等巡察方式，同步开展木兰溪全流域系统治理专项巡察整改评估、脱贫攻坚及优化营商环境专项巡察、法院和公安系统交叉巡察，打好巡察“组合拳”。健全巡察工作领导机制，形成巡察领导小组组长专题听取每轮巡察综合情况和问题线索情况汇报、统筹推进整改情况监督等制度13个。是年，共整改各类问题1921个，建立健全制度580项，挽回经济损失1012.79万元。

（黄 雪）

中国民主革命委员会城厢区支部委员会

【概况】　2020年，中国国民党革命委员会莆田市城厢区支部委员会（以下简称“民革城厢支部”）在民革莆田市委、中共城厢区委的领导下，在中共城厢区委统战部的指导下，高举习近平新时代中国特色社会主义思想伟大旗帜，继承和发扬孙中山先生爱国、革命、不断进步的精神，旗帜鲜明讲政治、坚定不移重团结、兢兢业业干实事，发挥中国特色社会主义参政党的作用，履行参政议政、民主监督、参加中国共产党领导的政治协商职能。围绕区委、区政府中心任务，组织调研，撰写报告，同时关注群众反映的热点、难点问题，反映社情民意，贡献民革智慧，展现民革形象。同时，坚持一个中国原则，秉持“两岸一家亲”的理念，反对任何形式的“台独”分裂图谋，团结台湾同胞。

【参政议政】　2020年，民革城厢支部认真履行参政党的职能，做实参政议政、民主监督工作，紧紧围绕中共城厢区委、区政府的发展目标，继续解放思想，关注民生，关注老百姓关心的热点、难点问题，深入基层调研、建言献策、撰写提案、反映社情民意，为城厢区的各项事业的发展建言献策。2020年初上报市政协《关于全市各寺、观、宫、社、庙春节活动及元宵民俗活动暂停举行的提案》，市政协当天即与相关部门和各县区政府联系交办，得到采纳和落实，为助力疫情防控发挥积极作用。开展“民间信仰的社会治理功能研究”课题调研活动。带领党员紧紧围绕城厢区委、区政府的中心任务，在“三农、涉台、法律”三项民革特色工作方面，坚持利用优势、找准切入点，结合考察成果，结合自身特点，积极服务发展大局，开展参政议政工作。

【学习调研】　2020年，民革城厢支部先后组织多次学习调研活动，提高党员的理论水平和参政议政能力。结合文明城市创建活动，组织党员参加城厢区木兰溪畔志愿红——“保护母亲河·我们在行动”志愿服务活动，清洁木兰陂公园，为建设美丽莆田，共同守护母亲河贡献自己的一份力量；参加“城厢统一战线同心林”植树活动，用实际行动践行中共中央总书记习近平提出的“绿水青山就是金山银山”的生态文明理念，做木兰溪流域生态修复东圳库区的阔叶林改造绿化的实践者、参与者、宣传者。在闽中革命烈士陵园，党员们接受革命传统教育，观看学习史料图片、革命器具实物、革命事迹照片等。

【参与新冠肺炎疫情防控】　2020年，民革城厢支部面对突如共来的新冠肺炎疫情，第一时间号召党员坚决贯彻上级有关决策部署，传达《民革莆田市委关于携手同心、共克时艰、抗击疫情的倡议书》，要求党员带头落实疫情防控各项规定，齐心携手为打赢疫情防控战贡献民革力量。疫情防控期间，支部涌现多位抗疫先锋人物，党员郭德雄捐款 2.5 万元，捐赠 300 只口罩；何剑锋连续多日深入挂钩的龙桥街道督导疫情防控工作；林基立带领区供销社庄稼医院一手抗疫情一手抓春耕，促进复工复产；何石军在春节假期加班加点，负责收集、整理文体旅游系统疫情防控情况，带队对全区文化市场、体育经营场所、A 级景区、星级酒店开展防疫工作；林丽娟春节假期期间深入村居一线，协助社区体温检测，管控人员进出，提醒、宣传居民自我防护知识，为城厢区基层一线疫情防控站岗放哨。

【支部组织建设】 2020 年，民革城厢支部党员认真学习中共中央总书记习近平关于新型政党制度的重要论述，引导民革党员增强“四个意识”、坚定“四个自信”、做到“两个维护”，强化在筑牢同心合作共同政治基础上，进一步加强基层基础建设。支部党员严格遵守党风廉政建设各项规定，落实中央八项规定及其实施细则精神，厉行节约反对铺张浪费，不断提升廉洁自律能力，树立正确的监督观，自觉接受社会、舆论和群众监督，管住自己、守住小节、防微杜渐，树立民革党员的良好形象。按照中共城厢区委的统一部署，10 月 23 日召开城厢区民革支部全委扩大会议，会上推荐林基立为主委候选人，陈剑英、黄兆琼为副主委候选人，陈成榕、林桦、陈静、林范佳为支部委员候选人，在名利面前不争不抢，不做非组织的活动，平稳开展换届前期准备工作。

（林基立）

中国民主同盟会城厢区支部委员会

【概况】 2020 年，中国民主同盟会莆田市城厢区支部委员会（以下简称“民盟城厢支部”）在中共城厢区委和民盟莆田市委会的领导下，在中共城厢区委统战部的关心和指导下，民盟城厢支部深入学习贯彻习近平新时代中国特色社会主义思想和中共十九大、中共十九届五中全会精神，全面贯彻落实中共中央总书记习近平重要讲话精神、对福建工作的指示精神和治理木兰溪的重要理念，坚决贯彻落实中共中央、民盟中央和中共福建省委、民盟福建省委、中共莆田市委、民盟莆田市委和中共城厢区委的决策部署，围绕“打造人文宜居新城厢，建设美丽莆田先行区”，充分履行参政党职能，为推动城厢经济社会发展做出积极贡献。

【思想建设】 2020 年，民盟城厢支部把学习贯彻习近平新时代中国特色社会主义思想和中共十九大精神、中共十九届五中全会精神作为首要政治任务，与学习中共中央总书记习近平关于新型政党制度的重要论述有机结合起来，深刻理解“四个全面”的重要意义，持续深入开展“不忘合作初心，继续携手前进”专题教育活动，开展“弘扬爱国奋斗精神、建功立业新时代”主题活动。切实履行意识形态主体责任，确保主流思想占领意识形态阵地。定期、不定期组织盟员集中学习、组织盟员开展振兴乡村调研，赴盟员企业江氏饼家及嘉裕华制鞋公司结对共建学习交流活动、组织盟员赴仙游盟员之家活动，组织盟员参加区委统战部开展的法律讲坛以及市盟组织的社情民意培训等活动，通过集中学习、召开座谈会、参加培训、外出考察学习、撰写心得体会、个人自习等方式，形成多形式、分批次、常态化的学习体系，掀起大学习的热潮，盟员的思想觉悟和政治站位进一步提升，不断增进对中国共产党和新时代中国特色社会主义的政治共识。

【组织建设】 2020 年，民盟城厢支部加强领导班子建设，坚持“选好干部、配强班子”的原则，保证支部班子的凝聚力与战斗力。做好组织发展工作，有针对性地吸纳人才，不断充实新生力量，保证拥有一支政治素质较高、综合素质较强的队伍。重视后备队伍建设，坚持备培结合，重在培养的原则，规范后备干部的发现、选拔、培养、推荐等程序。日常工作中，注重个体与团队的互补和优化，整合各类资源，集聚团队智慧，开展各项活动，通过活动增强组织凝聚力。全年发展新盟员4名。

【参政议政】 2020年，民盟城厢支部参与协商议政，在党委、政府、政协召开的各次协商会上，均能组织广大盟员深入调查研究，提出一系列有益的见解与意见。

【社情民意】 2020年，民盟城厢支部能充分发挥自身优势，围绕中心、服务大局，积极为城厢区经济建设出谋划策，真实反映社情民意，为党委、政府提供科学决策依据，为维护社会稳定、经济稳速增长尽力尽责。是年，参加各类协商会、通报会、征求意见会21场，反映社情民意信息75条。

【民主监督】 2020年，民盟城厢支部积极参与民主监督，通过政协、人大平台，参与区重大项目的视察活动，提出有针对性的监督意见，推动工作的落实和解决。同时不断拓宽民主监督渠道，有市机关效能建设监督员1名（林少斌）、区法院廉政监督员1名（吴懿娴）、区法院人民陪审员1名（王华眉），广泛参与执法检查、监督评查等活动，积极履职尽责。

【社会服务】 2020年，民盟城厢支部按照“发挥优势、突出重点、量力而行、讲求实效、持之以恒”的指导方针，利用人才优势，整合资源，更好地为经济建设服务，为科技、教育、文化等事业发展服务。同时通过社会服务，盟员的视野和空间得到极大拓展，掌握大量第一手社情民意信息，为形成高质量、有价值的提案、议案提供宝贵的实践基础。为下黄幼儿园及城厢区第二实验幼儿园开展赠书活动。

（方碧娴）

中国民主建国会城厢区支部委员会

【概况】 2020年，中国民主建国会莆田市城厢区支部委员会（以下简称“民建城厢支部”）深入贯彻落实习近平新时代中国特色社会主义思想，中共十九大，中共十九届二中、三中、四中、五中全会精神和中共中央总书记习近平关于防控疫情的一系列批示指示精神，立足实际，发挥优势，组织会员和会员企业以各种方式助力疫情防控工作。坚决贯彻落实新时代中国特色社会主义参政党建设的新任务、新要求，继续弘扬民建优良传统，着力加强思想建设、组织建设、能力建设、制度建设和作风建设，切实履行参政党职能，为全方位推动高质量发展超越做出应有贡献。

【思想建设】 2020年，民建城厢支部把学习贯彻中共十九届五中全会精神作为重要政治任务，切实学习领会全会精神，把握核心要义，把支部会员的思想和行动统一到中共十九大精神上来。11月27日，组织召开支部委员会扩大会议，集中学习中共十九届五中全会公报，传达中共福建省委十届十次全会精神、中共莆田市委七届十次全会精神、中共城厢区委九届十二次全会精神，使会员较为系统地掌握新时期统战理论及社会发展的有关知识，提升做好工作的本领，增强会员的党派意识。积极推荐骨干会员、新会员参加省社会主义学院、民建市委会举办的各类培训班。通过召开会员大会、各类座谈会、学习交流会、培训提高会等多种形式组织会员学习，使会员的思想觉悟和政治站位进一步提升，不断增强对中国共产党和新时代中国特色社会主义的政治共识。11月8日，持续深入开展“不忘合作初心，继续携手前进”主题教育，并结合课题调研，组织骨干会员考察城厢社会治理中心建设情况，召开座谈会。

【组织建设】　2020年，民建城厢支部贯彻落实“4211111”基层组织多维度量化考评制度，以争创全国、全省先进集体为目标。1月份，走访慰问退休会员3人，并发放慰问品。8月，组织年轻会员、骨干会员2名参加民建中央网络培训班，提升“五种能力”，提高政治水平和工作能力。10月18日，召开民建莆田市城厢区支部第六次会员大会，顺利完成支部换届工作。支部继续做好新会员发展和骨干会员培养工作，认真考察入会积极分子，严格组织发展程序，吸收政府部门和从事经济工作、专业性强的层次较高的人士入会，非公经济代表人士入会，发展新会员2人，支部会员总数达到54人，企业家会员占68.5%。是年，民建城厢支部被民建省委会评为全省先进集体。

2020年，民建城厢支部第六次会员大会召开　　（陈洄　摄）

【参政议政】　2020年，民建城厢支部发挥界别优势，聚焦民生福祉，积极参政议政，充分运用调研成果在“两会”上建言献策，取得良好成效。支部课题调研文章《助推双轮驱动，推进电子信息产业发展》在区政协八届第四次会议上作交流发言，并列入区政协2020年议政议题；提案“关于探索建立‘综治+’社区治理中心提升市域社会治理现代化水平的建议”被区政协列入2020年为民办实事提案；上报的7则建议类信息被莆田市政协作为专报件采用，其中《疫情背景下亟需做好“稳投资”工作》被莆田市主要领导批示；《关于解决项目用砂短缺问题的建议》被莆田市委办《湄洲快讯》专报采用；《关于推进创新创业改善营商环境的部分建议》《关于十四五期间推动新动能建设》《关于深化新型城镇化进程促投资的建议》《稳步推进跨境电商综合试验区建设促进内外贸平稳》等信息抄送给福建省政协，2个建议被省政协引用；《关于及时清理“休眠公司”防范恶意逃废债的建议》《关于推进我市困难企业预重整化解风险的建议》得到市主要领导批示。

【制度建设】　2020年，民建城厢支部以制度建设为突破口，进一步规范会务工作。制定详细的学习制度，一季度支部组织一次学习，半年组织一次全体会员集体学习，每季度组织一次学习交流活动。支部更加注重社会服务工作，密切协调好企业界会员的横向联系，协调好企业界会员与民建市委会、省委会的纵向联络；注重会员活动的多样性，丰富会员社情民意活动内容，坚持定期走访探望会员企业与不定期慰问相结合。加强后备干部队伍建设，注重培养政治素质高、业务能力强的年轻同志，为其成长和锻炼提高积极搭建平台。

【社会服务】　2020年，民建城厢支部认真开展社会服务活动，积极响应民建市委会号召，通过支部联系工作群转发《民建莆田市委号召全市会员为打赢疫情防控阻击捐款捐物的倡议书》，在抗疫期间，会员发挥民建有情、会员有爱的精神，支部会员捐款2.7万元，同时向市政府捐赠医用物质价值2.8万元。8月，支部积极响应“民建省委会”号召，对口帮扶政和黄坑消费扶贫物质——政和黄坑土豆60公斤。助老区发展，支部会员订购大米4000斤。在聚光福，稳脱贫——民建中央助力丰宁满族自治县光伏扶贫专项行动捐赠5000元。积极引导会员参与到“文明创城、幸福家园、美丽乡村”等主题创建活动，树立和践行“同心”思想，推进会员在城厢经济社会发展中发挥应有的作用。

（陈 洄）

中国农工民主党城厢区支部委员会

【概况】 2020年，中国农工民主党莆田市城厢区支部委员会（以下简称“农工党城厢支部”）在中共城厢区委和农工党莆田市委会的坚强领导下，在中共城厢区委统战部的指导和帮助下，以习近平新时代中国特色社会主义思想为指导，全面贯彻落实中共十九大和十九届二中、三中、四中、五中全会精神，不断提高政治站位，牢固树立“四个意识”、坚定“四个自信”、践行“两个维护”，深入学习领会习近平关于新型政党的论述，深刻领会统一战线、多党合作、协商民主的新理论新实践新发展。紧紧围绕中共福建省委、莆田市委、城厢区委的各项决策部署，不断加强自身建设，切实履行参政党各项职能，支部的政治思想、自身建设、参政议政、服务社会职能等全面得到加强和提高。是年，支部被农工党福建省委会授予2020年度“社会服务先进基层组织”称号，被市委会授予“2020年度先进集体”称号，党员潘仁东被农工党福建省委会授予2020年度“社会宣传工作先进个人”称号，叶丽珊、吴丽霞被市委会评为先进党员，潘仁东、胡德雄、陈玉婷被市委会评为参政议政先进个人。

【参政议政】 2020年，农工党城厢支部完成调研报告1篇，向市委会提交社情民意12篇，政协委员在区政协八届五次会议上提交反映社情民意的提案建议9件。

【民主监督】 2020年，农工党城厢支部通过参加区人大、政协会议，专题调研和视察，以及通报会、协商会等活动，发挥支部党员的区人大代表、政协委员、安全生产协会评审员、教育系统“三风”督察员作用，多渠道多形式参与党外民主监督活动，履行各自的职责，提出的意见建议，得到采纳。

【服务社会】 2020年，农工党城厢支部始终坚持做好服务社会工作。7月17日下午，农工党城厢支部联合区委文明办等单位组成志愿者服务队前往城厢区常太镇山门村，共同开展“闽善行·爱在城厢”精准脱贫志愿服务活动，为100多名村民进行免费检查与诊疗，当场发放价值约2000元的常用药。8月1日，农工党城厢支部组织部分医务界骨干成员，赴灵川镇径里村开展新冠肺炎疫情常态化防控知识宣讲及义诊活动，此次活动共为100多名村民进行免费检查与诊疗，当场发放价值约3000元的常用药，受到村民的热烈欢迎与一致好评。10月17日，恰逢全国第7个扶贫日，农工党城厢支部组织部分医务界骨干成员前往灵川镇桂山村开展医疗扶贫活动。此次活动的医疗扶贫服务队由内科、外科、口腔科、护理及分子生物学等专家组成，切实地把医疗服务送到贫困户及群众家门口。此次医疗扶贫活动，不仅为100多名村民进行免费检查及诊疗，发放价值约3000元的常见病常用药品，也将流行病、多发病、传染病防控知识普及到一线干部及村民心中。11月12日上午，农工党城厢支部联合区政协、城厢区医院等单位，共同组织部分医务界骨干成员，赴灵川镇太湖村开展“防控疫情送温暖 精准扶贫献爱心”送医送药活动。此次活动，不仅为200多名村民进行免费检查及诊疗，还向16户贫困户赠送健康“小礼包”和疫情防控物资，发放价值约5000元的常见病常用药品及疫情防控物资。支部组织部分党员利用一些节假日的时间，到各级慈善机构当义工，深得群众的一致好评。宋益清等经常到梅峰寺国学班给孩子们义务讲学，效果显著。

【参与新冠肺炎疫情防控】 2020年初，面对突如其来的新冠肺炎疫情，农工党城厢支部主动发挥界别优势，积极参与疫情防控斗争。支部党员不畏生死，毅然逆行，奋战一线，进驻各隔离点，或以科技助力疫情防控，开展线上心理健康咨询等，疫情不止，战“疫”不息。支部党员面对困难和风险，毅然坚守岗位，助力复工复产，为抗击疫情做出重要贡献。

（潘仁东）

中国致公党城厢区支部委员会

【概况】 2020年，中国致公党莆田市城厢区支部委员会（以下简称“致公党城厢支部”）积极参加区政协和区委统战部召开的协商会、情况通报会、征求意见会等，围绕区委、区政府中心工作，向区领导和相关部门积极建言献策，提交社情民意13篇，课题9篇，支部党员或领衔或附议向市、区“两会”提交议案、提案、建议11件，区政协大会发言1篇。

【理论学习】 2020年，致公党城厢支部召开班子成员会议5次，党员大会1次；结合线上线下学习中共十九大和十九届二中、三中、四中、五中全会精神，全国“两会”精神。8月20日，联合致公党市委会举办支部暑期读书班。

【服务社会】 2020年，致公党城厢支部全体党员积极响应省及市委会的抗击疫情的倡议，在防疫最严峻的时期通过各种途径捐款捐物，如购买认领海外留学生防疫包等；同时积极参加市委会海外联谊组组织的调研活动等。组织党员春节慰问省级贫困户。疫情防控期间，党员们不仅立足本职抗击疫情，还踊跃为抗疫捐款3400元，并且购买十支测温枪助力小微企业防疫。为助力农业扶贫，支部组织党员购买挂钩的扶贫农产品笋干87.5公斤等。1月24日，支部组织党员为华亭镇省级贫困户林国腾送去慰问金1000元，帮助解决生活困难。3月，组织党员参与城厢区木兰溪畔志愿红系列活动之“保护母亲河•我们在行动”志愿服务活动。5月22日，支部参加植树活动，用实际行动践行绿色发展。7月5日，支部“致公之家”在华林工业园区举行揭牌仪式，是为支部党员凝智聚力、学习讨论、开展活动倾力打造的平台。11月28日，支部组织党员前往常太镇松峰村就乡村振兴暨枇杷产业如何发展进行课题调研，党员们了解枇杷产业当前存在的问题，并提出建设性的建议意见。11月27日，支部组织党员与市委会妇女儿童工作委员会赴仙游菜溪调研乡村旅游建设方面的情况。

（谢晓涵）

九三学社城厢区支社委员会

【概况】 2020年，九三学社城厢区支社委员会（以下简称“九三学社城厢支社”）在中共城厢区委、九三学社莆田市委的坚强领导和中共城厢区委统战部的精心指导下，九三学社城厢支社深入学习贯彻习近平新时代中国特色社会主义思想和中共十九大，十九届二中、三中、四中、五中全会精神，严格按照“四新”“三好”的要求，不断增强“四个意识”、坚定“四个自信”、做到“两个维护”，围绕区委、区政府的中心工作，做好课题调研，提好政协、人大会议的提案建议，开展好社会服务活动，履行民主监督职能，积极参政议政，努力建设成为政治坚定、组织坚实、履职有力、作风优良、制度健全的新时代中国特色社会主义参政党基层组织。是年，支社主委吴清松被评为九三学社福建省2019年度社会服务工作先进个人，支社副主委林智辉获得福建省五一劳动奖章。

【学习活动】 2020年，九三学社城厢支社组织各位社员结合本职岗位认真学习中共十九大，十九届二中、三中、四中、五中全会精神，习近平新时代中国特色社会主义思想，在学懂弄通做实上下功夫，不断提高自身的理论水平。1月18日，组织支社社员集中学习中共中央总书记习近平在全国政协新年茶话会上的重要讲话精神、中共中央总书记习近平二〇二〇年新年贺词、1月14日下午中共中央总书记习近平同党外人士共迎新春重要讲话精神；传达省、市、区“两会”精神、社市委五届七次全会精神。10月30日，召开支社委员扩大会议，集中学习中共十九届五中全会公报，传达学习九三学社中央纪念九三学社创建75周年座谈会精神、中共福建省委十届十次全会精神、中共莆田市委七届十次全会精神、中共城厢区委九届十二次全会精神。12月5日，与市直第一支社、第二支社联合开展生态环境污染治理设施运营情况参观学习活动，到木兰溪防洪工程奠基点、木兰溪治理展示馆、木兰陂水自动监测站、莆田市工业固体废物综合处置填埋场、湄洲湾石门澳污水处理厂等地参观学习，把践行“习近平生态文明思想”落实到具体行动中。随后，社员每人一份报纸，集中学习中共十九届五中全会精神。

2020年，九三学社城厢支社、农工党城厢支部联合开展义诊活动 （吴清松 摄）

【参政议政】 2020年，九三学社城厢支社团体提案《关于支持做大做强小微科技型创新企业的几点建议》被区政协八届四次会议立案，得到区科技局答复办理。支社社员撰写的社情民意信息《对推动疫情防控背景下小微民企发展的几点建议》被九三学社中央采用；《关于山洪灾害防治体系建设存在问题及几点建议》被省、市政协采用，得到时任莆田市市长李建辉批示、省水利厅回复办理；《盘活财政存量资金

2020年，九三学社城厢支社、农工党城厢支部联合开展常态化疫情防控知识宣讲 （吴清松 摄）

的做法及建议》被省政协采用；《关于落实好金融惠企政策进一步扶持中小企业实体经济的建议》《机关事业单位编外聘用人员存在的问题及建议》《关于加强山塘水库河流溪道管理预防溺水伤亡的建议》被市政协采用。其他社员还积极参政议政、建言献策，助力莆田全方位推动高质量发展超越，为经济社会发展添砖加瓦。

【社会服务】　2020 年，九三学社城厢支社围绕“结合本职、整合资源、打造特色、打响品牌”这一工作思路，坚持社会服务工作特色化、品牌化、长期化的方向，扎实推进社会服务工作。参加社市委组织的抗疫捐款，响应社中央“关于助力湖北解决特色农产品滞销问题的通知”发动支社社员积极下单购买。8 月 1 日，支社联合农工党城厢支部，组建宣讲、义诊服务队赴灵川镇径里村开展新冠肺炎疫情常态化防控知识宣讲及义诊活动。10 月 17 日，九三学社城厢支社、莆田学院支社联合农工党城厢支部，组成宣讲、义诊服务队前往灵川镇桂山村开展医疗扶贫活动，把医疗服务送到贫困户及老百姓家门口。

（吴清松）

城厢区工商业联合会

【概况】　2020 年，莆田市城厢区工商业联合会（以下简称“区工商联”）在区委、区政府的坚强领导下，坚持以习近平新时代中国特色社会主义思想为指导，坚持“信任、团结、服务、引导、教育”的方针，聚焦新冠肺炎疫情防控和民营经济健康发展，积极引导非公有制经济人士坚定理想信念、增强发展信心，着力促进非公有制经济适应和引领经济发展新常态，引导非公经济人士认真做好参政议政、商会建设、会员服务、招商引资、光彩事业等各项工作，为城厢区社会经济发展做出应有的贡献。

【抗击疫情】　2020 年，区工商联面对新冠肺炎疫情，持续完善服务企业各项举措，全力做好疫情防控的各项工作，其中组建疫情防控工作领导小组，动员会员企业投身抗击疫情工作；及时收集了解相关生产经销防疫产品企业的开工、生产情况，鼓励企业服务疫情防控之需；动员会员企业筹集疫情急需的医用耗材、防护用品等物资，为防控疫情贡献力量；向广大会员企业和所属商会发出倡议书，动员广大非公经济人士，积极捐款捐物，合力抗击疫情；及时征集反映民营中小企业在疫情防控中所遇问题和意见建议，供决策参考。区工商联主要领导带队组成调研组赴会员企业开展调研，全面掌握惠企政策落实情况，深入了解并推动解决企业在疫情防控及复工复产过程中遇到的突出问题，充分听取商会组织和企业意见建议，指导商会和企业统筹抓好疫情防控和复工复产工作，降低企业在复工复产中的困难。

【思想政治工作】　2020 年，区工商联创新教育形式，持续深入开展“守法诚信经营，坚定发展信心”为主题的理想信念教育实践活动。加强爱国主义教育。依托红色教育基地、贫困地区等，加强世情国情党情教育，引导民营经济人士不断增进对中国共产党和中国特色社会主义的政治认同、思想认同、情感认同。在会员企业中倡导争做“四个典范”。发挥党员、民营企业家、民营经济代表人士在理想信念教育中的示范作用，通过大力加强思想政治学习教育，持续开展“学讲做”活动，引导非公经济人士增强“四个意识”、坚定“四个自信”、坚决做到“两个维护”。是年，召开主题座谈会 5 场，人数 230 人次，发放各种学习材料 230 份。

【教育培训】　2020 年，区工商联为做好新冠肺炎疫情防控期间区民营经济人士教育培训工作，帮助广大民营经济人士及时了解掌握党委、政府支持企业抗击疫情、复工复产各项帮扶政策举措，促推民营经济健康发展。区工商联通过线上会议开展教育培训工作。培训开设疫情应对、财税管理、市场经营等主题，邀请专家学者和企业家就疫情冲击下的经济形势与企业对策分析、疫情严控下企业如何有序复工复产等民营企业关心的热点问题进行教学并连线互动交流。企业负责人足不出“企”便可参加相关培训，培训学习内容紧贴实际，符合企业需求，受到广大民营经济人士广泛好评。

【深入企业走访】 2020年，在常态化疫情防控、全面推动复工复产的新形势下，区工商联积极发挥桥梁纽带作用，从宣传发动、指导引导、走访调研、献计献策、精准服务、关心关爱等方面，抓好企业和基层党组织防疫防控工作，助力企业有效有序做好疫情防控和复工复产。全年共走访三威鞋业有限公司、郭氏鞋业有限公司、亚明食品有限公司、力奴鞋业有限公司等22家民营企业，实地查看各企业在复工复产中疫情防控、员工组织、产能恢复、管理销售等方面情况。通过与企业沟通座谈，收集企业在优惠政策、企业职工子女入学教育、企业用工等各方面52条诉求和建议，并一一跟进协调解决。较好地实现向企业传递和解读城厢区各项惠企政策、及时帮助企业协调解决发展中遇到的困难和问题，确保企业复工复产安全有序推进。

【精准扶贫】 2020年，区工商联积极响应省委统战部、省工商联“百企帮百村”精准扶贫行动部署和莆田市委、市政府精准扶贫行动要求，积极引导民营企业家致富思源，自觉投身帮扶行动，彰显民营企业家新时代责任担当。全年组织13家会员企业及商会分别与7个建档立卡贫困村及7个有贫困户的老区村挂钩对接，开展多种形式的帮扶行动。通过产业帮扶、就业帮扶、捐赠帮扶、技能帮扶等多种方式，增强群众致富的信心，为挂钩村的发展提供有力帮助。

【参与文明创城活动】 2020年，区工商联积极配合区委文明办，全会干部进村入户宣传文明创城活动，提高群众知晓率；同时严格按照要求，站好每一轮志愿岗。

（陈 晖）

城厢区总工会

【概况】 2020年，莆田市城厢区总工会（以下简称“区总工会”）在区委和上级工会坚强领导下，坚持以习近平新时代中国特色社会主义思想为指导，全面贯彻中共十九大和十九届二中、三中、四中、五中全会精神，深入学习贯彻习近平总书记关于工人阶级和工会工作的重要论述，以疫情防控和助推经济社会发展为主线，团结动员广大职工积极建功新时代，认真做好职工思想政治工作，忠实履行维护职工合法权益、竭诚服务职工群众的基本职责，工会各项工作取得新成效。

【思想政治引领】 2020年，区总工会坚持把学习贯彻习近平新时代中国特色社会主义思想作为首要政治任务，加强思想政治引领，在职工中持续深化“大学习”活动，坚持用理论武装头脑、指导实践、推动工作。结合“中国梦·劳动美”等系列主题宣传活动，把课堂搬进基层，让宣讲植入基层，开展中共十九届五中全会精神专题宣讲会、“悦读·成长”职工读书会等活动，并坚持以捐赠新书等方式支持基层职工书屋建设，引导广大职工“学起来，用起来，动起来”，为夺取疫情防控和实现经济发展目标双胜利贡献智慧和力量；积极推进线上大学习活动，推进区总工会掌上职工之家建设，线上系列宣传60多期，网络知识竞答活动2期，增强对职工群众学习的吸引力、感染力，参与线上活动职工群众8000多人。

【助力高质量发展】 2020年，区总工会与“云端”携手，助力高质量发展，融合城厢发展特色，在华林鞋艺小镇开启2020年全市重点项目劳动竞赛动员大会分会场，区委书记王文才亲自为“莆田好鞋　城厢质造”代言带货，动员广大职工聚焦“突出开放招商、强化项目带动”，充分发挥工人阶级主力军作用，以实际行动建功立业，为疫情防控和经济社会发展双胜利贡献力量；积极发现培育典型，做好各级劳模（五一奖状、奖章、工人先锋号）的推荐评选工作，注重发挥典型示范引领作用，大力宣传工会组织、职工群众特别是全国劳模蔡宗美、省五一劳动奖章郭旭等劳动模范在疫情防控期间坚守岗位、冲锋在前的先进事迹、优秀品质和典型经验，带动和激励广大职工群众团结一心、共克时艰。加大对劳动模范的关心关爱力度，慰问“大国工匠”、省劳模郑春辉，营造全社会崇尚劳动、劳动光荣、造福劳动者的良好氛围。

【助力打赢疫情防控阻击战】 2020年，区总工会重点慰问医护一线人员，第一时间慰问城厢区援鄂医疗队员，并深入城厢区医院、灵川镇卫生院、常太镇卫生所等3家定点医院，看望慰问奋战在疫情防控第一线医疗人员，送去慰问金6万多元；扩大慰问范围，将承担防疫任务、服务防疫工作、卫生健康和保障民生等坚守岗位的一线职工纳入工会送温暖慰问范围，慰问一线职工835人次，慰问金额41.75万元；并安排14万多元专项资金，为高温作业一线职工送去防暑降温物品2816份。不断加强身心关怀，举办心理健康讲座2场，举办“爱心义剪战疫情 关爱医护见真情”“党员干部送关爱”等志愿服务活动3场；开展非常时期的一封家书征文比赛、“同心共战疫·职工展风采”随手拍等活动，展示全区各条战线的职工抗击疫情、崇尚劳动、开拓进取的精神风貌，引导职工群众助力复工返岗；加大援企暖企力度，走访物资保障重点生产和复工复产企业30多家，为才子、复茂等6家企业送去慰问金及防疫物资20万元，真金白银为企业减负。助力企业招工引工，积极为企业用工和职工求职牵线搭桥，拓宽就业招聘渠道，开展8期线上招聘活动，提供800多个招聘岗位信息。

3月3日，区总工会开展“爱心义剪战疫情 关爱医护见真情”学雷锋志愿服务活动，图为为区总工会城厢区医院医护人员免费理发场景
（吴佩仙 摄）

【维权服务】 2020年，区总工会打好城镇困难职工解困脱困收官战，慰问在档在册困难职工、金秋助学、医疗互助和一日助慰问活动，慰问困难职工39人次，帮扶金额13.4万元，医疗互助活动为132名住院职工报销补助23.9万元，并做好对城厢区在档和曾经在档的困难职工的入户调查工作；坚持为职工办好事办实事，举办4个职工子女暑托班、庆“六一”关爱活动、关爱“八大群体”一线女职工健康体检、

7月27日，全市关爱职工子女暑托班开班启动仪式在城厢区三威鞋业启动
（吴佩仙 摄）

7月2日，城厢区总工会户外劳动者“爱心驿站”揭牌仪式在龙桥社区“党建+”邻里中心举行 （吴佩仙 摄）

向“八大群体”赠送入会礼包、开展关爱职工便民服务、开展“关爱环卫工 圆梦微心愿”等活动；做好维权维稳工作，加强法律援助维权服务，积极开展“尊法守法 携手筑梦”服务农民工公益法律服务行动11场，提高广大职工学法、知法、守法、用法的意识和能力。

【队伍建设】 2020年，区总工会认真贯彻新时代党的建设总要求，以党的政治建设为统领，带动工会自身建设全面推进；履行全面从严治党主体责任，扎实推进工会系统党风廉政建设和反腐败工作，持续实施工会经费“1+X”专项督查常态化、长效化管理；坚持党建带工建，以党建为统领，以服务职工为导向，推进职工服务体系建设，在城厢区社区“党建+”邻里中心和三威等企业建设“共享职工之家”，设立“职工书屋·爱心驿站”等服务站点，以活动为载体做好职工群众的联系服务和宣传教育工作，组织和动员广大职工群众积极参与社区治理，充分发挥党联系职工群众的桥梁和纽带作用。不断夯实工会组织基层，年内新增工会组织14家，年内新增会员2652人，培育全国“模范职工之家”1家，省级“模范职工之家”3家，市级“模范职工之家”5家。

（吴佩仙）

共青团城厢区委员会

【概况】 2020年，共青团莆田市城厢区委员会（以下简称“团区委”）在区委和团市委的正确领导和有力指导下，认真履行团的四项基本职能，结合城厢实际，以加强团的思想建设和组织建设为重点扎实开展团的一系列工作，整体推动全区共青团事业的发展。

【思想工作】 2020年，团区委围绕团中央打造的“青年大学习”平台，广泛动员团员青年积极参与学习宣传贯彻习近平新时代中国特色社会主义思想、中共十九届五中全会精神等，组织青年大学习45期，内容涉及抗疫、五四精神、文明创建和政策理论等方面，学习人次125930次，有效引导广大青年“不忘初心、牢记使命”，坚定不移听党话、跟党走。在“城厢共青团”公众号上开辟“青春领读”新栏目，引导全区青年团员对《习近平谈治国理政》第三卷进行原文领读，在读原著、悟原理中践行夯实理论基础，在学思践悟中坚定理想信念。同时，利用青年广泛使用的新媒体平台，充分利用学生感兴趣的“打卡热”、H5、抖音等青少年聚集的网络阵地，旗帜鲜明地弘扬正能量，立场坚定地开展舆论引导，使新媒思政成为网络空间的一股清流。在“城厢共青团”公众号上共发布200余篇文章，浏览人次240万余次。依托莆田三中校内的莆田市团史馆作为团史的教育实训基地，组织广大青年团员学团史，进一步加强青少年思想政治引领，激发团员青年干事创业的精气神。11月，团区委围绕团史、中共十九届五中全会精神等主题开展“学团史 扬青春 走邻里”和“青春有为 凝聚力量”等线下“青年大学习”活动，带领青年们参观莆田市团史馆、“党建 +”邻里中心等，引导城厢区团员青年坚定理想信念。以纪念反法西斯胜利75周年为契机，组织青年团干观看爱国电影《八佰》，教育团员青年“勿忘历史，吾辈自强”，进一步铭记抗战历史，弘扬爱国主义情怀。

【主题活动】 2020年，团区委引导青年志愿者在志愿汇App上注册志愿者，进一步完善更新青年志愿者库。组建起团区委青年志愿者团队，开展春运志愿服务、普法宣传、关爱留守儿童、扶贫帮困、环境保护、义诊等活动，让志愿者的身影活跃在城厢的每一个角落。全区注册志愿者3.5万余人，注册率占比全区常住人口8%。暑假期间，组织来自中南大学、武汉大学、厦门大学等20余所高校的50余名大学生组建返乡大学生联盟，依托“党建 +”社区邻里中心开展以“禁毒防艾、心理辅导、环境保护、安全出行”等主题，为期一个月的志愿活动，活动受众500余人次。创城期间，招募青年志愿者100余人参与到文明创城活动中去，活动时间长达5个月。抗疫期间，组建由30余名心理专业青年组成的线上心理咨询青年突击队，接收心理咨询百余人次，内容涵盖对疫情的恐慌、学生的复学压力等。组织志愿者到社区开展信息登记、体温测量、社区巡逻等志愿服务工作，志愿服务时长1000多小时。开展童心战“疫”系列活动，号召全区少先队员用画笔讴歌战“疫”英雄，用诗歌礼赞战“疫”事迹，表达对抗疫一线先锋的祝福。共收到来自全区各中小学生作品459个，反响较好。组织青年团员教师为抗疫医护人员子女辅导学业，为一线医护人员免除后顾之忧。团区委联合金融机构挂职团干部，对管辖的24户小微企业逐户进行走访，了解企业复工复产情况，增强企业复工信心。3月，面临疫情防控期间农产品滞销的情况，团区委招募40余名青年志愿者参与“青春助农”创业体验赛，他们通过自媒体推文、朋友圈、抖音直播等方式为“常太圳湖枇杷”进行推广宣传，帮助常太枇杷果农解决枇杷滞销问题。来自厦门大学的叶凌昀以450余公斤的销售战果摘得挑战赛桂冠。同时，常态化开展“爱心助脱贫 圆梦微心愿”活动，对挂钩贫困户缺少必备衣物、基础生活器具和基础小型家电或原有物品破损无法使用的实际情况开展微心愿征集活动，并引导爱心企业认领微心愿，实现点对点帮扶。团区委还联合社工机构，运用专业社会工作方法，结合贫困户的生理心理特点进行学业、生活、心理等方面的指导，引导其积极乐观生活。

2月4日，团区委组织城厢区疫情防控青年突击队进万辉社区开展疫情防控志愿服务活动
（韩超凡 摄）

7月31日，团区委举行“青青七彩行 亲亲邻里情”夏令营开营暨返乡大学生志愿服务授旗仪式　（韩超凡 摄）

【服务青年】 2020年，团区委立足共青团工作职能，以广大团员青年需求为落脚点，进一步延伸团的触角，真正服务好辖区广大团员青年。8月底，与区民政局开展“情定七夕”七夕汉服游园会，用游园会趣味体验形式，丰富社区单身青年的情感生活，增加青年的沟通与交流，扩大单身青年的交友范围。9月，在霞林社区“党建+”邻里中心开展“青春护航　益暖城厢”青年就业培训会，助力青年备战2020年秋季事业单位考试。加强对新兴青年群体的关注，进一步扩大团的工作覆盖面。8月，与区邮政安全中心组织返乡大学生在莆田市诚信中通快递有限公司城厢分公司开展快递从业青年关爱专项行动暨“小蜜蜂关爱行动”，涉及青春慰问、文明交通安全宣传等。同时，积极号召动员基层团组织带领青年开展环保志愿、普法宣传、校园反欺凌宣传等系列活动，真正使共青团组织成为青年想得起、找得到、靠得住的组织。7月7日，在莆田三中校门口广场开展“迎战高考　金榜题名”志愿服务活动，服务1000余名考生。积极动员全区各级团组织、青少年事务社工、青年志愿者等广泛开展“青春正能量　真情暖寒冬”系列活动，为30余名青少年特别是贫困家庭等特殊青少年群体提供帮扶、传递温暖。团区委联合区妇联、区大调解中心等部门，先后开展“把爱带回家”寒假特别行动、“星星火炬　互助成长”“大手拉小手　快乐共成长”等活动，进一步加强对留守儿童和外来务工人员的关爱帮扶，参加活动300余人。7月10日，团区委与区检察院、城厢公安分局等多个部门联合成立莆田市首个未成年被害人“一站式”取证中心，开启城厢区未成年被害人司法保护与社会综合保护的新模式。

12月3日，团区委在泗华小学开展“华彩青春 与法同行”2020年法治主题游园活动　（韩超凡 摄）

【从严治团】 2020年，团区委依托“智慧团建”软件系统，以星级团组织创建为抓手，健全“三会两制一课”制度，开展形式多样、内容丰富的活动，进一步规范基础团务工作，提升基础团务工作管理水平，团的基层基础得到有效夯实。全区团员转接率98.83%，位居全市前列。发展团员1089名，通过举办入团仪式等示范活动，增强团员的光荣感与责任感。团区委切实履行全团带队的职责，以开展规范少先队阵地、队伍建设为契机，动员各校开展少先队队史、队礼仪、入队退队基础知识等教育，有效提升少先队员的荣耀感。10月13日，南门学校率先成立学校少工委，进一步推进城厢区少先队工作的制度化、专业化、时代化、系统化。随后各中小学逐步建立学校少工委，全区建立59个学校少工委，建设率88.06%。团区委与区教育局联合协调各校进一步整合资源，规范建设少先队队室，为少先队员提供各项主题教育的场所，如南门学校规范性建设少先队活动室，活动室面积265平方米，已投入使用。为推动全区青年事业发展，进一步形成“党委领导、政府主责、共青团协调、各方齐抓共管”的青年工作格局。6月18日，召开城厢区青年工作联席会议第一次全体会议，城厢区是全市首个召开青年联席会议的县区，且被选为福建省青年发展规划试点区。

（韩超凡）

城厢区妇女联合会

【概况】 2020年，莆田市城厢区妇女联合会（以下简称“区妇联”）在市妇联的指导下、在区委、区政府的领导下，坚持以习近平新时代中国特色社会主义思想为指导，深入学习贯彻中共十九大和十九届二中、三中、四中、五中全会精神，紧紧围绕区委、区政府中心工作，精心组织开展思想引领、维权关爱、家庭建设、深化改革等各项工作，团结引领全区妇女积极参与疫情防控工作、决胜脱贫攻坚、文明城市创建，在助力城厢加快实施“双轮”驱动，全方位推动高质量发展超越中展现妇联担当。

【实施同心战疫行动】 2020年，区妇联组织动员广大女干部、社区女工作者、最美家庭、巾帼志愿者等积极投身抗疫，构筑群防群治的严密防线，配合做好上门摸排、宣传教育、资料发放、隔离管控、后勤保障、卡点执勤、卫生消毒等工作，在防疫一线形成一道道铿锵的巾帼红，为抗疫取得胜利贡献巾帼力量。疫情防控期间，区妇联第一时间看望慰问一线医护人员、援鄂医务工作者家庭及基层一线女干部，为她们送去防护物资及生活物资。“三八”国际妇女节期间，奔赴各个防疫点对抗疫巾帼英雄进行慰问，传递娘家人的温暖。联合人寿保险公司为全区抗疫一线的城乡社区女工作者赠送137份抗疫专属保险。发动爱心女企业家及各界爱心人士凝聚爱心合力，捐款26.8万元，捐赠口罩20600只，帐篷129个，折叠床40张。全面征集巾帼奋斗者“抗疫最美瞬间”图文，通过微信公众号以《战“疫”玫瑰·芬芳留华》“致敬最美的她”，全方位展示各行各业优秀女性在抗疫、复产中的巾帼风采，激励全区广大妇女争做最美巾帼奋斗者，为加快推进美丽莆田先行区建设做出更大贡献。举办2020年城厢区“抗疫·复产”最美家庭揭晓仪式，34户家庭入选。

【打造家庭工作品牌】 2020年，区妇联在侨乡华亭镇园头村建立家风家教实践基地，基地建有“云里风”陈春德故居、孝廉文化广场、侨乡展示厅以及家长学校、儿童之家等家风家教场馆。深入农村中心校宣传展播“最美书香家庭”小视频，在华亭镇五云村、华亭社区、东海镇大埔村以文艺会演的形式表彰好婆婆、好媳妇，宣传“平安家庭”创建活动；通过微信公众号宣传家庭教育科学理念和知识。利用社区家长学校和儿童之家平台，在华亭镇南湖村以“守护童年·牵手共成长”

为主题，开展为期1个月的暑期留守儿童公益夏令营活动；世界读书日期间，在市博物馆·莆阳书房举办“悦世界·共成长”亲子阅读活动暨城厢区家庭亲子阅读体验基地授牌仪式；开展家庭教育公益讲座21场，家庭教育实践活动36场，通过家长和孩子共同参与，培养儿童及其家庭成员良好的行为习惯，密切亲子关系，传承优良家风。春运期间，在莆田火车站开展“春运志愿行·温暖回家路”把爱带回家系列活动，向旅客赠送面包、泡面等便民点心，送去春联、米粉等春节礼品，向返乡务工人员分发《暖冬同行·情暖童心“把爱带回家”寒假特别行动倡议书》。携手爱心企业开展“把爱带回家”慰问活动，为46户困难家庭送去慰问金和慰问品共计10万元。

8月2日，区妇联联合区人社局在金海湾大酒店举办城厢区“巾帼杯”育婴员职业技能竞赛 （苏剑玲 摄）

【维权关爱服务】 2020年，区妇联为进一步深化家事审判方式和工作机制改革，构建新型家事工作团队，促进家庭和谐、社会稳定，切实提升妇女儿童合法权益保护力度，与区法院联合出台《城厢区人民法院 城厢区妇女联合会关于建立家事调查员、调解员、联络员工作机制的联合意见》。聘任一支由81名基层妇女干部及热心妇女儿童工作的妇女群众组成的家事审判调查员、调解员、联络员“三员”队伍，通过她们在走访调查、调解案件过程中获知当事人有家庭暴力、危害未成年人合法权益等情形时，及时向法院报告，或向其他相关职能部门、救助机构报告，依法予以帮扶。积极参与案件审结后的社会观护，尤其是对涉案具有家庭暴力因素的妇女、儿童当事人的生活状况、纠纷后续情况进行回访观护，并向法院反馈回访观护情况。联合公安分局、区检察院、区司法局等部门制定《关于性侵害未成年被害人一站式询问工作实施办法（试行）》，通过一次性开展权利告知、询问调查、检验鉴定、心理抚慰及综合救助“一条龙”帮扶服务，尽量避免对未成年被害人反复询问，造成“二次伤害”，对推进未成年人特殊保护工作有重大的意义。成立莆田市首个未成年被害人“一站式”取证中心，开启城厢区未成年人司法保护与社会综合保护的新模式。与区检察院联合制定《保护妇女儿童权益工作合作机制实施方案（试行）》，推动未成年人司法保护社会支持体系建设，实现专业化办案与社会化保护配合衔接。

【基层妇联组织工作】 2020年，区妇联在全区不同层面、不同领域，创建多功能、多模式的特色妇女微家，打通密切联系服务妇女群众的“最后一公里”。全区已建立花卉世界、新凯特、助残爱心妈妈、莆恬宝妈、新天地、一带一路、大调解中心、龙桥社区“党建+”邻里中心、筱塘社区“党建+”邻里中心等12个妇女微家。在莆田市劳动关系协会、绿丰园艺工程有限公司分别成立妇女委员会。巩固“不忘初心、牢记使命”主题教育成果，建立长

8月6日，区妇联在太平社区“党建+”邻里中心举办“我是小小兵 祖国在我心”体验课 （苏剑玲 摄）

效机制，持续开展“下基层、访妇情、办实事”活动，切实为妇女群众办好事、办实事、解难事。深入各镇（街）进行实地调研，开展活动100多场次。为了宣传“县级妇联改革破难行动”经验做法，福建省妇女干部学校在9个地市拍摄专题案例视频，城厢区是莆田市唯一入选典型经验做法的县区。

【助力“党建+”邻里中心建设】 2020年，区妇联在全区7个市级“党建+”邻里中心融入妇联元素，建有社区家长学校、儿童之家、幸福婚姻家庭驿站、妇女微家等功能室，围绕“我们的节日”、世界读书日、家庭教育宣传周等，开展30余场普法、暑期防溺水、垃圾分类、家庭美德等主题活动，还组织广大家庭参观社区“党建+”邻里中心建设，更多的家庭了解中心便民之处，切实增强社区居民的获得感、幸福感、安全感。

（苏剑玲）

城厢区科学技术协会

【概况】 2020年，莆田市城厢区科学技术协会（以下简称“区科协”）以习近平新时代中国特色社会主义思想为指导，深入贯彻中共十九大和十九届二中、三中、四中、五中全会精神，认真落实区委、区政府及上级科协的决策部署，充分发挥科协人才和科普宣传作用，继承创新、拓展提升，开放协同、精准发力，扎实推进全区的全民科学素质工作和科技普及工作，为实现城厢区公民科学素质建设水平提高和经济社会可持续发展做好服务工作。

【政治理论学习】 2020年，区科协党组把党的政治建设摆在首位。通过主题党日活动、周一学习例会等方式，深入学习贯彻习近平新时代中国特色社会主义思想和中共十九大，中共十九届四中、五中全会精神，学深悟透《习近平在厦门》《习近平在宁德》《习近平在福州》系列采访实录，学好《习近平谈治国理政》第三卷、《中华人民共和国民法典》以及习近平总书记治理木兰溪的重要理念等，不断汲取政治、思想和精神的力量。严格落实意识形态工作责任制，通过组织学习党规党纪、廉政法规，观看警示教育片等党性党纪教育，推动全体党员严守政治纪律和政治规矩。使党员干部进一步增强“四个意识”、坚定“四个自信”、做到“两个维护”，为做好科普服务工作筑牢思想根基。

【科普设施建设】 2020年，区科协不断完善各类科普阵地建设，多渠道增大科普阵地的经费投入，特别在校园科普馆、青少年科学工作室、科普教育基地等建设方面抓得扎实。为响应科技创新的时代需要，丰厚科技强国的教育底蕴，使教育真正得到落实强化，2020年争取资金41万元投入建设兴安小学校园科普馆，更好地普及科技知识，激发学生学科学、用科学的热情，不断开阔科技视野，体验科学研究的过程，增强探究意识和进取意识，培养学生学以致用的创新思维、实践能力和综合素养，从而实现科学素养的全面提升。对27个青少年科学工作室设施条件不断完善，以创建全国文明城市、创建全省文明城区为契机，依托各科普阵地开展活动，推进城厢区青少年科技活动有效开展。

【科普宣教活动】 2020年，区科协利用科技活动周、全国科技者工作日、全国科普日等重要节点，大力开展科普宣传，提升全民科学素质。按照《关于举办2020年莆田市科技活动周的通知》部署，科技活动周期间，区科协紧紧围绕“科技战疫 创新强国”科技活动周主题，精心组织，认真准备，在兴安社区开展科普知识、食品安全知识宣传和咨询服务，发放各类科普读物、科普宣传材料500多份，受益群众1000多人次，达到很好的宣传效果。9月22日，在华亭镇园头村开展以“让科技为小康社会添砖加瓦”全国科普日暨共建美丽乡村宣传活动，现场向广大农民群众发放科普宣传材料2000多份，接待群众600多人次，组织向群众发送食品安全科普知识、养生保健常识、预防疾病知识等宣传资料，大力宣传科普知识，深受群众欢迎。同月25日，联合市科协在岭下小学开展“决胜全面小康，践行科技为民”全国科普日活动，活动现场围绕科技创新、防震减灾、环境保护、食品安全等内容开展科普宣传活动。参加活动学生300多人，分发科普材料500多份。通过活动，让城乡学生共享科普教育优质资源，培养学生的科技、生活素养，促进学生德、智、体、美全面发展。12月，联合市科协、市科技馆陆续深入筱塘小学、逸夫实小、沟头小学、灵川中心小学、文献中学开展科普进校园活动。

11月9日，城厢区科协开展“科技点燃智慧 创新点亮未来”暨城厢区筱塘小学第七届校园科技节活动 （林雪娟 摄）

【创新驱动发展】 2020年，区科协以省科协牵头联合教育等有关部门组织的第35届福建省青少年科技创新大赛为契机，积极选送选手参赛，经复赛获得省级二等奖1项，三等奖3项；获得市级一等奖3项，二等奖5项，三等奖4项。2020年以“创新·体验·成长”为主题的第36届莆田市青少年科技创新大赛已组织参赛，已筛选报送少年儿童科幻画90幅、科技创新作品3份。筱塘小学在2020年首届福建省青少年创意编程与智能设计比赛中获得佳绩。江彦豪创意作品《光盘小达人养成记》获小学Ⅱ组（4～6年级）一等奖；赖晨煊、林睿学创作的《智能学习闹钟》获小学组二等奖；陈执健创作的《拒绝野味 抗击病毒》，方鹏飞创作的《老年就医智慧助手帮》，吴聿宸、吴铭博创作的《智能妈祖展示台》分别获小学组三等奖。筱塘小学被评选为2020年度“全国青少年人工智能活动特色单位”。6月23日，区科协响应上级科协号召，发动线上参与，广泛宣传发动全区广大群众参与2020年福建省全民科学素质网络竞赛活动，扎实推进公民科学素质建设。为确保活动成效，区科协积极创新工作机制，组织工作人员深入镇（街）、社区、学校广泛宣传，充分调动科普志愿者等带头参与，提高全民科学素质；利用全国科普日广泛发动、引导群众参与答题，进一步营造全社会爱科学、学科学、用科学、讲科学的氛围。积极协调，精心组织，配合做好迎接全国第十一次全民科学素质抽样调查。区科协在做好充分发动群众运用网络、移动客户端等多种途径，学习和了解科学知识、掌握基本的科学方法、树立科学思想、崇尚科学精神的同时，安排人员专门负责迎评配合工作，做好村、社区及上级科协、调查组人员的协调沟通对接。8月12日完成龙桥街道太平社区，13日完成凤凰山街道南门社区，霞林街道肖厝社区、沟头社区、屿上社区的科学素质抽样调查工作，推进全民科学素质建设。

【精准扶贫工作】 2020年，区科协扎实开展精准扶贫工作。定期到所帮扶的挂钩村华亭镇宫利村，走访帮扶贫困户并送去慰问品，根据贫困户的不同情况传达各项帮扶措施、政策享受，帮助指导贫困户在新冠病毒感染的肺炎疫情防控期间恢复农业生产、复工就业。及时帮助协调解决其生活工作遇到的实际需求和困难问题，以实际行动助力精准扶贫工作，倡导大爱扶贫情怀。

（林雪娟）

城厢区归国华侨联合会

【概况】 2020年，莆田市城厢区归国华侨联合会（以下简称“区侨联”）在区委、区政府的坚强领导和市侨联的精心指导下，坚持以习近平新时代中国特色社会主义思想为指导，团结调动广大归侨侨眷和海外侨胞的积极性，扎实抓好海外联谊、疫情防控、侨务扶贫和基层组织建设等各项工作，为建设经济繁荣的和谐城厢作出积极努力。

【城厢区第五次归侨侨眷代表大会】 2020年12月28日，城厢区第五次归侨侨眷代表大会召开，区委常委、统战部部长陈洪武出席会议并讲话。大会听取并审议区侨联第四届委员会工作报告，选举产生区侨联第五届委员会委员，陈玉萍为主席，李永鑫为专职副主席，张丽娟、黄兆琼、萧劲山为兼职副主席。

【拓展海外联谊】 2020年，区侨联紧紧围绕国家、省、市侨联提出的新时期“国内、海外”“老侨、新侨”并重的工作主线，加强新侨工作及经济联络工作的力度，联络问候并登门拜访回乡的海外知名人士，增进乡情乡谊。利用春节等传统节日，拜访看望在家乡过年的城厢籍海外侨胞、侨资企业以及侨界老朋友、老归侨知识分子、侨联老干部，送上鲜花，并通过微信平台，向广大归侨侨眷、海外侨胞拜年，表达新春祝福。疫情防控期间，区侨联联合区委统战部对每一位集中

12月28日，莆田市城厢区第五次归侨侨眷代表大会召开

（李永鑫 摄）

观察的海外乡亲开展人文关怀，通过赠送亲情卡、礼品糕点水果等方式进行慰问。

【服务经济发展】 2020年，区侨联积极参与招商引资工作，发挥好侨联组织在密切企业与政府联系中的桥梁纽带功能，努力协调各方面力量，推动企业创新创业、增资扩产、优化结构、壮大规模。疫情防控期间，侨联干部广泛走访侨商侨企，为疫情后侨资企业开展复工复产提供帮助，全区15家主要侨资企业全部实现复工。

【丰富侨界文化】 2020年，区侨联积极推进文化传播的传承和交流。7月15日，协助做好第二十一届世界华人学生征稿工作，广泛发动城厢区归侨侨眷子女和高中在校学生参与征稿活动，共收到团体稿件62篇，取得全国一等奖2名、二等奖3名、三等奖5名的好成绩，为弘扬中华文化，加强海内外华侨华人学生交流与沟通做出贡献。认真挖掘侨乡文化资源，在埔柳村以民俗文化和华侨文化相结合，打造“侨乡民俗文化陈列馆”。在园头村以著名爱国华侨陈春德故居为基础建设“云里风文化纪念馆”，全面展示华侨陈春德情系桑梓、心怀祖国、传承好家风、造福人民的一生，并作为“城厢区侨联爱国主义教育基地”。10月25日晚，区侨联在华亭社区举办一场“情满侨乡、爱在重阳”重阳节主题文艺晚会，增添侨乡的节日气氛，促进侨乡的和谐建设。

【开展侨务扶贫工作】 2020年，区侨联充分凝聚侨界力量，将精准扶贫与侨界力量相结合。春节期间，区侨联参与省、市侨联组成的慰问团深入华亭镇归侨侨眷家中，开展送温暖活动，看望慰问孤寡、病残、特困归侨，发放慰问金2000元以及食用油等慰问品。区侨联及时组织做好省级贫困侨救助资金发放2299元，把党和政府的温暖送到归侨侨眷的心中。疫情防控期间，区侨联坚持开展挂钩村居的精准扶贫工作，帮助华亭镇后枫村3户贫困户克服疫情影响，基本做到生活正常稳定。

【基层组织建设】 2020年，区侨联认真落实侨联改革方案的要求，不断优化侨联干部队伍和基层组织建设，紧紧依靠各镇街、村居党组织基础条件，积极在镇街、村居、企业建立基层侨联组织，按照侨联规范化建设“五有”标准，通过建立“党建带侨建”“侨建为党建”等工作机制，将侨联工作下沉到村居，健全上下贯通、左右相连的侨联组织网络。是年，全区新建后塘村、霞皋村两家村级侨联和华亭华侨医院一家医院系统侨联。

【侨胞之家建设】 2020年，区侨联按照“一镇街一特色、一村居一品牌”的思路，不断拓展“侨胞之家”的活动空间，完善联谊、学习、交流、活动、娱乐等功能，把归侨侨眷组织起来开展各类活动，把服务延伸到每个侨胞家庭。3月，园头村通过整合资源精心打造的“侨胞之家”正式对外开放，设有侨联文化墙、多功能活动室、关爱服务站、棋牌室、阅览室等场所，已经成为村侨联活动主阵地。是年，全区有3个村“侨胞之家”被评为市级“侨胞之家”，2个村被评为省级“侨胞之家”。区侨联积极响应市委、市政府提出的“党建+”社区邻里中心建设工作思路，立足侨联工作特点，逐步推进“侨胞之家”“侨乡关爱留守家庭服务站”建设，积极培育有主题、有特色的系列为侨服务活动。通过开展“知侨情•暖侨心”、党员结对帮扶困难归侨、党员献爱心等活动，真心实意为归侨侨眷办实事、做好事、解难事。利用传统佳节组织侨界人士共叙友情，组织富有传统特色的为侨服务活动，丰富归侨侨眷的业余生活。定期走访慰问困难归侨侨眷，特别是对因病住院或遇到重大困难的归侨侨眷，及时进行看望，帮助其解决生活中的困难，使其深切地感受到来自村居邻里的深情厚谊。7月31日上午，区委常委、统战部部长陈洪武、区侨联主席陈玉萍陪同省侨联副主席林俊德、市侨联主席陈锦堂赴华亭镇调研“侨胞之家”建设。

10月28日，区侨联开展2020年侨法宣传月暨“六送”活动

（李永鑫 摄）

民币254051.41元，以及口罩3.8万只、无阀口罩4300只、一次性手套3万只等医用防护物质。依托各镇街建立侨情信息报送机制，密切跟踪近期拟返乡人员计划、航班、线路等情况，做好回国入境人员的对接及集中观察工作。建立海外返乡人员信息跟踪管理档案，做好跟踪管控、服务保障工作。按区防疫指挥部要求，对全区留学生、因公出国人员、因私出国人员进行摸排登记，为出国人员开展紧急接种疫苗工作。

（李永鑫）

【开展侨情排查工作】 2020年，区侨联按照区委、区政府统一部署，针对防疫境外输入这一重点工作全力做好境外华人华侨排查工作。3月22日，区侨联下发城厢区境外人员情况信息表，在全区范围内开展拉网式排查工作。在2019年侨情普查的基础上，分镇街、分国别对全区侨情进一步再排查、再梳理，并与区公安局数据库进一步比对、核实，确保底数清、情况明。

【侨法知识宣传】 2020年，区侨联深入宣传贯彻《中华人民共和国归侨侨眷保护法》和《福建省实施〈中华人民共和国归侨侨眷保护法〉办法》。9月20日，区侨联联合市侨联、市法院、市司法局、区科协、华亭镇等单位在城厢区华亭镇园头村开展侨法宣传月暨“送法律、送政策、送文化、送医疗、送温暖、送服务”等“六送”活动，收到良好的宣传效果。

【涉侨维权机制建设】 2020年，区侨联主动与区司法局、区人民法院对接建立部门联动互动机制，在各基层侨联建立“涉侨调解工作站”，充分发挥涉侨法律服务志愿者的作用，为归侨侨眷提供法律咨询和援助，维护侨乡社会的安定稳定。

【助力疫情防控】 2020年，区侨联认真贯彻落实区委、区政府部署，积极响应、迅速行动，开通服务海外侨胞24小时咨询热线，多方位开辟为侨服务通道，得到广大海外侨胞的积极响应，共收到境外侨胞捐助资金折合人

城厢区文学艺术界联合会

【概况】 2020年，莆田市城厢区文学艺术界联合会（以下简称“区文联”）在省、市文联的正确指导下，认真落实《中共中央关于繁荣发展社会主义文艺的意见》，坚持文艺“二为”方向、“双百”方针，紧紧围绕全区中心，团结全区广大文艺工作者，开展文艺创作、送戏下乡等活动，聚焦文艺助力疫情防控，推动城厢文化文艺事业大发展、大繁荣。

【文艺创作】 2020年，区文联积极争取文化文艺发展资金，推荐闽中游击区革命教育培训中心建设项目、《滦川》电影剧本大

纲等 4 个项目申报省文艺发展专项资金项目。影视剧本《潦川》获批市 2020 年度文化产业发展专项资金。组织文艺采风团深入东海等 13 个村居开展乡村文化文艺采风活动，收集整理记录家风家训、民俗工艺、名人传说、古厝民居等系列资料，挖掘和建设城厢传统文化资源，编辑出版《家园记忆（华亭篇）》。深入常太金川进行红色文化采风，深挖红色文化资源，进行红色文艺创作，进一步弘扬红色精神。

【文艺设施】 2020 年，区文联加大公共文化设施补短板力度，完善提升 18 个村级文化服务中心示范点，有线广播实现全区全覆盖。落实文化馆（站）公共文化设施免费开放制度，每周开放时间不少于 42 小时，每年天数时间不少于 300 天，文化公益培训、艺术普及、阅读欣赏、展示展览等基本服务项目健全；开展文化下乡、书画展、广场舞、激情广场大家唱等文艺活动比赛，不断丰富群众精神文化生活。发挥基层文化建设先进镇（街）评比的导向作用，鼓励各镇（街）加大对文艺创作的投入力度；推进协会发展规范化，调动协会会员创作投入的积极性，确保全区文艺创作有序推进。

【文艺人才队伍】 2020 年，区文联充分发挥区文化馆作为文艺创作孵化器的作用，加强文艺领域拔尖人才和高层次经营管理人才、专门技术人才的培养力度，努力造就一批专业贡献突出、引领作用明显的文化名家和各领域领军人物。全区从事工艺美术专业技师 3000 多名，上百件工艺美术精品在国内外美展中获奖。继续实施“四个一批”人才培养工程，努力造就一批专业突出、德艺双馨的文化名家和各领域领军人物。郑春辉 2020 年被评为大国工匠，木雕作品《桃花源》获得福建省百花文艺奖。6 月，城厢区摄影家协会主席许金珊摄影作品入选新加坡国际摄影沙龙巡回赛并荣获金牌。

【文化惠民】 2020 年，区文联始终坚持“以人民为中心”的创作导向，积极组织文艺工作者投身“深入生活、扎根人民”主题实践活动，深化与人民群众的感情，不断满足人民群众的精神文化需要。坚持文化惠民，大力开展文化、科技、卫生“三下乡”集中服务活动及宣传移风易俗活动、纪念母亲节书法展览、“触不可及”架上绘画艺术展览、义务写春联等群众性文艺文化活动，广受社会好评。

【文艺抗疫活动】 2020 年，新冠疫情期间，全区文艺工作者积极参与疫情防控工作，在抗击疫情中展现出强有力的生命力和影响力。区美术家协会组织举办“童心抗疫”少儿美术作品网络展览，协会会员紧扣主题，创作“抗击疫情”作品，连续举办两期网络美术作品展览，展览作品被《人民日报》、市文联、市美协等多家部门转载，部分作品入选福建省美协抗击疫情网络美术作品展览，并被省美协、省美术馆转载；区舞蹈家协会组织会员创作拍摄抗疫舞蹈作品，用文艺作品鼓舞人心、凝聚力量，以实际行动助力抗疫、防疫。

（蔡丽红）

国际贸易促进会

【概况】 2020 年，中国国际贸易促进委员会莆田市城厢区支会（以下简称“区贸促会”）以深化贸促系统改革为主线，紧贴新冠肺炎疫情防控和区中心工作大局，发挥贸促机构特点和优势，加强商贸信息收集和发布，突出涉外商事法律服务和自身全面建设，为推动城厢发展助力。

【系统改革】 2020 年，区贸促会根据《中共莆田市委全面深化改革委员会关于贯彻落实〈福建省贸促会深化改革方案〉扎实推进莆田市贸促会深化改革实施意见》相关精神，结合工作实际，着力完成区贸促会机构设置、管理模式、运行机制、工作内容等改革。进一步强化党的全面领导，拓展贸促机构职能，不断增强区贸促会的政治性、先进性和群众性，把区贸促会建设成为更加充满活力、职能作用凸显的机构。

【涉外商事法律服务和商贸信息】 2020年，区贸促会面对新冠肺炎疫情，积极利用省、市贸促系统线上资源，组织20多家进出口企业参加互联网+“涉外商事法律服务八闽行”活动，积极应对新冠肺炎疫情给城厢区涉外企业带来的影响，帮助企业尽可能规避风险、减少损失、维护合法权益、拓展国际市场。借助省、市贸促会网络平台，及时收集经贸摩擦预警和展会等相关信息，以邮箱、微信群等多种途径向区进出口企业发布。8月31日，组织相关企业参加“第十五届中国（福建）消费品全球采购莆田金银珠宝线上专场”活动，拓宽企业视野。

【队伍建设】 2020年，区贸促会坚定理想信念，巩固“不忘初心、牢记使命”主题教育成果，加强实践锻炼，努力培养造就一支信念坚定、为民服务、勤政务实、敢于担当、清正廉洁的贸促干部队伍。努力提升业务，全员参加中国贸促会组织的投资促进能力提升系列线上培训5期，派骨干参加中国贸促会经贸摩擦应对和法律风险防范（福州）培训班1期，定期调查了解企业对贸促工作需求，及时抓好整改。险重任务勇担当，党员干部模范带头，全员参加一线疫情防控和龙德井片区危房改造征迁，出色完成任务。创建全国文明城市和省级文明城区，单位全体干部争当志愿者，多次到服务点开展活动。

（郑继涌）

城厢区残疾人联合会

【概况】 2020年，莆田市城厢区残疾人联合会（以下简称“区残联”）在区委、区政府的正确领导下，在省、市残联的指导和各相关部门及社会各界的关心支持下，高举中国特色社会主义思想伟大旗帜，深入学习贯彻习近平新时代中国特色社会主义思想，坚决执行党的路线方针政策，牢固树立政治意识、大局意识、核心意识、看齐意识，自觉维护以习近平同志为核心的党中央权威，忠诚干净担当；宣传和践行人道主义思想，热爱残疾人事业，维护残疾人权益，热忱服务残疾人，在广大残疾人中具有较高威信，积极推动残疾人事业发展；全面贯彻落实中共十九大，省、市残联有关会议精神，紧紧围绕区委、区政府的中心工作，认真履行“代表、服务、管理”职能，坚持“夯实基础、加大宣传、扩大影响、多办实事、不断创新”的工作思路，着力解决残疾人最关心、最直接、最现实的康复、教育、就业、扶贫、维权等问题。

【为民办实事】 2020年，区残联认真实施区委、区政府为民办实事项目。开展就业扶助，受疫情影响，开展线上盲人按摩培训2次，有86个就业年龄段持证残疾人参加培训。10月、11月举办残疾人农村实用技能培训班2次，各8学时，有128个就业年龄段持证残疾人参加培训；11月举办保健按摩职业技能提升培训1次，40学时，有51个就业年龄段持证残疾人参加培训，45人获得合格证。12月完成第二期的残疾人线下职业技能培训，20学时，有30个就业年龄段持证残疾人参加培训，26人获得合格证。及时选送2人参加省级线上社区指导员培训。开展居家养护补助，为150名精神残疾人、智力残疾人或精准扶贫挂钩户的残疾人及其他类别重度残疾人补助居家护理费用，每人2000元。

【康复工作】 2020年，区残联在残疾儿童康复项目上，为165名残疾儿童发放2019年9—12月残疾儿童康复训练补助资金873465.17元，并为183名残疾儿童发放2020年1—8月康复训练补助费1057633.71元。在购买老年残疾人精准康复工作上，根据《莆田市城厢区残联购买老年残疾人精准康复服务实施方案》（莆城残联〔2020〕34号）文件规定，该项目属于财政性资金，总预算资金约 15.36 万元，即可展开招标工作。“城厢区残疾人联合会政府购买老年残疾人精准康复服务项目”委托第三方代理机构于 8 月 31 日在中国政府采购网进行公开招标，第一次公开招标后，到开标截止时间仅莆田瑞斯康复医院一家递交投标文件；第二次、第三次招标分别于 9 月 24 日和 10 月 19 日进行，均无企业报名。经区残联再沟通，莆田瑞斯康复医院也不愿承担此项业务。由于全省及其他县区对精准老年康复服务项目公开招标也出现无投标人参与投标的类似情况，加上福建省残疾人联合会要求本项目年底前完成工作，时间紧迫。因此，根据采购法规定及咨询区财政局后，因本项目预算低于 50 万元，采购人可自行采购。由于已流标三次，在公开招标时间上已来不及，遂委托莆田中实招标有限公司第四次采购采用单一来源招标方式线下进行招标，最后确定由莆田民族医院承接此项业务。在康复室建设项目上，共建设残疾人康复室 2 个，分别在龙桥街道卫生服务中心和常太镇卫生院，分别由区残联和区卫健局发放康复室建设经费，其中，龙桥社区卫生服务中心通过验收，并发放康复室建设经费 8000 元。在辅助器具补贴工作上，是年全区有 87 名残疾人得到辅助器具适配服务，补贴辅助器具 113 件，补助 140564.6 元，适配服务率 100%。

【就业工作】 2020 年，区残联经过条件审核、入户核实和公示后，有 28 人符合条件，获得省级就业创业补助，每人 5000 元，发放 140000 元；有 24 人获得城厢区残疾人自主就业社会保险补贴，86314.8 元；百胜餐饮（福州）有限公司获得城厢区 2020 年按比例安置残疾人奖励 15000 元。全年有 10865 家单位缴纳保障金，收取保障金约 364.34 万元。按照省残联、财政厅《关于残疾人辅助性就业机构扶持办法的通知》（闽残联教就〔2018〕150 号）文件要求，区残联推动残疾人辅助性就业机构成立，专门组织难以进入竞争性劳动力市场的智力、精神和重度肢体人参加适当生产劳动并给予一定的劳动报酬。按照莆田市残联要求，区内第一个残疾人辅助性就业机构在东海镇珍中工贸进行试点，第一批有 16 名重度智力、肢体残疾人与该公司签订不低于一年的就业合同，主要从事搬运、手工、采料等工作。按照省、市文件要求，疫情防控期间给予 13 家盲人按摩机构一次性场租补助资金 36000 元。

【社会保障】 2020 年，区残联为 1520 多户“一户多残”残疾人家庭发放生活困难补助 385.53 万元，每户持证残疾人每人每月 100 元。协助民政部门做好“两项补贴”工作，全年累计发放困难残疾人生活补贴 425.88 万元，惠及 4998 人次；发放重度残疾人护理补贴 556.79 万元，惠及 5325 人次。为 11674 名持证残疾人办理意外（伤害）保险，全年投保 184184 元，其中，325 人每人 8 元，11349 人每人 16 元。建立死亡残疾人保险赔付服务制度，由区残联办公室牵头，每月对辖区内死亡的残疾人进行比对

2020 年，城厢区举办残疾人联络员培训班　　（陈进捷　摄）

登记，并第一时间由村居联络员通知其家属办理理赔事宜，同时做好理赔程序指导服务，确保死亡残疾人家属能及时得到赔偿金。对于放弃申领或不愿申领的，在服务到位的基础上，要指导家属做好放弃申领的相关手续。经市残联筛查，区残联核实，给予王志华等受新冠肺炎疫情影响存在返贫风险的贫困残疾人生活救助金41000元。其中王某华、俞某贵、卓某忠等11户“一户两残”各补助3000元，蔡某凤、吴某明等两户“一户三残”各补助4000元。

【法律维权】 2020年，区残联受理“12345”平台诉求件23件，群众满意度100%；有15户残疾家庭进行无障碍改造，全部通过验收，每户补助4000元；为2名残疾人补助C5驾照培训费，每人3000元。

【文化体育工作】 2020年，区残联协助3名学前残疾儿童获得中央彩票公益金助学，每人补助3000元；协助区教育局做好残疾儿童入学工作和失学残疾儿童少年的劝返复学工作。配合教育部门抓好特殊教育，配合做好送教工作，对残疾儿童少年接受教育进行帮助和支持。配合摸底并报送2020年参加中高考残疾考生，为有需求的中高考残疾考生提供便利。是年，刊发残疾人业务新闻25篇，其中“福建残联”1篇、《湄洲日报》2篇、市残联微信公众号12篇、莆田新闻2篇、东南网4篇、城厢新闻1篇、今日城厢3篇。组织残疾人参加2020年全省盲人象棋比赛与全国残疾人康复健身体育云竞赛活动。

【组织建设】 2020年，区残联组织考核组对9名镇（街）残疾人工作联络员进行年度考核；举办镇（街）、村（居）残疾人工作联络员培训班，提高他们的工作业务能力。

（俞碧珊　陈进捷）

城厢区红十字会

【概况】 2020年，莆田市城厢区红十字会（以下简称“区红十字会”）切实贯彻习近平总书记提出的“以人民为中心”思想，紧紧围绕红十字会职责使命，大力弘扬“人道、博爱、奉献”的精神，发挥红十字会的优势，积极开展应急救护培训“六进”活动、红十字博爱系列活动、体验式生命教育等活动，充分发挥政府人道工作领域的助手作用，持续提升红十字会工作的影响力和实效性、促进社会文明进步，为构建和谐城厢做出积极贡献。

【舆论宣传】 2020年，区红十字会积极做好“5·8”博爱周、世界急救日、志愿者活动日等重大纪念活动的宣传活动，围绕主题和红十字会性质、宗旨，积极开展红十字知识宣传、救护培训、义诊、咨询、社会志愿服务等形式多样的宣传活动，全年组织各级各类宣传活动17场次，发放《应急救护手册》、《常见意外伤害应急救护突发急症》、《自救故事》、红十字掌上学堂折页、无偿献血以及造血干细胞等宣传材料5000余份，使广大群众对红十字会精神有进一步理解，扩大红十字会的影响。

【应急救护“六进”活动】 2020年，区红十字会在全区广泛开展应急救护进社区、进农村、进学校、进机关、进企业、进家庭的“六进”活动。先后在各邻里中心、企业、学校、区直各个单位、社会治理网格化中心等地开展急救培训活动，活动采取理论知识讲解、示范操作、现场模拟演示等多种形式。培训内容包括救护新概念、心肺复苏、创伤救护四项技术（止血、包扎、骨折固定及搬运护送）、气道异物梗阻急救法、常见急症现场处理、突发事件和意外情况现场应对，进一步保障群众生命安全和身体健康，累计参与人数约20000人。

【无偿献血】 2020年，区红十字会组织无偿献血活动11场次，有干部、群众1000多人次踊跃参加，采集健康血液10万多毫升，为莆田市医疗临床用血提供保证，进一步弘扬“人道、博爱、奉献”的精神。

【造血干细胞捐献】 2020年，区红十字会通过形式多样的宣传活动，广泛宣传造血干细胞的相关政策。全区已有5人捐献造血干细胞，捐献人数居全市之首。中秋佳节，组织慰问辖区造血干细胞志愿者，进一步弘扬博爱精神。

【体验式生命教育】 2020年，区红十字会举办应急救护培训班，组织为莆田第五中学、莆田文献小学师生进行应急救护暨防溺水安全教育知识授课。聘请救护师为在校师生讲授救护知识，并分发《应急救护手册》等学习资料，起到很好的宣传普及效果。

（郭国荣）

城厢区计划生育协会

【概况】 2020年，莆田市城厢区计划生育协会（以下简称“区计生协会”）认真贯彻习近平新时代中国特色社会主义思想，认真学习贯彻中共十九大，中共十九届二中、三中、四中、五中全会精神以及省、市、区委党代会精神，增强“四个意识”、坚定“四个自信”、做到“两个维护”、全区各级计生协会齐心协力，牢固树立以人为本、服务群众、服务人口计生工作、统筹解决人口问题的大局意识，紧紧围绕区委、区政府中心任务，扎实推进各项工作开展。

【优生优育指导】 2020年，区计生协会在城厢区医院凤凰山分院成立全市首家优生优育指导中心，投入资金10万元，为300多人次的0～3岁婴幼儿提供专业规范、安全健康的活动、照护、教育等服务；开展亲子活动4期、举办育儿课堂5次；为100多个计生家庭提供优生优育咨询服务、孕产期保健知识和相关技能指导；3次深入村（居）指导儿童早期发展工作。

【计生家庭意外伤害保险】 2020年，区计生协会按照省、市计生协会的工作要求，开展2020年计生家庭意外伤害保险工作，做到早部署、早落实，以点带面，不断推进。全区参保计生户共计13000户，每户投保经费100元，保费达130万元，由区、镇两级财政各承担50%，全面完成市下达的保险任务。全年理赔114万元，理赔率88%，保险公司捐赠慰问困难计生家庭4.95万元。为全区计生独女户母亲办理“女性安康重大疾病保险”，参保对象1250人次，每人保险费200元，投入资金25万元。

【幸福工程项目】 2020年，区计生协会把实施“幸福工程项目”作为帮助计生母亲走上健康、富裕、幸福之路的有效载体，全年共发放幸福工程帮扶款100万元，帮扶26户计生家庭发展生产。

【访贫助困活动】 2020年，区计生协会开展生育关怀紧急救助，救助帮扶对象6人，发放救助金2.5万元。元旦、春节期间对全区80户计生困难家庭进行慰问，送去慰问金13.8万元。在母亲节活动中对50名困难母亲进行慰问，发放慰问金5万元。通过一系列的帮扶救助，为因灾、因祸的计生家庭和困难的基层计生协会会员渡过难关。

【组织开展“会员一元捐”活动】 2020年，区计生协会组织开展“支援国家抗击新冠肺炎疫情会员一元捐”活动，广大计生协会会员纷纷解囊，踊跃捐款支持新冠肺炎疫情防控，募集捐款97668.1元，用他们的善心和爱意汇聚成汩汩暖流，为疫情防控贡献一股温暖力量。

【关爱计生失独家庭】 2020年，区计生协会在凤凰山街道筱塘社区“党建+”邻里中心建立城厢区特殊家庭心理慰藉援助中心，采取精神慰藉和经济扶助相结合的办法，组织上门对全区44户失独家庭进行慰问，每户1000元，慰问金4.4万元，并组织他们到华亭开展“红色五云革命印记”活动，使这些特殊家庭感受到党和政府的关怀和温暖。

【实施计生贫困家庭安居工程】 2020年，区计生协会落实省、市计生协会安排的安居工程1户，根据上报的初选名单，组织人员实地核实，择取上报灵川镇1户困难计生纯女户作为2020年“生育关怀——计生贫困家庭安居工程”的扶助对象，补助6万元，年内已完工入住。

【开展金秋助学】 2020年，区计生协会组织人员进村入户核实镇（街）上报市、区助学对象，择取上报7位2020年考上一本院校的农村困难计生户作为市计生协会助学对象，每位资助5000元。8月23日，举行城厢区2020年“生育关怀——金秋助学”资助金发放仪式，对全区31名考取一本院校的困难计生家庭子女开展秋季助学，资助标准为每人2000元，发放助学金6.2万元，帮助他们圆大学梦。

【儿童早期发展】 2020年，区计生协会继续在主城区三个街道全面推广儿童早期发展教育。投入资金5万元，依托专业机构，开展早教活动9期，全区300对亲子家庭参加，受益人数762人。举办育儿（早教）课堂专题讲座10场次，吸引婴幼儿家长约2000人次参加。举办大型亲子活动3场次，356对亲子家庭参加。举办早教公益讲座3场次，有亲子家庭60对120人、婴幼儿家长60人参加。分发《育儿宝典》300多份，提高群众的知晓率。

【青春健康项目】 2020年，区计生协会在龙桥街道文献中学、凤凰山街道南门中学开展青春期心理健康、青春期生理健康知识讲座4场次，分发宣传材料3000多份，并利用家长会等时机与家长互动，通过一系列活动有力地促进青春健康知识的传播，促进青少年健康成长。

【流动人口关怀关爱】 2020年，区计生协会投入资金4万元，组织在华亭镇力奴鞋业、东海镇才子集团开展示范实施。全年开展活动3次，服务流动人口200名以上，开展流动人口医疗、卫生、健康、优生优育等知识宣传服务活动。通过活动，不仅提高计生协会干部开展流动人口服务工作的能力，还充分发挥示范点的引领作用，营造全社会共同参与流动人口关怀关爱工作的良好氛围。

（吴元开）

城厢区社会科学界联合会

【概况】 2020年，莆田市城厢区社会科学界联合会（以下简称“区社科联”）以习近平新时代中国特色社会主义思想为指导，以中共十九大精神为指引，在区委、区政府的坚强领导下，紧紧团结和依靠全区社科工作者，充分发挥社科联的桥梁纽带、组织协调、宣传普及、咨询服务作用，开展各类社科活动，促进全区哲学社会科学事业繁荣发展，为城厢区实施“双轮”驱动，全方位推动高质量发展超越，建设新时代美丽莆田先行区贡献力量。

【社科普及宣传周活动】 2020年，因受疫情影响，社会科学普及周活动改变以往集中举办的形式，采取线上的形式开展。通过下发文件、微信传播等手段，发动全区干部职工、群众积极参加学习深入贯彻中共十九届四中、五中全会精神，《习近平谈治国理政》，《中华人民共和国民法典》专题等，积极参与四省联办“深入学习贯彻中共十九届五中全会精神”社科知识网上有奖竞答活动，以及市委宣传部、市社科联开展百题网络知识竞答活动。围绕“决胜全面小康·决战脱贫攻坚”社科普及宣传周主题，依托社科基地，组织社科理论工作者进机关、进农村、进企业、进学校、进社区开展宣传贯彻《习近平谈治国理政》研讨会、《中华人民共和国民法典》等专题讲座，开展“社会科学在你身边”普及咨询活动，受众近3000人。

【开展新思想宣讲】 2020年，区社科联组织举办2020年福建省百场社会科学专题报告会，邀请市委宣传部副部长、社科联主席张元坤做社科讲坛专场报告会。开展理论进百村、理论进百企、理论进百校、理论进百庙等理论进基层“四个百”活动，通过组织宣讲报告、学术交流、课题研究等形式广泛宣传贯彻中共十九大和中共十九届五中全会精神，向基层向群众讲清楚、说明白。参与城厢区乡村讲师团宣讲工作，按照“分众化、对象化、互动化宣讲”目标，搭建起区、镇（街）二级宣讲小分队，宣传精准脱贫、扫黑除恶、平安家庭、移风易俗等内容，推进基层理论宣讲品牌化，助力新时代城厢乡村振兴。

【开辟理论宣传专栏】 2020年，区社科联依托今日城厢及抖音等新媒体平台，开辟学习时间、你问我答等专栏，回答群众关心的热点难点问题，引导广大干部群众“学理论、用理论”，提高思想认识和科学素养。今日城厢App新媒体平台开设今日荐读、名家名作、校园拾掇、扫黑除恶、图说我们的价值观、闽中往事、老照片等栏目，多角度宣传全区各项重点工作的新进展、新成效、新经验，展现各级各部门、各条战线的实践成果和精神面貌，打造城厢大名片，展好城厢新形象。利用建设社会主义核心价值观主题公园、社区、街道，不断充实丰富社会主义核心价值观的宣传内容和艺术形式，使之成为开展时事政策、党的创新理论和知识宣传的有效载体。

【重点课题研究】 2020年，区社科联组织全区社科理论和实际工作者围绕中心服务大局的课题进行调查和研究，在选准课题、充分调查、客观分析、措施可行上下真功夫、细功夫、硬功夫，发挥区委、区政府“思想库”作用。联合区发改局共同开展“突出开放招商　强化项目带动”征文活动，征集13篇理论文章，组织专家评审并择优向上参评，3篇文章获市级三等奖。与区委宣传部联合完成《建设新时代美丽乡村的“五云样本”》《弘扬闽中红色文化　助推乡村旅游发展》《“蔬菜村”华丽转身小康社区》等3篇调研报告，并在市社科联《湄洲论坛》发表。参与城厢区历史文化工作调研并撰写《城厢区创建历史文化名城工作汇报》初稿。借力合力，发挥“联”的优势，创新理论活动新形式，参与编辑出版《家园记忆·东海篇》一书。

【社科基地建设】 2020年，区社科联推动社科普及基地规范化管理，促进“闽中游击区革命纪念馆”“华亭镇乡愁记忆馆”等市、区级社科类展馆长期面向社会公众免费开放。指导并推荐常太马院闽中游击区革命纪念馆积极向上申报2020—2022年度省级社会科学普及基地和省级国防教育基地。协同区科协联合制定《城厢区科普教育基地管理暂行办法》，并开展2020年城厢区科普教育基地的评定工作。召开城厢区诚信促进会第二次全体会员大会，完成城厢区诚信促进会换届选举工作。

（吴金世）

政法和综治

【概况】 2020年，中共莆田市城厢区委政法委员会（以下简称“区委政法委”）认真贯彻落实中共十九届五中全会精神和中央、省、市政法工作部署要求，紧密围绕全区工作大局，纵深推进扫黑除恶专项斗争，防范化解各类风险隐患，加快开展市域社会治理现代化建设，扎实推进“全域平安、风险防控、社会和谐、基础提升、服务保障、专项整治”“六大工程”，更高水平“平安城厢”建设取得显著成就，荣获“福建省第四轮第一批平安县（市、区）”称号，为全市唯一县区获评。下半年“平安三率”排名创历史新高，分值创历史最佳。“群众安全感率”位列全省89个县区中第25位（进步47位）、全市5个县区中第1位；“扫黑除恶好评率”位列全省第14位（进步61位）、全市5个县区中第1位；“执法满意度”位列全省第66位（进步6位），全市5个县区中第4位。

【严密疫情核查管控】 2020年，区委政法委扎实做好流动人口和出租房屋服务管理工作，采取“以房管人、以证查人”工作举措，紧盯“开放小区、沿街店铺、用工单位”三大重点部位，落实“一企一册、一楼一册、一人一档”责任清单，充分发挥“互联网+”优势，强化“一图一表”“平安地图”大数据赋能，构建互联网、公安网、人脸识别门禁系统信息“三网联通”体系，打破信息堡垒，实现“一站式”办理和数据共享，对辖区内流动人口和出租房屋开展全覆盖拉网式摸排、登记，精准破解流动人口和出租房屋摸排难、服务难、管理难问题，深排、细核、严管、死守基层防疫安全线。2月起，累计排查登记出租户10万余户，承租人15万余人，涉疫承租人2768人，开展新冠肺炎疫情防控宣传工作70万次。

【严防海上偷私渡】 2020年，区委政法委整合涉海涉外工作力量，建立“海上控、岸边堵、空中巡”防控体系，筑牢“五道防线”。在全市率先启用海防视频监控系统，核查涉海涉外违法犯罪前科人员63人。完善情报导侦工作机制，加强航线异常船舶监视防控，严防船舶私自接驳。全区未发生一起海上非法入境案件，全区235艘船舶、214名渔船民、海上作业人员全部纳入责任管理，全境海域、岸线安全可控。

【打击违法犯罪】 2020年，区委政法委加大对借疫情哄抬物价、囤积居奇、销售假冒伪劣、扰乱秩序、妨害公务等违法犯罪活动的打击力度，依法打击，及时查处涉疫违法犯罪案件，为打赢疫情防控阻击战创造安全稳定的社会环境。全区破获涉疫案件 143 起，其中，销售假冒伪劣口罩案件 2 起，移交市场监督管理局等职能部门处置 2 起，涉疫诈骗案件 33 起，编造、故意传播虚假及有害信息 3 起，其他疫情防控案件 103 起。

【建设基层邻里中心】 2020 年，区委政法委充分发挥政法机关职能作用和资源优势，主动融入全市“党建 +”社区邻里中心建设，推动政法平安、基层治理工作与党建工作、社区邻里中心建设相辅相成。以网格化服务管理为基础，全市率先在龙桥街道、龙桥社区先行先试开展“综治 +”社会治理中心试点工作，发挥综治牵头协调作用，建设集综治网格、治安防控、矛盾纠纷化解、心理咨询、法律服务、平安志愿服务、应急抢险等为一体的“综治 +”社区治理中心，有效整合社区资源，优化力量配置，完善条块衔接，全面织密社区邻里“一体化”安全网，构建富有活力和效率的新型基层社会治理工作机制。12 月份，市委书记刘建洋到龙桥街道综治（网格）中心、龙桥司法所调研，对城厢区“综治 +”社会治理“六联”机制、“综治 +”综合执法、多元调解等工作情况给予充分肯定。

【构建“合侦快破”工作机制】 2020 年，区委政法委构建多警种、多手段、多战法深度合成的立体打击犯罪新机制，破解难破案、破案少、追赃难问题，初步实现“快侦、快破、快追赃”的工作目标。组建空中督察队，实行“3+3+6”模式，将无人机技战法纳入“合侦快破”，围绕反非法入境、重大部位巡逻、校园安全、交通整治等工作，破解督察盲点，提升督察时效，实现立体化、无死角、全覆盖督察，打造破案追赃新增长点。全区立各类刑事案件 2026 起，同比下降 26.03%；破 1138 起，破案率 56.17%，同比上升 9.47%。八类暴力犯罪案件立 48 起，同比下降 27.27%；破 42 起，破案率 87.5%，其中“盗抢骗”案件立 1187 起，同比下降 36.4%；破 474 起，破案率 39.93%。全年通过启动“合侦快破”工作机制，“两抢”案件发案 7 起全破，盗窃案件立 344 起，同比下降 66.9%；刑事盗窃案件破案率 67.73%，其中 24 小时内破案的占 51.2%，追赃率 68.1%。城厢区“合侦快破”机制获公安部予以肯定并全国推广。4 月，市委书记刘建洋到莆田“110”基地调研“合侦快破”机制，并给予充分肯定。

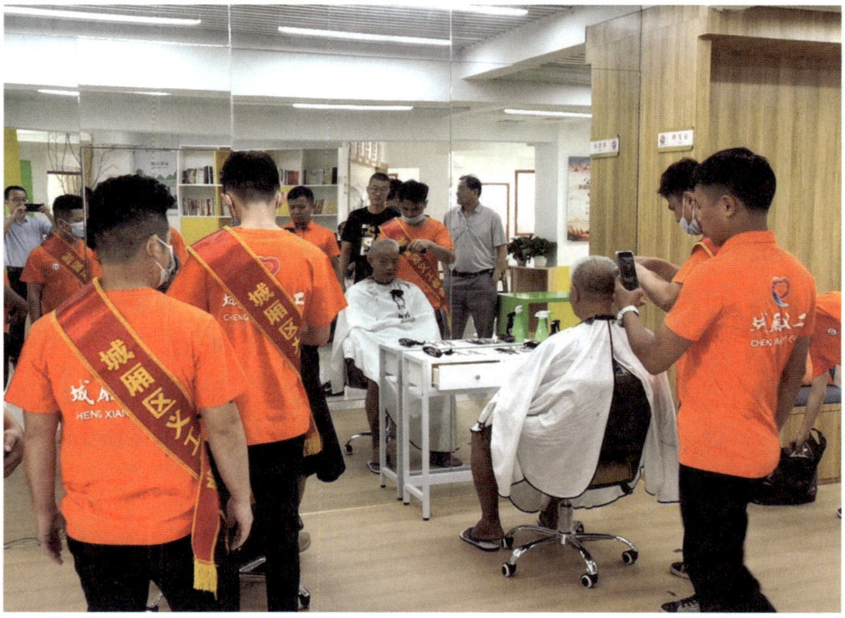

9 月 15 日，区委政法委开展霞林社区“党建 +”邻里中心活动

（李珊英 摄）

【升级“网上枫桥经验莆田版”】 2020 年，区委政法委加强调解衔接联动。持续完善“访调对接”“诉调对接”“公调对接”机制，积极探索诉非联动机制，推动矛盾纠纷化解前置至诉前的“最后一道关口”。已建立区级诉非联动中心，在区直部门、镇街、行业、产业等 33 家单位建立诉非联动分中心或工作站，聘任 86 名特邀调解员，以“委派 + 调解”“指导 + 调解”的方式，运用屏上调解“无纸化”解纷。自 7 月诉非联动中心成立以来，

受理286起重大矛盾纠纷及信访委托案件，诉前委派调解成功率97.2%，司法确认率100%。

【开展矛盾纠纷排查化解专项行动】 2020年，区委政法委在全区集中开展重点领域重点环节矛盾纠纷排查化解专项行动，以家庭矛盾、情感、邻里、土地纠纷及隐患为重点，着眼重点区域、重点行业、重点单位，深入排查化解一批可能引发治安、刑事案件、群体性事件的矛盾纠纷，最大限度减少“民转刑”“民转命”和自杀、个人极端暴力等案事件发生。是年，全区排查调处民间纠纷498件，受理率100%，成功率100%，没有发现因调解不当引发涉访涉诉、可能引发群体性事件、引发“民转刑”、“民转命”等恶性事件。

【拓宽多元调解版块】 2020年，莆田市“幸福婚姻家庭驿站”在网上大调解中心揭牌，且正式投入运行。婚姻家庭驿站建立调解员、婚姻家庭咨询师、心理咨询师、律师、社工五支队伍，同时畅通与政法委、公安局、检察院、法院、司法局等部门的联动网络，为婚姻家庭提供更多更便捷、高效的纠纷解决途径。

【升级“综治+”社会协同治理】 2020年，区委政法委积极引导义工协会等社会组织参与平安城厢建设，对准基层社区广大群众民生需求，为社区居民提供义务调解纠纷、心理咨询疏导、医院门诊导流、学生交通导护、普法宣传、重点人群帮扶等各种无偿服务，拓展和延伸“1+6+X”服务内涵，巩固深化平安“暖治理”模式，进一步提升基层社会治理服务水平。已对接17个基层试点社区，开展志愿服务活动45次，服务群众4500余人。

（陈　坚）

公　安

【概况】 2020年，莆田市公安局城厢分局（以下简称“城厢公安分局”）在区委、区政府和市公安局的正确领导下，坚持以习近平新时代中国特色社会主义思想为指导，深入贯彻落实中共十九大和十九届二中、三中、四中、五中全会精神，认真贯彻全国、全省、全市公安工作会议精神，紧扣全面建成小康社会目标任务，着眼推进国家治理体系和治理能力现代化，统筹新冠肺炎疫情防控和维护国家政治社会稳定工作，全力推动各项公安工作争一流、走前列、树品牌，为城厢区实施“双轮”驱动战略创造安全稳定的政治社会环境。是年，全区共立各类刑事案件2217起，同比下降26.5%；破1311起，破案率59.1%，同比上升10.1%；八类暴力犯罪案件立58起，同比下降21.6%；破59起，破案率101.7%，同比上升14.2%；“盗抢骗”案件立1250起，同比下降39%；破518起，破案率41.44%，同比上升9.2%，抓获违法犯罪嫌疑人员2017人，同比上升8.6%。全区命案“零发生”，系建区以来首次，城厢区获得福建省“平安县区”荣誉称号。

【矛盾纠纷排查】 2020年，城厢公安分局深入开展矛盾纠纷排查化解，全面排查经济纠纷、邻里纠纷、情感纠纷以及征地拆迁引发的矛盾纠纷等，建立7个镇街、村居矛盾纠纷调处微信群，分局和派出所主要领导入群靠前指挥，社区民警、村居干部线下跟踪，借助多元矛盾纠纷调处机制，推进矛盾纠纷早发现、早调处、早化解，切实将矛盾纠纷化解在初始、化解在源头。大力推进信访工作，深化“治重化积”工作，化解初信初访62件、信访积案13件。

【扫黑除恶专项斗争】 2020年，城厢公安分局坚持有黑扫黑、无黑除恶、无恶治乱，全力保障城乡安定、人民安宁。3年来，破获九类涉恶案件348起，抓获九类涉恶嫌疑人699人，打掉2个黑社会性质组织、9个恶势力犯罪集团、7个恶势力团伙，查封冻结追缴涉案资产1.7亿余元。9月21日起，在全区掀起“百日攻坚”行动，深化“六清”“六建”工作，2个月时间打掉7个恶势力团伙，并首创债权式黑财处置模式，实现案件定性“零改变”，中央特派督导组予以充分肯定，要求总结推广工作经验。

【打击违法犯罪活动】 2020年，城厢公安分局聚焦重点、紧盯目标，全面发起严打攻势。八类暴力犯罪案件破案率102%，同比上升14.2个百分点。深入推进打击治理电信网络诈骗工作，拍摄《防马扁》音乐短片，创作《阿溜讲反诈》小剧本，邀请莆仙戏丑角名家拍摄短视频16集，提升防诈宣传的精准度和有效性。全区立电诈案件426起，同比下降6.17%，破获电信网络诈骗案件172起，破案率40.4%，全市最高。强力推进“断卡”行动，发起打击整治“两卡”违法犯罪的凌厉攻势。完善“合侦快破”机制建设，“合侦快破”比武会战全省第一，公安部刑侦局发文要求全国刑侦部门学习借鉴。全区7起案件全破，盗窃案件破案率74.2%，其中24小时内破案数占比51.2%，追赃挽损218起113万元。深入推进“飓风肃毒2020暨净边2020”会战行动，破获毒品犯罪案件22起，抓获毒品犯罪嫌疑人25名，查获吸毒人员87人次，抓获涉毒逃犯5名，移送起诉数和查获吸毒人数两项考评指标均排名全市第一。保持追逃工作不放松，加大线索落地核查和抓捕力度，抓获逃犯381名。在全国命案积案攻坚会战中，分局通过人脸信息比对，破获命案积案14起，其中城厢区2起，外省市12起，民警陈伟宁被公安部通报表扬。全力推行“全链条”打击整治经济类违法犯罪活动，破获制售假鞋侵犯知识产权等经济案件116起，抓获犯罪嫌疑人109人，有效打击和震慑各类经济犯罪。

【社会治安整治】 2020年，城厢公安分局围绕群众反映突出的社会治安问题，深入开展南门单面街“黄丑”顽疾整治、万达片区“楼凤”问题整治，关停取缔无证非法经营旅馆84家，实现打一片、建一片、管一片，有效根治“黄丑”顽疾。全年查处涉赌刑事案件52起、治安案件81起，涉黄刑事案件28起、治安案件104起，破获2020年全市首起特大网络赌博案件。深入开展“昆仑2020”专项行动，破获“四黑四害”刑事案件42起，深入开展安福片区乱象整治，实行“一违三查”机制，有力整肃安福周边交通秩序。

【新冠肺炎疫情防控】 2020年，城厢公安分局第一时间成立疫情防控指挥部，迅速制定下发疫情防控预案、勤务规范等各类文件。全区公安机关层层部署推进，同时间赛跑、与疫情较量，全力开展疫情防控工作，建立健全高效协同的指挥调度体系，推动疫情防控和服务复工复产各项措施落地。严格卡口查控、大数据研判、社区访查管控“闭环”管理，实现第一时间发现、第一时间查控、第一时间处置移交，创新每日会商、“四色预警”、责任清单和问题清单等工作机制，实行每日滚动销单、推进落实。年内，

2月4日，全区公安机关和广大民警奋力抗击疫情，守护群众安全（陈宏 摄）

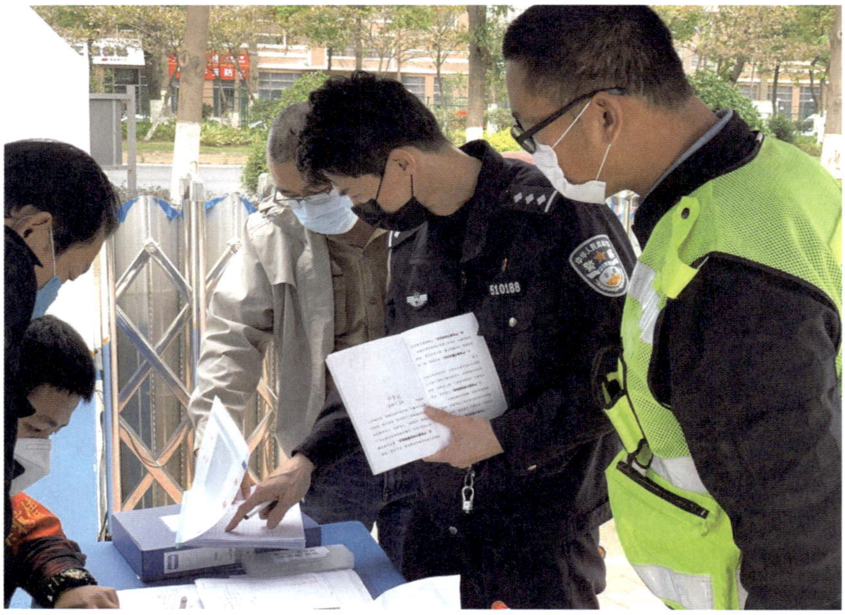

3月10日，全区公安机关和广大民警协助企业做好疫情防控工作，助力企业复工复产 （蔡建霞 摄）

核查各类人员8万余人次、车辆6万多辆次，精准采集管控疫区来莆人员6989人次。同时，针对不同阶段的疫情形势变化，及时调整防控措施，着力强化疫情常态化、精准化以及分区分类防控工作。按照“闭环管理、科学防控、促进复产”的总体思路，及时调整工作重点，统筹疫情防控与复工复产、复商复市和复学等工作。以“排风险、除隐患、保安全”为主题，协助教育部门开展全市复学教职员工、学生涉疫风险排查8万多人次，提前对121所中小学复学校园内部安全进行检查，整改各类隐患396处。强化打击涉疫违法犯罪，及时研究制定办理涉疫案件法律服务手册，全区公安机关破获涉疫案件143起。树立“群众有危难、公安不缺席”理念，充分开展后疫情困难群众摸排帮扶工作，先后帮助后疫情困难群众208人次，其中把19名极度困难群众从绝望的边缘拉回，帮助他们重振生活信心。是年，城厢公安分局获评“福建省抗击新冠肺炎疫情先进集体”荣誉称号；政委陈朝辉带队驻点广西边境，与广西凭祥、南宁、防城港等地警方建立协作机制，合力开展打击管控非法入境等工作，得到副省长田湘利的批示肯定；副局长郭秋桥家庭获评“福建省抗疫最美家庭”荣誉称号。

【社会治理工作】 2020年，城厢公安分局大力推动社区网格站、警务工作站、“党建+”邻里中心融合建设，推动城区落实“一社区一警务室”、农村落实“一警务区一警务室”。城区3个派出所建成集治安防范、信息收集、情报研判、矛盾化解、窗口服务、接处警为一体的标准化警务工作站4个。建成“党建+”试点社区5个，不断延伸治安工作触角，有效夯实社会治安整治根基。扎实开展创建“枫桥式公安派出所”活动，持续推动市政府办公室《关于进一步加强和改进公安派出所建设工作的意见》落实，全力推动“枫桥经验”落地生根。推进8名派出所所长进镇（街）领导班子、64名社区民警进村（居）领导班子，深度融合政治建警与各项公安工作，不断凝聚奋进力量。以市人大常委会跟踪视察公安基层基础工作为契机，进一步加强和改进公安基层基础工作，人民群众获得感和满意率持续提升。严格落实接处警、巡特警、派出所、网格化、机关警种等5支队伍的巡防勤务机制，最大限度地把警力压向路面。大力推进无人机建设、高清视频、人脸识别、治安卡口、电子围栏系统和“智慧社区”建设，实现科技强警、主动警务，进一步提升社会治安立体化、法治化、专业化、智能化水平。完善交通管理机制，深化“诚信体系+平安交通”管理机制，创新“党建+邻里中心+路长制”交管模式，深化道路交通安全综合整治，加强重点交通违法行为和停车秩序整治，进一步提升城市交通通行效率，省道安办发文推广城厢区“诚信交通+精准劝导”模式。年内，查处各类道路交通违法行为30万

1 月 10 日，区公安分局严格落实巡防勤务机制，把警力压向路面

（陈宏 摄）

多起，其中酒醉驾 1219 起；发生道路交通事故 197 起，同比下降 2.96%；造成死亡 25 人，同比持平；造成受伤 204 人，同比下降 10.91%；造成直接经济财产损失 6.99 万元，同比上升 36.41%。强化校园安全和公交车安全防范工作，扎实开展日常消防监督检查，严防校园、公交车暴力案件和重特大火灾事故发生。加大民爆物品流向、流量动态监管和处罚力度，确保运输、储存、使用安全。年内，全区未发生爆炸事故和盗抢危爆物品案件。

【执法规范化建设】 2020 年，城厢公安分局持续深入推进执法规范化建设，开展执法不作为、慢作为专项整治，狠抓如实受立案，深化法制员队伍建设，完善全流程闭环式执法监督管理机制，考评行政、刑事案件 4184 起，发现问题 24700 个，全部整改到位；优化执法办案场所管理，有效堵塞执法漏洞，解决执法突出问题，形成严格规范公正文明执法的良好氛围。在全市首建未成年被害人“一站式”取证中心。2 月，城厢公安分局获评全省公安机关执法质量优秀单位。7 月，华亭派出所荣获“全国公安机关执法示范单位”荣誉称号。

【科技强警】 2020 年，城厢公安分局大力实施改革强警战略，建立全市首支警用无人机专业队。探索研究无人机技战法，充分发挥无人机在服务侦查、破案、环境保护、援救灭火等方面作用，不断提升公安机关核心战斗力。2020 年 6 月，公安部督察审计局推广城厢公安警用无人机“空中督察”模式。创新警用无人机、视频天网、智慧小区和扁平化巡防机制建设，打造“空地 + 人机”巡防模式，形成横向到边、纵向到底的社会治安防控网。

【“放管服”改革】 2020 年，

10 月 12 日，城厢区深化科技强警工作，创新无人机“空中勤务”，提升安全防控网

（祝澎 摄）

城厢公安分局完成窗口业务入驻市行政服务管理中心公安分中心，梳理更新“一趟不用跑”办事清单11项，“最多跑一趟”办事清单142项，压缩三大类办事时限由7天减至3天，解决67名在校中小学学生无户口人员登记户口问题，实现惠民便民利民。在城区派出所警务站统一配置一体机、自助机，最大限度便民利民。

9月25日，区公安分局以实战需求为导向，认真开展各项训练工作，锤炼过硬公安铁军 （陈宏 摄）

【队伍建设】 2020年，城厢公安分局做好队伍建设。一是政治建警。始终把政治建警摆在首要位置，深入学习贯彻习近平新时代中国特色社会主义思想，严格落实党委理论学习中心组学习、周学习例会、支部“三会一课+主题党日”等制度。通过领导带头、收看讲堂、集中学习、一线宣讲、知识测试等多种方式，依托“学习强国”福建干部网络学院“党员e家”显示终端等载体，满足民警常态化、移动化学习需求。年内，组织分局党委理论学习中心组学习会21次、局机关周学习例会43次。二是从严治警。城厢公安分局成立全面从严管党治警领导小组，制定落实全面从严管党治警主体责任清单。积极支持配合市委巡察三组对分局开展交叉巡察，切实抓好市委优化营商环境专项巡察暨“放管服”改革巡察“回头看”反馈的问题整改工作。扎实开展“坚持政治建警全面从严治警”教育整顿，严格落实党风廉政建设“两个责任”，有效运用“四种形态”进行监督执纪问责。年内，运用“四种形态”教育问责38人次。深入查纠“四风”问题，在重要假日节点发送各类廉政提醒500多条，开展各类明察暗访265人次，进一步转作风、守规矩、讲担当。三是素质强警。城厢公安分局坚持服务公安实战需求，创新人才工作机制，探索建立人才选拔机制，按照先行先试、急用急建的原则，遴选优秀民警充实到相关警种部门。以实战需求为导向，认真开展各项训练工作，完成全区公安机关400余名民警基本技能测试，全面提高民警能力水平。分批次组织全体民警开展警务技能培训、警务实战训练、每月处突机动队训练演练等，序时推进专业练兵。推进无人机海岸边防线巡逻专项训练，有效服务海域管控、口岸查控和打击偷渡入境等违法犯罪活动。四是聚力暖警。完善分局党委班子成员挂钩先进典型工作机制。大力开展走访慰问活动，慰问援广西、援鄂、援疆、患病等民警、警务辅助人员34人次。通过走访市、区妇联，区教育局，辖区各中小学、幼儿园，为43名民警子女（不含中小学）解决入园就学问题。下力气抓好爱警暖警各项政策措施落实，完成全局317人“2个序列套改”，落实战时表彰和送奖上门等惠警暖警工作。

（黄淑芬）

检　察

【概况】 2020年，莆田市城

厢区人民检察院（以下简称“区检察院”）在区委、市检察院坚强领导、区人大及其常委会有力监督、区政府、政协以及社会各界的大力关心支持下，坚持以习近平新时代中国特色社会主义思想为指导，深入学习贯彻习近平法治思想，中共十九大，十九届二中、三中、四中、五中全会精神和习近平总书记对福建工作、政法工作的系列重要讲话重要指示批示精神，讲政治、顾大局、谋发展、重自强，各项检察工作取得新进展，为实施“双轮”驱动、全方位推动高质量发展超越提供有力法治保障。

【依法履职战“疫”】 2020年，区检察院闻令而动，依法从快严惩制售伪劣口罩等“借疫牟利”犯罪7件，制发规范处置废弃防疫物资等检察建议4件。92%的检力分赴社区、集中医学观察点、厦门机场等地参与防控，组建检察官服务企业复工复产先锋队，走访辖区企业百余家，赠阅疫情防控法律风险提示手册，协助解决劳资纠纷等问题4件。积极用好“云提审”“云具结”等多元方式，实现疫情防控期间检察服务“不掉线”、办案活动“不打烊”、群众权益保障“不停顿”。

【优化营商环境】 2020年，区检察院突出服务保障“六稳”“六保”政治任务，与区法院会签实施意见、召开联席会议，联合实施“十九条”司法举措稳预期、助发展。抓实最高检“三号检察建议”，与银监部门建立打击防范金融犯罪联动机制，稳妥办理非法吸收公众存款、集资诈骗等金融领域犯罪18件45人，追缴赃款155万余元。平等保护各类市场主体，加大产权司法保护力度，依法打击制假售假、强迫交易等扰乱市场经济秩序犯罪46件74人。

【服务民企发展】 2020年，区检察院审慎办理企业家涉罪案件，坚决做到慎捕慎诉慎押，所办魏某高利转贷等2个案件入选全市检察机关服务民营经济十大案例。专项开展“保市场主体、护民营经济”十项监督，全面起底纠正2017年以来涉企“积案”“挂案”，严惩职务侵占等侵犯企业权益犯罪36件。检察服务端口融入“华林e站”App，在2家台企设立检察联络站，与区侨台办建立台企权益保护联动机制，常态开展送法入企、党团共建等活动，切实把11项检察暖企护企好政策落实到位。

【扫黑除恶专项斗争】 2020年，区检察院依法起诉黑恶势力犯罪12件30人，其中恶势力集团5件10人、恶势力团伙7件20人，检察环节办结率100%。专项监督涉黑恶案件财产刑执行到位1.19亿余元；深挖涉黑恶案件背后侵害群众财产权益线索28条、涉案金额1900万余元，启动法定程序督促有关部门纠正。促进相关部门实施27类49项整改举措，高质效完成检察环节“六清”任务，所办孙某等人组织卖淫案等2件案件、1件基层治理类检察建议入选全省检察机关专项斗争优秀案例。

【打击刑事犯罪】 2020年，区检察院依法批准逮捕各类犯罪364件493人、提起公诉810件1061人，办案量全市第二、办结率全市第一。起诉故意伤害等侵犯公民人身权人格权犯罪104人；起诉“盗抢骗”等多发性侵财犯罪268人；起诉“黄赌毒”等危害社会管理秩序犯罪147人；起诉利用电信网络实施的诈骗、赌博等新型犯罪85人；起诉国家工作人员职务犯罪4件5人。依法对罪轻且社会危害性不大的犯罪嫌疑人少捕慎诉，不批准逮捕50人，决定不起诉100人，释放最大司法善意。

【为民办实事】 2020年，区检察院压实“办信就是办案”的工作责任，严格按照“七日内程序性回复、三个月内办理过程或结果答复”要求，208件来信全部规范做到“两个100%”答复。践行新时代“枫桥经验”，专项开展“五年以上信访积案化解”攻坚行动，对跨部门、成因复杂的信访诉求，用好领导包案、“检律调”衔接等机制促进事要解决，化解3件，重信重访率同比下降11%。扶危济困的国家司法救助深度融入精准脱贫攻坚工程，向贫困被害人或其近亲属发放救助金9.9万元，把司法温度传递到群众手心。

【呵护孩子成长】 2020年，区检察院贯彻习近平总书记“法治教育从娃娃抓起”的殷切嘱托，完成“法治巡讲进校园”三年全覆盖目标，抓实“春蕾安全员”“零犯罪村居”“零犯罪校园”等工作载体，系统落实“一号检察建议”。建成全市首家未成年被害人“一站式”取证中心，与区妇联建立儿童权益保护联动机制，延伸维权触角；严惩故意伤害、性侵等侵害未成年人犯罪69人。以宽容不纵容的理念挽救“问题少年”，对涉嫌严重犯罪的依法批捕40人、起诉57人，发挥法律惩戒警示作用；对误入歧途的“熊孩子”，依法不捕4人、不诉3人，跟进帮教引导迷途知返。

【便民服务】 2020年，区检察院在“12309”检察服务中心受理各类案事项2226件，法定期限内办结率100%，发布各类案件程序性信息2517条，公开起诉书、不起诉决定书等法律文书794份。强化“案－件比”指标应用，坚决防止一个案子经过多个程序变成多个案件，全年“案－件比”为1.4、同比优化18%、全市最优。突出抓好公开听证、公开宣告等机制实践应用，邀请各界人士参与办案，召开不捕不诉、民事申诉等案件公开听证会5场，对被不起诉人集中宣告29人次，推动检察工作以可感可触的方式深入人心。

【推动“中国之治”】 2020年，区检察院加强释法说理，增强犯罪嫌疑人主动坦白、配合侦查、接受改造的悔罪自愿性，适用认罪认罚从宽制度办结815件1008人、适用率88%、全市第一。刑事案件不延不退办结率80%，同比提升13%，办案周期平均缩短11天，实现简案快办、繁简分流。将是否取得被害方谅解和解、退赃退赔等作为从宽考量因素，提出从宽量刑建议903人，确定刑建议占比62%，法院采纳率97%，罪犯一审服判率高于其他案件51%，有效减少社会对立面，修复受损社会关系。

【保护生态环境】 2020年，区检察院连续第三年专项开展木兰溪和东圳水库生态司法保护行动，督促有关部门整改到位排污实体4家、清理红线保护区内畜禽养殖场600余平方米。跟进人大视察交办、环保督察反馈问题清单，会同属地镇街、主管部门常态开展联合执法巡查，协助推进污水管网、清淤疏浚等治理举措落实。扎实贯彻习近平总书记“两山”理论，积极参与“蓝天碧水净土保卫战”，完善与区河长办的定期联席会议机制，“河道检察官”等机制融入全区生态司法保护联动格局。

【保障食药安全】 2020年，区检察院坚持“零容忍”，起诉1件1人，督促主管部门对4名食药犯罪前科人员列入“黑名单”并禁止从业，让违法者为自己的行为“买单”。制发检察建议规范手工线面、枇杷膏等小作坊管理，促成主管部门对126个村居进行拉网排查、取缔3家、向14家具备条件的核发营业执照，并将枇杷膏纳入小作坊生产目录。与区市场监管局建立联动机制，常态开展校园周边、农贸市场等执法巡查工作，落实“四个最严”要求，保障群众“舌尖上的安全”。

【助推社会治理】 2020年，区检察院发现案件背后的社会管理疏漏，制发检察建议11件，涉及金融监管、娱乐场所管理、重点人群管控、重点区域治安整治、村居组织建设等行业领域。加强检察建议实证调查和法核论证，提升规范性可行性，如发出加强“三非”外籍人员管控、银行贷款审批监管等检察建议后，促进行业主管部门开展专项整治。实行检察建议“一案一跟踪、滚动抓落实”机制，两个月法定期限内回函率100%，努力实现一个建议堵塞多个漏洞、解决一批问题的良好促治效果。

【刑事检察】 2020年，区检察院依法监督公安机关立案刑事案件16件、撤案12件，追捕追诉漏犯10人、漏罪11起；对不构成犯罪或证据不足的不批准逮捕75人、决定不起诉15人，追诉犯罪、保护无辜。提升公诉人庭审示证、指控犯罪能力，出庭支持公诉784件次，对确有错误的刑事判决提出抗诉1件1人。常态监督超期羁押、指定监居不当等强制措施执行失范行为，办理羁押必要性审查50人，动态监督社区矫正服刑人员274人次、纠正脱漏管等行为6次，办理财产刑执行监督案件740件，维护法律权威。

【民事检察】 2020年，区检察院办理民事领域监督案件66件、同比上升164%、办案量全市第一，其中，办理生效裁判监督26件、审判违法监督1件、民事执行监督39件，向公安机关移送拒执犯罪等线索5件6人。紧扣民生反映强烈的问题开展专项监督，虚假诉讼监督领域对错误生效裁判提请抗诉12件、提出再审检察建议5件；专项评查民事执行案件，纠正怠于执行、违法终本等行为5件。在村居、律所等地设立检察工作联系点，多元开展《中华人民共和国民法典》等普法“六进”系列活动，做法治进步的践行者倡导者。

【行政检察】 2020年，区检察院发挥行政检察“一手托两家”作用，围绕维护司法公正、促进依法行政的共同法治目标，办理行政领域监督案件15件、同比上升36%。针对部分行政机关消极履职等情形，依法督促启动行政处罚程序12件、行政非诉强制执行程序3件；专项排查行政处罚案件1567件，向职能机关发出规范执法的检察意见25件。针对“案结事未了”等类型行政申诉案件，专项排查“两违”等领域行政争议案件24件，逐案核实并做好释法说理等工作，促进案结事政和。

【公益诉讼】 2020年，区检察院贯彻市委深改委《关于支持检察机关依法开展公益诉讼工作的决定》，紧扣“4+1”法定领域办理公益诉讼案件30件、同比上升114%，办案量全市第一。围绕窨井盖市政配套、违法向未成年人售烟售酒、文物古迹保护等民生关切领域，实地调查取证，扎实开展“等”外领域保护工作。用好用足诉前检察建议、圆桌会议等机制督促整改落实，全部案件在诉前得到妥善解决，担起公共利益代表的神圣职责。

（方明源）

法 院

【概况】 2020年，莆田市城厢区人民法院（以下简称“区法院”）在区委坚强领导、区人大及其常委会有力监督、上级法院精心指导和政府、政协及社会各界大力支持下，坚持以习近平新时代中国特色社会主义思想为指导，深入学习贯彻中共十九大和十九届二中、三中、四中、五中全会精神，深入学习贯彻习近平总书记对福建工作、政法工作的系列重要讲话重要指示批示精神，着力服务大局、司法为民、公正司法，各项工作稳中有进、稳中向好，为实施“双轮”驱动，全方位推动高质量发展超越提供有力司法保障。是年，城厢法院新审判大楼正式启用，有5个部门及7人次获区级以上表彰，其中1名获最高人民法院“荣誉天平纪念章”。

【案件审判】 2020年，区法院受理各类案件14202件，同比增长6.43%，审结13314件，同比增长8.73%，结案率93.75%，同比增长1.99%，居全市第3名。依法有力打击犯罪，保障社会安定有序，人民安居乐业，审结各类刑事案件806件936人。其中，对严重危害社会治安犯罪保持高压态势，审结严重暴力犯罪案件92件108人，侵犯财产犯罪案件221件245人，涉黄赌毒犯罪案件89件95人，严重暴力犯罪案件呈下降趋势，社会治安保持平稳有序。审结危害食品药品安全犯罪案件4件20人，切实维护人民群众安全。打击非法集资、金融诈骗、“套路贷”等经济犯罪案件32件45人，严惩电信、网络诈骗案件5件47人，推进社会治安综合治理。审结贪污贿赂等职务犯罪案件2件3人，推动反腐败斗争向纵深发展。准确适用认罪认罚从宽制度，对598名犯罪分子依法从宽处理，判处非监禁刑或免予刑事处罚242人，完善人权司法保障。高度关注人民群众的各类民生诉求，从司法领域强化民生保障，审结各类民商事案件6340件，其中，密切关注经济下行压力下保居民就业、保基本民生问题，审结劳动就业、教育医疗、社会保障等案件112件，审结消费者权益纠纷案件3件，审结商品房买卖、预售合同纠纷等涉房地产案件741件，高效化解机动车交通事故责任纠纷案件496件，保障老百姓的衣食住行。审结民间借贷、网络借贷案件1243件，召开新闻发布会，依法规范借贷行为。审结婚姻家庭继承案件407件，注重对家庭成员情感的保护。审结借款合同、保险纠纷、银行卡纠纷等金融案件1662件，维护金融安全和稳定。依法保护行政相对人合法权益，支持促进法治政府建设，审结行政诉讼案件284件、非诉行政审查案件23件，18名行政机关负责人出庭应诉，行政机关工作人员出庭应诉率98.13%。其中，审结土地征收、房屋拆迁等案件37件，依法保障重大工程项目顺利开展；审结经济管理、市场监管等领域案件12件，让民营企业安心谋发展。助推法治政府建设，与城厢区、荔城区政府召开联席会议，邀请行政机关观摩庭审122人次，开展送法进机关3次，发出司法建议书3份，收到反馈2份，持续优化发展的法治环境。持续推动执行工作高水平规范化运行，执结5912件，同比增长16.21%，执行到位22.83亿元。巩固深化“基本解决执行难”成果，提升执行力度，累计查封房产1847处、车辆2064辆，冻结、扣划财产3.19亿元，司法拍卖评估、询价213次，成交标的物211件，金额5.78亿元，发布悬赏公告2期，惩戒失信被执行人3128人次。开展涉民生专项执行活动，执结涉民生案件763件，执行到位6635.6万元，帮助农民工追讨欠薪3943.3万元。强化善意文明执行理念，持续优化查封、变价等措施，严格失信惩戒条件，开展失信清理专项行动，及时删除失信名单6064人次。加大拒执罪打击力度，与区检察院、区公安分局联合出台办理拒执罪实施意见，追究刑事责任5件5人。

【扫黑除恶】 2020年，区法院以决战决胜姿态稳步推进“六清”行动，全力以赴打好攻坚硬仗。案件清结到位。受理涉黑恶案件13案25件128人，审结率达100%，黑恶性质认定率100%；注重高效审理，涉黑案件平均审理期限27天；疫情防控期间利用“方舱法庭”视频远程审理；注重案件质量，在已生效的128名黑恶犯罪分子中，仅有3名被告在量刑上被上级法院稍作调整，做到宽严有据。黑财清底到位。实行专班推进、融合作战，执行到位11900.21万元，执行到位率96.11%；开展“扫黑除恶利刃行动”专项执行网易直播，在线观看人数32万人，以强有力举措推进“打财断血”。行业清源到位。针对基层治理、金融放贷、校园管理等多领域，发出司法建议11份，复函率达100%。其中校园治安系列司法建议得到中央督导组高度肯定，并被评为全省优秀司法建议。

【打造法治化营商环境】 2020年，区法院认真贯彻习近平总书记在企业家座谈会上的重要讲话精神，以高质量司法保发展、促活力。共创安商护商“大格局”。加大民营企业产权司法保护，依法严惩侵犯企业产权犯罪案件27件，及时挽回企业损失；成立破产审判专门合议庭，高质效推进破产处置工作，审结破产案件1件，促进有价值危困企业再生；审慎适用失信惩戒和限制消费措施，对受疫情影响较大、暂时经营困难企业给予宽限期。共塑尊商暖商“好环境”。与区检察院协作护航“六稳”“六保”，开展“保市场主体，护民营经济”专项行动，联合印发实施意见并召开联席座谈会，以实质性举措回应民营企业司法需求；率先制定全市首个保障企业复工复产若干意见，暖企助企举措得到《人民法院报》等国家、省、市媒体报道。共结亲清互动“朋友圈”。编写并赠送《企业法律手册》，关心关注民营企业发展；走访辖区内17家律师事务所，听取助企相关意见；组建法律服务团，走访企业13次，协调解决涉企问题16个；巧用“云模式”和“一站式”，解决企业的跑累问累诉累问题。

【打好“三大攻坚战”】 2020年，区法院坚持问题导向，保持攻坚态势，围绕短板弱项综合施策、精准发力。筑牢防范化解金融风险屏障。审结涉金融案件1662件，依法保护金融债权；主动对接监管部门，告知风险防控4次，提出意见建议4条，发出司法建议6份，从源头防范化解金融风险；开展涉金融机构专项执行活动3次，追回2421.43万元。法治护航脱贫攻坚。妥善审理涉精准脱贫、乡村振兴案件160件，以“法律扶贫”助推“精准脱贫”；创新“扶贫+”机制，得到省法院吴偕林院长批示肯定，并在全省法院做经验推广。持续创新生态司法。践行“两山”理念，成立生态审判专门合议庭，审结涉生态案件8件；推行“生态司法+审计”机制，依托“木兰法律工作站”和“区河长制办公室法官工作室”，召开生态司法联席会，构建完善多部门协调联动机制。

【做好疫情防控】 2020年，区法院切实把疫情防控作为头等大事来抓，奋力夺取疫情防控和执法办案目标双胜利。齐心协力克时艰。强化党建引领，4名党员干警主动请缨加入“应急先锋队”，第一时间奔赴常太金川、太湖工业园区、集中医学观察点等地；61名党员志愿者前往不同社区参与抗疫；1名干警驻守厦门机场配合抗疫；开辟“战疫微故事”专栏，志愿者事迹得到新华社、《福建日报》报道；充分展示人文关怀，院党组第一时间前往金川慰问，举行“平安归来”欢迎仪式，弘扬抗疫精神。司法助力战疫情。坚持诉讼服务“不打烊”，权益保障“不掉线”，通过“云端诉讼”实现第一季度疫情防控期间结案率居全市基层法院第一；累计“云立案”4011件，“云庭审”22场，“云执行”15件，审结涉疫案件71件，实现跨国跨省纠纷“零距离”化解，实现抗疫期间群众不用跑、审案走云端、调解全在线。

【深化诉源治理】 2020年，区法院坚持和发展新时代“枫桥经验”，统筹推进一站式多元解纷和诉讼服务体系建设，成功调解案件2750件，成功率72.87%，得到“福建高院”公众号头条推送。诉非联动常态化。打造诉非联动“1+3+N”新格局，即以1个“诉非联动中心”为依托，成立“交通事故处理、灵川法庭、华林工业园区涉企”3个分中心，同时对接食品产业诉调工作站等，指派27名法官及法官助理挂钩辖区7个镇街，实现内外联动、上下协同；与区直单位、人民调解委员会、行业调解组织等同步开展诉非联动，形成相互协作、互相配合的解纷格局。线上调解便民化。线上依托“人民法院调解平台”对接32家调解组织，聘任86名特邀调解员，以“委派+调解”“指导+调解”的方式，开展“无纸化”解纷。绩效考评科学化。充分发挥考评指挥棒作用，推动诉非联动工作纳入平安综治考核范围，把参与诉源治理工作纳入法官绩效考核范围，调动积极性，增强规范性。

【助推市域社会治理】 2020年，区法院主动融入市域社会治理体系，当好社会治理创新的参与者、推动者、保障者。便民利民提升“温度”。发挥智慧法院建设成果，配备自助服务终端、智能文件中转柜等智能化设备，便利当事人“一键办、一次办”；畅通线上线下一体化立案，累计网上立案、自助立案、“跨域”立案4011件，努力实现“少跑腿”；加强司法救助与法律援助、社会救助联动，依法减、缓、免交诉讼费用5万元，发放司法救助金

74.1万元，让困难群众打得起官司；开展巡回审判2次，实现在“家门口”化解纠纷。协调联动提升“精度”。与邮政签署司法送达合作协议，提供集约高效的诉讼服务；与区妇联出台家事工作机制联合意见，聘任81名家事调解员、调查员、联络员，提升妇女儿童合法权益保护力度；持续完善“网格化+”机制落实，增强综治维稳、纠纷化解对接力度；结合进村入户、走访慰问等，提升平安建设“三率”。多维宣传提升“广度”。把学习宣传贯彻民法典作为重要任务，制作民法典普法小视频，播放量2万次，向莆田学院、烟草局、军营、企业等宣传并赠送《中华人民共和国民法典》，得到《人民日报》等报道；推进阳光司法，完善“两微一网”、抖音等新媒体集群，网上公布生效裁判文书11010份，网上庭审直播1350场；深化人民陪审员制度改革，完成58名人民陪审员选任、培训工作，陪审率100%。

【党建工作】 2020年，区法院切实增强政治担当、历史担当、责任担当，打造信得过、靠得住、能放心的队伍。突出政治建设统领地位。巩固深化“不忘初心、牢记使命”主题教育成果，答好初心使命永恒课题；学好用好《习近平谈治国理政》第一卷、第二卷、第三卷等鲜活教材，将中共十八大以来习近平总书记关于政法工作重要讲话重要指示精神汇编成册，组织学习研讨10次，做到知之弥深、信之弥坚；狠抓意识形态工作责任制落实，维护司法领域意识形态安全。发挥党建工作引领作用。贯彻新时代党的建设总要求，实施基层党组织组织力提升工程，深化党支部“达标创星”活动；严肃落实组织生活会、“三会一课”等党的组织生活制度，组织党员赴南日岛实地体验红色文化，汲取奋进力量；创新“党建+诉讼服务”“党建+执行”“党建+廉政”模式，打造更有深度、更有吸引力的党建阵地。把“严”的主基调长期坚持下去，涵养海晏河清政治生态。持之以恒正风肃纪。严格贯彻中央八项规定及实施细则，运用“四种形态”，一体推进“三不腐”，切实解决形式主义、官僚主义等问题；接受市委巡察并落实整改工作，做到边巡边改、即知即改，研究出台8项制度及22条具体举措，切实在整改中挺起纪律、创出业绩；坚持外部监督与内部管理、关键少数与绝大多数“两手抓”，把重点监督做细，把一线监督做好，让失责必问成为常态。持之以恒反腐倡廉。开展“三个规定”专项整治，严格落实“一岗双责”，强化干警政治规矩和政治纪律；以反面典型为警醒，以正面典型为激励，播放廉政宣传片3次，开展专项通报警示11次，邀请人民法院监督员5人次参与法院工作，把日常监督做实，确保工作职责管到哪里，从严治党的监督就延伸到哪里。

【队伍建设】 2020年，区法院增强干警的职业尊荣感、归属感，为推进法院事业发展提供坚强组织保证和人才支撑。以厚爱激励士气。落实从优待警政策措施，着力在重大工作任务和执法办案一线考察识别干部，对在扫黑除恶工作中表现突出的3名干警予以提拔使用，对3名抗疫先锋队员进行个人嘉奖，对15名工会干部及积极分子予以表彰，晋升6名员额法官等级，激发干事创业精气神。以培养提升素能。坚决克服“差不多”标准，牢固树立“精品意识”“铁案意识”，发挥审判业务专家示范引领作用，开展办案心得分享会，强化“传帮带”；推动课堂讲授与研讨交流、现场体验、练兵比武等结合，探索构建响应需求、适应实战、全面发展的司法素能培养体系。

【党建工作】 2020年，区法院切实强化人民法院是政治机关意识，坚守政治本色，坚定不移走中国特色社会主义法治道路；把做到“两个维护”作为最高政治原则和根本政治规矩，把党的绝对领导贯彻到法院工作全过程，把党的领导优势转化为司法工作效能；坚持法院重大工作和重要事项向党委报告制度，自觉接受人大及其常委会的监督。坚持全方位吸纳转化。及时梳理代表委员的建议提案和关注事项，实行归口管理、集中交办，做到一件一策；积极办理意见建议，从中把握群众呼声，找准社会关切，落实到立、审、执各环节，真正把办理过程变成与代表委员有效沟通联络的过程，将代表委员的信任和期待转化为责任担当、机制举措。坚持常态化沟通联络。完善人大代表定向联络工作机制，走访人大代表、政协委员152人次；增强工作情况通报，全方位向人大常委、政协常委展示法院工作动态；主动邀请人大代表、政协委员观摩庭审、专项视察、参与新闻发布会、法院开放日等，增进代表对法院工作的了解、理解和支持。

（李　萍）

司法行政

【概况】　2020年，莆田市城厢区司法局（以下简称“区司法局”）坚持一手抓疫情防控、一手抓主责主业，以人民调解、公共法律服务、法治宣传、维稳防范效能建设为重点，谋划和推进司法行政各项工作改革发展，发挥法律服务、法治保障职能，以法治思维和法治方式推动各项重要决策部署落实落地，全面完成“十三五”规划收官和“七五”普法总结验收。

【法治政府建设】　2020年，区司法局发挥牵头抓总作用，推进法治政府建设。着力推动依法行政，开展行政裁决事项梳理，推动规范、文明执法。强化行政执法监督指导，全面推行行政执法公示制度执法全过程记录制度重大执法决定法制审核制度“三项制度”落实，加强人员培训力度，从源头规范行政执法行为。开展涉及民法典规范性文件等专项清理，加大规范性文件制定、备案审查工作力度，审核区政府及各部门起草的各类文件60余件，确保重大行政决策合法合规、正确实施。稳步推进行政复议工作，依法受理行政复议案件9件。召开2020年预防和化解行政争议“府院”联席会议，加强与案件审理法院的沟通协作。依法履行应诉答辩义务，协调办理以区政府为被告的行政诉讼案件48件，审结28件。

【公共法律服务建设】　2020年，区司法局落实2020年为民办实事项目，规范化建设城厢区公共法律服务中心和镇（街）公共法律服务工作站、村（居）公共法律服务工作室（法律顾问室），搭建三级公共法律服务平台，形成“1中心7站点14示范点”模式。创新法律顾问模式，完善《城厢区司法局“一村（社区）一法律顾问”工作方案》，优化律师资源采取“一所包一镇（街）”或“几所包一镇（街）”等模式实现“一村（社区）一法律顾问”相对固定。全区120个村居实现村（社区）法律顾问100%全覆盖。充分利用已建立的13个法律援助工作站，

11月11日，福建省“七五”普法总结评估和起草“八五”普法规划调研工作莆田汇报会召开　（彭洁　摄）

为特殊困难群众开辟援助“绿色通道”。是年，全区办理法律援助案件229件，其中民事援助案件9件，刑事法律援助案件220件，“12348”热线接听热线电话91个，实现法律援助“应援尽援”。

7月2日，区司法局在南门中学开展民法典主题宣传活动

（彭洁 摄）

【律师管理】 2020年，区司法局加强律师事务所规范化建设，每季度走访辖区律师事务所，每半年开展双随机抽查工作，结合年度考核开展对律师事务所的日常监督检查，开展2019年度律师事务所年度检查考核工作，组织全区7个律师事务所和25名律师顺利完成年度注册检查考核工作，合格率100%。开展城厢律师战“疫”活动，联合辖区律师事务所21名律师，成立疫情防控期间律师在线服务团队，提供免费法律咨询服务。开展民营企业法治体检服务疫情防控和企业复工复产活动组织律师进华林园区开展法制体检活动2场次，采用实地走访、法治讲座、法治宣传和咨询问答等方式服务企业30多家，为企业提供知识产权保护、疫情防控和复工复产提供全方位法律帮助。

6月24日，区司法局走进霞林学校开展“与青春相遇 向毒品说不”禁毒宣传教育活动

（彭洁 摄）

【普法依法治理】 2020年，区司法局以《中华人民共和国民法典》、疫情防控为宣传重点，开展“法律六进”活动，制定《2020年莆田市城厢区普法依法治理工作要点》，积极主动协调相关职能部门，巩固深化“谁执法谁普法”“谁服务谁普法”普法责任制，利用重要节日、法定节假日等重要时间节点开展普法宣传活动，大力开展扫黑除恶、“4·15”国家安全日、“4·26”知识产权宣传周、安全生产、禁毒等宣传活动40余场次。建立完善国家工作人员学法用法制度，组织2批28名科级干部完成任前法律知识考试，开展国家工作人员学法考试，全区1400余名工作人员参

加，推动领导干部学法用法积极性。积极推进14个民主法治示范村（社区）创建，加强法治文化阵地建设，实施农村“法律明白人”培养工程，夯实基层社会治理根基。迎接省“七五”普法终期检查验收，获得省市领导肯定。

【调解工作】 2020年，区司法局指导建立华亭镇油潭村倪武林个人调解室、云峰村王志宁个人调解室、园头村龚国瑞个人调解室、郊溪村林清凤个人调解室、才子服饰股份有限公司人民调解委员会，常态化开展社会矛盾排查化解活动，120个村居7个镇街做到人民调解委员会100%覆盖。完善访调对接、诉调对接、公调对接的相互衔接配合的多元调解工作，打造治安纠纷与民间纠纷联调联动机制和法律援助与人民调解衔接机制，对接莆田市司法局矛盾纠纷多元化解平台案件，实现各部门、村居纵、横融合参与矛盾纠纷化解工作机制。建立公安“110”联动机制，对接“110”报警平台分流的四类纠纷（婚姻家庭纠纷、邻里纠纷、婚恋纠纷、医患纠纷）564件。抓好高危矛盾纠纷预警信息的研判、推送，对省厅交办的169件欠薪纠纷进行全面摸底，开展疫情防控矛盾纠纷大排查大调解工作，维护全区社会大局平安和谐稳定。是年，调解人民调解案件663件，矛盾纠纷调解率100%，调解成功率100%，没有发现因调解不当引发涉访涉诉、可能引发群体性事件、引发民转刑、民转命等恶性案件。建立完善行政调解与人民调解、司法调解协调配合、信息沟通和效力衔接机制，受理行政调解矛盾纠纷3500件（含公安），调解成功3000件。

【社区矫正和安置帮教】 2020年，区司法局在原有社区矫正机构基础上，依法设立社区矫正委员会，配齐配强社区矫正机构工作人员、社区矫正社会工作者，推动城厢社区矫正工作进一步深化开展。开展《中华人民共和国社区矫正法》集中宣传月活动，积极营造全社会关心支持社区矫正工作的浓厚氛围。规范开展疫情防控期间社区矫正工作，全面取消社区矫正对象集中点验、集中学习、集中社区服务等聚集性活动及时调整社区矫正对象监管方案，充分利用“人防+技防”的手段，强化日常监管。开展社区矫正安全隐患大排查大整治专项活动，排查面100%，排查出重点社区矫正对象3名。加强重点人员走访，定期借助公安综合警务平台及时比对，严格核实和打击社区矫正对象私自外出等违反监督管理规定的行为，是年，全区接收社区矫正对象264人，累计解矫225人，在册285人，累计对违规的社区矫正对象书面训诫10人次，书面警告14人次，未出现脱管漏管。召开安置帮教工作推进会，推动职能部门共同做好刑释解矫人员安置帮教工作。规范服刑人员信息录入核查、刑满释放前基本信息对接、重点帮教对象必接必送等工作环节，完善衔接帮教。贯彻落实救助帮扶工作，协调民政、人力社保等部门完成符合条件的5名刑满释放人员的最低生活保障、临时救助工作。推行刑释人员有可能重新违法犯罪动态评估机制，有效预防和减少重新违法犯罪。全年接收刑释解矫人员259人，其中解除社区矫正人员159人，监狱刑满释放67人，看守所刑满释放33人，帮教率100%，安置率100%，重新犯罪率为0。

（彭 洁）

军事

人民武装

【概况】 2020年，莆田市城厢区人民武装部（以下简称“区人武部”）坚持以习近平强军思想为指导，全面贯彻上级决策部署，团结带领全体干部职工和专武干部队伍，聚焦动员备战使命任务，统筹抓好疫情防控工作，全面建设取得新的进步。区人武部被省军区评为“军事训练先进单位”“征兵工作先进单位”；军事科参谋王昭昕被省军区评为“规范化建设先进个人”，戴强、潘松清获军分区嘉奖和先进个人。

【庆祝中国共产党成立99周年系列活动】 2020年，区人武部开展“迎七一过党日”活动，组织学党章授课辅导、重温入党誓词、观看《上甘岭》红色电影配合活动，并召开党小组会对照“三个是否符合”开展讨论交流。

【主题教育】 2020年，区人武部紧贴实际，持续开展聚焦“传承红色基因，担当强军重任”主题，深化思想政治教育。严格落实党委中心组带机关理论学习制度，扎实开展“五看五增强”活动，科学组织群众性文化活动；坚持每周二、四晚上集中学习，强化个人自学计划制订及落实，组织观看红色影片3次，实地参观见学2次，引领干部职工真学真懂真会，坚决做到听习主席指挥、对习主席负责、让习主席放心。

【军委巡视巡察反馈问题整改】 2020年，区人武部坚决贯彻中央军委和习近平主席关于全面从严治党、全面从严治军重大战略思想，增强“四个意识”、坚定“四个自信”、做到“两个维护”，贯彻军委主席负责制，以维护核心、看齐追随的政治自觉，以认账领账、立行立改的政治态度，以从严从紧、主动整改的政治担当，通过集中整改常态抓建和深度纠治问题，抓好军委巡视巡察反馈问题整改；对照上级通报和本部自查发现问题清单，党委研究制定53条整改措施，并逐一抓好整改落实。

【区委议军会】 2020年，区人武部积极协调地方党委、政府落实党管武装各项制度。12月23日，召开区委常委会暨区委议军会，主要研究解决部队建设和经费问题，协调解决随军家属调动安置问题。

【国防动员潜力调查】 2020年，区人武部根据市国动委指示，组织开展辖区国防动员潜力情况调查，为动员支前打下良好基础。第四季度城厢区国动委综合办组织辖区7个镇（街）和9个国动委职能办开展国防动员潜力调查工作，专门召开国防动员潜力调查任务部署会；调查人员“采取横向到边、纵向到底”的方法，走访城厢区各镇（街）、村居、分管职能部门、大中型企业、工业园区，收集相关资料数据。通过深入细致的调查摸底，较为准确地掌握辖区国防动员潜力情况，较好地解决潜力数据不真、不实、不准等问题。

【学生军训】 8月下旬至9月上旬，区人武部召集民兵骨干，组织对擢英中学、莆田三中、莆田五中三所高中展开学生军训，历时15天，完成3500名高中生军训任务。

【征兵工作】 2020年，区人武部完成兵员征集任务，整体兵员质量有较大提高。区人武部被省征兵办表彰为征兵先进单位，凤凰山街道武装部、龙桥街道北磨社区、灵川镇山门里村被市征兵办表彰为征兵先进单位，城厢区副区长陈国忠、华亭镇武装部部长王谟兵、公安分局民警黄秀金、霞林街道专武干事陈宗林被市征兵办表彰为先进个人。

【脱贫攻坚】 2020年，区人武部巩固脱贫攻坚工作成果。4月，在军分区统一组织领导下，区人武部结合扶贫成效核查开展慰问扶贫，走进3个帮建贫困村，慰问14户困难家庭，及时走访慰问辖区内5名参与防汛救灾军人家庭，助力抓好辖区贫困退役军人群体，切实帮助协调解决困难需求。协调对接“七一”慰问老党员工作。开展助学兴教活动，资助10名困难大学生5万元，扶贫帮困工作取得明显成效。

【保障工作】 2020年，区人武部坚持以践行中共十九大精神和习近平强军思想为指导，以军事斗争准备为牵引，紧紧围绕战备训练开展服务保障工作，实现年度经费收支综合平衡，自身保障能力不断提高。全年投入资金用于补助基层武装部及营连部规范化建设。

【民兵训练基地建设】 2020年，区人武部临街大楼由于全面停止有偿服务而收回空置，经党委研究决定，将临街大楼改造成食宿及授课教育的民兵训练基地，上报区政府，由区财政拿出资金，区经济开发集团有限公司全权负责代为建设，4月底完工并交付使用。

（曾双清　戴　强　郑国良）

退役军人事务

【概况】 2020年，莆田市城厢区退役军人事务局（以下简称区退役军人事务局）以习近平新时代中国特色社会主义思想为指导，认真学习贯彻中共十九大和十九届二中、三中、四中、五中全会精神，不断增强“四个意识”、坚定“四个自信”、做到“两个维护”。围绕全国和省、市退役军人工作会议精神，着力建立健全退役军人组织管理体系、工作运行体系、政策制度体系；以深入开展“思想政治工作年”“基层基础基本建设年”“能力素质提升年”活动为抓手，不断推进城厢区退役军人事务领域治理现代化。有序推进“十四五”退役军人事业发展规划起草编制工作，科学谋划未来五年退役军人事业发展目标、重点任务、重大政策、重要措施、重点工程项目。

【双拥工作】 2020年，区退役军人事务局瞄准新一届全国双拥模范城（县）命名表彰年，市争创全国双拥模范城“六连冠”目标，积极按照“硬件条件要达标，软件材料要齐全”的要求，对照创建管理办法、考评标准的10条标准要求，收集双拥各类材料8000余份，整理形成套册10大册30余本整装册供莆田市创建遴选配套材料。同时，设计好活动载体，突出城厢区双拥工作特色，创造工作亮点，与复茂公司签订合作协议，在退役军人再就业方面加强合作；建设万达广场双拥主题广场、凤凰山双拥国防教育主题公园。区委、区政府和驻军部队根据上级双拥工作要求，结合城厢区实际，及时制定有关规定，出台相关文件，先后健全和完善《城厢区拥军优属公约》《城厢区拥政爱民公约》《城

11 月 12 日，城厢区举行拥军优属惠民工程捐赠仪式（叶妮娜 摄）

厢区拥军优属若干规定》《城厢区拥政爱民若干规定》《城厢区进藏义务兵特别优抚规定》《关于建立优抚对象抚恤补助标准自然增长机制的通知》《关于城厢区重点优抚对象和革命“五老”人员医疗补助实施意见的通知》等文件，进一步规范全区双拥工作。区委、区政府把为部队办实事列入工作计划，经费列入财政预算，帮助部队搞好基础设施、训练设施、文化设施和“菜篮子”等四项工程建设，进一步改善驻军部队战备、训练、执勤、工作和生活条件。全区投入经费，为部队军事斗争准备提供良好的物质保障。全区企业积极参与拥军工作，天怡现代农业、莆田好味道核苷酸、万辉房地产、复茂等公司分别为驻军部队捐款捐物，全力支持驻军部队各项建设。充分利用各种宣传载体和教育阵地，多形式、多渠道、多方位地向广大干部、群众、学生、士兵进行国防和双拥宣传教育，与驻军部队举办大型双拥文艺晚会，提高全民国防意识。全区出国防教育墙报专栏 20 余版、举办国防教育讲座 2 次、组织国防知识竞赛 2 场次、组织军事活动日和野营拉练，编制国防问卷试卷和国防教育材料 2000 多份，组织读书演讲和报告会，举办军民联欢晚会，在各种报纸、广播、简报上刊登国防教育和双拥稿件 20 篇，在全区交通要道、繁华地段竖立大型、固定双拥宣传标语牌 4 块。挖掘利用红色资源，依托驻军部队，开展双拥教育宣传。支持改革强军备战，主动服务军队规模结构和力量编成改革，做到部队有求，地方必应，竭尽所能支持部队建设。推动落实军地互提需求、互办实事的“双清单”制度，帮助部队干部解决住房困难等问题，深化科技、文化、司法拥军和社会化拥军，大力支持部队提升能打仗、打胜仗能力。

【优抚工作】 2020 年，区退役军人事务局开展思想政治教育，加强挂钩联系。按照《莆田市退役军人事务局关于深入开展“思想政治工作年”活动实施方案》，细化任务分解，保持持续性的开展活动。梳理有关优抚审批事项征求意见稿的意见征求，制定、完善《城厢区优抚审批事项办事指南》。组织人员学习省、市下发的《优抚褒扬纪念工作法规政策选编》，提升整体业务水平。开展退役军人联系挂钩活动，搭建 1 座退役军人连心桥。制定区退役军人事务局挂钩联系退役军人工作方案，收集摸底汇总形成挂钩结对联系表，与退役军人“结对子”。加强全区退役军人干部职工联系挂钩，通过挂钩联系、感情联络、心理疏导、帮扶援助，城厢区退役军人之家文化氛围更加浓烈。按照退役军人事务部和省退役军人事务厅定制实行的优待抚恤政策标准，全面落实优待抚恤待遇和抚恤补助标准自然增长动态增长机制，做好医疗补助政策规范平衡协调工作，全年发放抚恤金、物价补贴。

【移交安置】 2020 年，区退役军人事务局在退役士兵安置方面，严格程序、严格时限，高标准高质量完成中央、省和市下达的军转干部、复员干部、退役士兵移交安置任务。发放退役士兵地方一次性经济补助、优秀士兵立功受奖奖励金。持续推进城厢区部分退役士兵保险接续工作，全面完成申请受理、对象审核、确认、补缴等工作。对退役军人实行实名动态管理，通过引入地方企业用工和招商信息构建网上双向交流平台，实现“互联网+就业创业”新模式。举办退役军人专场招聘会活动，组织参加市退役军人专属招聘会，开展线上和线下招聘系列活动，构建全方位、宽领域、多层次的就业创业服务体系，提高就业质量。积极组织动员退役军人参加学历职业教育和职业技能提升培训，开办2期退役军人职业技能提升培训（西式面点培训、电子商务培训），帮助退役士兵更好地适应社会。

【抗击新冠肺炎疫情】 2020年，区退役军人事务局认真按照中央、省、市和区部署要求，组织党员干部参加区委抗击疫情先锋队、突击队。局领导担任城厢第一批壶兰大酒店隔离点负责人，1名干部第一时间参加常太金川抗疫，连续43天奋战在抗疫一线，所有党员干部职工下到核酸检测点、重点场所参加村（社区）精准防控，抓好常态化疫情防控。为辖区驻军部队送去口罩、体温枪，并组织人员对驻军部队周边进行消毒。全局人员坚定抓好疫情防控，统筹做好退役军人事业发展，全力以赴打好疫情防控人民战争、总体战、阻击战。

【企业军转】 2020年，区退役军人事务局对辖区内的企业军转干部进行困难结对子，春节和八一建军节期间对全体企业军转干部走访慰问；节假日召开座谈会，倾听他们的心声。全面核实和造册，完成2020年度企业军转干部的医疗补助和体检费发放。核算、发放自主择业随调家属医保、社保费用，核算、发放随军家属未就业补助费用，发放原军干校学员的生活困难补助。

【军休服务】 2020年，区退役军人事务局切实做好军休干部服务管理工作，全面落实“两个待遇”，加强服务管理机构支部建设。努力构建“融入社会，购买服务、资源共享”服务管理模式，解决“空巢”、高龄、失能和半失能军休人员养老问题。做好军休干部基础保障工作，及时完成离退休证更换、军休干部进行健康体检、全国军休安置服务管理信息系统五级联网等工作任务。落实相关资金使用管理办法，加强军休资金监管。

【服务中心工作】 2020年，区退役军人事务局按照“基层基础基本建设年”活动部署要求，着眼机构建设到位、职责界定到位，严格按照全覆盖、“五有”要求，推动服务机构编制、人员、经费、场所、保障落地生根，确保服务机构有力有序有效运行。区退役军人服务中心从6月正式对退役军人接待服务，服务大厅结合工作实际对外设立3个服务窗口和3个接待室。3个服务窗口主要服务事项是政策咨询、信息采集、权益维护、就业创业、社保接续等，来访接待室主要进行政策解答、化解历史遗留问题、维护退役军人权益、维护社会稳定，对有信访诉求的老兵进行疏导调解，消除老兵的心理隔阂，引导老兵依法依规反映诉求。法律援助室，与京莆律师事务所签订法律顾问协议，由京莆律师事务所的律师常态化为退役军人及其他优抚对象提供法律援助服务，重点是保障退役军人合法权益；老兵洽谈室，为老兵提供沟通交流的平台，开展协调洽谈10场，倾听老兵诉求，为老兵答疑解惑、疏导调节等。完善区退役军人服务中心和各镇（街）退役军人服务站在百度地图、高德地图系统申请，已审核通过，退役军人可利用百度地图、高德地图系统轻松查询办公地址，方便退役军人办事。

【褒扬纪念】 2020年，区退役军人事务局全面开展烈士纪念设施采集校核，在第一、第二阶段烈士纪念设施基础数据上进一步延伸，对退役军人系统管理的未纳入县级以上烈士纪念设施保护范畴的零散烈士纪念设施，组织完成普查登记。普查内容包含烈士纪念设施名称、结构、经纬度、尺寸等22个细化指标。通过普查，全区烈士纪念设施基本情况更加精准，烈士纪念设施信息化管理进一步完善。依托闽中革命烈士陵园、常太镇侯山纪念馆、龙桥闽中特委联络站等红色资源基地，开展爱国主义教育活动；加强革命文物保护利用工作，把红色资源利用好，红色传统发扬好。加快优抚保障，提高优抚对象获得感。

【社保接续】 2020年，区退役军人事务局在退役军人社保接续方面，已完成缴费办结、个人缴费、财政拨款。

（吴明山）

应急管理

【概况】 2020年，莆田市城厢区应急管理局（以下简称“区应急局”）深入开展排查治理专项行动，扎实推进重点行业领域安全生产专项整治，安全生产各项重点工作取得积极进展。全区发生各类生产安全事故7起，同比减少6起，下降46.2%；死亡4人，同比减少4人，下降50%，亿元生产总值生产安全事故死亡下降率51.19%，没有发生较大及以上生产安全事故。

【落实安全生产责任】 2020年，全区完善安全生产领导责任体系，把安全生产工作纳入各级领导班子及班子成员述职和干部考核评价内容。主要领导坚持每月亲自带队深入基层一线督导安全生产工作，并督促区委、区政府领导、各重点领域牵头领导和镇（街道）挂钩领导落实“一岗双责”，带队开展安全生产大检查，层层传导压力，人人履职尽责。

【企业主体责任】 2020年，全区开展企业主体责任“服务+检查+承诺+执法”行动，以企业主体责任宣讲服务、管理队伍能力提升和责任管理制度建设为载体，督促指导全区重点企业落实主体责任。推进安全生产诚信体系建设和安全生产失信联合惩戒机制，督促企业开展自查自改。

【构建双重预防机制】 2020年，全区聘请第三方机构，帮助企业开展安全风险辨识，科学评定安全风险等级，确定4家在风险管控、隐患排查治理、信息化管理效果较好的企业作为双重预防机制标杆试点企业，以点带面，不断提高全区企业安全生产保障水平。持续推进企业安全生产标准化建设，把安标化工作纳入年度安全生产目标责任制考核、诚信企业创建、平安企业创建重要内容。

【重点时段安全防范】 2020年，全区针对特殊时期，先后印发《关于做好疫情防控期间安全生产工作的通知》《关于做好疫情防控期间企业复产复工安全生产工作的通知》等多份通知，督促各企业根据疫情防控要求，深化安全生产集中整治，查漏洞、补短板、治隐患，防范化解重大风险，全面开展复产复工前自查自改工作，防止带病复工。创新宣传方式，改变摆摊、入户等“面对面”宣传方式为宣传车、微信、短信等方式宣传，尽量减少人员密集。创新监管方式，以电话提醒、微信督促、紧盯主管的行业领域，督促各复工企业制定行之有效的复产复工和疫情防控方案，严把复产复工安全关。强化应急准备，配备充足的救灾物资，始终保持备战状态，随时做好参与疫情处置和事故灾害应急救援准备工作。

【森林防火】 2020年，全区全力抓好火源管控，扎实开展打击林区违法用火行为专项行动，在高火险时段及时发布 8 次野外禁火令，严厉打击各种野外违规用火的活动。加大森林防火宣传力度，出动防火宣传车 138 车次，分发纸质宣传材料 2.6 万份，张贴宣传标语 981 条，建立警示牌 95 块，发送短信、微信 81090 条。全区 7 个镇（街道）都成立由专职护林员、街道干部职工组成的半专业森林消防队伍和村级巡山护林队伍 300 多人，在林区、风景名胜区、森林公园等重点部位、重要区域进行全方位、拉网式的风险隐患排查，排查整治隐患 23 处。认真开展 4 起森林火灾整改情况“回头看”，吸取教训，举一反三，严防森林火灾发生。

【重点行业整治】 2020 年，根据全区安全生产防范特点，在全省明确的涉疫医疗、观察、检测场所、房屋及工程施工等八大重点整治领域基础上，结合全区实际，提出涉疫场所、房屋安全、危险化学品等 18 个重点领域，出台《关于全面开展安全生产隐患大排查大整治的紧急通知》（莆城委办发明电〔2020〕8 号）、《城厢区安全生产专项整治三年行动实施方案》（莆城安〔2020〕4 号）等文件，坚持全领域、全空间、全环节覆盖，明确牵头领导、牵头部门和整治内容，进一步加强重点工程、重点场所、重点部位的排查力度，深挖细纠、查缺补漏，确保各项防范措施落到实处。出台《关于成立安全生产专项整治三年行动和安全隐患大排查大整治工作专班的通知》（莆城安办〔2020〕13 号），成立工作专班，设置综合协调组、督导服务组、督查问效组、宣传报道组、专家技术组、举报受理组 6 个工作小组，统筹协调全区专项整治三年行动，跟踪督办重点工作。成立检查组 19 个，督导检查单位 764 家次，督促整改隐患 1180 项，责令停产停业整顿 8 家，处罚 35 万余元。

【问题隐患销号清零】 2020 年，全区牢固树立“隐患就是事故”的理念，督促责任单位对排查出的安全风险和事故隐患，建立检查清单、问题清单、执法清单、整改清单、销号清单、问责清单，落实“一属地一册、一企业一档”，动态闭环管理，做到“4 个 100%”（100% 制表列出清单，100% 建立台账，100% 制定管控措施和整改方案，100% 落实隐患整改责任、措施、资金、时限、预案“五到位”），倒排时间，集中力量攻坚，及时治理纠正非法违规行为，消除事故隐患。尤其是对违反国家法律法规、危及职工生命安全的问题隐患和非法违法生产经营建设行为，严格按照“四个一律”和“五个一批”执法措施执行。全区出动执法人员 9714 人次，检查生产经营单位 4711 家次，排查发现隐患 3014 项，已全部整治到位，处罚 41 万余元，区政府挂牌督办整治 1 家（已整改到位），停产停业整顿 41 家。

【队伍建设】 2020 年，全区持续加大安全生产投入，预算全区安全生产经费 1 亿多元，用于道路安全隐患整治、消防设施建设、应急救援等，经费投入连年高于财政收入增长水平。不断加强安全生产队伍建设，在镇（街）机构改革中，城厢区在镇级 6 个内设机构、街道 5 个内设机构中社会治理办公室加挂应急管理办公室牌子，配备 3～4 名专职人员，120 个村（居）均配备 1 名专兼职安全协管员。

【应急处置能力建设】 2020 年，全区及时修订危险化学品、烟花爆竹等 4 个行业灾害事故灭火救援预案。开展各类应急预案演练，举办演练培训 330 余场次，参演参训人数 74000 余人次，增强各单位的协调、配合能力，进一步完善应急演练机制，提高突发事件应急处置能力。

【防灾减灾救灾】 2020 年，全区下拨自然灾害避灾点维护经费 22 万元，实施 7 个避灾点提升工程，持续提升全区基层防灾减灾能力。立足于“防大汛、抗大洪、抢大险、救大灾”，坚持“早谋划、早部署、早准备、早落实”，扎实开展各项防汛工作，安全转移人员 1406 人次、渔船（排）79 艘次，下沉干部 2100 余人次，最大限度减轻灾害损失。

【健全管理机制】 2020年，全区发文明确各级各部门、各主体企业安全生产工作重点落实的注意事项、安全标准、防范措施等，大力推进“一企一档一清单”，督促企业照单排查、照单整改，确保企业复工复产安全。全区组织安全生产服务8支“小分队”向企业分发《企业复工复产十四项排查重点》《企业复工复产常见的八大危险》2000余份，指导企业排查消除安全生产隐患177项，落实好疫情防控和安全生产“两个主体责任”。成立30人的技术服务队伍，建立以高工、一级注册结构师为主的区级专家组，以及镇（街）、园区对应的“7+1”技术服务队伍，全力保障房屋结构安全隐患排查整治的有效开展。区应急局采取“专家＋执法”“全覆盖服务＋双随机检查”方式，形成“专家排查、企业整改、部门监管”机制。

【健全排查整治责任制】 2020年，全区构建“行业主管部门、镇（街）和园区、企业主体”三级排查整治责任网，实行“谁检查、谁签字、谁负责”，落实隐患排查人作为首问责任人，不仅负责安全隐患检查，又负责隐患整改的措施、责任、资金、时限、预案五落实以及整改“回头看”工作，确保安全隐患有人检查、有人督促整改、有人核查落实。

【安全生产宣传】 2020年，全区开展“安全生产月”、安全生产专项整治三年行动和安全隐患大排查大整治等系列宣传活动。创新宣传方式，将传统的摆摊、入户等“面对面”宣传方式，改为宣传车、微信、短信等方式宣传，多渠道、多形式、多角度、多层次开展安全宣传，疫情防控期间尽量减少人员密集，发放宣传短信50万余条，微信宣传链接转发9000余人次，悬挂安全宣传横幅500余条，滚动电子宣传标语800余条，出动宣传车20余次，在人流量较大的5个共享单车站点设置宣传专栏，营造浓厚安全宣传氛围。

（潘兰娟）

消防救援

【概况】 2020年，莆田市城厢区消防救援大队（以下简称“区消防大队”）在区委、区政府的正确领导和市消防救援支队的精心指导下，以“四句话”方针为指导，高举习近平新时代中国特色社会主义思想伟大旗帜，以遏制较大以上火灾事故为重点，以落实消防能力建设为抓手，突出火灾事故预防和火灾隐患排查整治，加强基础设施建设，落实消防安全责任，全区消防安全形势持续平稳，未发生伤亡火灾事故。是年，大队接警出动707起，出动车辆940辆次，出动警力5618人次，抢救被困人员70人，疏散被困人员703人，抢救财产价值285.3万元。其中火灾186起，无死亡和受伤人员，直接经济损失约192.84万元，未发生亡人火灾，未发生有较大影响的火灾事故，全区火灾形势整体保持平稳。比上一年火灾起数上升69.09%，伤亡人数持平，直接财产损失下降29.14%。在各项文体活动中获得佳绩，体育竞技水平仍名列全市前茅，勇夺“卫士杯”乒羽球赛团体第三，两个单项第一，“迎春杯”足球赛亚军。区消防大队在总队、支队统一指挥领导下，成功参与处置“3·7”泉州欣佳酒店坍塌事故救援，2名指战员立个人三等功，5人获嘉奖。

【综合治理】 2020年，区消防大队贯彻落实区政府将消防安全改造纳入农村人居环境整治三年行动内容。区委书记王文才、区长吴文恩等主要领导多次听取汇报、作出批示指示和带队检查。区政府先后召开2020年度消防工作会议、夏季及冬季火灾防控工作部署会以及党政领导约谈会等各类会议十余次，分析研判火灾形势，及时研究协调解决全区消防工作热点难点问题。区政府将消防车道、消防设施改造、电动车集中停放点和充电桩等消防安全设施建设纳入全区老旧小区改造为民办实事项目内容。结合加强厂房仓库火灾防控和自建房加工场所整治工作，区安委会对华林经济开发区消防安全隐患进行挂牌督办。华林园区重拳出击，强制搬离2家企业，拆除8栋10065平方米的违建厂房建筑，改造电气线路，全员委托第三方机构进行检测维保。强化经营性“三合一”整治工作，以小型连锁超市整治为试点，以点带面，推进沿街店铺“三合一”整治工作。是年，区消防大队共检查单位881家，发现并督促整改火灾隐患263余处，发出改正通知书173份，行政处罚35份，责令“三停”10家，临时查封16处，罚款58.28万元，督促整改重大火灾隐患单位1家。全区网格员加强对“九小”场所、“三合一”场所、沿街店面和出租屋等场所的检查力度。全区网格员开展消防安全排查29万余家次，发现火灾隐患1467处，火灾隐患办结整改率87%。

【专项整治】 2020年，区消防大队围绕三年行动，对每一次的专项整治，都进一步细化分解具体工作任务，逐一明确责任部门，能够量化指标的全部分阶段进行量化，建立联络会商制度，召开重点行业部门联络员会议，研究分析工作推进的薄弱环节和问题短板，有针对性地制定推进措施，形成消防安全齐抓共管工作机制。制定参谋联系指导镇街、行业部门年度工作任务进度一览表，推动镇街、行业部门落实消防安全责任。要求镇街、部门做到“六个一”。推动教育、民政、文旅、卫健等部门坚持以点带面，推动行业消防标准化建设，树立行业标杆示范单位12家，向各行业推广。推动社会单位委托第三方机构进行消防设施维保，并将全区所有火灾高危场所全部纳入智慧消防远程监控范围，完善全区211家重点单位、3个街道和19个社区微型消防站建设，切实提高火灾预警预防能力。

【消防教育培训】 2020年，区消防大队联合公安、教育、司法等部门开展消防宣传活动。加强消防宣传“五进”工作，深入53家机关团体企事业单位开展宣传，组织消防志愿者20次“进村入户”做宣传，辖区320家单位利用户外LED屏全天候不间断滚动播放消防宣传提示语，联合华彩中兴影城、名邦铁树影城、万达影城等5家影院，将消防宣传片作为群众观影的“开胃菜”。是年，区消防大队印制15万份消防宣传海报，在辖区内广泛张贴。扎实推进消防科普阵地建设，龙桥消防站获评莆田市消防科普教育基地称号，开放消防站56次，接待群众8000余人。大队在南湖公园建成“119”消防主题公园并对外开放。同时，向中央、省、市级媒体发稿，报道消防工作动态，开展典型火灾警示教育，提升消防“热度”。是年，区消防大队先后完成中央级媒体上稿7条，省级电视14条，省级报刊13条，市级电视14条，市级报刊30条，大范围宣传普及消防安全常识。

（陈培林）

经济管理

宏观经济管理

【概况】 2020年，莆田市城厢区发展和改革局（以下简称“区发改局”）围绕区委、区政府中心工作，加强前瞻性、全局性问题的分析和研究，为全区产业发展、项目投资、民生事业改善、营商环境等提供政策指引。城厢区经济总体持续保持平稳发展，地区生产总值485.85亿元，同比增长3.8%。农林牧渔业总产值22.52亿元，同比增长3.9%。规模以上工业产值395.36亿元，同比增长4.5%，其中规模以上工业增加值增长4.2%。建筑业总产值139.39亿元，同比下降15%。固定资产投资增长10.6%。财政总收入34.25亿元，同比下降2%，其中地方级财政收入25.04亿元，同比增长2.8%。社会消费品零售总额545.14亿元，同比增长5.2%。限上批零业销售额530.31亿元，同比增长14.7%。限上住餐业营业额11.71亿元，同比增长4.3%。实际利用外资3189万元。全体居民年人均可支配收入40405元，同比增长5.7%。

【谋划经济工作】 2020年，全区三次产业结构由上年度2.1∶38∶59.9调整为2.3∶35.1∶62.6。一是现代服务业提速提效。拓展对外贸易，借力莆田市入选中国跨境电子商务综合试验区，大力推动莆田跨境电商“9610”通关平台建设，落地跨境电商B2B出口业务，日通关量超6万件，助力传统外贸企业进入跨境电商“航道”。做强电子商务，成功承办第五届中国电商讲师大赛全国总决赛、跨境电商综试区建设发展高峰论坛，建成“海丝”跨域集采数字化展馆，联发电商城、跨境电商生态园、油画交易中心等电商园区企业入驻率近100%，电商年交易额突破200亿元。壮大平台经济，出台专项扶持政策，新落地众智汇、萝卜创客等平台项目6个，17家平台年交易额突破45亿元。做大楼宇经济，建筑业总部入驻企业32家，莆田西、金海湾等一批专业楼宇加快产业集聚，实现年税收亿元以上专业楼宇2幢。发展直播经济，孵化百盛、0594、油画城等一批直播基地，打造专业化电商直播产业集群。扩大传统消费，开展“全闽乐购、富美城厢”系列促消费行动，会聚3000家商户参与，带动消费3.1亿元。二是工业经济稳中提质。大力实施创新驱动，规模以上企业研发支出增长22%，增国家高新技术企业7家、工信部“专精特新”小巨人1家、省级高新技术企业8家、科技小巨人领军企业3家、企业技术中心2家，每万人发明专利拥有量跃居全市第一。鼓励企业技改升级，出台促进工业企业增产增效二十一条措施，增省、市级技改项目17个、企业上云42家；建立鞋服产业链原材料供应库，扶持辖区内企业互采互购；成立5G产业投资基金、莆育晟田产业投资基金，签约落地产业赋能创新中心平台，传统产业加快转型。深入实施质量强区战略，引导企业参与制定国家标准4个、行业标准2个、地方标准11个、团体标准2个，提高行业话语权。积极应对企业信贷风险，帮扶60家困难企业转（续）贷6.3亿元，妥善化解不良贷款16笔1.6亿元，企业信贷不良率稳控在1%以内。三是乡村振兴深入实施。出台7条产业发展扶持政策，培育农业农村转型发展新动能。聚焦示范带动，华亭五云、常太溪南等8个省级、13个市级试点村建设走在全市前列，承办莆田市2020年“中国农民丰收节”庆祝活动，促进消费向农村延伸；积极培育“互联网+农业”“平台经济+特色农业”等多种融合发展新模式，创新实施云端认养“智慧”枇杷树，推进农村产业融合发展。33.33公顷桂圆示范基地、80万羽蛋鸡存栏项目、台湾牛樟芝种植基地等一批重点农业项目加快建设。落实粮食安全行政首长责任制，扎实抓好“米袋子”“菜篮子”供给及生猪稳产保供工作，创建优质农产品标准化示范基地2个，建高标准农田2330亩。

【固定资产投资和重点项目建设】 2020年，区发改局深入贯彻“突出开放招商、强化项目带动”决策部署，坚持项目为先、项目为基、项目为要，全方位推动高质量发展超越。一是固投增长韧性持续显现。全年固定资产投资同比增长10.6%，高出全市平均水平12.9个百分点，增幅连续7个月位居全市第一。同时，全年增入库项目150个，总投资创历史新高。二是项目建设攻坚加速。实行重大项目处级领导挂钩机制，全方位推动项目建设，全年实施区重点项目412个，完成年度投资270亿元，其中沟头片区城市更新、坂头东片区改造等百个“重中之重”项目全年完成投资238.5亿元，超过全年目标任务5.8个百分点；钟潭片区综合开发、顶墩片区改造等46个省、市重点项目完成投资85.6亿元，完成年计划的129%；23个市“双百”项目开竣工率87%。全年增“五个一批”项目100个，总投资1000亿元，其中增谋划项目33个，增签约项目22个，增开工项目30个，增投产项目15个，“五个一批”项目正向激励综合考评持续保持全市前列，其中第三季度综合考评位居全省第九。三是专项攻坚成效显著。围绕市委、市政府关于“双轮”驱动战略部署，高强度实施“三改一拆”工程，采取边征迁边出让模式，重点实施沟头、龙德井、坂头西等片区改造，拆迁房屋面积超240万平方米，出让经营性土地8宗30.73公顷，进一步强化土地要素保障，全力助推重点项目、重大工程落地建设。四是招商引资取得实效。坚持以主导产业、特色产业、新经济、新基建为招商重点，突出“五条战线”齐招商，强化“一把手”招商、以商引商、产业链招商，依托“屏对屏”“云招商”等新招商方式，设立开放招商滚动项目库，全年累计实现38个项目签约落地，其中大唐网络东南运营总部、中电科创城等产业类项目22个，助农平台、众智汇平台等总部平台类项目16个。

【体制改革】 2020年，区发改局认真贯彻落实省、市、区关于经济社会事业体制改革有关文件要求，紧扣改革的关键环节，坚持问题导向，分类发力施策，重点改革任务和“小切口、大成效”改革事项等工作有序推进。围绕全市“343”产业布局，重点培育电子信息、软件制造等产业集群聚集发展，全年累计实施32项工业重点项目，其中大唐5G产业东南总部基地、三利谱偏光片生产线建设、凯达卫生用品厂房等25项实现开工，溢通环保车用尿素生产、才子服饰防护物资转型生产等22项实现投产，工业投资同比增长11.8%。加快传统产业改造升级，推动17个省市重点技改项目，全年完成技改投资8.9亿元。持续推动规模以下企业转规模以上，年度增加规模以上工业企业9家。产业承载能力大幅提升，全年“腾笼换鸟”12万平方米，累计建成7.77

万平方米标准化厂房。科技创新能力持续提升，增工信部“专精特新”小巨人1家，高新技术企业国家级7家、省级8家，省级科技小巨人领军企业3家，省级企业技术中心2家，战略性新兴产业增加值占规上工业增加值比重16.8%。大力提升城市品质，实施11个城乡面貌品质提升重点项目和19个园林绿化项目，完成新塘社区、福兴小区等6个老旧小区823户8.8万平方米改造，加快绶溪公园二期、木兰陂世遗公园建设，新建洋西、泗华等5个“口袋公园”，完善木兰溪、延寿溪、北渠等滨水绿道，增绿道6千米。不断完善基础设施，滨溪北路实现通车，福厦客专、木兰大道三期、灵华线等重大交通设施项目加快建设。实施“安置房建设年”行动，有序推进24个安置区建设，实现华亭山牌、木兰溪防洪工程西许等7个安置房项目959套回迁，坂头东、霞林地块七等8个项目竣工扫尾，龙德井、顶墩下黄等5个项目动工建设。积极构建“服务型政府”，不断增强市场主体的获得感，全区“最多跑一趟”事项占比75.9%、“一趟不用跑”事项占比23.8%，电子证照应用率91.16%。在全市创新服务机制，向一线企业广泛派发“营商环境帮帮卡”，实现企业诉求线上线下双联动，全区增市场主体7716户，同比增长38.9%，增量和增速位居全市第一。在全市率先开展“减事项、去材料、优导图”试点工作，全年减少行政审批事项83项、减少材料788条、压缩时限760天、精简环节308项，90%以上事项推行“一窗受理”，工程建设项目审批时限由“975”压缩至“864”。全市率先试行企业设立登记即办，企业开办时限压缩至1个工作日，营商环境进一步优化。强化社会救助兜底保障，城乡低保标准提高到660元，发放低保金、救助金10.1万人次超3500万元。深入推进55个项目30001套历史遗留安置房不动产证办理工作，首次登记率100%，转移办证率95%。优先发展教育事业，加快城镇小区配套幼儿园治理，学前教育普惠率91.1%，居全市首位。教育教学质量稳步提升，小学、初中、高中教育教学综合评价均名列全市第一。探索城区优质校与园区5所学校“一对一”融合办学模式，提升园区教学质量。深入推进“健康城厢”建设，区医院病房楼基本完成建设，建成华亭镇卫生院医养结合中心，优化提升全区65个一体化村卫生所远程视频诊疗，基层医疗卫生服务能力不断提升。文体惠民扎实开展，成功举办“亚明杯”2020全国海鲜烹饪邀请赛、第三届福建省社区（乡村）体育联赛，建村级综合文化服务中心18个、智慧体育公园等文体设施14处，巩固提升农家书屋12家。

【宏观经济管理】 2020年，区发改局在常态化疫情防控基础上，统筹推进经济社会发展，坚定不移打好稳中求进和高质量发展组合拳，全年主要经济指标先降后升、全面复苏，经济企稳向好发展基本面不断巩固拓展。全区生产总值完成485.85亿元，农林牧渔业总产值、规模以上工业产值、固定资产投资、社会消费品零售总额、外贸出口总额、实际利用外资、财

4月18日，城厢城北一角　　（许金珊　摄）

政总收入、全体居民人均可支配收入、居民消费价格指数、城镇登记失业率等预期性指标基本完成年初计划目标，人口自然增长率、基本养老保险参保率、贫困人口减少、城镇棚户区住房改造、耕地保有量、万元地区生产总值用水量、单位地区生产总值二氧化碳排放量降低、单位地区生产总值能耗降低、主要污染物排放、森林蓄积量和森林覆盖率等约束性指标均完成市下达任务。

【计划编制与执行】 2020 年，全区生产总值 485.85 亿元，同比增长 3.8%，完成年计划的 91.5%。农林牧渔业总产值 22.52 亿元，同比增长 3.9%，完成年计划的 111.5%。规模以上工业产值 395.36 亿元，同比增长 4.5%，完成年计划的 95%。建筑业总产值 139.39 亿元，同比下降 15%，完成年计划的 77.4%。固定资产投资同比增长 10.6%。财政总收入 34.25 亿元，同比下降 2%，完成年计划的 95.1%，其中地方级财政收入 25.04 亿元，同比增长 2.8%，完成年计划的 102.2%。社会消费品零售总额 545.14 亿元，同比增长 5.2%，完成年计划的 169.8%。限上批零业销售额 530.31 亿元，同比增长 14.7%，完成年计划的 99.7%。限上住餐业营业额 11.71 亿元，同比增长 4.3%，完成年计划的 93.2%。实际利用外资 3189 万元，完成年计划的 22%。全体居民人均可支配收入 40405 元，同比增长 5.7%，完成年计划的 96.9%。

（陈俊莺　刘　媛）

国有资产管理

【概况】 2020 年，莆田市城厢区国有资产管理委员会办公室（以下简称“区国资办”）作为履行全区国有资产监督管理职能的办事机构，在区委、区政府的领导部署下，切实履行国资办的职责，全力做好国有资产监管工作，最大限度盘活国有资产，实现国有资产的保值增值。

【固定资产处置工作】 2020 年，区国资办进一步加强城厢区剩余安置房资产管理，规范剩余安置房资产处置行为，加快推进存量资产盘活工作，防止国有资产流失和沉淀。将市土储中心移交给区政府的荔涵大道洋西、泗华，荔园路二期下黄、霞林、棠坡、屿上和区住建局承接或代管的城港大道、华林西沙等十二个项目的剩余安置房资产划拨给莆田市城厢区城乡建设投资有限公司，涉及剩余安置房 650 套 85583.18 平方米，工具间 411 间 10950.81 平方米，商场店面 86 个 28742.07 平方米，车位 136 个。由该公司负责规范管理，积极进行二次处置，有效盘活资产。根据城厢区财政局《关于进一步加强和改进行政事业单位国有资产管理工作的通知》（莆城财〔2019〕118 号）和《关于印发城厢区区直行政事业单位固定资产日常管理规定的通知》（莆城财〔2019〕119 号）等有关国有资产管理规定，共办理房屋对外招租 5 件、划转 5 件、车辆报废 1 件、学校房屋报废 1 件。

【产权交易工作】 2020 年，区国资办根据市政府有关专题会议纪要文件精神，为规范城厢区安置剩余房产处置行为，进一步盘活存量国有资产，按照区政府工作部署，由区财政局牵头区经发公司拟定《城厢区部分安置剩余房产实行公开拍卖处置工作方案》，并经区政府第 82 次常务会议研究通过。将霞林街道荔华东大道 999 号（九龙小区）、龙桥街道下郑街 399 号（泗水雅居）部分回购商品安置房及霞林街道肖厝新村剩余安置房等第一批 94 套房产进行公开出让处置。成功拍卖 80 套 8681.16 平方米，总成交价 10838.42 万元，成交均价 12484.99 元 / 平方米，溢价率 7.6%，其中莆田西九龙小区成功拍卖 38 套 3430.76 平方米，总成交价 4409.57 万元，成交均价每平方米 12853.04 元，溢价率 16.92%。

【征迁补偿评估报告复核工作】 2020 年，区国资办按照城厢区政府办公室《关于印发莆田市城厢区经营性土地收储项目和城区工业企业搬迁评估结果复核审核工作方案（试行）的通知》（莆城政办〔2016〕114号）要求，征迁补偿费用评估结果应复核确认，采取随机抽取专家方式成立复核审核专家组，认真组织评估复核审核工作。开展辉强体育公司、珍奥核酸有限公司、龙德井片区农行城厢支行等21宗征收补偿市场价值评估复核工作。

【安置房清理处置工作】 2020年，区国资办为理顺剩余安置房产权调拨程序，进一步加强城厢区剩余安置房资产管理，规范剩余安置房资产处置行为，加快推进存量资产盘活工作，防止国有资产流失和沉淀，增加财政收入。按照《莆田市城厢区人民政府办公室关于印发城厢区进一步加强安置房欠款清缴及清占攻坚工作方案的通知》（莆城政办〔2018〕78号）文件及区政府工作安排，区财政局（国资办）牵头负责统筹全区安置房欠款清缴工作的督促指导、信息汇总工作。督促相关镇（街）进一步摸清剩余安置房情况，组织村居干部力量，启动各辖区内安置房差价款及申购款欠款清缴工作。经过各部门、街道的通力协作，是年，全区清缴安置房欠款7269.23万元，其中：霞林街道6796.21万元，龙桥街道473.02万元。

【国有资产清查】 2020年，区国资办按照《莆田市财政局关于编报2019年度行政事业单位国有资产报告的通知》（莆财资〔2020〕2号）通知要求，城厢区以2019年12月31日为资产统计工作基准日开展资产统计工作，完成2019年度行政事业单位国有资产报告并予以上报市局汇总。本次资产报表编报独立编制机构的行政事业单位户数为313户（其中行政单位65户，事业单位248户）。截至2019年12月31日止，全区行政事业单位资产253899.09万元（其中固定资产94550.12万元），负债86745.83万元，净资产账面数167153.25万元。为贯彻落实政府向人大常委会报告国有资产管理情况的制度，进一步加强行政事业性资产管理，根据《财政部关于做好2019年度公共基础设施等行政事业性国有资产报告工作的通知》（财资〔2020〕3号）、省财政厅《关于做好2019年度公共基础设施等行政事业性国有资产报告工作的通知》（闽财资便函〔2020〕3号）和《莆田市财政局关于做好2019年度公共基础设施等行政事业性国有资产报告工作的通知》（莆财资〔2020〕3号）要求，完成2019年度公共基础设施等行政事业性国有资产报告编制工作。2019年行政事业单位公共基础设施资产原值155.58万元。其中政府储备物资（应急储备物资）60.39万元，不可移动文物131处，其他代管资产95.19万元。

【国有资产监管】 2020年，区国资办根据国有资产有关文件规定，及时批复产权单位对外招租，并要求产权单位依托莆田市行政服务中心网站，对外公开招标信息，加强交易活动全过程监管。全年批复区供销社、国资办、商务局、区经发公司等5宗房屋对外出租产权交易。为落实中央、省和市关于国有资产管理情况报告制度的要求，进一步加强行政事业性国有资产管理，及时发现并有针对性地解决问题，夯实行政事业性国有资产报告的数据基础，按照莆田市财政局《关于做好行政事业性国有资产月报试编工作的通知》（莆财资〔2019〕1号）等有关文件精神，每月按时完成月报汇总上报工作。根据《中共福建省委办公厅、福建省人民政府办公厅关于印发〈福建省国有企业退休人员社会化管理工作方案〉的通知》（闽委办发〔2019〕63号）和《莆田市人民政府办公室关于印发国有企业退休人员社会化管理工作实施方案的通知》（莆政办〔2020〕32号）精神，城厢区政府认真贯彻落实上级统一安排部署，有序推进城厢区国有企业退休人员社会化管理工作。已对接中国水利水电十六局、中国外运、福建能源集团（天湖山能源实业公司）等央企、省企、市企50家，接到移交企业退休人员花名册1525人。

按照区政府分解文件精神，及时办理完成市政协七届四次会议代表提案答复反馈工作。做好划转部分国有资本充实社保基金纳入划转范围企业工作。根据《福建省人民政府关于印发福建省划转部分国有资本充实社保基金实施方案的通知》(闽政〔2020〕6号)、《福建省财政厅福建省人力资源和社会保障厅福建省人民政府国有资产监督管理委员会关于报送福建省划转部分国有资本充实社保基金纳入划转范围企业有关事项的通知》(闽财企函〔2020〕8号)文件精神，区政府高度重视，区财政局、人社局、国资办三家部门及时联合发文部署划转相关工作。经全面排查摸底，并征求区市场监管局、区统计局意见，经区政府研究确认，无确定城厢区纳入划转范围的企业。

（陈元水）

审　计

【概况】　2020年，莆田市城厢区审计局(以下简称“区审计局”)按照省、市审计工作会议精神，结合城厢实际，开展区本级预算执行情况和其他财政收支的审计工作。是年，完成审计项目14个，其中审计14个。查出主要问题金额7566万元，其中违规金额557万元，管理不规范金额7009万元；审计发现非金额计量问题55个，出具审计报告和专项审计调查报告22篇。审计处理处罚金额601万元，其中应上缴财政508万元、应归还原渠道资金48万元、应调账处理金额45万元；审计促进整改落实有关问题资金601万元；审计提出建议43条，被采纳36条；提交审计信息30篇，采用8篇次。

【政策落实情况跟踪审计】　2020年，区审计局按照审计署、省、市审计机关的统一安排并结合城厢区实际，将国家重大政策跟踪审计和预算执行审计、专项资金审计等不同类型审计项目的统筹融合和相互衔接，先后开展“六稳”“六保”“三促进”、减税降费、应对新冠肺炎疫情防控资金和捐赠款物专项审计、城厢区增财政资金直达市县基层惠企利民情况专项审计等审计项目。

【财政审计】　2020年，区审计局紧密结合财税改革和财政政策重点，进一步深化城厢区本级预算执行、决算草案和其他财政收支审计。重点关注全面实施预算绩效管理的情况和问题，以及转移支付等重点领域改革情况和问题，持续跟踪提升财政收支质量和防范化解财政风险的情况，促进财政资金规范、高效使用。是年，完成预算执行审计项目5个，以促进公共资金安全高效使用为目标，着力构建财政审计大格局。按照全面覆盖、不留盲点和审计全口径预算决算的要求，以预算执行为主线，全部政府性资金为主要内容，财政专项资金为重点进行审计，切实把区委、区政府关注和广大人民群众关心的问题作为审计重点，并组织对上一年度审计查出问题的整改情况进行跟踪检查。

【经济责任审计】　2020年，区审计局根据区委组织部委托，开展8个经济责任审计项目。通过开展对领导干部任期经济责任进行审计，在一定程度上促进党风廉政建设的有力开展，同时也加强领导干部自身建设，改进工作作风，在群众中树立良好形象。

【资源环保审计】　2020年，区审计局对区农业农村局领导干部自然资源资产离任审计和秀屿区东峤镇自然资源管理和生态保护专项审计。对自然资源保护方面做出的成效给予充分的肯定，并对存在的问题给予一针见血地指出。

（赵启超）

统　计

【概况】　2020年，莆田市城厢区统计局（以下简称“区统计局”）是主管全区统计和国民经济核算工作的政府工作部门，组织实施国民经济核算制度和全区投入产出调查，收集、汇编、提供国民经济核算资料。组织全区经济、社会、科技和资源环境统计调查，检查、审定、管理、公布全区性基本统计资料，定期发布全区国民经济和社会发展情况的统计信息、统计公报，建立服务业统计信息共享和发布制度。指导全区统计法规的宣传和普及工作，监督统计法律、法规的贯彻实施，查处统计违法行为。推进统计改革，企业一套表联网直报取得成效。承担组织领导和协调全区统计工作，确保统计数据真实、准确、及时。贯彻执行国家统计政策、规划、基本统计制度和标准，拟订并组织实施全区统计工作规划、调查计划及方案。是年，全区生产总值完成485.85亿元，比上年增长3.8%。农林牧渔业总产值完成22.52亿元，同比增长3.9%。规模以上工业增加值同比增长4.2%。财政总收入完成34.25亿元，同比下降2.0%，其中地方级财政收入完成25.02亿元，同比增长2.7%。社会消费品零售总额完成545.14亿元，同比增长5.2%。全体居民、城镇居民和农村居民年人均可支配收入分别完成40405元、47081元和23067元，分别增长5.7%、2.7%和6.3%。

【固定资产投资统计】 2020年，区统计局加强对投资项目的清理，搞好固定资产投资统计。积极配合项目年工作，加强对全区投资项目的清理和对项目完成情况的督查、通报工作，专业人员经常深入基层，督促各镇（街）做好新增固定资产投资项目和续建项目的清理工作，并主动加强与区直相关部门的联系和沟通，充分利用部门掌握的信息资源优势和有利条件，认真对辖区内的投资项目进行清理，及时将清理项目纳入统计范围。做到应统尽统，不重不漏。

【统计执法工作】 2020年，区统计局为了维护统计数据的严肃性，对基层统计单位进行统计执法检查。检查主要以自查和抽查方式进行，重点查处迟报、虚报、瞒报、拒报统计数据的违法行为。通过检查，增强统计人员的责任心和法律意识，树立依法统计，违法必究的观念，确保各专业统计数据真实可靠。

【第七次全国人口普查工作】 2020年，区统计局于1月中旬组建成立城厢区人口普查领导小组，并于3月底全面完成城厢区各镇（街）、园区及村居两级普查机构组建。在区委、区政府的高度重视下，在市人普办、市统计局的精心指导下，城厢区第七次全国人口普查各项工作稳步有序推进。自10月11日起进入摸底登记阶段，紧张有序地开展。一是抓现场入户保进度，确保在普查时点内完成现场登记工作。二是通过比对行政记录资料，对出生、死亡人数逐一核实。三是抓短表登记，准备抽取长表户，组织力量进行排查比对，查遗补漏，确保查清查准城厢区的人口现状及人口信息。在全区上下强化突战意识、质量意识，层层压实责任的情况下，高质量完成全区第七次人口普查工作。

（黄裕模）

市场监督

【概况】 2020年，莆田市城厢区市场监督管理局（以下简称“区市场监管局”）在区委、区政府的坚强领导下，按照省、市市场监管局的工作部署，紧紧围绕全区发展大局，认真履职，全力落实“六稳”“六保”工作，确保食品、药品、产品质量、特种设备安全，市场监管各项工作取得较好成效，年度全区增市场主体27100户，增量增速均跃居全市第一，全区有效发明专利拥有量299件，每万人口发明专利拥有量6.889件，同比增长140.3%，两项指标均居全市第一，企业年报率94.45%，农专年报率96.04%，两项年报率均创历史新高。

【优化营商环境】 2020年，区市场监管局全力落实保市场主体工作。推进企业开办“一窗受理”，开展“一事联办”集成套餐服务，在全市率先对餐饮服务连锁经营企业实行告知承诺。全面实行住所申报承诺制，扎实推进集群注册登记，全区已成立运营公司23家，登记数量为全市最多；大力推广个体工商户“微信申请+直接登记+自动审核+自助打照”登记模式，8260户个体户通过自主申报申请营业执照，数量全市最多。全区增市场主体27100户，其中增企业7994户，同比增长40.44%，增量增速均跃居全市第一；增个体工商户19196户，同比增长8.81%。深入实施质量强区战略。积极推动企业实施首席质量官制度，指导锐马电气、亚明食品等企业申报2020年度福建省质量奖。积极引导企业参与标准制订修订，提高行业话语权，指导禾硕农业创建第九批省级标准化示范区，指导凤凰家政申报国家级服务业标准化试点，推荐华丰鞋业等参与省标准贡献奖评比。是年，完成团体标准1项，正在参与修订标准12项，其中国家标准3项、行业标准4项、地方标准1项、团体标准4项；办理动产抵押14件，帮助企业融资4299.97万元。大力推进知识产权强区战略。提请区政府加大对知识产权专项经费的投入，兑现区知识产权奖励金223.8万元。鼓励企业开展专利质押贴息贷款，万鑫模具、金日兴2家企业获得贷款贴息41.1万元。加强知识产权优惠政策宣传，增注册商标1396件。积极促进城厢区知识产权成果转化转移，1项专利获2019年度福建省专利奖三等奖。全区有效发明专利拥有量299件，每万人口发明专利拥有量6.889件，增长140.3%，两项指标均居全市第一。是年，全区有2家国家级知识产权优势企业，5家省级知识产权优势企业，17家市级知识产权优势企业。

【抓好疫情防控】 2020年，区市场监管局全力抓好疫情防控。成立机关党员疫情防控支援先锋队，充实基层一线疫情防控力量。严格食品安全监管，严禁任何形式的野生动物交易，严查哄抬物价行为，检查农贸市场683个次、超市366家次、餐饮服务单位876家次，生产企业46家次。开展口罩、防护服等防疫用品领域专项整治行动，移送外地案件线索4条，移送市局1条。积极指导才子服饰、荔城纸业等企业建设、改造生产车间、增购自动化生产线，加快开展防护服、口罩等防护产品的开发和生产。全力服务企业复工复产。全面贯彻落实总局和省、市局支持复工复产的措施，结合辖区实际，针对企业复产复工期间可能存在的问题，在全市系统率先出台推进企业疫情防控期间复工复产9条措施和做好疫情防控期间药械经营企业许可有关事宜通知。实施“一厂一策”制度，根据不同企业的特点，实行专人对接、专人服务，积极协助抓好防控物资生产企业资质和质量管理。指导13家企业应急转产防护产品，即时办结44家药品经营许可证换证和13家器械经营许可证延续。抓好常态化疫情防控工作。全面摸排冷链食品市场主体，排查发现有冷链食品生产经营者75家，其中经营进口冷链食品16家。联合公安、各镇街、莆田海关等多部门多次联合开展进口冷冻食品安全专项整治工作，开展防控疫情专项监督抽检234批次，发现兽药残留、过氧化值等不合格食品5批次，向市局执法支队移送冷冻食品案件线索7件，查获“三无”、过期、未经检验检疫等问题食品11.5吨。

5月27日，城厢区市场监管局深入顶墩小学、逸夫小学开展消费维权知识进校园宣传活动　（陈金树　摄）

【提升监管效能】　2020年，区市场监管局守住食品安全底线。提请区政府将治理餐桌污染和“互联网+明厨亮灶”建设工程列入为民办实事项目。与区检察院联合出台《在食品药品安全领域公益诉讼检察工作中加强协作配合的意见》，进一步加强在食品药品安全领域的执法监督。对新开办学校提前介入指导，实现全区96家学校食堂“明厨亮灶”全覆盖，86家接入“互联网+明厨亮灶”智慧监管平台，3家餐饮服务单位获评省级“明厨亮灶”示范单位。8月26日，区市场监管局作为唯一一家县级单位在全省市场监管系统特殊食品监管业务交流会上做经验介绍。11月25日，莆田市创建国家食品安全示范城市现场会在城厢区召开。12月初，获福建省推荐参加由国务院食安委组织的“全国食品安全工作先进集体”评选。强化药械安全监管。先后开展药品流通领域中药饮片、二类精神药品等专项行动，检查药械经营使用单位981家次，约谈药械经营使用单位137家次，开展省级药品抽检126批次，移送案件线索23条，督促上报药械、化妆品不良反应468例。积极探索“互联网+药品流通”新模式，推行“药师远程药学服务”和“执业医师远程电子处方服务”工作，已有85家药品零售企业与第三方平台对接。12月2日，参加全省疫苗安全应急演练。特种设备安全监管。在全市系

10 月 29 日，城厢区市场监督管理局深入灵川镇敬老院开展 2020 年药品科技活动周主题“药品安全 红色领航”宣传活动 （林萍 摄）

统率先建立区特种设备安全工作联席会议制度，在全市首家实现特种设备状态变更区级办理，全年共办理状态变更手续 65 家 146 台，受到企业一致好评。及时处理平台通报的重要事项，积极督促使用单位设备安装完毕后及时办理使用登记，按时序进度推进重点单位日常检查，特种设备使用登记率、重要问题闭环率、日常检查完成率和投诉举报处理率均为 100%。

【规范市场秩序】 2020 年，区市场监管局通过日常监管、专项监管、双随机抽查、消费者投诉举报排查等方式，持续推行“5+2”“白 + 黑”错时监管及所所联动、交叉监管机制，开展辖区监管检查和定期、不定期地加强对安福电商城及周边地区的检查监管，移送违法线索 85 条，查获侵权假冒窝点 49 个，其中生产窝点 5 个。围绕市场流通领域存在的主要乱点乱象问题清单，推进扫黑除恶专项斗争，向公安部门移送涉黑涉恶线索 5 条，其中 1 条线索已成案，该条线索是全市系统也是全区唯一移送的扫黑除恶线索。11 月 4 日，《湄洲日报》大篇幅报道区市场监管局扫黑除恶工作。加强转供电价格监管，检查转供电主体 30 家，移送案件线索 13 条，处理各类转供电投诉 38 件。强化事中事后监管。向市局执法支队二大队移送案件线索 365 条，为全市最多。移送公安机关的“徐瑞堂生产使用非法添加工业盐线面案”入选全省食品药品安全“四个最严”专项行动典型案例。完成双随机抽查全流程整合，实现 30 个大项 374 个小项抽查事项的全覆盖、常态化，共抽取监管对象 842 家，抽取比例 3.9%。充分发挥双随机联席办牵头作用，在全区范围内组织 15 次跨部门双随机联合抽查，抽查各类市场主体 592 户，参与部门 48 个次。全力推进企业年报工作，加大“清基数”工作力度，立案吊销 213 家长期未经营企业，企业年报率 94.45%，农民专业合作社年报率 96.04%，两项年报率均创历史新高。强化消费维权工作。进一步规范消费维权工作流程，加强业务知识培训，完善诉转案工作制度，提高消费咨询、投诉的响应速度和处理效率。结合文明城市创建，通过现场走访、局所联动等多种方式，加强对全区 55 家“12315”消费维权站指导，3 家经营户加入全国“12315”互联网在线纠纷解决平台。全年共处理投诉举报 8980 件，为消费者挽回经济损失 419.94 万元，办理“诉转案”59 件。

（陈金树）

财政　税务

财　政

【概况】　2020年，莆田市城厢区财政局（以下简称“区财政局”）面对严峻的财政收支形势，认真贯彻区委、区政府各项决策部署，在区人大及其常委会的监督支持下，以习近平新时代中国特色社会主义思想为指导，坚持稳中求进工作总基调，有效实施积极财政政策，扎实做好“六稳”工作，全面落实“六保”任务，助力城厢疫情防控、复工复产和经济社会全面发展。是年，全区一般公共预算总收入34.25亿元，比上年下降2.03%，其中：地方一般公共预算收入25.02亿元，比上年增长2.68%。全区一般公共预算支出28.83亿元，比上年增长5.26%。

【稳定收支】　2020年，区财政局扎实抓好收入征管。深入推进简政放权、放管结合、优化服务工作，加强财税变动因素分析监测，建立重点企业和项目税源资料库，对重点产业、行业税源进行全面分析和跟踪，实时掌控收入动态，提高征管效率，堵塞征管漏洞，做到应收尽收。加大对荔园路二期、荔涵大道等21个安置房差价款和申购款的清欠收缴力度，推进九龙小区、滨溪三期等3个第一批安置房公开处置工作。加大开放招商，强化项目带动，积极对接瑞智无忧、云智薪、采购宝、物泊科技等经济平台，助力企业做强做大，涵养税源财源，壮大财力规模。统筹整合专项资金。主动对接上级有关部门，用活用好各类政策，争取上级资金32379万元，用于保障工业、交通、文化、教育、农林水、疫情防控、复工复产、基础设施建设等领域。通过建立“年初预算、调整预算和年终财政决算”定期清理存量资金机制，盘活各领域“沉睡”的财政资金，增加资金有效供给，减轻财政预算支出压力。全年共收回2019年及以前年度的结余结转资金6786万元，全部统筹用于疫情防控、“六稳”“六保”等重点项目支出。树立过“紧日子”思想。牢固树立艰苦奋斗、勤俭办事、厉行节约的思想，严禁铺张浪费行为，严把关口，坚持政府过紧日子，从严从紧编制2020年部门预算。坚持以收定支、量力而行原则，有多少钱办多少事，大力压减非刚性、非重点、非急需项目支出和公用经费，坚决压缩一般性支出，严控因公出国（境）、公务接待、会议培训和差旅费。是年，全区一般性支出压减10.9%，“三公”经费压减10.42%，在资金使用上更加精打细算、提质增效，更好地集中有限财力支持全区疫情防控和经济社会发展。

【财政保障】　2020年，区财政局强力支持疫情防控，第一时间会同相关部门出台疫情防控资金管理暂行办法，积极落实疫情防控采购便利化等政策措施，加大财政资金调拨力度，倾斜资金支持常太镇金川村、疫情观察点、开放式小区等重点区域疫情防控。拨付资金9139万元，用于落实患者救治费用补助、疫情防控人员补助、疫情防控所需设备和开放式小区提升工程建设，落实疫情防控部署要求。拨付资金600万元，建立健全应急物资保障体系，提升重大突发公共卫生事件的应急处置和救治能力。拨付资金6954万元，推进区医院病房楼、灵川中心卫生院东海分院建设，优化公共卫生服务。稳步推进复工复产。在全力做好疫情防控的同时，逐一落实各级复工复产惠企政策，有力减轻企业负担。拨付资金11664万元，用于兑现工业、商贸服务业惠企政策，支持企业渡过难关。拨付资金1207万元，用于企业引进劳动力用工、复工返岗、交通及包车费用、稳定就业等补贴。拨付资金260万元，推进枇杷产业复工复产，保障群众生产生活。拨付资金190万元，积极落实贷款贴息政策，为疫情防控重点保障企业专项贷款提供贴息支持。为区内受疫情影响企业减免房屋租金150多万元，有效推动复工复产。项目融资取得突破。紧抓政策窗口机遇，多方多元对接各类重点项目融资授信，为城厢项目建设提供资金保障。一是向上争取增地方政府债券资金201200万元，支持产业园区基础设施、教育基础设施、老旧小区和棚改项目建设。二是积极落实对接国家政策性银行等金融机构，筹集产业园区基础设施、农村污水管网和棚改项目建设资金。三是以区属国有企业为主体，积极对接市国企、社会基金管理人，合作成立产业投资基金，助力园区高质量发展。四是充分挖掘国有企业存量资产，做好发行企业债前期手续，进一步提升全区重点项目融资能力。

【支持民心工程】 2020年，区财政局支持打赢脱贫攻坚战。统筹整合资金4973万元，全部用于库区造福工程、贫困村老区村建设、老区交通基础设施提升、对口帮扶发展建设、建档立卡贫困户住房修缮、特色现代农业发展、春节建档立卡贫困家庭慰问金等扶贫项目。强化扶贫资金监管，完善扶贫资金在线动态监控机制，依托“福建省扶贫资金在线监管系统”平台，对扶贫资金进行实时动态监控。鼓励各预算单位采购贫困地区农副产品，运用政府采购政策支持打赢脱贫攻坚战。助力打赢污染防治攻坚战。拨付资金3551万元，支持农村污水项目建设，加大三格化粪池新建改造力度，推进农村环境综合整治。拨付资金8412万元，用于新建城乡公厕、垃圾转运站，以及城区环卫作业经费、农村环卫设备采购补助、垃圾清运补助、垃圾分类、垃圾焚烧等项目，提升生态环境服务能力。拨付资金2808万元，用于篁山溪、太湖园区田厝片防洪排涝和东圳库区卫生保洁提升补助、生活污水收集工程。拨付资金1035万元，实施水葫芦集中清理专项行动和西湖溪、坑尾溪、洋西溪安全生态水系建设，进一步加大中小河流域环境和生态资源保护工作力度。坚决打赢防范化解政府债务风险战。落实积极财政政策与有效防控机制相结合的原则，完善债务风险防控机制，加强政府债务分类管理和规模控制。强化政府债券资金管理和监督，严格规范债券资金投向，新增债务资金依法用于公益性资本支出项目，置换债券资金严格逐笔对应用于偿还存量债务。加强债务风险预警、评估和动态监控，将政府债务资金纳入全口径预算管理，拨付35573万元用于偿还政府债券本金利息，确保按期还本付息，并逐年化解地方政府隐性债务，积极推动防范化解政府债务风险工作。

【民生保障工作】 2020年，区财政局推进教育扩容提质。统筹整合资金20000万元，用于九华学校、顶墩学校、霞林学校、泗华小学、下黄小学和荔景小学6所学校建设，加快中心城区学校建设。拨付资金11320万元，用于保障教师学校文明单位奖金、一个月绩效工资及体检、培训等，激发教师教学热情，进一步提高教学质量。拨付资金 5206 万元，用于教育民生补短板项目建设以及“十三五”期间新建中小学、配套幼儿园，添置中小学校教学仪器设备，完善学校附属工程设施配套，缓解中心城区就学压力。足额拨付各类学校免杂费和公用经费补助资金 6182 万元，满足学校教学活动正常运转，惠及学生 65662 名。拨付资金 1595 万元，用于发放各类学校助学金、资助家庭困难学生免除学杂费补助、免费提供作业本，农村义务教育公办寄宿制学校学生营养改善。健全社会保障机制。拨付资金 19683 万元，用于机关事业单位养老保险和城乡居民社会养老保险。拨付资金 18696 万元，用于城乡居民医疗保险和基层医疗卫生机构综合改革。拨付资金 4465 万元，用于落实城乡困难群众基本生活保障、城乡临时救助、保障困难残疾人生活困难补助和护理补贴。拨付资金 2561 万元，用于养老设施建设提升、社区居家养老服务、公共就业服务平台建设。拨付资金 4241 万元，用于兑现优抚对象待遇政策，健全重点优抚对象医疗救助制度。拨付资金 3794 万元，落实村级组织运转经费保障，提高村干部基本报酬水平。拨付资金 1191 万元，用于补助重病重残低保户、扶残助残。改善城乡人居环境。拨付资金 2276 万元，支持灵华线、天龟线公路建设，畅通城市道路交通网络。拨付资金 2530 万元，用于市政基础设施建设、市政基础设施维护管理、人行天桥建设，提升城市基础承载能力。拨付资金 6137 万元，用于扫黑除恶专项斗争“六清行动”、社会治安动态视频监控、司法救助、电子警察平安小区建设、安防设施建设、社区矫正等，提高公共安全和突发事件应急处置能力。拨付资金 2584 万元，用于应急视频会商系统、智慧消防远程监控系统、应急避灾点建设及高层建筑灭火救援车辆装备配备，进一步完善应急物资保障体系建设。拨付资金 1831 万元，用于福兴小区、育华小区、新季小区等老旧小区升级改造，推进城市有机更新建设。

【财政管理】 2020 年，区财政局优化采购营商环境。完善政府采购信息公开平台，及时完善公开政府采购信息，出台推进政府采购意向公开等优化政府采购营商环境文件，提高政府采购信息透明度。落实中小企业激励措施，降低参与政府采购交易成本，规范投标保证金，营造公平参与的政府采购环境。积极宣传推荐莆田市名优本地产品，支持本地企业公平公正参与政府采购，促进本地企业健康成长。是年，共执行政府采购 24 批，预算采购资金 3832 万元，实际采购资金 3540 万元，节约资金 292 万元，节约率 7.61%。加强预算执行监控。依托财政国库支付动态监控系统，对预算单位财政资金支付清算进行全过程监控，及时纠正处理发现问题，规范财政资金支付管理，提高财政资金管理使用的安全性、规范性、有效性。推进国库电子化管理改革，将全区预算单位全部纳入国库电子化管理改革动态监控范围，加强财政资金安全管理，提高财政资金支付效率。健全财政支出进度通报机制，加大对预算单位支出的督导力度，不断提高预算单位预算执行力。对预算执行进度和绩效目标实现程度进行双跟踪，切实加强绩效评价管理，实现绩效管理全过程跟踪。强化投资评审管理。健全完善项目负责人制度和三级复核机制，对项目评审进行全过程复核管理，严把评审质量关。加强中介助审机构管理，建立有效可行的助审机构考核机制，强化助审机构备选库考核结果运用，促进助审机构优胜劣汰。同时，做到管理服务前移，主动对接重点建设项目，提早关注、提前介入，切实提高评审工作效率。2020 年共评审工程项目 139 个，送审总额 159726 万元，审定额 153937 万元，净核减 5789 万元，平均核减率 3.62%。

（林维博）

税　务

【概况】 2020 年，莆田市城

厢区税务局（以下简称“区税务局”）牢固树立任务目标意识和大局意识，严格执行组织收入原则，处理好组织收入与减税降费的关系，既要依法征税，把该收的收到位，又要确保落实好减税降费政策，把该减的减到位，不该收的坚决不收。是年，组织入库税收收入288062万元。

【税收法治】 2020年，区税务局加强税收法制宣传教育，保障“七五”普法宣传到位。组织学习最新《福建省税务行政处罚裁量权基准》，组织各部门参加学法考试，利用大厅内LED电子屏，滚动播放涉及国家安全的相关标语及法律知识，进行广泛宣传，增强公众国家安全意识和维护国家安全的自觉性。强化税收风险管控，保障风险应对能力提高到位。结合扫黑除恶专项斗争工作，积极应对虚开增值税专用发票源头企业风险，严厉查处虚开骗税重大案件。

【纳税服务】 2020年，区税务局主动夯实征管基础，保障征管质量提升到位。及时整理当季欠税情况，督促分局清理欠缴税款，配合做好5C指标等业务系统的测试、运维及知识更新工作，并在规定时间内对提交涉及往年入库税款并申请支付三代手续费的企业开展税款审核工作。推广非接触式办税，保障税收营商环境优化到位。积极拓展“非接触式”办税缴费服务，引导纳税人使用“非接触式”办税缴费服务，按照“尽可能网上办”的原则，提高涉税事项网上办理覆盖面。

12月4日，区税务局参加区委文明办组织的国际志愿者日、宪法宣传日活动 （王振木 摄）

【队伍建设】 2020年，区税务局做好干部培训工作，激发税务队伍活力。进一步加大教育培训力度，针对干部队伍现状、征管形势发展要求和不同岗位特点，合理制订培训计划，确定培训内容、明确培训目标，突出专业人才培养，鼓励基层人员参加在职学历教育、职业资格和各种专业职称考试，制定奖励办法，全面提升队伍整体素质，激发内生动力，盘活人力资源，促进税收工作。坚决纠治“四风”，持之以恒改进作风。开展廉政警示教育、违规收送礼品礼金、私车公养问题专项整治，持续强化工作作风监督，坚决防止“四风”问题回潮反弹。

【疫情防控工作】 2020年，区税务局抓好疫情防控工作。第一时间成立应对新型冠状病毒感染的肺炎疫情防控工作领导小组，制定办税服务厅防范新型冠状病毒传播工作应急预案，多次召开防控新型冠状病毒感染的肺炎疫情专题会议，研究疫情防控工作。主动向社区街道支援党员志愿者98名，与街道、社区工作者肩负起17个执勤站点和华林工业园区网格点企业复工复产的疫情防控工作。开展疫情防控文件的学习。组织干部职工认真学习总局纪检监察组关于违反疫情防控工作纪律问题的通报文件，警醒干部克服麻痹思想，严格遵守疫情防控期间各项纪律要求。

2月9日，区税务局组织抗击疫情阻击战党员先锋队志愿者活动

（王振木　摄）

【党风廉政建设】　2020年，区税务局传达学习中共十九届五中全会精神，聚焦主责主业。认真组织党员干部学习习近平总书记在中共十九届五中全会上的重要讲话，在持续做好常态化疫情防控工作的同时，统筹抓好减税降费、组织税费收入、办税缴费服务、税收营商环境等方面的税收中心工作。提升管党治党能力，落实全面从严治党。时刻把政治建设摆在首位，巩固深化“不忘初心、牢记使命”主题教育成果，严格贯彻落实执行各项工作要求，进一步明确党建工作重点任务、目标要求和工作职责，统筹推进党建工作，突出抓好党的政治纪律和政治规矩教育。落实意识形态工作，强化组织领导能力。进一步健全完善意识形态工作相关制度机制，明确一把手带头抓意识形态工作，带头管阵地、把导向、强队伍，带头批评错误观点和错误倾向，做到重要工作亲自部署、重要问题亲自过问、重大事情亲自处置。

（邱凌瑶）

金　融

【概况】　2020年，区政府金融办紧盯信用风险、政府债务风险、互联网金融风险、非法集资等重点领域，切实做到早识别、早预警、早发现、早处置。建立风险应急处置制度，健全完善“政司银企”四位一体联动化险工作机制，协调推进综合监管，有效强化监管责任意识。全年累计处置153笔不良贷款金额51.4亿元，区域金融风险防控实现“双降”目标，金融运行趋于平稳。实现连续四年“双降”目标任务。

（陈建洪）

中国工商银行股份有限公司莆田城厢支行

【概况】　2020年，中国工商银行股份有限公司莆田城厢支行（以下简称“工行城厢支行”）及时适应疫情对经营生产的影响，秉承奋力拼搏的精神，在市分行党委的领导下，以总行“48字”工作思路和“三比三看三提高”工作方法，坚持稳中求进，着力提升支行在同业的竞争力和影响力。是年，实现拨备前利润17007万元，中间业务收入6464万元，实现本外币存款余额65.54亿元，比年初增长10.76亿元，创历史新高。实现本外币贷款余额49.77亿元，比年初增长5.06亿元，支行不良贷款7335万元，不良率为0.22%。

【聚焦存款业务】　2020年，工行城厢支行继续践行“存款立行、存款兴行”的经营理念，对标同业，巩固基础，全面发力。增量、存量一起抓。实现储蓄存款35.36亿元，比年初增长6.35亿元，公司存款9.8亿元，比年初增长3.2亿元；机构存款20.72亿元，比年初增长1.21亿元。紧抓源头客户、抢占集群市场，结合日常行外吸金、网金优惠产品，做好新客户新资金拓展工作。着力推动商户盈到期客户承接工作。深入推进“提质扩户增值”工程，密切跟踪地方政府专项债重点项目，再接再厉实现对接地方性专项债。积极与区政府、街道、拆迁指挥部保持对接，争取拆迁指挥部账户，提前介入拆迁户的资产配置方案，争取资金在工行城厢支行闭环流转。

【发展信贷业务】　2020年，工行城厢支行坚持信贷压仓，做大资产业务。大力发展公司法人、普惠客户。全年实现法人客户拓展15户，完成任务数10户的150%。实现普惠贷款余额38547万元，较同期多增13744万元，任务完成率144.67%。普惠法人拓户净增户数较年初增量9户，完成序时任务72%。提升个贷规模，加深与公积金中心的联系，提升市场份额占比，加强对开发商、二手房中介公司营销。关注资产质量，着力信用卡、个人贷款不良压降，加强逾期催收和诉讼进度。

【打造特色品牌】　2020 年，工行城厢支行围绕重点业务，大力推广优惠便捷的分期业务，精耕细作打造车位分期、汽车分期特色网点支行特色品牌，推动支行特色化、专业化产品拓展，提升网点支行竞争力。截至 12 月底，实现分期余额 4.56 亿元，较年初增 1.28 亿元。全年交易额 3.68 亿元。

【拓展客户】　2020 年，工行城厢支行紧抓代发工资、场景项目、拆迁等集群客户，抢抓乡镇、商户市场。实现线上线下批量获客，力争弯道超车。强化乡镇市场拓展，进一步优化整合懂业务、熟产品、善营销的尖刀团队，制定以储蓄存款和客户拓展这两个指标为主的积分制考核制度。执行一名班子成员挂钩一个乡镇，一个网点对接一个乡镇，做到一乡镇制定一特色产品。加强对城厢区下辖的 3 个街道 4 个镇的机构单位、商会、协会、卫生院、寺庙等走访和调研，发展合伙人机制。强化场景批量获客，致力于开展平台建设，成为莆田市教育培训资金监管、智慧三农资金监管平台、党建云平台拓展的首发银行。与惠民宝深入合作，推动残联卡、第三代社保卡的落地。

【风险防控】　2020 年，工行城厢支行继续做好风险防控工作，为支行经营发展提供坚实后盾。充分发挥纪检监察员的工作职能，实现支部纪检青工委员、纪检员、合规经理三岗结合、落实行内“三重一大”的行务会议监督，规范管理干部任用流程。严格落实案件风险排查和员工异常行为排查，结合实际制定主题开好每期的案件防范分析会，强化合规教育学习工作，不定期开展谈心谈话。及时掌握员工思想动态，防范违规风险。做好安全保卫和疫情防控工作，通过开展自查、巡查，查摆风险隐患，做好疫情防护的物资供应和登记排查，定期参与核酸检测，保障支行安全经营。

【企业文化】　2020 年，工行城厢支行坚持“以人为本”的思想理念，推动企业文化传导，践行社会责任。支行工会推选职工代表，召开三届二次工会会员暨首届职工代表大会第一次会议。职代会上代表审议各项工作报告、积极提交提案建言献策，充分反映基础员工的心声，为员工参与支行发展建设提供平台和桥梁。坚持做到荣誉上墙、文化上墙，在公共区域布置党建文化宣导墙、荣誉墙、员工活动展示墙，在支行营造敬业爱岗、奋发向上的良好氛围。持续做好脱贫攻坚，实现圆满收官，发动员工参与消费扶贫工程，坚持消费助力。同时切实改善挂钩点和扶贫对象的生活水平，更重要的是送去精神慰问，鼓励自力更生。

（梁　琳）

中国建设银行莆田分行城厢支行

【概况】　2020 年，中国建设银行莆田分行城厢支行（以下简称“建行城厢支行”）始终坚持党建引领、合规经营、以人为本，积极拓展市场，把控风险，夯实基础，提升能力，扎实推进“三大战略”，有效促进支行各项业务持续健康发展。至 2020 年末，支行一般性存款日均余额 38.46 亿元，当年增 0.78 亿元，其中对公存款增 0.61 亿元；各项贷款余额 52 亿元，增 12.22 亿元，其中个人贷款增 13.9 亿元。

【存款业务】　2020 年，建行城厢支行坚持存量客户就是最大的客户，客户基础就是存款的基础。支行在维护好重要存款客户、机构客户的同时，加强与政府部门的密切联系，充分发掘市场机遇，跟踪区域项目资金落地，年内跟踪落实多个优质账户，并在全市建行对公业务“拓客增存”系列营销活动获得综合考评得分第一的优异成绩。多措并举，实现业务均衡发展，通过对高端客户积极营销保险、账户贵金属、电子银行及分期等产品，满足客户的全方位金融需求，提高客户忠诚度。加强公私联动，充分挖掘存量信贷客户对个金产品的需求，争取在代发工资业务、电子银行业务及实物贵金属方面取得较大突破，实现对公对私业务均衡发展。以“存款为中心”，将指标分解到每位员工，制定合理的考核办法，指导员工用相应的产品加以巩固，重点做好客户资金的沉淀，充分调动员工的工作积极性与主动性。

【贷款业务】 2020年，建行城厢支行践行“三大战略”，大力发展普惠金融，全力助力小微企业发展，累计为130多家小微企业授信近1.1亿元，满足小微企业融资需求，全力服务实体经济。同时持续挖掘当地房地产市场，成功营销多个项目按揭贷款，积极引导客户体验使用“建融家园”等产品，实现2020年个人按揭贷款增加13.4亿元（不含资产证券化），占全行增额的62%，增额居全行第一。

【联动合作】 2020年，建行城厢支行强化联动，有效提资增效，加强母子公司联动，与建信信托等机构合作，借力使力维护客户，增有效托管账户3户，托管金额6.94亿元，实现中间业务收入210万元；积极与上级行联动，通过创新移植联合某证券公司，成功为某国企承销定向债务融资工具10亿元，预计可带来中间业务收入200万元。

【党建工作】 加强党建引领，发挥党员模范带头作用，在支行本部开展为期2个月的“火红夏日党旗飘扬·城厢支行在行动”主题党日系列活动，围绕支行业务“短板指标”开展突击营销。践行合规促发展的理念，通过日常业务培训、切实落实分行“每周一课”要求，做好员工行为管理，有效提升员工合规操作能力，增强合规从业和风险防范意识，从主观上、能力上全面提升风控水平。

（黄慧征）

中国农业银行莆田城厢支行

【概况】 2020年，中国农业银行莆田城厢支行（以下简称“农行城厢支行”）以习近平新时代中国特色社会主义思想为指导，全面贯彻落实省、市分行党委决策部署，以党建为统领，切实提高政治站位，进一步深入落实总行“六维方略”，以“发展是第一要务”为首要原则，以省分行“三个转变”为奋斗目标，以“一加快、二围绕、三推动、四筑牢”为抓手，以快节奏回归正常发展轨道，引领全行“全力提速、增产增收”，较好完成全年各项经营计划。

【市场拓展】 2020年，农行城厢支行全年实现营业收入1.96亿元，较上年同期增收4042万元，增幅26%；实现拨备前利润1.44亿元，同比增加4022万元；拨备后利润1.72亿元，同比增加1.51亿元；净利润5001万元，同比上升1.68亿元。中间业务收入4405万元，同比增收300万元。净利润转正势头持续扩大，增收创收能力不断增强。

【存款业务】 2020年，农行城厢支行全年本外币各项存款时点余额65.16亿元，较年初增长6.35亿元；日均余额57.81亿元，较年初增长3.56亿元。其中，个人存款时点余额42.13亿元，较年初增长3.64亿元；个人存款日均余额39.02亿元，较年初增长1.1亿元。对公存款时点余额23.03亿元，较年初增长2.71亿元，对公存款日均余额17.35亿元，较年初增长2.45亿元，完成全年计划任务的142%，同比增长3.65亿元，排名全市农行第一。

【打好三大攻坚战】 2020年，农行城厢支行打好清收处置攻坚战，积极推进抵押物处置，成功于12月31日以2亿元的价格拍卖多年未取得进展的某抵押物，取得不良贷款清收处置的重大突破。打好精准脱贫攻坚战，做精服务、严控风险，全行“惠农e贷”余额1.6亿元，较年初净增7822万元，惠农e贷发展速度显著加快。打好疫情防控攻坚战，坚决贯彻党中央关于疫情防控各项决策部署，严格落实总行、省、市分行党委工作要求，毫不放松抓好疫情防控工作，配齐配全全行防疫物资，抓好受疫情影响企业复工复产信贷支持工作，充分发挥金融机构“强心剂”功能，累计为受疫情影响企业投放流动资金贷款1.8亿元。

【实现“四大优化”】 2020年，农行城厢支行实现“资产结构”优化，全行本外币各项贷款余额62.52亿元，较年初净增11.39亿元。个贷竞争力持续提升，个贷余额（含农户、卡透支）29.23亿元，较年初净增4.43亿元，个贷占全行贷款余额的46.76%，个人经营性、消费类、卡透支等“三驾马车”同向发力，其中个人消费贷款净增1.86亿元，个人卡透净增1.12亿元，个人经营性贷款净增1.45亿元。特别是个人经营性贷款，同比增加1.35亿元，大力发展经营性贷款、信用卡业务全力提速等工作主基调效益持续显现。对公贷款量质并提，全年增加批复项目2个，成功投放项目贷款5.12亿元；加大对小微企业信贷支持力度，全年增加小微企业贷款客户47户，银保监口径法人小微企业贷款增量9646万元，完成全年计划任务的198.86%，排名全市农行第一；成功投放全市农行首笔小微企业抵押e贷，成功为核心客户上线云链保理融资业务。通过不断调整政策，理顺关系，坚持正确的贷款投向，抓主流市场、主流客户，信贷投放基本走上正确的轨道，信贷结构逐步优化。实现“客户结构”的优化。个人客户稳步提升，较年初净增1.65万户；个人贵宾客户数稳步提升，贵宾客户持续向高净值客户转化，全行个人贵宾客户金融资产余额较年初净增3.59亿元。对公“两户建设”成效渐显：全年对公有效客户净增139户；机构对公账户增7户。实现“队伍结构”的优化。严格选人用人，严格执行党的干部路线方针政策和农业银行有关制度办法，大力选拔任用敢于担当、积极作为、狠抓落实、实绩突出的员工走上干部队伍，加快年轻干部选拔培养，不断优化网点负责人和部门负责人队伍结构，全行副股级以上干部员工平均年龄37.3周岁，其中年龄在35周岁以下的共21人，占比48.83%；全日制本科及以上学历共21人，占比48.83%，干部队伍结构逐步年轻化、高知化。实现“服务质量”的优化。以“做莆田市民最认可的银行”为目标，推行“注重细节、精益求精”的暖心服务，着力提升服务质效和客户体验。网点服务类投诉34件，有责投诉6件，同比分别减少15%和7.36%，提供上门服务89人次，客户满意度不断提升，被农总行授予第五届“中国农业银行文明单位”荣誉称号。

（祁菲菲）

中国银行莆田城厢支行

【概况】 2020年，中国银行莆田城厢支行（以下简称“中行城厢支行”）在全体员工共同努力下，各项工作呈现持续发展态势。截至12月底，中行城厢支行各项存款余额30870万元，其中储蓄存款余额30278万元，公司存款余额592万元；各项贷款余额41379万元。

【市场拓展】 2020年，中行城厢支行切实围绕福建省中行党委

6月27日，中行城厢支行举办“端午绿色骑行 守护母亲河”活动

（王建伟 摄）

“优绩效、拼市场、控风险、重敬业”的战略导向，坚持发展第一要务，以客户为中心，重点拼抢“代发、商户”市场，夯实有效客户。深入各代发单位，重点对接区内各建设单位，积极上门服务，为农民工服务，加强联动，提升负债等全量业务。继续发展“结算＋清算”的渠道。本着服务于民，便利于民，发动员工进行扫街，推广二维码、银联销售终端（POS）等产品，扩大中行城厢支行的结算渠道，方便群众，提高效率。

【服务实体经济】 2020 年，中行城厢支行认真贯彻落实上级行普惠金融发展要求，多措并举，切实加大实体经济服务力度，支持莆田制鞋、珠宝工艺等特色产业升级发展。依托普惠金融优惠政策，发力拓展，全年为企业及个体经营者发放普惠贷款 1900 多万元，并切实降低贷款利率，为企业减负，实现银企共赢。

【建设智慧型网点】 2020 年，中行城厢支行为更好地满足客户需求，积极应对智能设备的快速普及和移动互联网的迅猛发展及大众的金融消费行为模式发生显著的迁移和变化，依托手机、互联网、平板电脑、自助设备等向客户提供服务，以客户体验为核心的“线上＋线下”渠道高度融合，打造智慧型网点。继续加快步伐进行转型，加快人员和智能机具的配合，解放人员走出去，更有效地为群众提供贴心服务。同时加强队伍建设，合理配置，积极主动进企业、社区，树立服务意识，真正做到从群众中来，到群众中去。坚持便民高效的初心，将智慧金融延伸至百姓的衣食住行。

（王建伟）

兴业银行股份有限公司莆田城厢支行

【概况】 2020 年，兴业银行股份有限公司莆田城厢支行（以下简称“兴业银行城厢支行”）积极应对外部形势变化和新冠肺炎疫情影响，继续保持战略定力，全力服务下辖区内“六稳”“六保”工作和经济社会发展大局，坚定不移推进高质量发展，加快存量资负结构的优化，加强有效基础客户建设，继续铸造优势，各项业务快速增长，积极响应“脱贫攻坚战”号召，履行社会责任，取得较好成绩。截至 12 月底，支行存款余额 17.58 亿元，同比增长 1.18%，其中公对公存款余额 6.92 亿元，储蓄存款余额 10.67 亿元；贷款余额 29.46 亿元，同比增长 4.65%，其中对公贷款余额 4.82 亿元，个贷余额 24.64 亿元。

【业务拓展】 2020 年，兴业银行城厢支行积极维系存量客户，深入挖掘现有客户价值，对优质客户进行全面筛选、梳理。根据客户规模、客户特点、客户需求对客户进行分类管理。对华林工业园区企业、太湖工业园区企业等开展业务拓展营销工作，以支持有结算量成长性好的中小企业为主拓展方向，以“金服云”业务及企金理财带动负债业务的联动，发展基本客户群。进一步加强信贷基础管理工作，加强信贷档案完整性、准确性、合规性和保密性的管理，建立健全各类信贷业务台账，确保支行资产质量始终保持稳定状态。

【业务创新】 2020 年，兴业银行城厢支行配合分行共同营销区级国企的直接融资业务，对接中信证券及评级机构，进一步深化与属地政府的战略合作。运用“金服云”平台推广快易货、快押货等，批量获客，特别是建筑类、工程机械类、传统制造业升级类、绿色金融类等客户，提升资金回笼、沉淀等。截至 12 月末，支行为辖区内 7 户中小微企业提供融资服务，融资余额 5550 万元。

【内控管理】 2020 年，兴业银行城厢支行积极构筑内部控制安全体系。认真落实例会及业务专题会议等制度，集中解决发展中存在的业务发展、风险管理、内控管理、对外服务等问题，建立高效、民主的工作部署决策机制，及时转发分行相关的文件，有针对性地指导科室重点开展工作；加大业绩评价考核力度，营造人人争先创优良好氛围。加强合规管理。贷款支付实行严格审核制度，根据借款人的实际需求，明确约定借款人的借款用途及提款条件。加强贷后管理，通过实地走访、电话回访、外围调查等形式，对借款人的经营状况、财务状况进行贷后跟踪，动态掌握借款人的经营状况、财务状况及风险状况。防范化解资产风险。主动提高风险防范意识，始终把风险放在首要位置。加大清收投入，采取多种形式，清收化解不良资产，出现苗头，及时采取对策。规范和健全会计基础工作。强化内控管理约束机制和制度的监督检查力度，严控风险关键点，确保内控安全；认真执行反洗钱相关规定，促进支行反洗钱管理的进步和提高。

【反哺回馈社会】 2020年，兴业银行城厢支行坚持党建引领，发挥党员先锋模范作用，展示兴业人良好形象，热情真诚服务群众。高度重视参与社会公益活动，围绕扶贫帮困总体目标，不断提高认识，落实帮扶措施，履行帮扶工作职责，推进帮扶工作顺利进行。从人力、物力、财力方面推进扶贫工作的深入开展，先后组织60余人次对挂钩的灵川镇何寨村17户贫困户每季度开展实地慰问。结合推介营销，开展志愿服务活动，切实为社区居民办实事、好事，受到群众高度好评。同时，通过升级网点服务设施、美化营业厅环境，强化员工服务水平，持续开展金融知识进社区、下乡村等活动，竭力为广大群众提供高效、优质、满意的金融服务。利用厅堂客户等候办理业务的间隙，宣传存款保险制度，宣介保险的保障范围、偿付限额、报废的缴纳者等基础知识，让客户真正了解产品。积极开展宣传防范电信网络诈骗、宣传打击非法集资，共建和谐社会。

（黄智琼）

福建莆田农村商业银行股份有限公司城厢支行

【概况】 2020年，福建莆田农村商业银行股份有限公司城厢支行（以下简称“莆田农商行城厢支行”）认真贯彻落实市行各项工作部署，在城厢区委组织部的大力支持和正确指导下，莆田农商行城厢支行秉承红色农信基因，坚持党管金融，不断提升金融服务水平，助力农业更强，农村更美，农民更富。截至12月31日，各项存款余额为203093万元，其中个人储蓄余额100351万元，比年初上升19085万元；各项存款日均余额176538万元；各项贷款余额为85218万元，比年初上升11289万元。

【存款业务】 2020年，莆田农商行城厢支行明确各网点的任务目标，全面推行绩效考评办法，充分调动全体员工的积极性，形成全员抓存款的工作局面。对营销员进行分级管理，积极开拓存款营销市场，广泛筹集农村闲散资金，存款营销工作再上新台阶。利用农商银行点多、面广、线长的优势，以支行创建星级网点服务示范窗口为契机，靠转变作风“赢”客户、走出柜台“引”存款、抓住机遇“攻”大户，全方位进击，

6月，莆田农商行城厢支行在幼儿园向家长开展“珍爱信用记录 享受幸福人生”宣传活动　（谢敏敏 摄）

多渠道筹资。把组织资金的触角逐步向行政、企事业单位及其他经济组织延伸，向村镇改造、招商引资等专项资金延伸，向低成本资金项目延伸，努力促进负债结构的优化。争取区国土资源局、市财政局等优质客户在农商行落户办理业务，为增加支农信贷投入提供充裕的资金。

【信贷风险管理】 2020 年，莆田农商行城厢支行健全授信审批机制，落实贷款“三查”和审贷分离的运行机制。把好贷款发放关，年末贷款余额比年初上升 11289 万元，不断提高新增贷款质量。严格控制大额贷款的发放，进一步提高风险防控能力，年内没有发放超比例贷款。规范不良贷款管理，按照五级分类的要求，实时监控贷款质量的变化，加强管理，促进不良贷款的清收。多策并举抓清收不良贷款，按信贷员建立不良贷款台账，把清非任务分解到各网点信贷员，分类排队，重点攻坚。支行还成立清非组，积极配合法院、经侦部门依法清收部分不良贷款，降低信贷风险，实现不良贷款余额与占比“双降”的目标。

【优化服务】 2020 年，莆田农商行城厢支行通过强化管理，狠抓学习、教育、培训，既注重业务的培训又兼顾法律、法规及内部规章制度的学习同时加大员工职业道德教育。对外大力实施“阳光信贷”及精品网点建设等服务项目。全行上下员工内练素质外塑形象。在为广大客户提供优质文明、高效廉洁服务的同时，收获地方政府及群众的充分肯定和一致好评。

【完善内控机制】 2020 年，莆田农商行城厢支行实施全方位的内控制度管理，加强重点部位、重点环节的跟踪检查，使各项工作落实到位、职责明确，实现制度管事、机制管人的目的。坚持标本兼治的原则，把案件专项治理工作纳入日常业务经营之中，与反洗钱和治理商业贿赂等工作相结合，与业务工作同研究、同部署、同落实、同检查，增强防范案件风险的整体能力。组织全体员工学习莆田市银行业协会《反商业贿赂自律公约》《从业人员道德行为公约》《员工职业道德守则》，引导员工树立正确的世界观、人生观和价值观，践行社会主义荣辱观，规范员工职业道德行为。

【队伍建设】 2020 年，莆田农商行城厢支行始终把强化员工队伍建设放在首位，通过制订详细的岗位分工，明确各个岗位之间职责，狠抓落实不松懈，提升员工的担当意识和责任意识。引导员工从思想上高度重视社会责任的履行，致力地方经济建设和社会稳定，树立负责任的金融企业形象。同样要求员工严于律己，敢于担当，在各自岗位上不断创造新业绩。

（谢敏敏）

中国邮储银行莆田市城厢区支行

【概况】 2020 年，中国邮政储蓄银行莆田市城厢区支行（以下简称“邮储银行城厢支行”）认真贯彻落实集团公司、总行、省行及市分行的决策部署，以党的政治建设为统领，强调要以习近平新时代中国特色社会主义思想为指导，坚持新发展理念，坚持高质量发展，持续贯彻中央服务民营、小微企业的战略部署，始终坚持服务社区、服务中小企业、服务“三农”的战略定位，提升站位。

【存贷业务】 2020 年，邮储银行城厢支行余额 7.63 亿元，其中个人储蓄年日均余额 2.15 亿元，公司存款年日均余额 5.48 亿元。支行累计贷款余额 16.97 亿元，其中普惠贷款余额 6.02 亿元，支行两项存款均超额完成市分行下达的增量计划目标，客户规模和中间业务稳健增长，收入利润实现双超，资产质量实现双降。

【产品创新】 2020 年，邮储银行城厢支行不断创新产品和服务方式，结合市场经济特色，持续加强市场调研和业务申请开办力度，丰富金融产品。如通过对优质企业集团的集团授信，挖掘其下游经销商的金融需求，面向企业全国优质下游经销商推出“纯信用、免抵押”个人线上贷款产品，其贷款资金专项用于向该企业集团购买材料，为企业名下经销商实现订货无忧；在市分行的支持下多次走访中小企业融资再担保有限公司，实现第一笔“阶段性担保”二手房交易的落地；同时，支行不断创新开展行业高端客户活动，提供综合金融服务，先后开展“邮储银行父母课堂”“老人健康养生沙龙”“VIP客户生日会”“客户户外拓展活动”“亲子户外活动”、贵金属、投资理财等客户活动，有效整合客户资源，搭建高端客户交流平台，为客户提供全方位综合服务。

【抓防疫促生产】 2020年，邮储银行城厢支行始终坚持服务社区、服务中小企业、服务“三农”的战略定位，助力脱贫攻坚工作，全面强化风险管理，积极推进绿色金融，认真落实银行业监管机构推进的“百行进万企”、普惠金融“百千万”等重点工作，提升站位，为疫情防控期间经营出现困难的民营、小微个体工商户办理延期还款17笔1165万元，发放企业专项抗疫纾困资金贷款5笔2425万元，发放抗疫应急贷款1笔300万元，发放白名单担保贷款7笔2000万元。

【党建工作】 2020年，邮储银行城厢支行支部在“强基固本”质量提升工程建设的基础上，创新“5＋X”模式激发主题党日活动，通过“学理论”“过生日”“讲党课”“听教育”“当先锋”，加上一项自选动作“观基地”，让主题党日从形式化、无主题的问题中解脱出来，增强党员参与的热情，进一步增强支部的思想引领力和群众组织力，服务客户，助力打赢三大攻坚战。同时，支部持续开展“我是党员我亮牌”主题活动，通过活动让每一名党员亮身份、践承诺、当先锋、树形象，成为员工的排头兵，促使党员勇担当、比业绩、比贡献；晒亮点，互促进，创先争优，以点带面，推动后进赶先进、中间争先进、先进更前进；通过组建“党员＋群众”攻坚队、党员催收小分队等，发挥党员的先锋模范和攻坚克难的力量，发挥党组织战斗堡垒作用。

【企业文化】 2020年，邮储银行城厢支行秉承“厚德载物，成人达己”企业文化的核心理念，通过企业文化的灌输，增强团队的向心力、凝聚力和战斗力。通过各类评优评先活动，对表现突出的员工给予奖励，以模范的示范带头作用，树立先进典型，激发员工的工作热情，让每位员工增强归属感，形成一种人人争先，拼搏向上的积极团队文化；通过加强员工关怀，及时开展慰问工作，将温暖送到员工心坎，持续推进和谐企业文化建设。深入开展合规文化建设，通过全体员工大学习、大讨论和查摆、整改等多种形式，强化员工主动合规意识，推进合规文化建设纵向延伸、落地基层。

（李立宏　陈玉妹　陈爱平）

中国光大银行莆田城厢支行

【概况】 2020年，中国光大银行莆田城厢支行（以下简称“光大城厢支行”）在全体员工的共同努力下，坚持年初制定的工作思路，克服重重困难，团结一致，勇于开拓，在坚持规范经营、防范风险的前提下，以发展为主线，以利润为目标，以高品质、专业化服务为手段，积极扩展市场、创新产品、培育客户，实现各项业务的全面、快速增长。截至12月31日，负债业务：对公一般存款余额57183万元，较年初增长54503万元，零售九项资产余额50386万元，较年初增长4306万元。资产业务：对公贷款19591万元，较年初增长804万元，零售个人贷款11721万元，较年初增1853万元。借记卡开卡4511户，零售业务创收贡献度同比上升，贷款不良率持续下降，对公开户79户，信贷资产结构持续调整优化，实现各项业务规模、质量、效益协调发展的目标。

【业务拓展】 2020年，光大银行城厢支行始终坚持以提高价值创造能力为目的，以增加收入、创造效益为工作成效的评价依据，对每一项产品、每一个客户进行认真地梳理，挖掘潜力客户和潜力产品，合理调配人员，达到提高经营水平的目的。充分发挥服务中小企业精神，支持实体经济疫情后的复工复产，针对白名单内的莆田市祥麟鞋业有限公司，投放2300万元贷款，并为该企业2000多名的员工做上门代发工资业务，为企业及员工做好金融服务工作，增加与客户的黏合度，同时也为企业及员工普及金融知识，结合人行做好反洗钱、反诈骗、网络安全知识、断卡行动等金融信息知识的宣传，做好云缴费、缴费钱包等项目的营销推广及应用。

【安全经营】 2020年，光大银行城厢支行认真贯彻落实银保监及省行的安全保卫工作的意见，紧紧围绕支行中心工作，遵循“预防为主、综合治理、谁主管、谁负责”的指导原则，坚持从人防、物防、技防、整章建制、加强队伍建设等方面入手筑牢安全保卫工作的基础，通过制度约束和检查督促，强化职工安全防范意识，使安全管理落到实处，保证银行财产和职工、客户的安全，为各项工作的顺利开展营造一个安全、稳定的经营环境。是年，继续实现无重大违规违纪、无重大安保事故、无刑事案件的“三无”目标。

（蔡任航）

厦门银行股份有限公司莆田城厢支行

【概况】 2020年，厦门银行股份有限公司莆田城厢支行（以下简称“厦门银行城厢支行”）在全体员工共同努力下，各项工作呈现持续健康发展态势。截至12月底，各项存款余额13700万元，其中对公存款余额2200万，个人储蓄存款余额11600万元；各项贷款余额20200万元，其中对公贷款余额5100万元，零售贷款余额14980万元；开立账户数2724户，其中，对公户账户54户，个人账户2670户。

【强化业务督导】 2020年，厦门银行城厢支行落实每日晨会，按周开展营销部会议、按月支行例会。零售转型开始，由一名柜员专职大堂值班，实时跟进厅堂及客户经理业务进展及六开一关注的情况，客户经理业务目标及任务分配明确；强化营业部执行按周制度、业务流程学习，提高每项柜面业务的操作熟练度，提高客户业务体验感。

【加强业务学习】 2020年，厦门银行城厢支行组织客户经理进行内部交叉学习，学习内容包括制度、文件、外部政策、财经资讯、阶段性营销方案等，及时掌握内外部相关要求和政策，让客户经理养成良好学习习惯，利于自我提升。营业部方面按照营运条线工作计划开展各类培训全年30场次，利用晨会、周例会，学习相关制度文件、管理办法、作业流程等。

【团队激励】 2020年，厦门银行城厢支行认真学习及研讨总、分行的各项阶段性竞赛方案，多名客户经理在各项竞赛中获奖，多项业务完成指标名列前茅。同时，设立专项奖励机制，激励中后台人员共同营销，将总、分行零售转型“全员营销”的思路落实到位。

【业务推动】 2020年，厦门银行城厢支行上半年着力建筑类企业开立保函以及代发业务，深挖国有企业、大中型企业，增减增进支行存款沉淀；对存量客户深度开发，针对不同行业的客户配套营销不同类别的业务，提高存量客户的黏度，积极推动代发业务，全年累计代发卡数900余张，柜面农民工代发工资突增。在“融E收”“税E融”推广方面，认真积极提前完成总、分行下达的任务要求；下半年零售转型，开办多场次营销活动推动支行零售业务发展，包括有莆田市擢英中学大型插花活动、全民送鸡蛋活动、广场舞交流活动等，增存款2500万元，金融资产5000万元，基金销售100万元，保险销售10万元等。

【风险管理】 2020年，厦门银

行城厢支行贷前对每一笔案件严格执行客户经理、团队长实地调查，针对有风险或疑是风险客户坚决执行退出机制，贷中要求客户经理全面细致进行实地访查工作；贷后按总、分行的要求走访客户落实客户真实贷后情况，对于存量的客户，做好定期贷后要求。按月开展对公、个人账户排查，对于存疑的客户，积极开展强化尽职调查，深入了解客户信息及业务风险点，全年对公账户管控数22户，个人账户88户；定期对人行结算账户管理系统和我行核心系统的单位和个人结算账户信息进行比对，确保信息正确、真实无误。

（刘雪萍）

保 险

中国人民财产保险股份有限公司城厢支公司

【概况】 2020年，中国人民财产保险股份有限公司莆田市城厢支公司（以下简称“人保财险城厢支公司”）下辖城西、城南、城北三个城网营销服务部及华亭、滨海两个农网营销服务部。员工125人，正式干部52人，劳务派遣员工73人；设党支部1个，党员11人，预备党员1人。办公地点设在莆田市城厢区霞林街道城港大道99号金海湾小区1号楼第14层1418室A区及第19层。公司在上级公司和区委、区政府的正确领导下，在市、区文明办等有关部门的具体指导下，认真贯彻中共十九大精神和习近平新时代中国特色社会主义思想，紧紧围绕保险业改革发展中心工作，以建设和谐文明的保险企业为主题，全体员工紧密围绕高质量发展转型和集团公司“温暖工程”、总公司“十项重点”、省公司年初全保会提出的“聚焦七个重点、提升七种能力”、市公司“九项行动”等部署业务经营稳中求进。是年，全年实现保费收入11671万元，增长4978.5万元，增长率74.38%；支付各类赔款4906.49万元，实现承保利润449.76万元。

【疫情防控和复工复产】 2020年，人保财险城厢支公司把疫情防控工作作为压倒一切的政治任务和头等大事来抓，坚定不移把党中央、上级公司党委的决策部署和工作要求落到实处，科学应对、全力奋战。一是高度重视，行动迅速。支部第一时间召开会议专题传达部署上级各项会议精神和文件要求，专题研究部署，明确职责分工，细化工作要求，全面落实防控要求，迅速凝聚起同心战“疫”强大合力。强化组织，落实有力。实施团队管理，建立信息传递机制及时收集并掌握员工的身体状态。抓好培训，组织全体党员学习观看中央组织部制作《战“疫”一线党旗红》，召开《战“疫”当前，做新时代“硬核”的共产党员》专题党课，要求党员干部继续发挥党员先锋模范带头作用，自觉同以习近平同志为核心的党中央保持高度一致，为坚决打赢疫情防控阻击战而努力奋斗。二是做好防疫物资储备，坚持一手抓防控，一手抓发展，勇于攻坚克难，聚焦实干、强化执行，扎实推进公司发展转型。

【参加爱国卫生活动】 2020年，人保财险城厢支公司在“五四”青年节来临之际，组织青年员工在木兰溪河道积极参与绿色环保、环境保洁活动。青年志愿者一边对沿岸的生活垃圾、纸屑进行清理，一边向路人发放宣传单，普及环保知识，为巩固疫情防控成果贡献自己的力量。

【成功竞回莆田邮政集团公司113部车】 2020年，人保财险城厢支公司与邮政集团公司深化合作，在原有电动车业务、商业非车板块合作基础上，经过多方努力成功竞回邮政集团长期在外主体投保的车辆，竞回车辆数达113部，预计年保费38万元。

【首单农村自建房安责险落地】 2020年，人保财险城厢支公司于8月3日与华亭镇湖头村村民林国武签订自建房安全生产责任保险，成为城厢区及华亭镇首单农村自建房安全生产责任保险。农村自建房安全生产责任保险的引入，是为了认真贯彻执行“安全第一、预防为主、综合治理”的方针，做好农村农民建房安全管理工作，确保安全生产，缓解安全纠纷，减轻政府管理压力，最大限度减少人民群众因为安全生产事故造成的经济损失，同时通过及时补偿、有效保护事故受害者的权益，进一步促使各责任部门、村（居）落实安全生产主体责任。支公司将以农村自建住房领域安全生产工作为依托，推广和普及农村自建房安全生产责任保险，全面落实安全生产工作，保障社会稳定和经济发展。

【为环卫工人提供风险保障】 2020年5月15日，人保财险城厢支公司成功续签莆田龙马环卫工程有限公司的雇主责任险，为该公司2100名环卫工人提供16.8亿元的风险保障，这是支公司连续3年承保该笔业务。环卫工人经常工作在人流、车流密集的地方，存在较大的安全隐患。为解除环卫工人在工作过程中面临的后顾之忧，人保财险城厢支公司自2018年签约以来，以专业化的服务和理赔工作效率得到莆田龙马环卫工程有限公司和环卫工人充分的肯定与高度认可。特别是在新冠肺炎疫情防控期间，雇责险发挥出不可替代的护航作用。截至5月底，支公司共支付赔款168万元，为辛勤工作的环卫工人提供人身安全风险保障。

【确保产业扶贫保险落地】 2020年，人保财险城厢支公司加快落实产业扶贫保险，是落实党中央做好“六稳”工作，完成“六保”任务的重要举措，是人保财险义不容辞的责任。支公司加大精准援助力度，全力推进产业扶贫保险落地工作。城厢区有212户农业产业贫困户，通过一段时间工作已实现投保52户，保障金额6.41万元。针对相当部分贫困户对政策不了解、投保意愿不足的实际问题。5月16日起，支公司联系政府扶贫办再次入村入户精准摸排。走访人员每到一户都对贫困户详细讲解产业保险的保障范围和理赔责任、保额和费率、承保机构及政策时限等。逐户摸清贫困户产业发展情况，登记造册，做到不漏一户、不漏一人。对有需求的贫困户当场验标、确认投保项目及亩数。全面做好做实每一个贫困户的产业扶贫保险工作，为助力打赢脱贫攻坚战贡献力量。

【成功续保新威集团】 2020年，人保财险城厢支公司于6月15日成功击退众多竞争对手，顺利续保新威集团财产险业务，实现保费45.37万元，为该集团提供全面的风险保障。受疫情影响，多个同业公司在该笔业务到期前两个月就开始介入拼抢，并向客户提供低于人保的报价方案。面对严峻的市场形势，支公司坚持理性竞争，主动拜访客户单位负责人进行合作洽谈，及时了解客户的需求与困难，聚焦企业复工复产难题，提出建设性的意见和建议。围绕防灾防损安全生产工作，多次派专业团队，现场指导，帮助企业提高防灾防损能力，切实为企业筑牢防控墙。

【承保才子服饰综合险】 2020年，人保财险城厢支公司于7月1日成功续签福建才子服饰股份有限公司企业财产综合险业务，实现保费收入39.58万元。这是支公司自2011年以来连续10年承办该项业务。福建才子服饰股份有限公司作为福建服饰龙头企业，其保险业务一直为各主体公司拼抢的对象。面对严峻的市场形势，支公司坚持理性竞争，凭借成立专业团队，积极参与落实该企业防灾减损二作，从前期承保到后期配合理赔，为客户提供一条龙贴心服务，成为客户的不二选择。

【成功中标莆田烟草财产与责任险采购项目】 2020年，人保财险城厢支公司于8月27日成功中标莆田烟草2020—2023年度财产与责任险采购项目，服务期限3年，项目测算保费规模约99万余元。人保财险莆田市城厢支公司对此次参加应标工作非常重视，成立招投标项目小组，与市公司产品线密切配合，详细研究招标文件内容和评分要求，上下共同努力，最终以完善的服务方案赢得评标专家小组一致认可并成功中标。

【“一站式”电动车快捷服务】2020年，人保财险城厢支公司为进一步优化电动车保险办理程序，提升为民服务水平，方便群众就近办理机动车保险等相关业务，支公司积极主动与莆田电动车行业协会合作，承接莆田电动车保险“一站式”服务。进一步优化“便民、利民、一站式”电动车保险服务，探索创新服务模式，努力争取更好成效。

【开展“一盔一带”安全守护活动】 2020年，人保财险城厢支公司为进一步提升摩托车、电动车骑乘人员安全防护水平，有效减少交通安全事故，于7月11日协助区交警大队在全区启动摩托车和电动自行车专项整治工作暨“一盔一带”安全守护行动。活动中，支公司员工现场给过往群众宣传普及道路交通法及安全驾驶文明出行内容，对未戴头盔，遮挡号牌，骑电摩、电动车、自行车过人行道时没有下车推行等不文明的行为进行劝导，受益群众100余人次，活动取得良好的社会效果。

【话术比赛】 2020年，人保财险城厢支公司在“五四”来临之际，举办“致青春，亮风采”人人安康话术比赛，用这种特殊的方式庆祝青年节。比赛采取现场模拟情景的形式。选手在比赛前用抽签的方式抽取题目，模拟客户与选手进行对话。选手们互相切磋技艺，展示基层团队勤练非车话术技能的良好氛围。

【合规文化宣传进社区】 2020年，人保财险城厢支公司于6月15日组织员工走进金海湾小区开展“防范非法集资宣传日”暨“合规文化宣导日”活动。活动围绕“守住钱袋子•护好幸福家”主题，向往来的社区居民发放宣传资料，详细讲解非法集资的典型特征、表现形式、常见手法等，并结合实际案例讲解，引导和提醒市民守好自己的钱袋子，保护好个人财产。此次宣传活动，支公司还开展反洗钱，扫黑除恶等一系列合规文化宣传，使广大市民认识到黄赌毒和黑恶势力行为、洗钱行为危害性，树立人保财险合规经营、积极承担社会责任的良好形象。

【“7·8”保险公众宣传日】 2020年，人保财险城厢支公司于7月8日组织员工走进金海湾小区开展“同心同行，我们在一起”保险公众宣传日活动，通过设立保险知识咨询台，向过往群众普及保险知识并对百姓关注的问题进行答疑解惑，与公众进行良好互动。以实际行动为保险发声，进一步提升保险行业的社会认知度，强化社会公众的保险意识。

【助力创建文明城市】 2020年，人保财险城厢支公司为扎实开展文明城市创建工作，进一步维护良好交通秩序，11月17日起组织12青年志愿者开展为期3天的文明交通劝导活动。人保志愿者们头戴小红帽、身穿红马甲、手拿小红旗，在值守的交通路口运用礼貌语言对行人闯红灯、横穿马路、跨越护栏，驾驶电摩托车不按道行驶、逆向行驶，驾乘电摩托车不戴头盔，载人超员、机动车在没有红绿灯的人行横道前未礼让行人，驾驶自行车在红绿灯路口过斑马线时未下车推行等交通违法行为进行劝阻、纠正，成为城市路口一道亮丽的风景线。

【主题党日活动】 2020年，人保财险城厢支公司于11月13日组织党员前往木兰溪防洪工程，开展“守初心，强服务，做个有温度的共产党员”主题党日活动。活动中，全体党员参观木兰溪防洪工程展示馆和奠基点，了解木兰溪治理的艰辛历程，深入学习领会习近平总书记对福建工作的重要指示精神和治理木兰溪的重要理念，实地学习和感受习近平总书记“变害为利、造福人民”“一张蓝图绘到底，一份规划用到底”的精神，进一步深刻领会“绿水青山就是金山银山”的人与自然和谐共生理念。党员们纷纷表示，要进一步传承木兰溪治理精神，守初心，强服务，用实际行动共同参与公司的建设发展，做个有温度的共产党员。

（方丽华）

中国人寿保险股份有限公司莆田市城厢区支公司

【概况】 2020年，中国人寿保险股份有限公司莆田市城厢区支公司（以下简称“中国人寿城厢支公司”）在上级公司及有关监管部门的正确领导和大力支持下，团结一心、锐意进取，在市场竞争日益激烈、工作难度不断加大的情况下，主要负责城区90个银行网点的项目沟通、经营和维护等工作，敢于面对各种严峻考验，并取得一定成绩。截至12月31日，中国人寿城厢支公司实现首年期交保费1359.4万元，其中渠道期交保费1073.4万元，自营286万元，同比提升13.8%，占比全市渠道期交42.8%；实现短险保费收入23.39万元，实现年度四星级以上绩优网点11个。

【推进渠道转型】 2020年，中国人寿城厢支公司在网点的经营和维护上，坚持“点面结合”的经营思路，重点经营和攻克重点渠道、重点网点、重点柜员。做好线上和线下两种对接方式，专项推进，实现渠道的全面经营。结合上级公司提出的渠道网点深耕细作，针对端午节、“三八”国际妇女节、圣诞节等传统节日和特殊节日，开展多形式主题渠道互动活动，从单纯的网点拜访向个人铁杆交情转换，贯彻“三交”经营攻略，为业务深入开展奠定情感基石。

【创新项目】 2020年，中国人寿城厢支公司为强化渠道网营项目工作的成效，结合城厢实际，根据节日推出不同的主题项目促进渠道合作，如推出女性口红自己动手做（DIY）、端午节包粽子、“六一”亲子插花、圣诞节感恩卡制作、年度“缘来是你”庆生等主题在渠道推广式项目，提高客户的体验度，不断增强客户对公司的认同感。

【经营标准建设】 2020年，中国人寿城厢支公司严抓日常队伍管理工作，强化日常工作活动量管理，通过评选网营月度明星，季度排名冠、亚军等激励方式，树立典型，表彰先进，激发销售人员奋勇争先意识，营造奋发向上的良好竞争氛围。

【风险防控】 2C20年，中国人寿城厢支公司把风险防范工作摆在首位，根据监管机构、省、市分公司的要求，及时传达风控知识，并常态化开展一系列的专项工作，有效地规避经营风险的发生。是年，未发生重大群体性事件和严重违规现象，在合规的前提下，稳健发展业务。

（陈丽贞）

城乡建设与管理

【概况】 2020年，莆田市城厢区住房和城乡建设局（以下简称“区住建局”）坚持以习近平新时代中国特色社会主义思想为指导，深入贯彻党中央及省、市、区有关疫情防控、复工复产和“六稳”“六保”决策部署，在区委、区政府的坚强领导下，勠力同心，攻坚克难，扎扎实实实施“强产业、兴城市、惠民生、优生态、保稳定、重党建”发展战略，在城市品质功能提升，木兰溪流域水生态治理，乡村振兴和行业管理以及服务民生、促进社会经济高质量发展做出应有贡献。是年，全区城建固投计划实施项目190个，年计划投资206.34亿元。1—12月完成投资207亿元，顺利完成全年目标任务。全区建筑业创税收27929万元；房地产业创税收123967万元，两项创税收151896万元，约占全区税收总收入284067万元的53.47%，占全区财政总收入的44.35%。

【市政基础设施】 2020年，重点实施莆田学院北区出让地周边市政道路工程、顶墩下黄整村改造配套市政道路、洋西八期周边道路、恒大御龙天峰上山路、洋西四期周边道路等市政道路建设项目，其中洋西四期周边道路已基本完工；以巩固创城成果为契机，实施完成城区路面修复303处800平方米、人行道修复255处760平方米、井盖修复103个、路缘石修复106处400米、市政设施修补91处、路灯修复及新增659盏、铺设路灯管线1.5千米。树木修剪200棵，补植20棵，补植绿化面积300平方米。规划道路交通标志标线1100平方米，电摩停车位5600个、安装交通护栏400米、设置各种交通指示牌70个、完成道安办交办的微循环改造一处；新建完成城区油

8月18日，区住建局开展辖区内次干道路灯修复工作

（陈锋 摄）

6月18日，区住建局指导南湖公园设置“文明健康 有你有我”公益广告（徐元超 摄）

画城、肖厝、坂头、老蒲鲜、滨河豪园、西山小区共1099个公共停车位建设，进一步完善城区市政设施建设。

【园林绿化建设】 2020年，大力实施“绿满城乡·美丽家园”园林绿化提升行动，完成投资6415万元，建洋西溪、泗华等口袋公园5个，增西湖溪、南湖智慧体育公园等绿道6千米，增公园绿地面积6万平方米，建山牌安置房、下黄小学、顶墩小学、区医院新址等单位小区、东圳水库库滨带生态治理工程（樟龙溪片区提升）及岭下村公园、下郑路、广化路、恒大上山路边坡垂直绿化、福兴小区、县委300套等小区环境景观绿化，群众休闲、健身更加方便，获得感、幸福感进一步增强。

【污水管网建设】 2020年，区住建局完成福兴小区、南湖路、木兰溪大道、雷山路、顶墩路、莆田学院周边道路城区污水管网建设6.81千米，完成率为113%。进一步提升城区污水提质增效，城区污水收集率为76.63%，进水五日生化需氧量（BOD_5）浓度为76.67毫克/升，排名均为全市第一。

【黑臭水体的治理】 2020年，区住建局以落实木兰溪全流域治理专项巡察问题整改为契机，全年投入资金5497万元用于龙桥溪、下磨溪黑臭水体治理，基本完成所涉及16个治理项目，完成率居全市第一，促进龙桥溪、下磨溪水质提升，经检测2条溪水质达标率99.1%，位居全市第一，顺利通过省生态环境厅验收。

【内河截污整治】 2020年，区住建局以截污控源为目标，先后实施完成胜利路、名流之家小区、明阳路、雷山路、双兴路、凤凰路、市公交公司、大唐广场、幸福家园安置房工程等30处截污改造工作。运用管道潜望镜及人工探查等技术，配合街道进行沿河排污口整治，完成溪南路排污口及下磨溪古城路排水口的整治。

【安置房建设】 2020年，城厢区加大安置房建设力度，坂头东地块一、二、三、四，霞林地块七、洋西地块A、钟潭片区一期、顶墩—下黄片区整村改造、福厦客运专线项目（灵川）下尾安置区等9个在建安置房项目全年完成投资43.46亿元；木兰溪防洪工程樟塘安置区、华亭镇山牌片区改造项目安置房（一期）、木兰大道后枫安置区、西许安置区、兴沙安置区、顶墩—下黄片区改造工程安置房9号、19号楼工程等8个项目进入扫尾攻坚；统筹落实计划回迁安置任务，综合商务区肖厝安置房10号楼已完成回迁，加快推进木兰溪防洪工程樟塘安置区、华亭镇山牌片区改造项目安置房（一期）、木兰大道后枫安置区、西许安置区、兴沙安置区、顶墩—下黄片区改造工程安置房9号、19号楼工程等6个项目回迁前期完善工作。

【保障房建设】 2020年，区住建局积极落实省委、市委主体责任检查问题整改，加强历史遗留问题沟通协调，加快推进祥和水岸公租房建设，1～3号楼已办理规划条件核实等验收手续；5号、6号楼主体施工至26层；7～8号楼主体施工至28层。

【老旧小区改造】 2020年，区住建局积极利用债券专项资金，投入资金5500万元，实施完成第一批次县委300套、农机局集资房、军分区集资房、新季小区、市医院集资房等5个老旧小区周边道路提升改造、企业管线整治、业主安装电梯等改造。统筹安排第二批次沟头社区、南园小区及龙桥社区等3个片区，涉及18个小区，210栋建筑老旧小区改造项目进度。

【乡村振兴】 2020年，区住建局大力实施华亭镇399栋、常太镇129栋、东海镇407栋、灵川镇430栋农房整治，完工率110%；同时实施完成霞皋村、郑庄村、顶宅村、前黄村、濑厝村、郊尾村、华亭社区、埔头村、利车村、侯山村、金川村、顶坑村、长基村、溪北村、霞山村、山门村、汀洋村、外东坪村等18个村庄村容整治，基本完成农村人居环境三年整治计划。

【建筑业市场】 2020年，区住建局积极落实市、区发展壮大建筑业扶持政策，全年兑现发放奖励、补助资金1000多万元；持续推动商务大楼招商工作，积极引导32家符合条件的建筑业企业进驻区商务大楼；同时推动企业资质升级，鼓励区属一级以上建筑企业走出莆田，在省内外承揽业务，提高市场竞争力。

【房地产开发】 2020年，完成投资84.3亿元，主要实施开发联发君领天玺、恒大御龙天峰、融碧铂玥府、京都国际金融中心、玖玺正荣府二期、融创兰溪雅筑、融创兰溪雅郡、融创兰溪雅苑等项目。全年共完成销售85.8万平方米，位居全市第二。

【安全生产监管】 2020年，区住建局制订实施住建领域安全隐患大排查大整治、房屋安全隐患排查整治及道路交通安全整治三年行动计划，精心组织房屋安全隐患排查、交通安全整治攻坚行动，深查、细查、严查建筑工地、城镇燃气、房屋安全、混凝土搅拌站、物业小区等领域安全隐患，严守安全底线。全年派出455人次对67个工程进行双随机检查，发出155份整改通知书，发现建筑工地安全隐患895条，督促整改873条，整改率为97.5%。邀请专家抽查69台塔吊、52台施工升降机，发现隐患246条，整改246条，整改率100%；全年排查整改燃气安全隐患20处，取缔9处黑气窝点，暂扣604瓶违法销售液化气钢瓶，暂扣2部车辆，拘留3人，整改率100%；全年排查整改物业小区消防通道安全隐患20多条，整改率100%。

【房屋安全整治】 2020年，区住建局发动13家区内建筑企业，成立51人以工程师、高工、一级注册结构师为主的区级房屋结构安全隐患大排查大整治专家组，按照4个镇3个街道和1个园区对应的“7+1”技术服务队伍模式，配合华亭镇、灵川镇、东海镇、常太镇和龙桥、凤凰山、霞林3个街道以及华林工业园区开展房屋安全隐患排查工作，排查77642栋房屋（含钢结构房屋），发现328栋有重大安全隐患房屋，已100%处置到位，其中封房6栋、加固52栋、拆除270栋，有效处置率98.2%。

【消防安全管理】 2020年，区住建局全面实施房屋市政类建设工程消防项目质量“双随机”监管及工程质量验收、消防、人防、排水、园林绿化并行并联验收；实行施工单位、监理单位、项目经理、总监理工程师及消防技术服务机构动态记分和“黑名单”信用评价监管机制，落实各方责任；进一步深化“放管服”改革，在确保建筑工程质量及消防安全的前提下，采取“一事一议”的方式，切实解决社会反映强烈的二次装修项目消防验收历史遗留问题，全年共解决办理二次装修项目消防设计审查29件，消防验收30件，消防验收备案10件。

【历史建筑保护】 2020年，区住建局成立健全历史建筑普查保护工作领导小组，组建工作专班，开展辖区历史建筑普查登记，普查登记历史建筑1434栋，其中已列入省级、市级历史建筑保护单位18处。同时组织开展新普查登记历史建筑专家评审工作，并提请区委、区政府研究确定历史建筑保护联席会议制度，明确相关部门历史建筑保护工作职责。

【招投标监管】 2020年，区住建局以落实扫黑除恶专项斗争行业乱象整治和区委巡察“回头看”问题整改及优化营商环境为契机，全面加强房建、市政建设工程投招标监管，持续推进招投标网上运行公开，认真做好建筑施工企业信用综合评价，充分利用建筑市场主体“黑名单”制度，加强对严重违法行为企业的惩戒力度，先后对排查发现的8个工程项目串标问题进行立案查处，处以约300万元的行政处罚，并制定出台建立健全防范房建和市政基础设施工程围标串标长效机制，被福建省住建厅在全省进行通报表扬；制定出台政府投资小规模房建和市政工程承包商白名单制度，全面严格落实新出台的房建、市政基础设施施工工程招标文件编制细则、总承包项目EPC模式评标办法及投标保函规定，有效遏制挂靠串标行为，进一步规范房建、市政建设工程项目招标市场秩序。

【安置房管理】 2020年，区住建局联合区国资委、区自然资源局及相关镇街开展全区剩余安置房调查摸底，为区委、区政府制定出台剩余安置房处置提供决策依据；组建安置房办证服务工作专班，加快推进回迁安置房产权办理，目前已完成约85%产权办理；协助区政府制定出台全区剩余安置房管理处置办法，成功开展第一批次九龙小区、泗水雅居、肖厝佳园80套9000多平方米剩余安置房公开拍卖，拍卖金额1.08亿元，有效回笼财政资金。

【行政审批管理】 2020年，区住建局深化“放管服”改革，大力优化营商环境，对办理建筑许可指标实施全流程改革，全面实行豁免审批、调整施工图审查范围、合并竣工验收；进一步精简审批流程，压缩审批时限；组建工程建设项目审批服务“帮帮团”，改“窗口服务”为“上门服务”，为项目建设提供全流程帮办代办服务，让项目业主少走“弯路”；同时创新开辟市政工程建设项目免审备案制、快审制、联审联批制，形成“同时会审、同时踏勘，分别缴费、同时出证”服务模式，提升审批效率，全年完成办结行政许可、公共服务及其他行政权力事项911件，办结率100%。

【物业服务管理】 2020年，区住建局全面加强小区卫生、消防安全、群租房、违法装修、物业服务机构侵权行为治理，全年开展8轮督导检查，对全区106个物业小区进行全覆盖检查，排查及整治安全隐患94项。同时大力推进“党建+”社区邻里中心建设及物业服务企业落实“1+3+5”工作机制。在全省率先探索建立物业服务行业综合智能管理平台，有效加强物业服务企业监管，及时有效调处化解物业矛盾纠纷。

（林吓站）

城市管理

【概况】 2020年，莆田市城厢区环境卫生管理处（以下简称“区环卫处”）按照“工作标准化、作业精细化、考核科学化”的要求，始终坚持创建全国文明城市标准，狠抓辖区内道路常态化保洁、农村环境卫生整治、公厕建设管理、生活垃圾分类等。建立环卫事业有规划可持续机制，区、镇（街）、村（居）三级层层落实专职管理人员，形成“一把手亲自抓、分管领导靠前抓、责任部门具体抓”的良好工作局面。通过保障环卫经费投入、添置环卫设施设备、实施定人定岗管理、开展专项整治行动、出台活动应急预案等措施，全力推进环卫资金投入多元化、作业模式精细化、垃圾清运及时化、公厕服务人性化、河道保洁日常化、村容村貌整洁化，不断增强环卫作业管理水平，提高环卫作业质量，提升城厢区人居生活环境。建立财政收入与环卫投入正向挂钩机制，积极开辟筹资渠道，创新资金投入格局，全力保障经费支撑。城区环卫作业经费按每年 10 元 / 平方米进行保障，定期拨付到位；农村建立市、区、镇（街）、村（居）和农户共担的资金分担模式，落实市、区、镇（街道）三级按户籍人口每人每年分别予以 10 元、25 元、20 元环卫作业补助，村民每户每年缴纳垃圾处理费 60 ～ 120 元（“五保户”、低保户免缴）。生活垃圾分类省级补助 400 万元、市级补助区投入资金总额的 30%、区级补助 350 万元。城区、集镇公厕按每年 5 万元 / 座、农村公厕按每月 500 元 / 座进行保障，为环境卫生长效管理提供经济保障。

【城乡卫生整治】 2020 年，区环卫处通过强化日常管理督查、开展专项整治、探索创新举措等，促进环卫作业全方位提质。持续推进野广告常态化保洁，采用市场化运营模式，以 162.25 万元 / 年的费用承包给专业公司，避免既当“运动员”又当“裁判员”的情况，全年清理野广告 180 万余处（其中招租、招聘、办证类广告清理 100 多万处，占比约 60%；其他类野广告清理 79 万多处，占比约 40%），效果显著；结合创城市环境卫生整治提升、中央生态环保督察“回头看”“市容环境大扫除 • 干干净净迎双节”等，分组全力做好主次干道、背街小巷、公园广场、农贸市场、居民小区、河道、公厕、野广告等项目的卫生督查工作，全年市、区级督查共发现问题 14723 个，全部整改到位。农村实现所有镇（街）和村庄农村生活垃圾治理全覆盖，按照“5 有标准”建立村庄保洁常态化机制，生活垃圾日产日清并进行无害化处理，全年清理农村生活垃圾 3.93 万吨，城镇生活垃圾无害化处理率 100% 以上。根据“清洁家园、清洁水源、清洁沿线”等治理范围，突出做好村庄清洁行动季度战役、木兰溪流域沿线、“两高”沿线等重点区域整治，落实好木兰溪全流域系统治理巡察整改评估迎检工作，督促整改市、区级督导问题 2698 个。

【新冠肺炎疫情防控】 2020 年，区环卫处率先探索“隔离点收运”“居家隔离收运处置”“公厕消杀”3 张“流程图”。制定疫情防控应急预案，涉疫垃圾采用“小袋进大袋”双层防护方式，加强对工作人员及车辆的消毒，做到“户收集、定时投、专人收、专车运”。优化运输路线，送至莆田市圣元环保电力公司入炉焚烧，不暂存停留。定期对环卫设施设备进行全面清洗消毒，设置废弃口罩专门投放桶，每个口罩投放桶均套袋，并粘贴“口罩投放桶”“撕毁再投放”等温馨提示，确保有害垃圾妥善投放。同时，做好环卫工人防护，定期组织体检，开展体温测量。

1 月 6 日，区环卫处邀请文献中学学生到区分类教育站开展垃圾分类“进校园”宣传活动（陈钟声 摄）

8月23日，城厢区医疗卫生机构举办生活垃圾分类暨医疗污水处理业务知识培训（陈钟声 摄）

【垃圾分类普推】 2020年，区环卫处在城区全面铺开生活垃圾分类，农村开展干湿分类试点。积极探索“一三五六”分类模式，制定“一套”实施方案；完善“三种分类”模式，针对居民小区软硬件条件不一的情况，分别对物业小区、半开放小区、敞开式小区采用“三种分类”模式；探索“五进”推动方法，即推行垃圾分类“进小区、进学校、进机关、进企业、进医院”，加大垃圾分类工作开展范围；同时，在全市实现“六个率先”，即率先开展“环保酵素制作•生活垃圾减量”行动、率先建成生活垃圾减量体验馆、率先建成全市生活垃圾分类宣传教育站、率先探索利用城区公厕开展垃圾分类宣传教育、率先探索“以旧换新”“积分兑换奖励”措施、率先优化再生资源回收体系。

【环卫设施建管】 2020年，区环卫处完成市、区级为民办实事公厕25座建设任务（城区9座、集镇区3座、农村13座），完成投资额620.8万元。在全市率先建设二层公厕，增强体现人文关怀的调解、小型会议、医疗等三位一体室；结合本地特色打造具备莆田元素的公厕，融合莆仙戏、莆仙印象及木兰溪流域等主题。同时，强化公厕管理，实行“公厕长”管理责任制，城区、集镇区所有公厕落实专人管理，明确保洁标准、保洁范围、冲洗次数和时间节点，随脏随保，做到“十无五有”。

【环卫队伍管理】 2020年，区环卫处不断加强环卫队伍建设，抓稳定，提素质。拥有环卫工人1802名，其中：城区1066名，农村736名，实现城乡环卫全覆盖。以环境综合整治为切入点，不断规范作业标准，加强监督和管理。定期对环卫工人开展安全作业生产培训，要求统一着装，

2020年12月，城厢区城区完成100座分类屋（亭）建设并投入使用（陈钟声、吴建仙 摄）

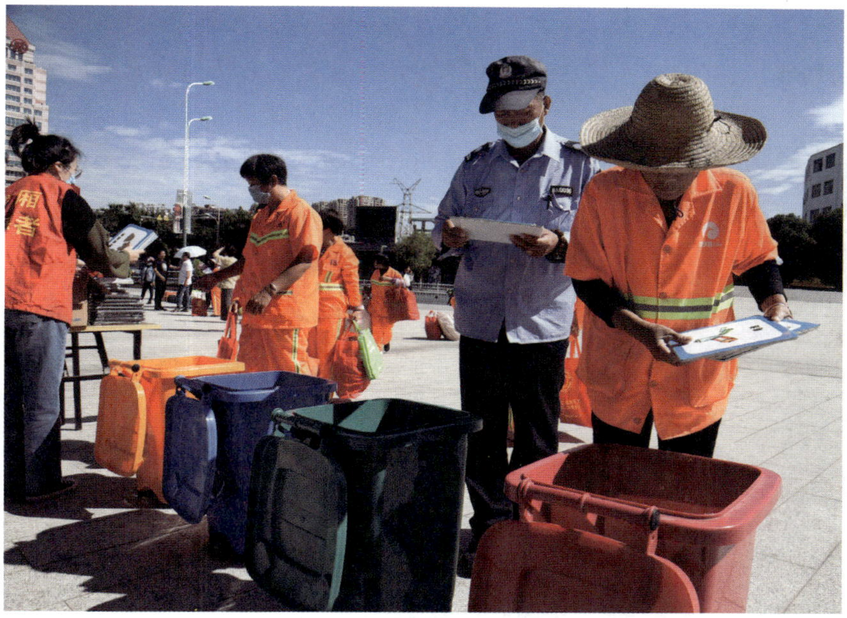

10 月 26 日，城厢区开展第二十五届环卫工人节慰问活动，图为环卫工人玩垃圾分类有奖游戏（唐雪晶 摄）

配备相关道具，保障环卫工人人身安全，提升作业水平，提高服务质量；制定环卫作业量化考核细则，细化工作目标，责任落实到人，充分发挥环卫工人工作的积极性和主动性，保障市容市貌整洁干净；参照省、市环卫工人福利待遇要求，对标看齐，提高待遇，解决环卫招工难，队伍不稳定的问题。通过互助协会向环卫工人送温暖，慰问一线职工，累计开展约 26 场环卫工人活动，覆盖约 17420 人次，约 235.74 万元。慰问处理环卫工人受伤等事件 23 起，慰问金额约 1.81 万元。

【环境卫生宣传】 2020 年，区环卫处开展“文明创城”“平安城厢”入户宣传活动，定期到顶墩社区开展志愿服务活动，积极引导群众知道创城、了解创城、参与创城，为推进创城工作营造浓厚氛围。在挂钩的万达路口开展文明交通志愿劝导服务活动，提倡“关爱生命、文明出行”，扩大宣传教育深度。利用“传统媒体＋新媒体”融合发展，主动对接市电视台、《湄洲日报》等新闻媒体加大生活垃圾分类宣传，新闻媒体宣传报道 19 次，与中国移动合作在微信朋友圈投放垃圾分类宣传及微信朋友圈转发送流量宣传，覆盖不低于 15 万人次。抓好站点建设，通过建立区垃圾分类宣传教育站和减量体验馆、绿色环保站、主题公厕等进行定点宣传，通过“请进来、走出去”等方式，依托轮训课堂、主题党日活动、志愿服务等，开展宣传培训活动 25 次。坚持“静态＋动态”相结合，静态上，在不同单位、区域内设有公益标语和宣传墙、宣传角、指示牌等 1100 多块（条）；动态上，通过入户宣传、课堂活动等流动宣传，派发宣传手册（单）8300 多份，分类垃圾袋 16.5 万个。

（唐雪晶）

城市管理行政执法

【概况】 2020 年，莆田市城厢区城市管理行政执法局（加挂莆田市城市管理行政执法局执法三大队）（以下简称“区城管执法局”）紧紧围绕区委、区政府工作部署，坚持以习近平新时代中国特色社会主义思想为指导，坚持以党的政治建设为统领，着力强化各项责任落实，推进城市管理，增强“四个意识”、坚定“四个自信”、做到“两个维护”，为打赢疫情防控阻击战、决战脱贫攻坚，加快建设美丽莆田先行区提供坚强组织保证，圆满完成全国文明城市和省级文明城区创建。

【市容专项整治】 2020 年，区城管执法局落实“门前三包”做到“路面三无”，重点加强学校周边、集贸市场、广场等“摊外摊、店外店”易出现的地点的整治力度，通过定人定岗，加强节假日值班监管力度开展重点专项整治和夜间市容整治，对不听劝

10月16日，城厢区城管执法局对凤凰山街道吉祥街周边违规户外高空广告进行依法拆除 （方丹云 摄）

导，拒不改正的当事人依法予以处罚，查处占道店外店4905起，摆摊设点6022起，乱堆放物料988起，处罚35起7800元。开展清理私设乱设停车位专项行动，已清理各类地锁、障碍物等500多起。整治不符合规范的店招、布条、拱门、屋顶、墙体、落地等广告，拆除户外广告（含店招）400起，占道摆放广告牌1327起，横幅布条280起，气球、气拱门60起，完成安全检测广告96块。及时整改反馈各级创城办通报问题150多个。

【房屋安全隐患排查整治】 2020年，区城管执法局按照省市区有关文件要求，及时制定开展房屋安全隐患大排查大整治工作方案，对擅自加层、改扩建和开挖地下室等存在重大安全隐患的违法建设及时移送属地进行整改，百日攻坚收到投诉举报359件，排查出隐患78起移送属地街道统一组织整改，配合属地街道拆除17起，845平方米。加强对龙桥街道整治工作的督导，开展督导8次，提出整改意见12条，均落实。结合房屋安全隐患大排查，重点对城市主次干道两侧及占用消防通道等存在重大安全隐患的违法建设全面排查整治，出动人数1860人，移送属地街道445起，配合拆除148起，面积4921平方米。

【专项工作】 2020年，区城管执法局按照上级部署要求，组织挂钩责任人进行扶贫政策业务培训，每月17日扶贫日，组织人员深入挂钩村，走访贫困户，送去慰问金和日常生活物资，了解贫困户生产生活情况，入户10次，捐助慰问金及物品折价2万多元。加大对夜间占道露天烧烤、建筑渣土“滴撒漏”及内河方面的执法力度。及时响应空气质量预警，开展露天烧烤专项执法检查，加强对夜市经营的巡查整治力度，

11月3日，龙桥餐厨收运人员在龙桥街道北磨社区周边店铺进行餐厨垃圾收运 （陈慧汾 摄）

12 月 19 日，城厢区城管局、交警大队在霞林街道荔华东大道进行“滴撒漏”专项联合执法　（蔡笔娇　摄）

特别是露天烧烤现象严重、群众反映强烈的路段进行重点整治。开展日常巡查 396 次，共劝离疏导夜市流动摊点 838 个，取缔 62 摊。开展日常巡查及联合执法整治“滴撒漏”和随意倾倒建筑垃圾、生活垃圾等乱象；提高政治站位，工作再加温，不断深化扫黑除恶各项工作，结合工作实际，制定方案，围绕线索清零、伞网清除、行业清源工作重点，加大摸排力度，立足长效常治，推动扫黑除恶斗争工作常态化。

【作风建设】　2020 年，区城管执法局加强机关效能作风建设，按照市城管系统部署开展机关作风及行业行风整顿，加强人员管理，统一进行人脸识别考勤，严格请销假制度，进行全局通报 11 人次，辞退协管员 9 人。出台案件处置量化考评方案，对各中队各网格“12345”案件、数字城管案件及执法案件办理情况进行量化排名，要求中队网格责任人对市容类诉求件要在第一时间现场办理 24 小时内办结，两违投诉件在 48 小时内办结，全年已办理“12345”投诉件 2456 件。对部分商家临时促销活动占道审批难问题，采取报备方式方便群众，助力经济复苏。

（陈国锋）

农业　农村

农业农村管理

【概况】　2020年，莆田市城厢区农业农村局（中共莆田市城厢区委农村工作领导小组办公室）（以下简称“区农业局”）以习近平新时代中国特色社会主义思想为指导，全面贯彻中共十九大和十九届二中、三中、四中、五中全会精神，深入学习贯彻习近平总书记重要讲话重要指示批示精神，增强“四个意识”、坚定“四个自信”、做到“两个维护”，不忘初心，牢记使命，勇于担当，主动作为，全面完成上级下达的各项任务，农业农村重点工作完成情况在全市排名第一。全区农林牧渔业总产值完成22.53亿元，增幅3.9%，其中农业3.76亿元，增幅3.0%；林业7520万元，降幅2.1%；牧业12.41亿元，增幅2.9%；渔业3.70亿元，增幅1.8%；农林牧渔业服务业1.91亿元，增幅20.7%。农林牧渔业增加值11.16亿元，增幅2.1%。蔬菜种植面积680.6公顷，产量18771吨，水果产量22884吨，其中枇杷12616吨，龙眼7165吨；粮食作物1932.67公顷，产量12171吨，生猪出栏142218头，季末存栏51757头，家禽出栏15391124羽，季末存栏3030779羽。

9月22日，区农业局在华亭镇五云村举办莆田市第三届中国农民丰收节“兴化庆丰收·喜迎小康年”主题活动　（许丹丹　摄）

【集体产权改革】　2020年，区农业局完成成员调查摸底的村（居）120个，完成率100%；各村（居）完成成员身份界定工作方案120个，完成率100%；完成成员身份界定公示村（居）120个，完成率100%。开展清产核资村（居）数120个，完成公示结果确认120个村（居），完成率100%；镇（街）完成校验核对的村数120个（居），完成率100%。农村集体资产清产核资管理系统核实成员户数87572户342923人。资产总额14.34亿元，净资产总额10.62亿元，股本总额5.94亿元，其中成员股4.19亿元，集体股本总额1.76亿元。颁发股权证书87572本，完成率100%。集体土地资源面积58360公顷，其中农用地面积43046.67公顷。

【农田改造】　2020年，区农业局下达高标准农田建设任务133.33公顷，实际完成高标准农田建设155.33公顷，其中华亭镇63.33公顷、灵川镇53.6公顷、东海镇38.4公顷。全年完成验收并上图入库2个项目共217.87公顷。

【农业面源污染】　2020年，区农业局实施农药减量化。全年绿色防控面积18333.33公顷次，统防统治面积5666.67公顷次，发放农药安全使用技术宣传材料3600份，绿色防控与统防统治意识增强，绿色防控与统防统治技术普及率达80%。全区农药使用量185吨，总用药量减少16吨，比上年度减少8%。建立2个“食心虫”监测点，发放“食心虫”性诱剂5000支。实施化肥减量化。全年完成测土配方施肥技术推广8046.67公顷次、有机肥替代化肥技术推广7533.33公顷、豆科绿肥种植还田技术推广333.33公顷、耕地质量监测点取土样33个、田间肥料试验1个、开展耕地质量提升和化肥减量增效技术培训90人次，开展科学施肥培训和现场观摩培训160人次，发放科学施肥技术手册20650本，科学施肥和测土配方施肥建议上墙卡150个，开展施肥现场检查和指导30多场次，全区化肥使用折纯5414吨，全区化肥总使用量比上一年度减少3%。实施污染整治化。是年，组织督查128个村次，发出畜禽反弹复养整改函4份，答复反馈区河长办的畜禽养殖污染整治件2份。编发4期畜禽养殖污染整治《督查与通报》。完成编制《城厢区畜禽粪污资源化利用整县（区）推进项目实施方案（2019—2020年）》。

【强农惠农政策】　2020年，全区耕地地力补贴面积4129.07公顷，补贴标准5.06元/公顷，补贴资金471万元，全年完成育肥猪保险28000头，每头44元，计123.2万元，政府补助86.24万元；完成能繁母猪保险1760头，每头90元，计15.84万元，政府补助11.088万元；全区受理购机申请农户51单，购买机械51台套，惠及农户51户，补贴农机购置专项资金50430元。

【乡村振兴工作】　2020年，全区召开5次乡村振兴区委常务专题会议、4次区中心组学习专题会议、2次全区性联席会议、1次年度工作部署会议、7次区委振兴召开工作推进会等专门研究乡村振兴工作，出台《关于做好六稳工作落实六保任务推进乡村振兴战略实施的七条措施》《关于切实加强农业复工复产七条措施的通知》。促进人才返乡创业，全年接收市级“三支一扶”人员18名。实行“一村一方案”“一镇一规划”编制，完成93个村（居）2020—2022年发展方案设计。通过“旅游+乡村”等乡村旅游项目建设与“幸福家园”“美丽乡村”建设等乡村振兴战略相结合发展模式，创建国家AAA级旅游景点1个、省级乡村旅游休闲集镇2个、省级乡村旅游特色村11个。大力推广示范村建设，全区8个试点村，谋划项目34个（其中2020年需完工项目29个，已完工项目29个，跨年度项目提前完成3个），在建项目5个。下发省、市、区乡村振兴专项资金1610.76万元（其中：省交通运输厅89.49万元未下达），构建常太镇“两点一带”产业集群布局，做好“一颗枇杷”等“一村一品”示范村建设，引进蔬菜种植企业5家，建设百亩以上蔬菜基地4个，促进土地流转133.33公顷。建立“党建+”乡村邻里中心，建立“1+1+3”结对帮扶模式，持续推动村党组织书记区级备案管理制度；开展软弱涣散整顿分析会，制定“五个一”整顿方案和“一村一策”整顿措施，建立整顿台账。对8个软弱涣散村党组织进行在大力整顿，调整5名村党组织书记，选派2名驻村第一书记到省级乡村振兴试点村驻点工作。选派6支省级科技特派员团队、2家省级法人科技特派员、省级科技特派员47名、市级科技特派员55名常驻常太镇、灵川镇、华亭镇科技特派员工作站，并建立八个省级试点村“五个一”（1名处级领导干部挂钩联系、1个区直单位结对帮扶、1名党员干部驻村任职、1支驻村工作队点对点服务、1笔专项资金扶持）工作机制。全区7个建档立卡贫困村已全面摘帽，村集体收入26.36万元，均已通硬化路、通客车、通电、通宽带网络信号，设有村卫生室、图书室、公共厕所等。全区共新建7个名人调解室、15个个人调解室，办理法律援助案件249件，其中民事援助案件9件，刑事法律援助案件240件，城厢区“12348”法律热线平台接听解答群众法律咨询130件。全区共布建视频探头13618个，建设“电子警察小区”898个；新改建2千米，完成农村公路单改双3千米，完成农村公路生命安全防护工程15.4千米。全区120个行政村视频覆盖率100%，在线率95%以上。投入省级试点村专项资金1610.76万元、特色现代农业建设1456.3万元、清新富饶美丽乡村建设3659.18万元、繁荣兴盛农村文化建设资金579.88万元、平安乡村建设资金1879.66万元、乡村生活富裕建设资金2408.78万元、精准脱贫攻坚战资金3128.93万元、乡村改革创新资金360.09万元、强化人才支撑资金20.04万元、完善党的农村工作领导机制513.5万元、乡村振兴融资渠道322.38万元，全力推进乡村振兴工作加速推进。

【农村人居环境整治】 2020年，区农业局开展农村人居环境整治。全年完成3座乡镇公厕、6座农村公厕，6座旅游公厕，完成户厕改造100户；完成93个村的污水治理工程，完成24座小型一体化污水处理设施建设和12座污水提升泵站建设。建设污水管网约2050千米，完成三格化粪池19749户建设，新建、改造三格化粪池19749户。全区共配有保洁员632名，垃圾清运类车辆40部、道路清洗清扫类车辆11部、垃圾收集车512部、各类道路垃圾桶（箱）2441个，全年清理农村生活垃圾约3.96万吨，无害化处理率100%。推进既有农房整治1365栋，完工率110%。完成85个村庄的房前屋后整治，完成率96.6%。建立4条整洁有序的“示范街”、2条美丽乡村特色景观带。创建36个中级版绿盈乡村、23个初级版绿盈乡村，扎实推进宜居工程建设。

【农产品质量安全监管】 2020年，区农业局检查生产经营主体238家次，出动执法人员690人次，立案查处农产品质量安全案件3起，罚没款2.1万元；开展农产品质量安全监测抽样289批次，合格率99%，完成农、兽残快速检测1615批次，合格率99.9%，“瘦肉精”快速检测6237批次，合格率100%；进一步强化宣传培训，全年开展组织培训7场次，指导培训生产经营主体260人次，发放各种宣传材料7000多份，现场接受群众咨询500多人次。

【建设“一品一码”可追溯体系】 2020年，全区有109家主体入驻追溯平台（含1家屠宰场）。开展线上巡查2641人次，巡查生产主体6674家次，发现问题171个；开展线下检查172人次，检查生产主体86家次，发现问题20个，开具整改通知书6份；全区种养殖生产主体累计新增建立并录入生产档案572个，开具追溯凭证（合格证）7276张，屠宰主体开具追溯凭证（合格证）127984张，落实2020年“一品一码”工作到位的有两家，发放奖励补助资金0.6万元。

【重大动物疫病防控工作】 2020年，全区“春防”期间（3月2日至4月18日），免疫家禽高致病性禽流感94.2万羽（其中鸡54万羽、鸭40.2万羽）；免疫牲畜口蹄疫约2万头；免疫小反刍兽疫约0.16万头；免疫生猪高致病性猪蓝耳病1.82万头，免疫猪瘟1.83万头。“秋防”期间（9月2日至10月20日），免疫家禽高致病性禽流感94万羽(其中鸡48万羽、鸭46万羽)；免疫牲畜口蹄疫2.61万头；免疫小反刍兽疫0.23万头；免疫生猪高致病性猪蓝耳病2.37万头，免疫猪瘟2.37万头。应免畜禽免疫率100%。全区养殖场及屠宰场抽检瘦肉精6253批次，结果全部阴性合格；全区生猪养殖场无害化处理病死猪2768头，其中现场监督指导无害化处理病死猪520头。全年受理产地申报生猪21463头、家禽2920923羽，检疫生猪21463头、家禽2920923羽。全年屠宰检疫生猪97000头，屠宰检疫家禽1071384羽，检疫病害猪肉产品3622.4千克，全部按规定进行无害化处理。全年办理动物防疫案件10件，其中办理一般程序案件5件，按照省、市、区要求共抽检经营、使用环节饲料添加剂样品43批次，经第三方检测全部合格。

【农业行政执法】　2020年，区农业局共检查农资生产经营单位167家次，整顿农资市场5个次，立案8起，其中农药案件2起，肥料案件3起，农产品案件3起(已结案1起，另2起移送公安查处)，结案6起，罚没款8.49万元。纠正违章拖拉机2台次，排查一般隐患2台次，查处并立案非法生猪屠宰1起，取缔非法屠宰场1个，办结涉嫌私宰生猪案件1件，没收非法私宰牛1头、羊8头（无害化处理），罚款1.8万元。

【脱贫攻坚】　2020年，全区建立26个产业扶贫基地，吸收472户贫困家庭入股分红，户均年增收约7000元；下发2020年第一、二批中央财政专项扶贫资金360万元、市级产业扶贫奖励资金12.4万元、省级财政专项扶贫资金和市级、区级配套扶贫资金112万元，促进贫困人口创业、就业、小额信贷延期贴息等，建立扶贫超市线下实体店39家，户均月增收500多元；全区7个贫困村集体经营性收入26.36万元。累计开发公益性岗位176个，提供就业79人。下发脱贫攻坚疫情防控相关物资补助资金24万元。其中：口罩50584只，洗手液440瓶，硫磺皂128块，毛巾64条，手套1250双；救助建档立卡户242人次，发放救助14.19万元。全面落实“三保障”政策全区发放补助户籍建档立卡学生资金17.66万元，其中：在外就学29人。随班就读10人。为248名家庭经济困难学生赠送20G手机流量，协调学校为贫困学生赠送手机7部、为同一户子女2名学生提供电脑1台等学习设备。建档立卡且残疾的贫困对象有20人，全年未存在辍学情况；完成一体化村所65家，开通医保和远程视频诊疗，实现7个贫困村医保定点“村村通”和“就近通”，为贫困人口提供窗口和绿色通道；完成修缮全区建档立卡贫困户64栋，发放建档立卡贫困户住房修缮及租住保障性住房市、区级财政补助资金78.42万元；完成排查贫困户741户水质取样工作，其中：分散式供水户水质取样送检243份，集中式供水户水质取样送检20份。全年发放临时救助和兜底保障379.74万元救助金，救助3483人次。资金使用率110.4%；全年发放低保兜底救助金1488人2497.18万元。其中：农村发放低保金2279.42万元，城市发放低保金217.76万元。完成25户重点帮扶对象，拨付帮扶资金1200万元。完成年初排查确定的40户重点帮扶对象，区级财政每户予以1000元补助；对发现自费医疗费用超过2000元的贫困人口，区级财政每人给予50%的补助；对建档立卡贫困户水费由区财政按每年每户100元予以叠加补助。建立防止返贫监测和帮扶机制。全年下发雨露计划资金21万元，帮助建档立卡家庭子女就读中高等职业院校；全区发放扶贫小额信贷472户2528万元，贴息336.09万元，还款率100%，覆盖面63%；完成常太镇外东坪村、岭下村，华亭隆兴村及灵川径里村等4个村级光伏扶贫电站，增收70万余元；聘用生态护林员贫困对象11人。全年入库项目129个，资金规模6939.45万元；扶贫项目85个，全部开工，完工65个，完工率76.47%；各级扶贫资金2689万元，支出2395.17万元，支出率89.07%。

【推进现代农业】 2020年，全区现代农业战线开放招商完成签约项目5个，实施招商项目6项（其中1个为2019年结转项目），项目总投资3.55亿元。其中：高科技花蛤育苗项目完成投资1300万元，进行试投产；城厢区扶贫战略合作项目完成投资1200万元。台湾牛樟树种植基地项目完成投资600万元，完成套种咖啡苗500亩6万株。完成开工或实施的项目3个：其中莆田桂圆产业园项目完成投资300万元；存栏80万羽现代智能化蛋鸡项目完成投资2000万元；建设城厢区综合型农产品冷链服务中心项目完成投资300万元。

（陈金楷）

附：莆田龟山月中香茶

莆田龟山月中香茶，又名闽中红乌龙，兼有红茶和绿茶的优点，属于红茶类半发酵茶。其发源于公元822年（唐长庆二年），性温健胃，具“岩骨桂香”之特征，万历皇帝恩赐“月中香”品名，钦定为贡茶。

莆田龟山月中香茶出自莆田龟洋山茶园。龟洋山茶园坐落在福建中部的莆田三紫山脉最高峰，平均海拔756米，最高海拔900多米。唐代高僧无了禅师率僧众在三紫山环抱的龟洋之中利用沙砾岩土，砌筑石岸开辟18处茶园，茶园“岩中有砾，砾中有岩，不岩不砾，砾中有茶”。龟山茶，得山灵供养生机，受四时烟霭化育，聚集龟洋古刹之灵光、紫气、甘露和万物精华，独特的环境和气候条件，又有万亩龙眼（桂圆）种植基地围护，使莆田龟山月中香茶具有独特的口味，因而得名。

茶叶普遍因加工工艺或加工环节处理而形成不同特征，其形成的酵味（发酵过度、类似红茶的味道）、渥味（揉捻后未及时烘干、毛火走水焙的时间过长造成）、烟味、青味（做青发酵不足、杀青不足）、酸馊味、高火味、过火味、焦味（有炒焦味和焙焦味）等味道就被消费者当作“韵味”。而莆田龟山月中香茶优良品种、生长在龟山特定区域内、经闽中红乌龙传统栽培和制作工艺加工而形成独特的茶叶香气和滋味就称为“桂韵”。“桂韵”的有无取决于茶树生长环境，其强弱还受到茶树品种、栽培管理和制作工艺的影响。高明的茶师把“桂韵”归纳总结为“香、清、甘、活”四个字。香：龟山茶的香包括真香、兰香、清香、纯香、表里如一，曰纯香；不生不熟，曰清香；火候停均，曰兰香；雨前神具，曰真香。这四种香绝妙地融合在一起，使得茶香清纯辛锐，幽雅贵气香高持久。清：指的是汤色清澈艳亮，茶味清纯顺口，回甘清甜持久，茶香清纯无杂，没有任何异味。香而不清是闽中红乌龙种的凡品。甘：指茶汤鲜醇可口、滋味醇厚，回味甘爽。香而不甘的茶为“苦茗”。活：指的是品饮莆田龟山月中香茶时特有的心灵感受，这种感受在“啜英咀华”时须从“舌本辨之”，并注意“厚韵”“嘴底”“杯底留香”等。一般的红乌龙都可体现“香”；等而上之才体现“清”；再上之才表现出“甘”；最佳者才表现为“活”；后者都包含有前者的特征，有前者的特征就未必能体现后者的特征。所以真正好的闽中红乌龙应该是以“活”为上。而莆田龟山月中香茶（闽中红乌龙）恰恰具有“活、甘、清、香”的上等“桂韵”品质。正因如上种种，故莆田龟山月中香茶令历代文雅好茶之士如醉如痴，蜚声四海、誉满九州。

水利

【概况】 2020年，莆田市城厢区水利局（以下简称“区水利局”）上下团结一心，积极践行习近平总书记治理木兰溪重要理念和新时代水利工作方针，按照“补短板、强监管”要求，以“六水共治”为抓手，全力推进水生态文明建设、水利工程标准化管理、河道综合治理、防洪减灾体系建设、农村饮水

8月28日，由区河长办牵头，区水利局、市木兰溪建设管理处、华亭镇人民政府等部门，对木兰溪防洪工程华亭段新建堤防背水坡填土铺路及违法侵占行为开展联合执法　（郭素英 摄）

安全巩固等工作，持续深化河长制、创新水政水资源监管模式。全年完成水利固投18.3亿元，超额103%；水利部公告城厢区成为第三批节水型社会建设达标县（区）；区河长制考评在全市名列第一。

【六水共治】 2020年，区水利局实施六水共治工程。一是治污水。采取“三格式化粪池+污水管网”的污水处理模式，完成全区86个村庄农村污水管网建设，并借鉴国内其他地区的先进管理经验，借助互联网“大数据应用”先进理念，投资258万元建设城厢区农村污水智慧管理平台，对污水管网等设施运行状态实施动态监测，使各类故障能及时得到预警并得到快速处置，实现运行管理的远程化、智能化。二是排涝水。坚持“疏、排”结合，投资1.1亿元建设篁山溪榜头片、田厝片防洪排涝体系工程，解决太湖园区及周边易涝问题，已完成形象进度80%。三是保供水。融入全市城乡供水一体化工程建设，分4个片区（4四个镇）多头推进。常太镇供水片区主要采取集中连片建水厂（新水厂4座4000吨）和高海拔山区村分散式供水措施加以解决。常太镇供水片区已完成项目立项，计划总投资约8800万元，先行实施管网铺设及“一户一表”改造建设工程，12月9日已完成招标，同月底进场施工。华亭镇供水片区11月20日完成立项批复，总投资1.49亿元，已在编制预算。灵川镇（约6500万元）、东海镇（约5500万元）已完成可研编制并向区发改局申报立项。在试点村方面，常太镇东太村已完成，东海镇坪洋村已完成工程量90%。四是清河水。实施河道综合治理，总投资约6000万元，已完成华亭西湖溪、常太坑尾溪河道治理，总长15.6千米；积极推进华亭长岭溪（上游段）、常太莒溪、溪北溪及洋西溪生态补水工程。水土流失治理项目已完成华亭镇长岭溪小流域、埔柳村乡村振兴和凤凰山街道朱坑村生态村水土流失综合治理等3个项目建设，治理水土流失面积570.18公顷，完成投资495万元；审批开发建设项目水土保持方案27个，征收水土保持补偿费144.0902万元；水利部2019年区域监管违规项目共12个，已完成整改。五是防洪水。投资200万元，完成过池、霞皋水库除险加固工程建设，保证水库运行安全。六是抓节水。持续开展创建节水型、节水型居民小区建设、推广节水器具（设施）进机关单位进企业进小区进学校等活动，巩固好县域节水型社会达标建设成果。境内公共场所及新建小区节水型器具普及率100%、工业用水计量100%。

【水利建设】 2020年。区水利局推进水利项目建设18个，开工15个，完工10个。实施河道综合治理，总投资约6000万元。完成华亭西湖溪、长岭溪（上游段），常太坑尾溪河道治理，总长18.84千米；常太莒溪、溪北溪及洋西溪生态补水工程基本建成，进一步改善河道生态环境和提高河道行洪能力；投资200万元，完成过池、霞皋水库除险加固工程建设，解决水库安全隐患。推进城乡供水一体化、水土流失治理、防洪排涝等一系列项目，推动城厢水利事业上新台阶。

【安全生态水系】 2020年，区水利局完工西湖溪、木兰溪支流（长岭溪）郊尾至西许段、坑尾溪3个安全生态水系建设项目，完成投资2340万元。中小河流治理项目莒溪和溪北溪中小河流治理项目基本完工，大幅提高河道排洪标准，工程建成后可减少区域内的洪涝灾害，改善流域的生态环境。

【农村饮水安全】 2020年，区水利局以解决建档立卡贫困户、7个贫困村饮水安全为重点，3月27日以区水利局名义制定下发《莆田市城厢区建档立卡人口饮水安全排查复核和整改落实实施方案》，全面开展贫困户入户核查，做到底数清、情况明、问题准。完成水质取样检测263份，确保所有贫困户（741户）都有相应的水质检测报告；累计排查涉及贫困户饮水安全46户，全部整改到位。在保障贫困户饮水安全的同时，争取资金348.5万元，同步推进7个贫困村饮水安全提升工程建设，已完成6个行政村。同时面对常太镇等高海拔村庄枯水期出现的水源性缺水问题，已落实省移民、区财政等资金约230万元，建机井77口，可有效缓解常太等高海拔村庄的旱季用水之需。

【水利管理】 2020年，区水利局加强水利安全生产监管，及时部署开展水利领域安全隐患大排查大整治和安全生产专项整治三年行动、水利工程建设领域安全生产专项执法检查工作、水利安全风险分级管控工作、2020年水利“安全生产月”及每月16日安全生产日、消防安全月活动，粘贴宣传警示牌33张、组织集中学习观看《生命重于泰山》等，认真履行安全生产第一责任人的职责，确保水利设施运行管理和水利建设安全。年内已组织督查155人次，排查安全隐患34个，发出整改通知书7份，并全部落实整改。

【水资源管理】 2020年，区水利局严格水资源论证和取水许可审批管理，全面落实最严格水资源管理制度，取水许可监督管理进一步规范。一是依法把建设项目水资源论证作为取水许可的前提条件，对所有新增取水都必须进行水资源论证，对未经论证或论证未通过的不予发放取水许可证。二是严把取水许可“三关”，即水资源论证关、许可审批关、设施核验关。对取水单位做到“五个明确”，即年度取水许可量明确、年度取水计划明确、取水计量措施明确、节水目标明确、退水水质明确。三是按规定对全区自备水源取水户下达年度取水计划，按照年计划、季考核、月调度要求，对超计划取水的，累进加价征收水资源费。全年依法征收水资源费369502.3元。11月25日，城厢区被水利部公告为第三批节水型社会建设达标县（区）。

【依法管水】 2020年，区水利局开展“清四乱”专项整治行动，发现问题49处，年底全部清理到位，清理占用河道建筑400平方米，清理河道（河岸）种植约4500平方米，清理倾倒垃圾渣土100立方米，清理占用河道水域滩地50平方米。开展河道采砂巡查14次51人，对涉嫌在常太镇院里溪无证开采河砂的某施工单位负责人移交公安机关依法查处。依法开展行政审批48件，办结率100%、群众满意率100%。

【水土保持】 2020年，区水利局全面推进水土流失治理、生态修复、河道整治、人居环境整治、生态农业等工程建设，努力“打造人文宜居新城厢，建设美丽莆田先行区”，治好一方水土，守护碧水青山，辖区水土保持生态建设成效显著。全年综合治理水土流失项目2个，其中省级生态村1个，省级乡村振兴水土治理项目1个，总投资174万元，综合治理水土流失面积166.68公顷，其中封禁治理166.36公顷，修建排水沟160米，河道护岸建设总长400米，营造水土保持林600株。全年共审批生产建设项目水土保持方案31项，征收水土保持补偿费150.47万元，依法对40个在建项目开展水土保持现场监督检查。

【河长制工作】 2020年，区水利局积极推动河长制工作。一是坚持高位推动，体系升级，高规格动员发动。区委书记及区长多次召开专题会议，动员部署全区河长制工作，每月“河长日”进行常态化巡河，一线办公协调解决问题。组织体系彰显城厢特色。全区16条区级河道形成河长、督查长、警长、检察官、法官“五长”联动机制，强化行政执法与刑事司法衔接，依法依规加强河湖管护工作。构建全覆盖治水体系。全区有各级河道66条，设立由区委书记及区长担任总河长的“双河长”机制，搭建区、镇、村三级工作架构，充分利用莆田十二中、城厢逸夫实小校园河长等民间河长带动社会力量共同参与。二是坚持机制创新，制度升级。信息共享联动机制。利用莆田河长助手App、建立“河长微信群”、设置视频监控探头，在全区村村交界断面设置100个水质监测点，依托“三张网”（河长巡河App网、治安探头监控网、环境水质监测网）、“两队伍”（专管员队伍、志愿者队伍），推进全区河务监管网格化。督查推进机制。深入实施“一河一清单、一周一督查”机制，区河长办不定期对木兰溪及周边支流开展督查，着重找问题、找短板，并以督办单形式发送至各单位限期整改。全年区级开展巡查145次，发现问题175处，下发整改通知69件，已整改68份174处，剩余1份1个问题正在整改中。以“幸福河湖”理念推进流域综合治理。坚持绿水青山就是金山银山的发展理念，把河长制实施和地区经济社会发展紧密结合，以延寿溪、长岭溪为首批区级幸福河湖创建示范点，以提升“三率一感”（群众知晓率、群众参与率、群众满意率、群众幸福感）为抓手，并召开专题推进会，要求各镇街根据建设要素要求，择优创建一条河道，以便总结经验，全面推动。三是坚持清河整治，行动升级。通过开展木兰溪流域水葫芦集中清理、黑臭水体整治、饮用水水源地保护、“清四乱”整治、入河排污口排查整治、工业企业防治等专项行动，扎实推动河湖面貌持续改善，确保木兰溪全流域水质稳定达标。

（蔡夏夏）

【概述】 2020年，莆田市城厢区工业和信息化局（以下简称“区工信局”）全力推动工业和信息化高质量发展，全区164家规模以上企业累计完成工业产值395.3亿元，同比增长4.5%，占全市的比重为10.5%；全区实现规模以上工业增加值112.52亿元，同比增长4.2%，增速位居全市第一；规模以上工业企业产值增长率达到20%以上的有47家，占比28.6%；96家企业实现正增长，占比58.5%；负增长的企业有68家，其中停产企业19家，负增长面为41.46%，工业基本面稳定。全区规模工业企业（除免税企业）实现税收3.98亿元，同比下降6%。其中税收在100万元以上的工业企业有65家。

【投资项目】 2020年，区工信局着力项目招商。重点对接协调中电科创城项目、三利谱偏光片生产项目、闽投电力储能电站项目等3个已签约项目，总投资162.5万元。跟踪服务中电海西智能制造研究院项目、树标体育项目2个落地项目，总投资10.5亿元。着力项目推进。坚持“全系统、全覆盖、全过程”抓项目，扎实推进工业“五个一批”项目。建设美丽莆田·绿色二产2019年专项行动计划23个项目，其中中电海西智能产业园、凯达卫生用品生产等22个项目被列入市级项目，计划投资21.69亿元，全年累计完成投资21.78亿元，完成全年计划投资的100%。着力技术改造。重点推进2019年省、市两级重点技改项目申报工作，全年有锐马电气、万升鞋业等15个项目列入市级技改项目，其中华源工贸、亚明食品、凯达卫生等10个项目被列入省级重点技改项目。

【转型升级】 2020年，城厢区共有力奴、新星、祥麟等21家企业投入7500多万元购置新设备，使生产工艺流程智能化，提高产能，同时破解招工难问题。

【技术创新】 2020年，区工信局加强政策支持和引导，鼓励企业加大研发投入，提升自主创新能力。推进高新技术企业、科技型中小企业与高校、科研院所深度合作，构建院企、校企科技合作互动机制，促进科研与生产紧密衔接，加强核心关键技术的研发，促进科技成果转化和产业化应用。同时，积极争取各类国家、省创新资金扶持，争取把更多新产品、新技术、新工艺类项目列入省级技术创新计划。杰讯光电、劲德电子等企业与省内外院校、科研机构实施联合技术攻关，实现科技项目成果转化。

支柱产业

【鞋服纺织产业】 鞋革产业是城厢的主导产业。全区有规模以上鞋业企业75家，2020年企业完成产值183.5亿元，占全区规模以上工业产值的46.4%，鞋业产业有郭氏、力奴、新路等龙头企业。鞋革企业贡献税收2.55亿元，占全部规上工业企业税收的64.4%。城厢区的鞋企主要从事运动鞋、橡胶鞋、皮鞋、特种鞋等生产，拥有制鞋生产线160多条，年产能9000多万双，从业人员2万余人。鞋革生产企业产品涵盖鞋底、鞋材、皮革、鞋扣等鞋材辅料，基本形成完整的鞋业产业链。

纺织服装产业是城厢区工业发展的有力支撑。2020年10家纺织服装企业完成产值27.62亿元，同比增长1.34%，占全部规模工业企业产值的7%，有才子省级龙头企业。产品涵盖服装、涤纶线、针织衫、织带、帐篷等，拥有生产线100多条，从业人员5000多人，拥有才子、瑞蓓丝、振兴旅游等重点企业。

附：典型企业

郭氏鞋业是2020年度省级高成长企业，2020年累计完成产值8.5亿元，同比增长7%；纳税3514万元，同比增长60.5%，主要生产“菲腊”品牌运动鞋，6条生产线，从业人员1700余人。企业投入300万元购置自动化设备，预计可节约人工300余人。

华源工贸所属华源纺织城项目计划投资15亿元，占地33.33公顷，引进国外先进生产线，从新疆购进优质棉花原料，生产各种高端棉纱产品，技术已达到国内先进水平，产品供应给华峰工贸等知名企业。

才子服饰为中国服装行业百强企业，全国服装行业重点生产企业，2020年度省级龙头企业，已通过国家两化融合贯标体系认证。公司现有68条生产线，分别生产衬衫、西服、西裤、休闲裤、夹克等全系列服装，年生产能力近2000万件（套）。

力奴鞋业为安踏战略合作伙伴，2020年产值10.85亿元，税收1841万元，10条生产线，生产线数为全区鞋业最多，产品为运动鞋。公司采用海尔OEC（Overall Every Contorl and Clear）管理模式、精益生产模式、ERP（企业资源计划）流程系统管理，生产管理水平省内领先。是年，投资400余万元购置设备，实施技改，预计可节约人工50余人。

【食品加工产业】 食品加工产业是城厢区的四大传统支柱产业之一，是工业发展的中坚力量，也是实现经济提质增效的有力抓手。2020年，全区规模以上食品加工企业25家，占全区164家的15.2%，实现规模工业产值74.5亿元，同比增长4.8%，占全区规模工业总产值的18.8%。食品加工企业贡献税收3032万元，占全部工业企业税收的7.6%。初步形成果蔬加工、水产品加工、饮料加工、肉制品加工、食品烘焙等门类齐全的食品加工体系，已成为全市重要的食品加工基地。

附：典型企业

天喔食品，“天喔”商标系中国驰名商标、“天喔蜜饯”是福建省名牌产品，公司系省级企业技术中心，具有全国最大的鲜果处理加工基地，具有全国第一个全封闭的规模成品蜜饯紫外线晾晒房；拥有全市首家公用型保税仓库。2020年产值16.4亿元，2020年税收610万元，省级企业技术中心。

亚明食品，2020年产值为3.26亿元，税收为318万元。

【电子信息产业】 2020年，全区规模以上电子信息企业15家，其中电子产业亿元企业6家，全年电子规上企业实现产值19.58亿元，占全部规模工业的5%，实现税收960万元。从业人数1500多人。

附：典型企业

杰讯光电（福建）有限公司（以下简称杰讯光电）集光通信产品研发、生产、销售于一体的高新技术企业，是国内一家大型光通信器件生产商。近年来连获城厢区“纳税大户”荣誉，有20多件自主专利，是国内主要的光电子元器件供应商之一。产品交付国内外龙头新信息公司使用，主要客户为华为技术有限公司、武汉光迅科技有限公司、台湾波若威科技公司、昂纳科技集团等大型信息公司。

莆田市嘉辉光电有限公司（以下简称嘉辉光电）是一家专业从事液晶显示屏（LCD）开发、设计、生产和销售的高新技术企业。公司占地面积20000多平方米，总投资额达2亿元，拥有百级、千级、万级标准厂房25000多平方米，职工300多人，其中工程技术人员40多人。年内公司引进日本、中国台湾友辉等世界各地的最新LCD（液晶显示屏）生产设备，有2条生产线，年产、销液晶屏25万平方米。产品广泛应用于工业仪器、仪表、家电、数码通信、钟表、车载、手机屏等电子领域。

三利谱公司自2007年成立以来一直致力于偏光片的研发、生产和销售，是国内偏光片行业最优秀的解决方案供应商之一。产品广泛应用于液晶电视、显示器、笔记本电脑、手机、3D眼镜、仪器仪表、车载显示等领域。公司在偏光片的自主研发、生产工艺、产品质量等方面一直领跑在行业的前列，引领着国内偏光片行业的发展。

【工艺美术产业】 工艺美术产业是城厢区工业的重要组成部分。全区有12家规上工艺企业，2020年实现产值31.65亿元，占全部规模工业企业产值的8%。拥有庄严苑、欧雅艺术、腾晖工艺、美诚达、金伯爵珠宝等7家亿元工艺企业。产品涵盖佛像、木雕、红木家具、石雕、油画、珠宝加工等，从业人员700多人。其中，佛像雕塑行业依托庄严苑工艺品有限公司，在传承老漆脱胎传统工艺的基础上融入现代新工艺，引进中国台湾地区、日本等造像、铸造、贴金工艺，以生产佛像为主及寺院配套产品。提升佛教文化性质，传承古老雕像艺术和现代化生产工艺为一体的新型佛像雕刻造型产业知名品牌创建示范企业影响力。油画行业依托莆田国际油画城以欧雅艺术为龙头，重视原创人才集聚，挖掘油画艺术附加值。发展原创油画、个性化定制油画，推出模板、铝塑板、金属油画，使画面效果更新颖独特，提高国内市场占有率，深化与跨境电商合作，扩大产品出口，拓展油画框、新型颜料、自动化喷涂设备产业链。木雕行业依托庄严苑、郑春辉木雕艺术馆为龙头，推进工艺美术品与文化、科技融合，拓展大师高端艺术品、旅游工艺品、佛教文化用品，打造园林式观光工厂，大力提升城厢木雕的艺术魅力与文化自信。12月，腾晖工艺有限公司高级工艺美术师郑春辉入选2020“中国非遗年度人物”。

附：典型企业

腾晖工艺，中国木雕工艺大师、高级工艺美术师郑春辉创作作品被国家博物馆收藏4件，获得国家级金奖50多件，大型木雕《清明上河图》被收录到《吉尼斯世界纪录大全》一书，是福建省“非遗”传承基地，其木雕工艺技术在全国处于领先地位。

欧雅艺术，主要生产油画、画框、镜框家具等系列产品，在全市率先引进6台过滤净化水帘，获得ISO 9001：2000质量管理体系认证，与国际主流设计师合作，开发国际主流艺术产品，产品主要出口欧洲、美国、中东等国家和地区，企业已形成集培训、研发、生产、销售为一体的产业化经营模式，成为莆田市工艺美术制品生产的龙头企业之一，系列产品的出口量居全省前茅。

（林劲腾）

华林经济开发区

【概况】 2020年，福建莆田华林经济开发区管理委员会（以下简称“华林开发区”）认真贯彻落实《莆田市开发区改革和创新发展三年行动计划（2020—2022年）》（莆政综〔2020〕57号）、《莆田市人民政府关于实施园区标准化建设推进高质量发展若干措施的通知》（莆政综〔2019〕60号）、《莆田市促进园区高质量发展三年行动计划（2018—2020年）》（莆政综〔2018〕92号）文件精神，高标准、严要求推进园区标准化建设，推动制造业高质量发展，促进开发区转型升级、改革创新，立足开发区发展现状和产业基础，围绕打造“产城融合、集约紧凑、功能完善、生态良好、管理高效”的现代化产城融合示范区、高品质产业创新发展区，突出高起点规划、高标准建设、高水平开放、高质量发展。华林开发区是莆田市五大经济开发区之一，下设3个园区，分别为太湖、华林、樟林等3个工业园。华林工业园驻有企业413家，其中规模以上企业81家。规模以上工业企业完成总产值224.15亿元，固定资产完成投资16.76亿元，规上企业税收3.5亿元。太湖工业园入驻企业32家，从业人员约3000人，投产企业29家，其中规上企业22家，主要以食品、纺织鞋服产业为主。总产值约78.5亿元，税收约5000万元。

【基础设施建设】 2020年，华林开发区内城市干道形成“四横四纵”的道路交通骨架。其中，“四横”分别为福厦路、竹林路、华林路、滨江路；“四纵”分别为腾飞路、腾达路、华中路、创业路。给水由莆田自来水公司供给；雨污排水管网已覆盖开发区内所有企业，污水通过华林泵站提升进入闽中污水处理厂处理达标后排放；开发区内建有2座变电站220千伏木兰变和110千伏华林变；分区单元内设置2座通信汇聚机房，2座有线电视分前端机房，汇聚机房服务能力：固定电话1.5万～3万线、数据通信2万～3万线、移动通信5万～10万线、有线电视2万～3万户；供气气源：开发区内燃气气源为天然气，气源引自莆田天然气门站。开发区内拥有华林学校（初中40班、完小30班）、路东小学（完小30班）、路西小学（完小30班）、后角小学（完小12班）已基本能满足开发区内居民及外来工子弟就近入学。规划中新增高中30班、初中30班、完小48班。开发区内一级综合医院1家（民营），即莆田华林园区医院，占地面积1000平方米，建筑面积1450平方米，编制床位50张，设有内科、外科等8个临床科室，并配有医学检验科、医学影像科等辅助科室，能开展日常性需要的医疗服务，为医保定点医疗机构。村卫生所5家，其中山牌、濑溪2个村卫生所已完成一体化规范提升，纳入医保门诊定点结算，并开通与市区医院相连的视频诊疗，让村民和员工在家门口就能享受到城市专家医疗服务。还有1家综合门诊部、7家私人诊所等共8家民营医疗机构，可满足企业员工就近就医需求。开发区内商业用地规划面积4.29公顷，占规划总用地的0.54%。规划通过产业服务中心、创新综合体等形式强化产业园区集中式商业配套，进一步规范社区零售形式，逐步升级商业模式以适应市场需求和产业发展。商务用地规划面积9.35公顷，占规划总用地的1.17%，包括工改商的清华园、天利达等创新综合体。娱乐康体用地规划面积1.27公顷，占规划总用地的0.16%，结合霞皋八卦村文化资源和木兰溪滨溪景观资源，设置文化及体育活动中心，打造华林公共活动中心。公用设施营业网点用地规划面积1.27公顷，占规划总用地的0.16%，包括福厦路沿线3

华林鞋艺小镇 （林香 摄）

处加油站。

【产业发展】 华林园区 2020年，华林园区基本形成鞋服、食品、电子信息、工艺美术等四大产业集群亮点。其中：鞋服产业规模以上企业44家，2020年工业产值为130.25亿元，占58.11%。重点企业有力奴鞋业、三迪鞋服、祥冠鞋业、郭氏鞋业、新路体育、三威鞋业等。电子产业规模以上企业10家，2020年工业产值为18.77亿元，占8.37%。重点企业有三利谱电子、嘉辉光电、杰讯光电等。食品产业规模以上企业8家，2020年工业产值为22.49亿元，占10.03%。重点企业有天怡现代、亚明食品、复茂食品等。工艺美术产业规模以上企业8家，2020年工业产值为27.9亿元，占12.44%。重点企业有庄严苑工艺、欧雅艺术、腾辉工艺、艺峰工艺等。其他产业规模以上企业11家，2020年工业产值为24.71亿元，占11.02%。重点企业有新旺隆、溢通环保、腾安建材等。

太湖工业园 2020年，太湖工业园主要以食品、纺织鞋服、轻加工及建材四大产业为主。其中食品类规上企业11家，用地55.44公顷，产值47.27亿元，占总产值60.22%，税收1686万元；鞋服纺织类规上企业4家，用地27.62公顷，产值21.09亿元，占总产值的26.87%，税收2400万元；其他类规上企业7家，用地35.06公顷，产值10.14亿元，占总产值的12.91%，税收914万元。

【体制机制创新】 华林开发区为创新开发区管理体制机制，推广实行新的人事管理和薪酬制度，推动“身份管理”向“岗位管理”转变。由区委编办已出台《华林经济开发区职能配置、机构设置和人员编制规定（征求意见稿）》，开发区管委会由事业单位调整为行政单位，机构规格为副处级，作为莆田市人民政府派出机构，待批复。设立莆田市城厢区樟林投资实业发展有限公司，注册资本3亿元，实现政企分开、政资分开、独立运营，主要从事园区土地开发、资本运营、为企业提供服务、贸易等服务。2017年5月22日城厢区人民政府区长办公会议纪要（〔2017〕14号）同意樟林公司在经营范围变更后相应启动租赁及收储收购闲置工业厂房业务，现主要负责参与竞拍华林工业企业房地产及竞买后的管理工作。樟林公司参与投资运营情况：以25135万元竞得华龙体育用品等7宗工业用地，合计工业用地约19.47公顷，建筑面积150317.95平方米。出资3.5亿元购买城厢区霞林街道荔华东大道999号九龙小区B号、C号、D号3幢写字楼及小区商场，建筑面积73748平方米。樟林公司为出资人入股智慧能源（莆田）有限公司等4个公司，入股资金4640万元。出资成立莆田航网天成投资合伙企业（有限合伙）5G产业发展基金，基金规模为10亿元，出资比例20%，出资6000万元。是年，向上争取园区专项债券8.5亿元。是年7月，结合镇（街）机构改革“三定”工作，以区委办、区府办的名义印发华亭镇、灵川镇“三定”规定（莆城委办发〔2020〕4号、6号），理顺镇与开发区的职责分工。园

华林园区夜色 （林香 摄）

区负责管理和服务好辖区内规划区内的工业企业；做好园区的招商引资、经贸合作、项目建设、设施管理、非公党建、文明创建等工作。同年12月向区委、区政府上报《华林经济开发区管理体制改革建议方案》（建议稿），进一步完善开发区管理体制机制改革。12月15日，成立莆田市城厢区城乡建设投资有限公司。承担职能是按照《城厢区区属国有企业重组整合工作方案》整合完成后的区城投公司作为城厢区企业债发行主体。实行“管委会+公司”管理模式，整合国有企业，支撑园区开发建设。依托区属国有企业重组整合契机，以莆田市城厢区樟林投资实业有限公司为重组主体，重组更名为莆田市城厢区国有资产投资实业有限公司，负责经营性国有资产整合及其经营管理，作为实施园区标准化厂房建设主体。

【招商引资】 2020年，华林开发区强化开放招商主战场作用，突出新兴产业、新业态、新模式，实施龙头招商、以商招商、平台招商、驻点招商、委托招商、中介招商等，借鉴南昌园区“轻资产、重资本”产融结合资本招商新方式，依托园区收储的企业地块、厂房，由区樟林投资实业有限公司作为投资主体，建设标准化厂房，通过中电光谷、创业黑马等第三方机构搭建招商平台，筛选引进一批新基建、“专精特新”等制造业项目“拎包入住”。大力实施重点产业招商，依托中电科创城、大唐5G东南产业基地等电子信息类重大项目，加快对接一批上下游产业配套项目。

【生态环保】 2020年，华林开发区共排查432家企业，并建立相应台账。根据排查结果显示，辖区内大部分企业环保手续较为完善，少部分企业存在设备及手续不齐全的情况。对不符合条件或环保手续不齐全的企业发放整改通知单督促其整改，累计发放109份。为提升园区环保管理水平，进一步深化排污企业的日常环保监管，推动企业精细化管理，精准化治理，开展“一企一档”工作，要求企业提供环保相关材料到开发区环保办进行统一收集归档。已收集202家企业环保相关资料，并进行分类归档。制定《华林经济开发区建立网格化环保监管体系实施方案》，并成立开发区环保网格化管理工作领导小组。建立以开发区、各网格、各企业为单元的三级环保网格化管理体系，形成辖区环保监管工作制度化、规范化的长效管理机制。为完善开发区应急体系，防范突发环境风险，妥善处置突发环境事件，提升开发区整体环境安全管理水平，保障开发区人员身体健康和环境安全。6月18日，开发区结合区“安全生产月”火灾事故综合应急救援演练，召集辖区内所有企业负责人在三威鞋业开展《华林经济开发区突发环境事件应急救援综合演练》；11月10日，召集辖区内所有重点企业在中科华宇开展《华林经济开发区2020年度突发环境事件应急演练》。通过两次现场模拟演练展示在发生突发环境事件时，企业及各部门应该如何协调统筹安排救援工作，确保将各项风险降到最低，在最大限度内保护工作人员人身安全及避免造成环境污染。深入学习习近平总书记治理木兰溪重要理念，开展雨污管排查、河道进行杂草垃圾及淤泥清理及企业及周边居民区河道排污口封堵等工作。同时对企业排水排污情况的监管巡查作为日常工作中的重点，严查企业偷排漏排问题，并积极对企业宣传规范排水排污的重要性及严肃性，提高企业的环保主人翁意识。委托有资质单位对辖区内环境质量进行监测（主要监测因子为大气、水、噪声、土壤）。已出具监测报告，根据监测结果，园区各环境环保质量均符合国家要求。强化大气污染防治。要求企业食堂、餐饮店安装油烟净化器、油水分离器等环保设施，督促餐饮企业把经过油水分离污水接入市政污水管网。排查需安装的食堂、餐饮店108家。其中企业食堂34家，已全部完成安装。餐饮店74家，已全部完成安装。巩固VOCs专项整治工作，要求企业安装废气收集处置设施，在中间环节加强管理，减少 VOCs 无组织排放，及时响应空气质量预警预报。加强巡查，禁止露天烧烤，并按要求出动洒水车进行洒水除尘作业。华林经济开发区企业的生活垃圾由环卫部门统一收集清运处理，工业垃圾由企业自己消纳处置，或交给有处理资质的企业处理。对于有产生危险废物的企业，已督促企业建立危废储存间，进行严格分类、收集和管理，并配有专人负责管理危废的处置情况，建立相应台账。同时督促企业进行危废申报登记，与有危险废物处置资质的单位签订协议，定期上门收集外运处置。

【安全生产】 2020 年，华林开发区以安全生产大排查、大整治及安全生产三年专项行动为契机，多次召开安全专题会议传达部署工作，细化工作，明确责任，每季度防范重特大生产安全事故会上学习各级关于安全生产工作的一系列重要决策和部署，传达学习贯彻习近平总书记关于安全生产的重要论述和指示批示精神，安排布置安全生产重点工作。成立以开发区主要领导为组长、分管为副组长、各网格挂钩干部为成员，进一步明确工作职责，提出具体要求和整治措施，层层传导责任，确保安全稳定。通过企业安全生产隐患自查、网格干部巡查、开发区安监办督查、聘请第三方专家等监管手段，在辖区范围内对各行业、各领域和所有生产经营建设单位深入开展安全生产隐患排查治理工作，对人员密集的制鞋类企业重点领域集中排查整治。是年，6 个网格挂钩干部共对辖区内企业进行全覆盖排查，发现隐患及时督促企业整改，检查 423 家企业，发现隐患 370 条，已督促企业落实整改。

【管理服务】 2020 年，华林开发区在华林 e 站成立华林经济开发区企业公共服务中心，抽调区直 8 个部门人员进场办公，梳理 60 项涉企、惠企事项，为企业办理相关审批、实现现场办理，惠企政策的咨询申报等提供快速便捷的家门口服务，并提供工程审批改革项目的全程代办、综合协调等服务。结合“党建 +”邻里中心进一步梳理审批事项，将医保、社保、公积金等涉企员工的事项下沉到邻里中心，加强邻里中心标准化建设等，为企业提供便利服务。

（林　香）

商贸流通

【概况】 2020 年，莆田市城厢区商务局（以下简称“区商务局”）面对前所未知、突如其来的新冠肺炎疫情和经济下行压力加大的严峻挑战，在区委、区政府的坚强领导下，迎难而上，全局各项指标平稳推进，顺利完成各项任务。年内，该局对辖区内限上企业开展防控疫情检查，督促商贸类企业员工 3099 人完成核酸检测，现场悬挂 60 条疫情防控横幅、分发 500 份致商贸类企业一封信，为 250 家次企业争取 28 万只口罩，破解企业开复工缺乏防疫物资问

9 月 7 日，城厢区参加 2020 厦门国际投资贸易洽谈会暨丝路投资大会莆田市分团项目签约仪式
（潘源懿　摄）

12 月 6—8 日，“莆田工匠杯”第五届中国电商讲师大赛全国总决赛在悦华酒店举行　　（区商务局　供）

题。年内，区商务局在全市率先开展“全闽乐购·富美城厢”专题促消费活动，利用重点节假日传统消费旺季，通过线上线下相融合，实施覆盖餐饮、购物、家具建材、汽贸 4S、商圈综合体等重点领域的促消费活动超 7 个场次，会聚 3000 家商户参与，发放乐购消费券超 600 万元，直接带动消费额 3182 万元。推荐 25 家重点餐饮企业参评全市百家餐饮名店，打响餐饮行业美食新品牌。

【商贸流通】　2020 年，全区累计实现限上批发零售业商品销售额 530.31 亿元，同比增长 14.7%，完成全年任务 532 亿元的 99.7%。限上住宿餐饮业营业额 11.71 亿元，同比增长 4.3%，完成全年任务 12.57 亿元的 93.2%。累计实现社会消费品零售总额 545.14 亿元，同比增长 5.2%，完成全年任务。纳入生产总值核算的规上营利性服务业实现 25.22 亿元，同比增长 31.8%，完成全年任务。

【资金扶持】　2020 年，区商务局组织兑现区级商贸服务业政策区级复工复产政策惠及企业 397 家次，兑现资金 535.9 万元；区级商贸服务业政策惠及企业 250 家次，当年共兑现资金 1093 万元。同时，向上争取外贸补助资金，拨付外贸补助资金 1216.21 万元，惠及企业 68 家次，政策倾斜主要涉及“白名单”企业的即征即奖、进口贴息项目、出口信用保险、融资贴息项目补助等方面。

【对外贸易】　2020 年，全区出口累计 62.01 亿元，同比下降 8.2%，完成全年任务 70.9 亿元的 87.46%。当年累计到资 3189 万元，完成全年任务 1.45 亿元的 21.99%。

【招商引资】　2020 厦门国际贸易洽谈会暨丝路投资大会城厢区共对接签约外资项目 9 个，投资总额 70721.43 万美元，利用外资 67825.43 万美元。其中，共有上台签约项目 4 个，投资总额 9500 万美元，利用外资 9214 万美元，分别为行知公共教育平台项目、台壹购青年创业园平台项目、优源物流日本专线、三迪五星级酒店项目。

【电子商务】　2020 年，区商务局致力促电商行业转型升级，对外贸易增添新业态，联发、百盛、跨境电商生态园等电商园区入驻率 100%，助力莆田市入选跨境电子商务综合试验区。同时，城厢区第二次承办全国电商讲师大赛，邀请国内顶级电商讲师齐聚一堂，并受到上级商务部门的充分肯定，进一步巩固莆田电商领先优势。

（潘源懿）

供销合作

【概况】　2020 年，莆田市城厢区供销合作社联合社（以下简称“区供销社”）在区委、区政府的正确领导下，以习近平新时代中国特色社会主义思想为指导，带领区供销社全体党员干部职工，深入贯彻落实中共十九大和十九届二中、三中、四中、五中全会精神，结合“两学一做”常态化学习教育，巩固好“不忘初心、牢记使命”成果，坚持立党为公、执政为民，紧紧围绕区委区政府的中心工作，不断强化为农服务宗旨，积极参与社会主义新农村建设，助力乡村振兴战略。

【春耕备耕工作】 2020年，区供销社把打赢疫情防控阻击战作为重要政治任务，坚决做表率、勇担当，按照坚定信心、同舟共济、科学防治、精准施策的总要求，坚决配合区委、区政府调度安排，做好抗疫期间，农资化肥保障，发挥城乡流通作用，全力保供应、稳物价、畅流通、促春耕、惠民生，全面助力打赢疫情防控阻击战。及时掌握市场需求：密切关注化肥市场动态和价格趋势，以及市场需求和库存量，积极与厂家对接，多渠道采购，补充货源，充分发挥供销社系统农资经营主渠道优势，积极组织调运、储备农资货源。严把商品质量关：在农资商品采购上，区供销社系统各经营点坚持把商品质量放在第一位，全面落实产品质量承诺制，规范经营行为，保证农民购买到“放心农资商品”。强化服务功能：充分发挥农资配送中心、村级综合服务站农资直销网络优势，采取直达运输、让利优惠、送肥下乡等服务方式，确保群众春耕备耕农资供应需求和全区春耕生产。

【合作经济组织建设】 2020年，区供销社持续推进“惠农工程”项目建设，抓好为农服务。以庄稼医院为龙头，以村级服务站（农资网点）为依托，区农资公司增设春耕农资临时供应点，延长营业时间，方便农民就近购买优质价廉农资，着力加强化肥淡季储备，做好农资供应保障工作。2020年3月，春耕备耕期间，也是疫情抗疫关键期，党支部组织区农资土产公司到常太镇莒溪村开展“送化肥，送农资科技下乡促春耕”服务活动，活动中送出的化肥是春耕急需的有机化肥。

【安定稳定工作】 2020年，区供销社实现零信访案件，安全生产零事故。年内，区供销社结合文明城市创建活动，积极组织文明志愿者开展进社区、进基层、进挂钩村“三走进”活动。进社区重点围绕营造基层社区“共建共治共享”社会治理格局，开展安全宣传进社区活动；进挂钩村重点围绕农事活动、返城复工农民工和留守儿童、孤寡老人、智障残障等特殊群体安全提示教育；进基层企业重点围绕各出租网点安全隐患查找，切实抓好整改落实，维护全系统的安定稳定工作。安全生产月期间区供销社共开展进基层10次，进社区12次，进挂钩村安全宣传活动12次。

【安全生产工作】 2020年，区供销社坚持做到安全生产工作逢会必讲、逢节假日及安全生产月必检、存在隐患必改；落实“一岗双责”安全监管工作机制；切实抓好安全消防基础设施的更换、维护、维修工作。通过举办消防安全讲座、消防现场演练等多种形式不断增强广大干部职工的安全生产意识，安全工作常抓不懈，安全生产责任主体落实到

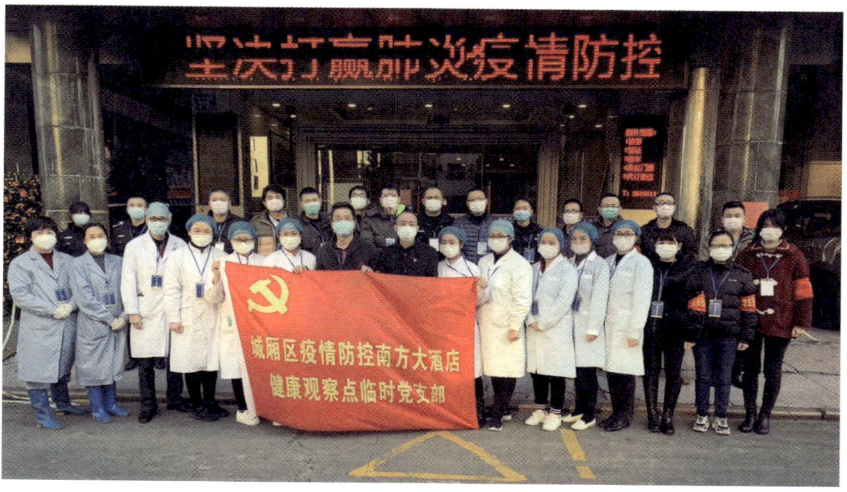

2月，区供销社加入城厢区疫情防控南方大酒店健康观察点临时党支部 （陈荣明 摄）

位。2020年，全系统未发生一起安全生产事故。

（陈荣明）

安福电商城

【概况】 城厢区作为全市电商产业的引领区，其电商产业大部分聚集在安福电商城、联发莆田电商城及双洋环球电商等周边地区，业态覆盖网络零售、跨境电商、农村电商、移动电商、第三方平台和第三方服务商等。全区入驻电商企业超1000家，经营国内外品牌500多个，电商年交易量约500亿元，电商从业人员20万人，入驻沃特、才子等国内著名商标20多个，自创古奇天伦、莫蕾蔻蕾、夏末、赛驰、向上少年等本土自主品牌近百个。其中获得省著名商标6个、知名商标17个。2020年有限额以上电商企业165家纳入统计，全年累计实现销售额206.38亿元，同比上年增幅为13.7%。

【龙头带动】 2020年，城厢区安福电子商务城管理委员会（以下简称“城厢区安福电商城管委会”）积极培育本地化龙头电商运营企业、自主品牌企业和电子商务服务企业，引导本土百盛跨境电商等龙头企业带动中小企业，盘活总部经济、楼宇经济。年内，联发莆田电商城入驻企业5家，百盛跨境电商入驻5家，跨境电商生态园入驻29家。

【扶持平台】 2020年，城厢区安福电商城管委会为鼓励本土品牌加快触网，推进电商平台发展，落实《城厢区关于扶持第三产业增产增效实施意见》（莆城政〔2020〕47号）、《关于印发科学应对疫情有效支持重点项目及企业复工复产扎实做好“六稳”工作的十三条措施的通知》（莆城委办〔2020〕1号）等惠企文件部署要求，引导辖区内企业积极申请兑现，加快城厢区电商平台发展。0594原创公版、众创孵化基地、诺亚跨境电商等孵化型服务平台，整合设计团队、生产供应、品牌集合、销售渠道等资源，引导平台与本土鞋业企业有效对接，优化产业结构，加深上下游供应关系，助力孵化传统电商卖家、实体店企业主1000余人。

【创直播示范点】 一是打造直播产业平台。依托现有电商产业优势，整合阿里、京东、拼多多、抖音、头条等大型传统电商企业和泛娱乐的平台企业流量、供应链等优势，创建莆田“电商直播基地”，打造电商直播产业集群，促进流量、人才和产业聚集。百盛跨境电商园今年直播1843场次，涉及服装、鞋业、珠宝、红木、工艺品等本土优势产业。二是加大直播带货力度。聚集和孵化一批超级网红，帮助电商企业带货出爆款、带销量、去库存、增流量，扩大“莆田好鞋”区域品牌影响力，0594直播基地为玩觅、祥冠、萨拉曼等十余个本土品牌直播近300场。三是培育直播技能人才。支持直播基地申请各大电商平台直播资质，鼓励开展网红直播人才培训计划，整合国内优秀电商培训机构课程资源，导入浙江、广东优秀网红资源，面向莆田直播电商卖家举办培训课程。莆田市0594电子商务有限公司已正式获得拼多多MCN直播机构资质，共举办16期技能培训，已超千人参训。

【深化电商平台合作】 2020年，城厢区安福电商城管委会积极引进国内外平台经济龙头企业，推进平台型企业落地莆田，并结合对台地理位置优势，开展与台湾平台合作项目，推动引资引流，发挥资源整合优势。打造国内首个专注于大动力摩托车智能服务平台的福建骠骑网络科技有限公司进驻辖区，平台总用户约30多万户，日活跃量达1万多户。2020年1月，与台壹购青年创业园平台签订合作协议，协同打造台湾青年创业园、直播孵化培训基地、大陆至台湾电商物流企业三大基地。该项目建成后，将为上千名台湾青年提供优质就业环境并反哺莆田电子商务产业。

【发挥优势扩体量】 2020年4月底，莆田市成功获批为中国莆田跨境电子商务综合试验区，城厢区安福电商城管委会结合跨境电子商务通关服务平台和跨境电商监管中心，帮助企业实现一站式通关服务，2020 年走一百票，有包裹货物 2703862 个，价值计 20021967 美元，折合人民币约 13000 万元，重量 682 千克。

【打击假冒侵权行为】 城厢区安福电商城管委会保持日常整治制售假冒品牌高压态势，联合城厢公安分局、工商局、龙桥街道等部门共同开展安福电商城市场环境专项整治行动，严打假冒侵权行为，服务产业转型。第一积极参与联合执法。全力配合执法部门在园区内开展各类执法工作，对园区及其周边地区商铺进行检查，以打假执法为震慑手段，不断净化市场交易环境。第二加强知识产权保护。城厢区安福电商城管委会联合城厢区市场监管局、城厢区公安分局对市场内店面鞋服类产品及店招广告进行全面清理规范，对各类侵犯知识产权行为进行通告宣传，要求商家限期自行整改到位，限期未整改的，进行强制拆除或覆盖。第三正面宣传促转型。利用园区大门 LED 屏、微信公众号和小区内公共广告牌位，开展保护知识产权、电商品牌建设、诚信守法经营内容宣传，树立电商小镇正面健康形象，展示电商产业新风貌。

（陈萍萍）

油画产业

【概况】 莆田国际油画城地处莆田市中心，位于胜利路与荔园路交会处，总面积约 3.1 万平方米，包括中国（国际）油画交易中心与 A、B 区。2020 年，集聚有中小型企业、个人工作室 100 多家，其中纳入限上企业 10 家。业态类型包括公用多功能综合展厅，油画类电商企业、“前店后厂”的企业展厅、原创油画家中高端工作室、以商业装饰油画为主的夫妻店、兄弟店、小团队店等。2020 年，莆田国际油画城管理委员会围绕服务油画产业创作和销售的同时，进一步丰富原料供应、展示交易、教育培训、版权登记、法律咨询等服务项目业态，构建比较完整的油画产业链条，形成油画创作人才库。有力地支撑优质原创画品，使其形成供给充足、产品集散经销效益显著的油画产业发展格局。

【以艺战“疫”】 庚子新春，新型冠状病毒感染的肺炎疫情牵动着全国人民的心。面对这场没有硝烟的战争，画家们拿起画笔，潜心创作。通过艺术的表达方式来记录为这场疫情默默付出的人，歌颂一线医务人员和工作人员的先进事迹，凝聚起人民群众防控疫情的强大精神力量。其中福建省工艺美术大师陈国华油画作品《星心相印》、莆田市美术家协会会员陈君锋国画作品《生死相托》在中央纪委《中国纪检监察》杂志（第六期封三）刊登，画家王庆勇作品《生机》入选中国美协“众志成城、抗击疫情——美术家在行动”活动。

【发展直播电商】 2020 年，莆田油画城引导油画企业发展直播电商，年内举办 150 余场直播活动，作品单价在几百元到几万元

7 月 13 日，“油画记录峥嵘岁月，画卷抒发爱党之情”党史教育油画展在莆田国际油画城油画交易中心举办 （李琦 摄）

10 月 1 日，“美丽莆田”书画艺术作品展在莆田国际油画城展厅举办　（李琦　摄）

不等。以直播带货模式导入流量，不断发掘以供应链为核心的内容产品，孵化出更多艺术品垂直领域的优质 IP，更好地推介油画产业链资源，并引入当前艺术品最大的拍卖平台“微拍堂”作为营销窗口，拓展销售渠道，为经济发展培育新增量，进一步带动油画产业转型升级。

【举办展览活动】　2020 年，在莆田国际油画城举办多场油画主题展。5 月 15—20 日，由福建省莆田市城厢区文化馆、莆田市城厢区美术家协会主办，莆田国际油画城管理委员会、福建厦门艺享家艺术联盟协办的“触不可及”架上绘画艺术展在莆田市群众艺术馆展出。7 月 13 日，为庆祝中国共产党成立 99 周年，由城厢区霞林街道党工委、办事处，莆田国际油画城管委会联合主办的“油彩记录峥嵘岁月，画卷抒发爱党之情”党史教育油画展在中国（国际）油画交易中心举办，1 周时间共有 39 个党组织，近 3000 人观展。10 月 1—15 日，由莆田国际油画城管委会、莆田市油画艺术产业协会主办，福建龙腾天下文化传媒有限公司、莆田艺来文化传媒发展有限公司承办的“美丽莆田”书画艺术作品展在莆田国际油画城油画交易中心二楼展厅展出。展览共展出 65 位画家的百余幅作品，其中原创油画 54 幅，家装油画 47 幅。

11 月 5 日，2020 年度“莆田工匠”油画职业技能竞赛在莆田国际油画城展厅举行　（李琦　摄）

【协办“莆田工匠”油画职业技能竞赛】　11 月 5 日，2020 年度“莆田工匠”油画职业技能竞赛在莆田国际油画城油画交易中心举行。本次竞赛由莆田市工业和信息化局、莆田市人力资源和社会保障局主办，莆田市油画艺术产业协会、莆田市职业技能鉴定指导中心、城厢区工业和信息化局、城厢区人力资源和社会保障局、莆田国际油画城管理委员会共同承办，莆田市油画艺术产业协会党支部、莆田市油画艺术产业协会工会委员会协办。竞赛以莆仙民俗风情为主题，参赛选手根据自身认知和立意从差异化的角度和多样化的绘画表现方式呈现莆仙深厚文化底蕴。现场限时 5 小时创作，有 52 名选手参赛，经角逐最后评定特等奖 1 名、一等奖 2 名、二等奖 3 名、三等奖 5 名。

（李　琦）

交 通

【概述】 2020年，莆田市城厢区交通运输局（以下简称“区交通局”）突出“四好农村公路”建设，全面落实路长制和农村道路专管员制度，加强农村公路养护。坚持依法行政，加大交通运输行业安全生产监管，积极培育运输业，引导道路运输企业加快结构调整，规范寄递物流市场秩序。开展新冠肺炎疫情防控、交通运输行业复工复产和扫黑除恶工作。

【国省干线项目】 2020年，城厢交通工程投资完成14.75亿元，重点项目投资6个，列入省农村公路省级管理库的群养县道、乡道及村道617.12千米。

联十一线城厢段里程3.78千米，按一级公路标准建设。设计速度80千米/小时，路基宽度32米，双向六车道。完成全线工程的80%。

木兰大道一期工程起点为324国道，终点为城港大道，道路全长为10.9千米，采用城市主干道标准，设计速度60千米/时。总投资约14.8亿元，其中建安造价9.7亿元。一标段（兴沙段）、二标段（樟林大桥段）、三标段（樟林大桥—城港大道）均已竣工验收。

木兰大道三期工程城厢段里程7.3千米，路基土石方开挖填筑完成75%；涵洞完成70%；附属工程完成35%；桥梁工程完成45%；将军岩隧道左右洞已贯通并完成二衬砼及砼路面浇筑。

滨海大道城厢段全长14.5千米（与联十一线共线段长约10千米）。征迁工作已完成，路基工程完成67%，桥梁工程完成38.1%。

【农村公路重点项目】 龟山路（X281龟山路至濑榜路）公路工程，里程14.88千米，起点为龟山，终点华亭镇政府西侧。采用三级公路标准设计，路基宽9.5米，

12月31日，华亭镇政府旁、龟山路终点处路基修建中（路刚 摄）

设计时速 30 千米，双向两车道，已完成施工 32.6%。

县道 282 灵川至华亭公路工程（灵华线）总长 11649 米，按二级公路（兼城市道路功能）标准建设，设计时速 60 千米，路基宽 24.5 米，预算总投资 8.26 亿元。工程于 2017 年 10 月底动工建设，至 2020 年底完成施工 61.2%，径里、羊角寨隧道已贯通，径里大桥、灵川中桥、樟塘小桥正在桩基施工。

笏枫公路改扩建工程（X 208 东龙线城厢段）路线长 15868 米，全线采用二级公路标准（兼市政主干道功能），设计时速为 60 千米，路基宽度 35 米。项目于 2016 年 4 月 29 日动工建设，主体工程已完成，暂未交工验收。

【“四好农村路”建设】 2020 年，区交通局强化“四好农村路”建设，全面落实路长制和农村道路专管员制度，12 月通过福建省“四好农村路”示范县复评工作。是年，建设生命安全防护工程 10 千米，总投资 180 万元。

【公路客货运企业情况】 2020 年，全区现有客运企业 2 家，客车 41 部，座位 1497 个；水运企业 3 家；出租车企业 3 家，出租车 400 部；货运企业 15 家，货车 1420 部，总吨位 14088.86 吨；机动车维修企业 29 家；驾驶员培训机构 8 家，教练车 562 部。

11 月 6 日，常太镇应声桥桥面改造中　　（路刚　摄）

【规范运输市场秩序】 2020 年，区交通局重点整治非法营运、出租汽车不打表、拒载、甩客及客运车辆不按站点停靠、超载超限等违法违规行为。年内出动执法人员 1267 人次，查处各类交通违法行为 176 起，处罚 43.5 万元，其中，客运车辆违法行为 3 起，处罚 0.3 万元；驾培违法行为 12 起，处罚 1.5 万元；出租汽车违章行为 16 起，处罚 0.38 万元；查处非法营运车辆 51 辆，处罚 33.59 万元；货运车辆违法行为 85 起，处罚 7.54 万元；几何超限 6 起，处罚 0.15 万元；查处摆摊设点、堆放物品 3 起，处罚 0.04 万元。

【规范寄递物流市场秩序】 2020 年，区交通局为落实寄递物流企业（网点）安全主体责任，提升寄递企业（网点）安全监管水平，对寄递物流成员单位检查寄递物流企业（网点）600 多家次，寄递物流联合检查 4 次，参与区双打办夜间联合检查 21 次，发现一般隐患 71 处，均已整改。是年，全区共有寄递物流企业（网点）161 家。

【安全生产隐患排查治理】 2020 年，区交通局树牢安全发展理念，强化底线思维和红线意识，全力防风险、除隐患、遏事故。全面落实“三个必须”原则要求，严格履行部门安全监管责任，推动交通运输企业主动加强安全管理，自主防控安全风险，自查自纠安全隐患，严格落实企业安全生产主体责任。是年，全区道路客运发生事故 1 起，受伤 1 人，无死亡人员，内河交通运输安全无事故，交通工程建设安全无事故，消防安全无事故；排查一般安全隐患 172 处，已全部整改到位。

【高速沿线环境综合整治】 2020年，区交通局联合灵川、东海、华亭镇，对辖区秀永高速、沈海高速沿线开展环境整治，拆除广告牌72块，安装隔音板13处1537米，裸房整治273栋，青山挂白绿化4处。

【开展扫黑除恶工作】 2020年，区交通局开展专项整治行动打击乱象。制定《关于开展重点行业扫黑除恶专项整治工作方案的通知》，开展“非法营运、道路货运安全及超限运输、巡游出租车”专项整治行动。查处各类交通违法行为为176起，处罚43.5万元，同时将46名驾驶员列入莆田市出租汽车驾驶员“不适岗”名单，有效打击本行业乱象。建立健全工作机制巩固成效。建立线索摸排和分析研判机制，及时分析研判移交涉黑涉乱线索，结合业务实际，建立交通工程建设、客运出租车、打击非法营运、货运超载超限、寄递物流等扫黑除恶源头防范整治制度，坚持扫黑除恶治乱常态化。

【党风廉政建设】 2020年，区交通局坚持一把手负总责，分管领导齐抓共管，部门各负其责的领导体制和工作机制，开展主题党日活动12次、意识形态专题党课学习1次、集中学习13次、集体廉政约谈2次。加强警示教育，巩固思想防线。组织党员干部观看《沉重的代价》《高墙内的心声》等警示教育片，引导党员干部从违纪违法案件中吸取教训、引以为戒，进一步提升党性修养；元旦、春节、国庆、中秋等节日，微信工作群、短信平台群发节前廉政提醒短信300余条，微信工作群发送案例通报进行警示教育21次。紧紧围绕重点岗位、关键部位和关键环节查找廉政风险点，与全体干部职工签订廉政承诺书39份。深入落实“三重一大”、民主集中制等制度，班子成员团结协作，凡重大事项一律经局党组会议研究决定。强化执纪问责，严格党内监督，对思想、作风、纪律等方面的苗头性、倾向性问题，采取谈话提醒、诫勉谈话等形式，做到抓早抓小、防微杜渐，年内谈话提醒1人、诫勉谈话1人，效能问责1人。

1月10日，区交通局等部门在万达广场开展“春运启动日”安全宣传活动 （路刚 摄）

【开展新冠肺炎疫情防控和复工复产工作】 2020年，区交通局在高速卡口排查各类营运车辆1647部、人员2575名，无不适症状人员，累计摸排外省（湖北省除外）入莆交通从业员工112人，其中鄂牌车辆8部、人员36名。发放各类防控宣传册1800余份。督促企业建立健全返岗人员健康台账，做好经营场所、工地、车辆、货物卫生消杀、防护物资筹备等工作。为企业协调2.35万只口罩和4支额温枪。对交通运输行业从业人员1629人核酸检测，检测结果全部为阴性。排查参与冷链运输的企业4家，车辆26辆，驾驶员25名。

（路 刚）

教育

【概述】 2020年，莆田市城厢区教育局(以下简称“区教育局”)下有中小学（幼儿园）155所：公办学校116所（省一级达标高中1所、省二级达标校2所、省三级达标校1所、省重点职业学校1所、九年一贯制学校8所、初中校4所、小学62所、教学点12所、独立幼儿园25所），民办学校39所，在校学生87291人，教职工7765人（含民办）。区教育局坚持以习近平新时代中国特色社会主义思想为指导，在“有学上、上好学、方便上学、培养好学生”方面聚焦发力，以推进项目建设和教育集团化为抓手，改善办学条件，优化师资队伍，提高教学质量，加快落实建设教育强区各项任务。是年，城厢教育综合实力稳步提升，小学、初中、高中3个学段教育教学综合评价位居全市前茅，县区主要领导履行教育职责督导位居全市第一；区教育局获评省第十四届文明单位。

【集团办学成效明显】 2020年，区教育局鼓励3个教育集团创新教改，采取集体备课、统一导学案编写模板、推广“同课异构”教研模式、统一质量监测、名师送教引领等举措，稳步推进高效教学。落实区教育局班子成员挂钩教育集团工作制度，持续落实“单月例会、双月交流会”和“三长”年度述职制度。推行莆田五中教育集团自主招聘硕士研究生，南门学校教育集团自主招聘编外教师制度。鼓励三个集团完善制度，逸夫实小教育集团总校完善《教师年度工作评价指导方案》等7个制度。南门学校教育集团落实校长点课、随堂听课、行政巡课及学科中心组教学常规月检查制度。莆田第五中学教育集团落实《教研活动制度》等6个制度，集团管理再上新台阶，成员校教学质量稳步提高。

【师资建设】 2020年，区教育局有小学教职工2028人，初中教职工1154人，高中教职工612人，职高教职工180人，幼儿教职工754人，在职特教教师3人。探索新任教师补充机制，招聘编内新任教师58名、高中硕士研究生6名、公费师范男生5名，招聘编外合同教师251名，一定程度上缓解高中综合改革、新办学校、扩容学校及部分学校结构性缺编问题，不断提升队伍素质。全市率先兑现文明学校奖金。持续兑现教师一个月绩效工资、校级干部绩效奖励和名优教师奖励。调整中小学幼儿园岗位结构比例，增加中高级职数220人，教师积极性增强。全区教师4718人，年均工资97758.67元。选拔培养区级首批学科带头人29名和区级第四批骨干教师328名。新建立第二批名师工作室21个，投入工作室建设费用87万元，组织名校（园）长、名师、骨干教师外出培训100人次。督促、考核237名校际交流教师教学和成果。实施区内城乡学校结对帮扶，开展名师、教研员、骨干教师送教下乡活动，促进农村青年教师专业成长和农村教学质量提高。

【项目建设】 2020年，区教育局倾听民意，服务民生，解决一批难点、热点问题。以城厢人民群众对优质教育的需求、教育公平的向往为方向标，倾力民生福祉，提前规划布点，加快推进项目建设，解决中心城区就学难、就学挤问题。全年是新校区项目建设投入最大、措施最实、进度最快的一年。顶墩学校、泗华小学、九华学校等“十三五”规划学校如期建成投入使用，增小学学位8400个、初中学位3000个；支持城北幼儿园、融创幼儿园等6个新建或小区配套幼儿园建设，增幼儿学位3120个，有效缓解城区学校招生压力，基本满足人民群众就学需求。实施办学条件提升工程，推进“改薄”工作，投入561.21万元建设小学教学综合楼2幢，厕所2个；投入724.49万元建设运动场51491平方米；投入1116.3万元建设附属设施围墙6219米、大门22个、护坡5212立方米；投入5326.06万元购置教学设备，其中课桌椅13339套、计算机1858台、多媒体设备765套，配备心理健康设备7万元，购置图书16000册，配备安防监控设备92.5万元。14所中学、47所小学（其中农村39所）通过义务教育管理标准化建设省级评估，通过率分别为87.5%、72.3%。

【学生资助】 2020年，区教育局通过政策宣传、精准帮扶、控辍保学、随机督查、问责整改等形式开展教育扶贫工作，落实全区幼儿资助、义务教育建档立卡学生寄午、寄宿生生活补助和高中政府助学金杂费政策，发放补助资金76.59万元，受益学生1439人。

【教育信息化】 2020年，区教育局积极推进数字校园建设，投入200万元建设5G全息远程教育专递课堂，一批教学点和基层校与优质学校实现同上一堂课，弥补乡村学校教师结构性缺编、专业课教师业务水平不高等问题。

【党建工作】 2020年，区教育局加强党的领导，发挥政治引领。持续掀起“大学习”热潮，落实“三会一课”，创新开展主题党日活动和主题党课，系统党委理论学习中心组先后组织10多次集中学习和研讨交流等活动，将学理论、学业务、学党建专题知识等有机结合起来。开展中共十九届四中、五中全会精神宣讲活动，党委委员下基层、进校园、作报告，营造学习氛围，引导全系统党员干部学深悟透、融会贯通，在思想和行动上同党中央保持高度一致，进一步凝聚发展共识，投身推动城厢教育高质量发展大潮中，推动线上教学、防疫工作、项目建设等有效开展。尤其面对疫情，系统党委坚决扛起疫情防控的政治责任和教育工作领导责任，以上率下，担当作为，组织党员干部投入战斗，坚持正确的舆论导向，群防群控筑牢校园防线，全面分类排查师生健康状况和行程动向，开展线上教学，助推复工复学；万众一心坚决打赢疫情防控阻击战。创新党建载体，夯实党建基础。持续开展“推进达标创星、创建党建品牌”活动，莆田五中党委、逸夫实验小学党支部被授予市级“五星级”基层党组织，莆田五中党委被确定为市级基层党建工作示范点。持续推进党建“五个一批”典型创建活动，发挥13个党员名师工作室党员示范、引领、辐射作用，大力推行党员示范岗，通过党员干部师带徒结对和党建带群团建设活动，推动党建与教育教学深度融合，促进青年教师成长。开展庆祝中国共产党建党99周年系列活动，通过局微信公众号分期推出13期党员名师工作室领衔名师风采和28期党员示范岗风采，各党组织评选表彰一批优秀共产党员，申报一批党员示范岗，全区党员示范岗200个，宣扬先进典型，凝聚榜样力量。对42个党组织开展第四轮学校党建“互查互比”督导活动，营造“让党建引领学校正能量”的良好氛围。扎实做好党组织建设，新成立3个党支部，18个党支部按程序完成换届选举工作，配置党支部书记、副书记12名；同时调整充实部分学校（园）干部配备，按程序免去中层以上干部32名，提拔任用校（园）级干部38名。加强民办学校党组织管理，按区域调整成立6个民办学校联合党支部，实施公民办支部联合开展政治学习、主题党日等活动，全面夯实党建基础。推进“党建+”社区邻里中心教育服务，推出增加普惠性学前教育学位、解决学生课后服务难题、保障社区教育服务质量等服务项目，主动对接街道、社区，发挥教育系统职能和优势，打造社区邻里“一刻钟”教育服务圈。狠抓意识形态，落实责任制度。出台《关于加强和改进教育系统意识形态工作实施方案》《关于意识形态工作责任制实施细则》等制度，将意识形态工作纳入学校党建“互查互比”、支部“星级评比”、评先评优等考评。先后2次专题研究部署意识形态工作，先后5次督查学校意识形态工作，检查督促整改问题10多个；组建教育系统网络评论员队伍，进一步构建舆论引导的强大合力；在全区教育系统开展“争做中国好网民”实践活动；统筹线上线下，营造万众一心阻击疫情的舆论氛围。

【教学质量】 2020年，区教育局在提升教学质量上下功夫，推出一系列举措。打造城厢课堂新模式。培育区教研部门、教研片区、学校教研组“三级”研训协同，积极组建学科中心组，评选优秀教研组、备课组，在市内率先掀起深入推进课堂革命的高潮，实施《学科核心素养背景下学习方式变革行动方案》和《学生核心素养实施方案》，持续推进课堂革命系列展示活动，推进“教与学”方式创新改革，总结推广各校课堂教学改革先进经验，构建城厢新型课堂范式。收获课题研究新成果。借助省级课题研究，推动教学教研、队伍建设再上新台阶。继续推进省级课题“基于教师发展需要的英语教研转型研究”“基于核心素养的中小学课程整合的区域实践研究”等研究工作，把教师的思考和教研员的建议梳理成课题，进行申报、立项，开展微课题研究；开展新样态学校建设成果系列展示活动，新样态片区教研建设取得阶段性成果。发挥42个名师工作室作用（其中29个区级名师工作室、13个党员名师工作室），教学研讨活动持续开展，农村教师和青年教师大有受益。城厢区在全省科研论坛上作《借助课题研究，助推名优教师实现跨越式发展、发挥示范引领作用》报告，介绍经验做法。搭建教学教研大舞台。集中大量人力、精力，开展全区青年教师岗位大练兵工作、召开形式新颖的第十七届教育论坛，通过持续加强“名校联姻”、实施智慧阅读和高效课堂工程、召开中高考质量分析会、名师骨干教师送教下乡、师资校际交流、片区教研交流、学科指导组工作、7个教学片区教学视导等举措，搭建教育平台，来促进教育教学质量提高。探索高考实现大突破。完善高中教学常规、课程教学、加强生涯规划教育等系列制度。莆田五中等3所高中校分别与福州格致中学、福州八中等校开展结对帮扶工作，学习借鉴福州地区的高考改革模式。充分发挥莆田五中教育资源优势，组建高考研究团队，研究高校自主招生、三位一体招生等招录方式，研究成果全区共享。同时针对教育质量监测要求，重点对四、六年级学生进行教学指导。开展中小学教学质量监测工作，加强数据研究，发挥评价导向作用，引导学校全面优化课堂教学，全力提升教学质量。是年，小学、初中、高中阶段分别荣获“莆田市教育教学优质管理县区”。

【教育改革】 2020年，区教育局坚持推动与名校结对工作。督促落实莆田三中、文献中学、霞林学校、区第一实验小学4所学校与福州市5所名校结对帮扶工作，全力支持南门学校、沟头小学教师到厦门市名校跟班学习。通过学习先进教学方法，探讨中考、高考动态，有效促进区域间学校优势互补、互助共赢。探索城乡融合工作。推行城区南门学校、逸夫实验小学、区第一实验小学、筱塘小学、沟头小学等5所优质校与园区华林学校、路西小学、后角小学、路东小学、西埔小学等5所学校“一对一”托管，实现人财物统一的融合办学形式，努力提升园区学校教学质量，扩大优质资源和缓解城区品牌学校生源压力。

【德育工作】 2020年，区教育局贯彻落实立德树人根本任务，探索思政课建设，开展“做一个有道德的人”、青少年“扣好人生第一粒扣子”等系列活动，做活“思政育人”这篇大文章，推动社会主义核心价值观入脑入心。南门学校获“全国优秀少先队大队”称号，东海中心小学蔡妍入选第十四届宋庆龄奖学金名单。

【智育工作】 2020年，区教育局注重学生脑力开发，在学校推广创意智造、3D作品、手工设计、人工智能、机器人项目建设等，20多个学校开展科技节，搭建学生创新益智平台。是年，全市中小学电脑制作活动评选，51人获奖，城厢区占23人，占比45.1%。

【体育工作】 2020年，区教育局添置学校体育用品，鼓励学校开展形式多样的体育运动，举办区第七届教职工篮球赛和第三届教职工气排球比赛，全体师生参与体育活动向纵深推进。

【美育工作】 2020年，区教育局举办音乐、美术骨干教师培训班，邀请省级名师作讲座，提高教师授课能力。在区第一实验小学等6所学校开展6天的“戏曲进校园”活动，举办“笔墨中国”汉字书写选拔赛、“全国和福建省第二届中华经典诵写讲”选拔赛、莆田市第十一届少儿故事大王比赛等10多场大型活动，让学生在竞赛中技能得到更好的挑战。

【劳动教育】 2020年，区教育局通过区青少年活动中心组织全区青少年学生开展“以少年之名践爱国之行”“乐趣农耕品赏民俗”等20多次圆梦蒲公英研学活动，引导青少年乐于劳动。莆田五中、筱塘小学、太平小学等一批学校组织学生参加龙翔国防教育基地、莆田盐场、绿丰花卉基地研学实践活动，让学生接受多种劳动体验。

【党风廉政建设】 2020年，区教育局强化党风廉洁建设。落实主体责任，健全党风廉政建设和干部队伍管理建设长效机制，制定城厢区教育局机关廉政风险点及防控措施一览表等相关制度，针对教师职称评聘、民办学校审批等，从“事后监督”转向“事前和全程监督”，从制度上规范权力、管住干部。严格落实案件主办人员的工作责任制，认真梳理分析每一件来信来访，做好每一个案件的调查工作。全年受理信访件33件，“12345”投诉件1683件，其中，立案7件，受党纪政纪处分7人，诫勉谈话6人，提醒谈话7人，整个系统工作作风持续好转。区教育局获评办理区九届人大四次代表大会建议先进单位。加强师风师德建设。强化师资教育学习，开展集体廉政谈话253人，廉政谈话提醒46人次。举办党风廉政和财经知识培训会，开展八项规定执行情况监督检查和“双随机”检查，着力整治教育系统社会关注度较高的考风考纪、升学招生、校外培训机构、教辅征订、工程建设、物品采购等领域“四风”及信访问题，着力营建风清气正的政治生态，着力提升教师队伍整体形象。

【校园安全卫生】 2020年，区教育局聚力扫黑除恶专项斗争。三年来统筹推进扫黑除恶专项斗争，从“提高站位、内部管理、突破难点、联防联治”四方面入手，出台“两案四机制”，有效预防校园欺凌，校园环境安全、文明。莆田五中“心防工程”和文献中学“五梯队人防体系建设”做法受到省检查组的充分肯定。聚焦疫情防控工作。学校点多面广，涉及千家万户，教育系统疫情防控工作面临严峻考验。教育系统积极响应区疫情防控工作领导小组部署安排，主动作为，联合部门，压实责任，创新举措，有力有序，扎实推进新冠肺炎疫情防控，做到组织领导到位、健康管理到位、机制落实到位、核酸检测到位、物资保障到位、整治消杀到位、防控督查到位、校园管理到位等8个到位，有力保障全区155所学校9万多名教职员工、学生安全健康，为全区疫情防控工作取得胜利奠定有力基础。聚积打造平安校园建设。以安全稳定为导向，创新措施，全员参与，落实责任，全力抓好校园周边环境整治、信访维稳、食堂管理、“明厨亮灶”、民办幼儿园校车、火灾隐患排查整治和防溺水安全等工作，推动“平安校园”创建全面有效开展。

【学前教育】 2020年，全区有幼儿园117所，其中公办园80所（含教学点）、民办园37所，幼儿21809人（公办13232人、民办8577人），学前三年入园率99.3%，普惠性幼儿比例91.15%。“入公办园难、入民办园贵”是人民群众反映的焦点问题。通过建设公办园、接管小区配套幼儿园、增加普惠性幼儿园来突破“入园贵”问题。全区小区配套幼儿园25个，22个治理到位并办成普惠性幼儿园投入使用，2个在建，1个办理前期。明星幼儿园、俊博幼儿园、联发幼儿园等一批民办幼儿园8月份投入使用，增幼儿学位840个。同时鼓励5所民办园申报普惠性幼儿园，在园幼儿1200人。全年普惠性幼儿园覆盖率91.1%，公办园占比63.94%，有效减轻群众经济负担。

【小学教育】 2020年，全区共有小学75所，其中九年一贯制学校小学部10所，公办完全小学62所、教学点2所，民办小学1所，在校小学生42498人，小学班级数1051个，班生额41人。招收进城务工随迁子女8653人，适龄儿童入学率100%。扩建太平小学、逸夫实验小学增学位300个，新建兴安小学增学位285个，有效消除城区超大班额。探索形成基于教育教学改革实践的教师专业发展新机制，城厢区现通过省级教育教改示范性建设学校有9所，为实现教育教学改革点上深化、面上推进。出台印发《城厢区中小学片区教研工作实施方案》，成立南门学校、霞林学校、逸夫实验小学、灵川中心小学等4所为牵头的片区教研，充分发挥牵头学校的引领作用，促进学校之间的合作与交流，让片区内各校在理念碰撞与信息共享中扬长避短，趋利弃弊，不断提高学校自身的办学水平，为教师提供一个进步、开放的教学教研环境，带领片区成员学校共同提高。出台《关于进一步加强和规范中小学教学常规管理若干工作的通知》，加强和规范学校教学管理，确保各学校教师按省颁的课程开齐上足，提高学校教学质量，是年被莆田市教育局评为“小学教学教育管理先进县区”。坚持开展“义务教育管理标准化学校”创建工作，是年15所学校顺利通过省级评估工作，有47所小学通过省评定为“义务教育管理标准化学校”。制定、印发《关于进一步加强农村留守儿童教育关爱保护工作的通知》（莆城教〔2020〕139号），要求各校按照一人一档要求，建立健全留守儿童档案，进一步加强农村留守儿童教育关爱工作，保障农村留守儿童健康成长。印发《关于进一步做好重度残疾儿童少年“送教上门”工作的通知》（莆城教〔2020〕211号），拓宽特殊教育服务领域，保障因生活不能自理等客观原因不能到学校接受教育的重度残疾儿童受教育权益，促进教育公平。进一步推进城厢区“书香校园智慧阅读”工作，推进现代信息化阅读进入课堂，让学校多样化推进阅读，积极打造书香校园，培养各校阅读种子教师，带动指导阅读，共同为建设阅读课程努力。

【普通中学教育】 2020年，全区初中学校15所（独立初中5所、九年一贯制10所），在校生17948人。全区高中学校4所，高级中学1所，完全中学3所，其中城区1所，农村2所，在校生7266人。有省一级达标校莆田五中，有省二级达标校莆田三中、莆田十二中，省三级达标校莆田十八中。坚持“做优做大”的发展思路，贯彻“积极鼓励、大力支持、正确引导、依法管理”的方针，坚持鼓励扶持和规范管理并重，引领普通高中多样化发

6月23日，莆田五中举行弘毅奖学金颁奖活动　（陈玉水　摄）

展，做大做强全区高中品牌。结合“两项督导”“双随机”检查对学校办学行为进行检查、督促，及时通报，责令整改，全面提升全区初高中学校管理水平和办学质量。创设活动平台，实施岗位练兵活动，选拔、指导教师参加教学技能、教学能手、优秀论文、说课、下水文等比赛，促进教师专业成长。区教育局、区教师进修学校干部分片包校督促农村学校落实常规管理，确保课程开齐开足，促进学生身心健康全面发展。抓好质量监测，加强全区教学质量管理，促进教育教学质量上新台阶。积极推进“三通两平台”建设，全面启动“一校带多校”在线课堂。加快学校图书馆信息化建设，实现图书馆自动化集群管理。深入开展教师网络空间创建活动，教师网络空间竞赛成绩喜人。是年，初、高中教育教学质量再上一个新台阶，中考、高考全区总分平均分均居7个县区第一名，初中、高中学段分别被莆田市教育局授予“教育教学优质管理县区”称号。莆田第三中学荣获莆田市2020年高中教育教学优质管理奖；莆田第十二中学荣获莆田市2020年高中教育教学进步奖；莆田第三中学轮值的高中第三联盟体被评为莆田市2020年优秀高中联盟集团；莆田五中教育集团被评为莆田市2020年优秀中学教育集团。东沙中学、青山学校荣获莆田市2020年初中教育教学优质管理奖；砺成中学荣获莆田市2020年初中教育教学进步奖；霞林学校轮值的初中第七联盟体被评为莆田市2020年优秀初中联盟集团。

附：莆田第五中学

2020年，莆田第五中学（以下简称“莆田五中”）有60个教学班，其中包括6个中加国际班，在校学生2998人。专任教师264人，有硕士研究生学历教师42人，在聘高级教师占教师总数的35%。学校拥有1位正高级教师，2位省特级教师，2位全国优秀教师，20位省学科带头人和省骨干教师，2位市教学名

8月28日，莆田五中举行高一新生军训　（陈玉水　摄）

师，7位市名师工作室领衔名师，34位市学科带头人和骨干教师，45位市骨干教师培养对象，39位区级骨干教师。年内，学校被上级有关部门授予全市一类“平安校园”、2019—2020学年优秀中学教育集团、第二十七届全国青少年爱国主义读书教育活动中组织优秀奖、2020年中外合资办学项目（机构）和闽台高校联合培养人才项目质量评估优秀等次等荣誉称号。学校扎实推进省示范性高中建设。

师生参赛情况 2020年，莆田五中5位教师获得2020年莆田市“威诺数控杯”青年教师教学基本功比赛奖项，其中一等奖3人，占全市四分之一。3项课题入选福建省教育科学“十三五”规划2020年度课题评审，3人3节入选省级“优课”，2个项目获得2020年莆田市教学成果二等奖，共61位教师获得2020年莆田市初高中毕业班复习课微课、中高考原创试题和中小学作业设计奖项，2位教师获得2020年全市中小学实验教学说课奖项。年内，1位同学获全国中学生物理竞赛福建赛区二等奖，13位同学获2020年全国高中数学联赛福建莆田赛区奖项。校足球队获2020年福建省青少年校园足球联赛高中男子组二等奖，校网球队获2020年福建省高中示范校网球展示活动比赛二等奖，校攀岩项目获2020年福建省高中示范校攀岩展示活动比赛三等奖。在2020年福建省青少年乒乓球冠军赛暨中学生联赛比赛中，获高中组混双比赛第二名、男单第四名、女子双打比赛第四名。

教育集团 莆田五中教育集团带动集团三个成员校不断提升办学质量，提高教育水平。总校莆田五中在保持自身稳定发展的基础上，带动文献中学和莆田十二中提高办学水平。两所成员校转变明显，教学常规更加规范，教研氛围日益浓厚，学生管理规范有序，成员校中考、高考获得佳绩，在民众中的口碑越来越好。成员校莆田十二中在生源远落后于同类学校的情况下，全体师生勠力同心，努力拼搏，2020年高考获佳绩，本科上线人数181人。文史美术杨蕾同学考取中国美术学院，蔡菁同学考取上海大学，谭明珠同学考取江西财经大学。成员校莆田文献中学2020年中考实现新的突破，再创辉煌。上莆田五中分数线112人，上省一级达标高中分数线187人。

奖教助学 莆田五中关心学生生活，大力开展扶贫助困工程，免除贫困学生学杂费，不让一位学生因贫失学。6月23日下午，2019—2020学年弘毅奖学金颁奖典礼受疫情影响，尽量不进行人员聚集，把颁奖地点改为各班教室。有605名同学获2020年度弘毅奖学金。

社团、志愿者活动 莆田五中不断丰富思想政治教育的载体和方法。学校社团总数45个，因疫情影响，2020年学校积极探索、创新社团活动模式，开启社团“云端”活动课，各社团以疫情防控、武汉加油为主题内容，以书法、绘画、诗歌、摄影、视频等方式，宣传科学防控知识，分享身边抗击疫情的感人故事，为抗疫英雄们送上美好祝福。疫情后，各个社团做好线上线下衔接学习，5月26日，莆田五中耀日音乐社成功举办“青春心向党”校园十佳歌手大赛。视芥微影社举办暑期夏令营，并参加福建省校园微拍比赛，荣获2人次三等奖和3人次优秀奖。电影鉴赏社成功举办第二届爱国影片观赏活动，青澈摄影社也举办第三届校园摄影大赛。学校组织网络文明传播志愿者，通过莆田文明网微博、东南视觉网帖参与“我们的节日·清明”主题的网络文明传播活动。6月26日，莆田五中团委组织青年志愿者积极开展“你光盘，我点赞”文明餐桌宣传活动，助力学校创建全国节能型校园。

莆田五中领导班子 校长：吴志明；党委书记：黄家红；副校长：郑毓青、陈国勇、梁宏晖；党委副书记：傅锦国。

（陈玉水 吴志明）

【职业教育】 2020年，莆田科技职业技术学校是城厢区唯一一所公办中等职业学校，是省级规范化中等职业学校、省新一轮首批“达标中等职业学校”。学校占地 7.2 公顷，建筑面积近 4 万平方米，有教职工 180 人，学生 2180 人。学校校园布局合理，基础设施功能完善。学校以培养拥有一技之长的初、中级人才为目标，积极响应市委、市政府建设教育强市的号召，开设汽车运用与维修、计算机应用、计算机动漫与游戏制作、会计、电子商务、建筑工程施工、中餐烹饪、工艺美术、美容美体等十多个热门专业，各专业设备齐全，办学特色明显。实施毕业证书、技能证书“双证书”制度，能广泛满足广大城乡子女升学择业的需求。是年底，学校投入 2300 万元建 1 栋 9943 平方米的实训大楼，进一步改善办学条件。秋季招生工作取得突破，招收新生 1077 人，招生数比 2019 年增加 70.1%，完成市教育局下达的招生任务，为学校可持续发展奠定坚实基础。学校建立健全教育教学管理制度，做大做强汽车、电子商务、计算机应用、会计等主干专业，根据专业发展实际制定专业人才培养方案。学校大力实施名师工程，培养学科专业带头人和骨干教师，鼓励教师积极开展课题申报和论文撰写，全面提升教师专业素养。学校有 1 名市级名师培养对象和 2 名市级学科带头人培养对象，全年有 20 位教师积极申报并被确定为城厢区第四批骨干教师培养对象，有 3 人次获得市级论文二等奖，5 人次获得省级论文三等奖，多人次积极申报市、区级课题研究。学校还主动推进信息技术和教育教学深度融合，学校派出多位教师参加省信息化工程 2.0 提升培训和省职业教育教师教学创新团队建设培训。学校持续推进校企合作，强化校企融合，大力培养实用型技能人才。学校先后与莆田星华模具有限公司、福建骠骑网络科技有限公司、莆田市万兴达工程检测有限公司等多家企业互设人才培养基地并挂牌，把教室设在企业，由专业技术人员现场指导技能实训，努力提升育人培才成效。积极搭建就业岗位供需平台，尽量满足企业和学生的实际需要。9 月 16 日，学校成功举办汽车专业学生就业暨顶岗实习推介会，20 多家实力企业来校设展招聘，为企业招工和学生就业提供广阔的平台，实现双向选择，互利共赢。学校广泛发动教师指导学生参加各类竞赛活动，竞赛成绩优异。学校在 11 月 27—28 日举行的 2020—2021 学年莆田市中职学生职业技能竞赛（汽车机电维修和汽车营销项目）中，取得汽车机电维修项目 1 个一等奖、2 个二等奖，汽车营销项目（团体）1 个一等奖、1 个二等奖和 1 个三等奖的优异成绩；学生余展、黄键燊在 2020 年度福建省职业院校技能大赛中分别获得中职组汽车机电维修赛项三等奖。学校在深入贯彻落实立德树人根本任务，不断提高教育教学质量的同时，扎实开展法治宣传教育和校园欺凌防治等工作，确保师生生命安全和身体健康。学校还注重加强学生组织建设，充分发挥学生干部表率作用，营造比学赶超的良好育人氛围，弘扬主旋律，传递正能量。

【成人教育】 2020 年，城厢区高度重视成人教育，把成人教育当作推动终身教育进程的先导，在制订终身教育发展计划中突显成人教育，全区终身教育成员单位联络员 28 人，通过召开成员单位联络员工作例会，通报终身教育工作信息。同时结合全国“全民终身学习周活动”，创新“9•28”终身教育活动日活动形式，完善“9•28”终身教育活动日系列活动机制。运用互联网和移动终端等为载体的现代信息技术构建开放灵活的终身学习公共服务平台，全区现有 3 个学习网站。按照《中华人民共和国老年人权益保障法》要求，把城厢区老年教育摆在重要地位，全年参加区老年大学及镇街老年学校学习的人数 129981 人。进一步加强城厢区社区教育机构建设，拓展终身教育、终身学习基地的服务功能，截至年底全区有社区教育兼职人员 100 名，社区教育志愿者 200 名。以社区教育学院为主阵地，与 7 个社区学校、60 个社区（村居）教育学习点形成三级社区教育网络体系。建立互动合作机制，按照职责分工，认真做好城厢区教职员工、企业职工、农民等各类人员的职业技能培训和更新知识培训，全年开展教育培训22410人次。

【民办教育】 2020年，全区有民办幼儿园37所（25所普惠性），幼儿8577人；民办小学1所，在校生1300人；民办初级中学1所，在校学生3140人。民办学校学生12285人。教职工1165人，其中专职教师705人。民办教育是社会主义教育事业的组成部分，城厢区认真贯彻《中华人民共和国民办教育促进法》，落实区政府《关于印发城厢区进一步规范民办幼儿园办学行为实施意见》精神，坚持“积极鼓励，大力支持，正确引导，依法管理”的方针，促进民办教育健康发展。大力支持民办教育发展。区教育局印发《城厢区推进学前教育片区管理的实施方案》，进一步贯彻落实《3～6岁儿童学习与发展指南》，继续探索建立覆盖城乡的学前教育“片区管理、联动帮扶”管理机制，全区分12个小片区，每个片区以省、市示范园为龙头，带动扶持和规范全区各级各类幼儿园发展，努力实现“帮在关键处、扶在点子上”目标，积极推动城厢区学前教育有序、健康发展。3所市级示范性民办幼儿园及2所区级示范性民办幼儿园已通过跟踪复评，复评结果在网上公示。3所保教改革建设幼儿园各项工作有序推进。进一步规范民办学校办学行为。明确各部门职责，规范办学行为。一是严格准入制度。区教育局会同各镇（街）政府、消防、建设、食药监局等部门对申请设立的民办学校严格把关，符合设立条件的，及时出具证明或发给相关证件，不符合设立条件，立即告知举办者理由；对不具备办学条件的非法办学行为，一经发现立即上报区民办学校秩序整治工作领导小组，开展联合执法，坚决予以取缔。全年批准设立3所民办幼儿园。二是严格过程管理。区教育局等各相关部门按各自职责，每学期对民办学校进行“双随机”检查，对已审批的民办学校，发现问题立即下达整改通知书，责令限期整改到位。三是严格年检制度。区教育局对已审批的民办学校执行年检制度，把年检结果在网上公示，接受社会监督，全年评出年检合格学校32所，基本合格5所。对年检基本合格的学校，责令下学期整改到位，年检及年检复检不合格的民办学校责令停办。民办学校的发展缓解城厢区公办学校的就学压力，促进城厢区教育体制改革和教育事业的发展。

（宋建伟）

教育督导

【概况】 2020年，莆田市城厢区人民政府教育督导室（以下简称“区督导室”）在区委、区政府的正确领导下，深入学习贯彻党的有关精神，围绕《教育规划纲要》和《教育督导条例》精神，坚持督政与督学并举、监督与指导并重的方针，强化综合督政机制，创新督导评估机制，加大教育督导工作力度，扎实推进各项工作。是年，完善督学责任区挂牌制度，推动城厢教育改革发展。

【创新责任督学挂牌督导工作机制】 2020年，区督导室加强责任督学挂牌督导工作。在区政府教育督导委的组织领导下，统筹推进责任督学挂牌督导工作，区政府印发《城厢区加强责任督学挂牌督导工作实施方案》，区督导室先后出台《关于建立完善责任督学挂牌督导制度》《关于建立督学责任区制度》《城厢区专兼职督学挂牌督导工作规程》《城厢区责任督学考核办法》等文件，落实保障、管理、考核等责任督学挂牌督导工作。全区共聘任42位兼职督学，均为一级职称以上，专业业务强，71%是学校的校级领导，素质高，学校管理经验丰富，工作能力强。是年，共建立6个责任督学挂牌督导责任区，形成全区所有中小学、幼儿园（含民办）全覆盖。落实责任督学工作制度，坚持每月下校督导1次，并按督导工作程序的具体要求，做好督导记录，查问题促整改，找亮点，树典型，取得一定的工作成效。

5 月 25 日，区督导室开展“平安三率”进村入户宣传活动
（许金珊 摄）

【教育质量监测】 2020 年，区督导室迎接国家教育质量监测工作，2 名督学参加全省质量监测视导工作，切实做好与省市督导室联络协调工作，单位全体人员及 18 名责任督学全程参与，认真抓好落实，较好地完成工作任务。

【协调做好整改及迎评工作】 2020 年，区督导室继续抓好落实省“两项督导”和“教育强区”问题整改工作。推进问题整改工作力度，按照区领导的指示要求，切实做好省对市政府履行教育工作职责督导涉及城厢问题的整改。做好 2020 年度省“两项督导”系统平台材料上传工作。做好市对区党政主要领导履行教育职责及发展职教聚集人才工作督导评估迎评工作。

【督导工作常态化】 2020 年，区督导室加强对新冠肺炎疫情防控督导力度，促进境内学校健康发展。认真做好“控辍保学”专项督导，开展学期工作随机性督导检查，有力推进幼儿园责任督学挂牌督导及幼儿园办园行为专项督导工作。是年，1 位督学被区委组织部抽调参加镇（街）疫情防控，年度考核为优秀。

【日常管理工作】 2020 年，区督导室加强并完善各项单位管理制度，落实工作分工责任制，推进单位规范化管理。加大平安单位、文明单位创建力度，加强扶贫、综治、挂钩村工作，做好保密工作，积极组建志愿者服务队，开展志愿服务活动，参加下磨社区卫生服务等公益活动，助力全国文明城区复验和省级文明城区评选，获得市级平安单位、市级文明单位称号。

【党建工作】 2020 年，区督导室强化学习制度，提升党员干部的党性修养，增强“四个意识”、坚定“四个自信”、做到“两个维护”。坚持“三会一课”学习制度，推进主题党日活动，深入开展“不忘初心、牢记使命”主题教育，坚持召开组织生活会、民主生活会，加强党内组织生活活动。落实意识形态工作责任制，加强党风廉政建设，扎实推进主题教育深入开展，提高全体党员干部政治修养和自律能力，提升党支部党建工作水平和能力。

（韩 冰）

教师进修学校

【概况】 2020 年，莆田市城厢区教师进修学校（以下简称“城厢区进修学校”）按照区教育局的统一部署，遵循“内涵发展 服务至上”工作宗旨，“教科研·干师训”中心工作提质增效，达标建设目标任务提速推进。年内，学校教研员撰写 12 篇论文发表在《福建基础教育研究》《福建教育》等教育教学 CN 期刊，其中 2 篇课题研究中期成果论文分别在省级 CN 期刊头条、北大核心期刊上发表；9 名中学教研员被评为“2019—2020 年莆田市初中教育先进个人”。

【常态教研】 2020 年，城厢

区教师进修学校狠抓教研工作，促进全区教学质量巩固提高。在莆田第十二中学等校组织教学观摩、专题讲座60场次；在南门学校等3所学校举行小学语文、数学、英语学科课改成果展示课12节；指导灵川片区举行初中部教学开放周活动2场次，参与组织举行片区观摩教学8场次、校级集体备课3场次、片区联考2次；指导华亭片区中学7个学科14位教师开展同课异构教学观摩课活动，参与片区集体备课6次；组织召开片区教研总结汇报会1场次。

【送教送培】 2020年，城厢区进修学校中学教研员组织开展“送教送培下乡”活动30场次；小学及幼儿园教研员组织送教下乡活动3场次，分享8个学科9节优质课；组织3名女教研员前往园头学校开展“巾帼文明岗”课堂教学研讨暨“送教下乡”活动。

【课题研究】 2020年，城厢区获省规划课题立项13个、省规划专项课题立项9个，小学语、数、英学科分别举行省规划课题中期成果群文阅读课、研究课、展示课各2场次。中学市级立项课题14个、区级立项课题54个。6个小学（幼儿园）课题获“莆田市书香校园”专项课题立项。全区中学58个课题验收结题，小学（幼儿园）55个课题，确认准予结题53个。组织2个省教科专项课题接受省教科所检查并结题，做好结题评估验收把关工作。

【学科赛事】 推荐参加“中小学各科作业设计”市级评选，188个作品获奖。组织举办区庆国庆中学生现场作文竞赛、全国中学生英语能力测评等赛事10场次。组织举行全区中小学幼儿教育教学优秀论文评选活动，评出获奖论文412篇并汇编成册。高中部10个学科、初中部13个学科160多名、小学组（幼儿园）98名青年教师参加学科基本素养和专业技能考核。其中小学6个学科9名选手获市一等奖，获奖率达86.36%。

【师资培训】 2020年，城厢区进修学校落实区“十三五”教师发展目标要求，大力推行研训一体模式，为全区教师队伍建设搭建专业提升平台。2019—2020学年全区4954位中小学（幼儿园）教师参加继续教育培训，其中4948人合格，合格率达99.88%；对2019—2020学年新任教师见习期进行综合考评，202名转正考核合格，合格率达99.02%；聘请名师授课对2020—2021学年中小学幼儿园232名新任教师进行岗前培训；组织593名农村义务教育教师参加2020年第三期乡村教师素质提升工程培训，年底，城厢区基本完成“十三五”乡村教师素质提升培训任务；对小学校（园）长任职资格培训考核分批推进；重点推进骨干名师队伍建设，组建第二届区级名师工作室，全区拥有名师工作室29个、党员名师工作室9个。组织评选首批区级学科带头人培养对象29名，评选第四批区级骨干教师培训对象328人；依托名师工作室开展研训一体活动40多场次；12月，组织“新高考”专题研训活动，邀请3名专家作《基于“三新”的高中语文教学与备考建议》等专题讲座；组织小学、幼教举行学科培训共3场，邀请3位专家作《走出误区，做好幼小衔接》等专题讲座；对2019年市级及以上名优教师业绩进行考评，全区240名名优教师考核成绩合格。对该区97名市级骨干教师培养对象进行考评，考核合格率97%，审核通过17名新一轮省级学科带头人考核材料，考核合格率100%。向市教育局壶兰教育基金会推荐青年拔尖人才5名，推荐56名专家库人才。

（李志兴　卓秀如）

科技管理

【概述】 2020年，莆田市城厢区科学技术局（以下简称“区科技局”）坚持以习近平新时代中国特色社会主义思想为指导，全面贯彻中共十九大和中共十九届二中、三中、四中、五中全会精神，深入学习贯彻习近平总书记对福建工作重要讲话、重要指示批示精神和关于治理木兰溪等重要指示，全面实施创新驱动发展战略，全区创新创业创造环境不断优化，科技创新水平和区域创新能力持续提升，为全方位推动高质量发展超越提供强有力的支撑。全区研究与试验发展经费支出占生产总值比重的1.44%，国家级高新技术企业7家，争取市级科技计划项目5项，获项目资金80万元。

【科技计划与项目】 2020年，区科技局争取市级科技计划项目5项，获项目资金80万元。其中，技术开发与应用项目4个，分别为福建东南艺术纸品股份有限公司申报的“多层彩色印刷餐巾纸技术研究及产业化”项目，获市补助经费10万元；杰讯光电（福建）有限公司申报的“MINI（迷你）型小光斑准直器精准距离的关键技术研发”项目，获市补助经费20万元；福建省莆田市海源实业有限公司申报的“钝缀锦蛤规模化繁育及健康养殖关键技术开发与示范”项目，获市补助经费15万元；国网福建省电力有限公司莆田供电公司申报的“基于泛在物联网的供电设备远程状态预测系统”项目，获市补助经费15万元。企业跟中科院合作计划配套合作项目1个，即福建省亚明食品有限公司申报的“牛肉类菜肴产品风味稳定与品质提升技术研究及产业化应用”项目，获市补助经费20万元。

【科技活动】 2020年，区科技局鼓励支持企业申报国家级高新技术企业、科技小巨人领军企业、众创空间等，壮大创新型企业群体。增坤英奇新材料、安冠科技等7家国家级高新技术企业认定；增新威邦电池、烛火信息等8家省级高新技术企业；恒鑫鞋材、燎原包装、荔城纸业等3家企业被认定为2020年福建省科技小巨人领军企业；组织中科华宇、嘉业光电等23家企业开展2020年科技型中小企业评价工作，金日兴获2020年福建省星创天地认定。落实《关于加强改进区级科研项目和资金管理的若干意见》，落实科技计划项目、高新技术企业、专利奖励等区级科研奖励补助资金配套505.63万元，其中：高新技术企业10家，每家奖励20万元，共计200万元；市科技计划项目资金补助［技术开发与应用和STS（科技服务网络计划）项目]5家企业，共12万元；省科技奖4家，其中科学技术进步二等奖第一完成单位1家奖励2.5万元，二等奖参与单位3家奖励共4.5万元，共计7万元；下达2018年度企业研发经费清算资金83.21万元；下达2019年度省级高新技术企业区级入库奖补资金36万元；下达2019年度福建省企业研发经费补助清算资金167.42万元。加强创新创业人才培养，推荐杰木科技引进的2名荷兰资深传感器芯片设计专家，申报第十一届福建省“友谊奖”；杰讯光电（福建）有限公司副总经理檀勤植获莆田市科技创业领军人才称号。推行科技特派员制度，47人被认定为省级科技特派员，6支团队被认定为省级团队科技特派员，1家单位被认定为省级法人科技特派员；55人被认定为市级科技特派员，成立华亭镇、灵川镇、常太镇3个乡镇科技特派员工作站。深化院地合作，促进企业与中科院物构所、福建师范大学等高校、科研院所建立技术创新合作关系，促进科技成果转化；组织溢通环保、诚味食品等6家企业开展2020年度清华大学研究生社会实践项目；莆田萨拉曼户外用品有限公司获得莆田市中科院项目立项。开展R&D（研究与开发）经费统计工作，举办R&D经费投入业务培训，有42家企业参加。抓好研究与试验发展经费数据的上报工作，是年，规模以上企业研究与试验发展经费支出6.84亿元，增长26.44%。

【科技宣传】　2020年，区科技局借助“科技活动周”“文化、科技、卫生三下乡”等大型科普活动，开展科技政策进企业、科技三下乡等宣传活动，赠送科技图书、科普资料、科技致富小册子等宣传资料500多份。8月23—29日，举办2020年城厢区科技活动周，以“科技战疫　创新强国”为主题，围绕宪法、科技政策、疫情防控、公共卫生、食品安全、消防安全、垃圾分类、低碳节能等热点问题，开展科技进企业、进社区等科普宣传活动，发放科技图书、科普小册子、宣传资料等300多份。

【科技管理】　2020年，区科技局推进科技管理工作的制度化和规范化，科技项目管理运行实现网上公开规范运作，实现公开项目申报条件与时间、向社会公布审批流程和结果并全程接受监督。加大项目实施的监管，不定期开展项目实施情况、资金使用情况检查，促进实施单位做好科技项目规范化管理，提高科技项目实施质量，按进度完成科技项目计划，顺利完成项目验收。推进全面从严治党，贯彻落实党中央八项规定，严控“三公”经费支出，强化机关作风建设，加强本局支部组织、党员队伍、党风廉政等建设，提高行政服务水平。

（林　华　陈奕雪）

气　象

【概况】　2020年，莆田市城厢区气象局（以下简称“区气象局”）在区委、区政府和省、市气象局的领导下，坚持以习近平新时代中国特色社会主义思想为指导，

3月23日，区气象局开展世界气象日活动　（林楠　摄）

深入学习贯彻中共十九届三中、四中、五中全会精神，扎实开展“不忘初心、牢记使命”主题教育，引导广大党员践行初心使命、勇于担当，筑牢“人民至上、生命至上”的理念，围绕省气象局“四个一”工作机制落地见效情况，根据市气象局局党组工作要点、目标任务和气象事业“十三五”规划，履行气象防灾减灾职责，践行“监测精密 预报精准 服务精细”的总要求，为建设人文宜居新城厢提供有力的气象保障。

2020 年，区气象局到泗华小学开展防雷科普宣传活动

（林楠 摄）

【气象宣传进企业】 2020 年，区气象局在第 31 个国际减灾日之际，到辖区内的加油站开展气象灾害防治宣传工作。围绕国际减灾日“提高灾害风险治理能力”的主题，落实“从源头防范上把问题解决在萌芽之时”的目标，结合加油站灾害防御特点，宣传分队来到辖区内加油站向工作人员分发《加油站雷电防护手册》《气象灾害应急避险手册》等资料，检查接地装置是否标准等，进行气象知识科普，重点向工作人员指出灾害性天气时应注意的细节，并在现场推广新版“知天气”App，讲解知天气使用方法，促进企业科学地应对气象灾害。

【气象科普进课堂】 2020 年，区气象局为积极响应《莆田市人民政府安委会办公室关于开展“安全生产日”活动的通知》，于 10 月 16 日上午联合市气象局来到泗华小学以给学生上课的形式开展气象科普宣传活动。特邀专家市局服务中心主任、高级工程师孙蔡亮以《说说雷电你应该知道的事儿》为题生动讲述雷电的分类、雷击的原理以及面对雷电我们该怎么办三部分内容。气氛活跃，让学生们更加深刻地了解和认识雷电。

【气象培训下基层】 2020 年，区气象局作为区防汛抗旱指挥部成员单位之一，局长杜全成在面向全区镇、村防汛责任人开展的防汛抗旱工作专题视频培训上，作题为《今年气象趋势及预测情况》的培训。培训详细讲解城厢区气象概况、气候特点等，对相关气候名词进行解释，回顾前三个月的气候情况，从降水、气温等方面对今年后续的气候趋势作出预测，为基层气象信息员上了一节生动实用的气象防灾减灾课程。此次培训通俗易通，由浅入深，进一步增强全区各级防汛指挥人员的气象防汛抗旱意识，提高灾害处置能力和基层气象灾害防御能力，对城厢区接下来的防汛抗旱工作有很好的指导作用。

【基层防灾减灾标准化建设】 2020 年，区气象局以乡村振兴战略为总抓手，开展基层气象防灾减灾标准化建设，以降低基层气象灾害风险，提升基层气象防灾减灾能力为目标，开展基层气象防灾减灾“一本账、一张图、一张网、一把尺、一队伍、一平台”的“六个一”基本能力建设，实现基层气象灾害预警服务的科学化、标准化、规范化。实现乡村防灾减灾气象服务体系建设区级全覆盖。

（林 楠）

文　化

【概况】　2020年，莆田市城厢区文化体育和旅游局（以下简称"区文旅局"）认真开展"不忘初心、牢记使命"主题教育活动，坚决落实学习教育、调查研究、检视问题、整改落实四项措施贯穿主题教育全过程，坚持入基层，广泛听取意见建议，努力为群众办好事、做实事、解难事，把为民办实事项目抓好做实。大兴道德守礼之风，积极开展"八不"行为规范，文明旅游、文明交通、文明餐桌等活动；积极开展扶贫济困、结对帮扶等活动；通过主题教育，本系统的干部职工精神面貌普遍得以改善。坚持开展"扫黑除恶"专项斗争工作，全面落实综治平安、安全生产等各项工作，切实提高依法管理和服务水平，积极营造风正气顺安全有序的工作环境。

【文化惠民工程】　2020年，区文旅局为贯彻落实新时代中国特色社会主义思想和中共十九大精神，为推进文化强区建设，打造人文宜居新城厢，建设美丽莆田先行区，营造祥和社会氛围，着力加强文化资源和文化服务向基层倾斜的力度。是年，完成18个村级文化服务中心示范点（农家书屋、文化激情广场）的选址和政府采购手续，项目计划投资300万元，于11月中旬挂标；另投入954万元对全区未实现有线广播村村响的91个行政村中的53个村进行覆盖，完成3个行政村的安装，其他50个行政村的线路铺设已完成。

【开展文艺活动】　2020年，区文旅局坚持在做好疫情防控的前提下，稳步有序地开展各项文艺活动。春节前，开展义务写春联活动，组织5场义务写春联活动到东海、灵川、华亭、常太、龙桥等镇街的基层农村和社区；疫情期间，为宣传"疫情防控"工作，向社会征集以"抗击疫情"为主题的美术作品，举办4期"众志成城·抗击疫情"网络美术作品展、1期"童心协力，同心抗疫"城厢区少儿美术作品网络展。此外，还举办2020"颂母爱"母亲节书法作品展览、"触不可及"架上绘画艺术展并结集印制作品集，组织排练声乐、舞蹈节目，参加莆田市"音舞节"活动，获得2个三等奖（一个声乐、一个舞蹈），1个优秀奖（舞蹈）。区文化馆对外免费开放，每周开放6天，每天8小时。免费开放的服务项目有少儿书画免费培训、举办各种展览、举行文化协管员培训、活动室电子阅览等。

【基层文化阵地建设】　2020年，区文旅局把基层文化阵地建设作为文艺工作稳步发展的重中之重来抓，建起高标准乡镇宣传文化活动中心7个，农村文化活动室89个。为基层文化站配送各种文化器材，如组合健身器材、电脑、图书、书橱、培训桌椅、棋牌桌椅、体育器材、音响、电视、乐器等演出和培训必用电器。按文化和旅游部的标准规划指导各文化站的建设，按照“八个一”的要求完成既定的目标，同时促成综合文化站的投入使用，并以点带面，循序渐进，将基层文化建设推向各自然村。做好农村文化建设，提高农村文化工作队伍的素质，提升基层文化协管员的业务工作能力，承办基层文化骨干培训；努力扩大“农家书屋”的社会影响，让更多的人了解农家书屋、支持农家书屋、参与农家书屋建设。按照市、区主管局的新闻出版部门相关通知精神，对农家书屋进行更新、补充书柜、桌椅、图书、电子阅览（电脑）等报纸刊物。为了保证“农家书屋”阅读活动，天天有人值班、管理，多次组织专职人员下乡了解督导各个村的“农家书屋”阅读活动情况，并指导部署村级文化协管员如何管好农家书屋和开放时间，让农民群众、儿童形成踊跃读书的浓厚氛围。

【非物质文化遗产】 2020 年，区文旅局推进“非遗”进校园进社区，推进“非遗”文化的社会普及面，扩大“非遗”的社会传播面。莆田南少林武术项目在湄洲湾职业技术学院设职业教育精品在线开放课程建设（线上线下同步教学）。参与由福建导视拍制的专题片“拳脚之间的南禅智慧”并多次在全省“学习强国”作为学习资料播放。参与东南卫视拍制的专题片“老拳新教焕春彩”并在中新网播放，也刊登在《福建日报》。防疫抗疫期间参与由莆田市广电局、市体育局联办的“居家健身一起动起来”栏目，展示“莆田南少林三十六宝传统拳”“三十六宝拳对练”“八段锦”“五禽戏”“太极拳”，共五期的展演节目。协会组队选出 38 位民间拳师参加农历九月初九在湄洲岛妈祖羽化日公益展演莆田南少林武术。组织协会会员分别参加全国以及福建省的线上“八段锦”及“太极拳”比赛，获一等奖 3 个，二等奖 6 个，三等奖 20 个。组织各协会参加全国和福建省举办的线上全民健身系列比赛，其中，莆田南少林武术协会获得福建省社会体育指导中心颁发的“优秀组织奖”。受市妇联邀请，协会派出 2 位教练前往市儿童乐园为 50 位幼师传授“八段锦”功法。境内拥有非物质文化遗产代表性项目 146 个，其中，国家级非物质文化遗产代表性项目 1 项、省级非物质文化遗产代表性项目 4 项、市级非物质文化遗产代表性项目 35 项、区级非物质文化遗产代表性项目 106 项；“非遗”代表性传承人 57 人，省级代表性传承人 4 人、区级代表性传承人 53 人；传承基地（传习所）9 处［留青竹刻传承基地、闽台送王船传习所、复茂饼家制作技艺传承基地、莆田木雕（郑春辉）传承基地、莆田南少林武术传承基地、老蒲鲜传承基地、华艺雕刻传习所、庄严苑传承基地、金沙宫上元祈福传承基地］。中国工艺大师郑春辉的作品《清明上河图》是莆田市唯一一位在非物质文化遗产传统技艺类获得吉尼斯世界纪录者。5 月，中央电视台专题报道城厢传承人的工匠精神，以《〈大国工匠〉——郑春辉，纤毫毕现传续经典》为题的微视频热播。

【图书馆建设】 2020 年，区文旅局建设位于建设路 45 号的区图书馆。区图书馆建筑面积 2700 平方米，开设有服务台、少儿厅、多功能厅、展览厅和报刊厅。除周二下午闭馆、节假日另行通知外，按时开馆，保障开馆时间每周 47 个小时。每天坚持做好馆内消毒及入馆人员登记工作。展览厅内设有抗击疫情感动中国人物图片展、莆田市道德模范与身边好人专题图片展和莆田市新时代好少年图片展，供读者和社会各界人士参观。多功能厅与区委宣传部协商达成共识，按照优势互补、同创同建、资源共享的原则，举办知识讲座等活动，提升干部职工的文化素养和生活质量，推进精神文明建设。受疫情影响，是年区图书馆于 6 月 2 日开馆。7 月初与市图书馆办理旧址移交手续，接馆后，及时对图书馆进行必要的修缮，修缮款约

21万元。开馆第一天，为加强防疫知识宣传，助力疫情防控工作，工作人员向读者分发《新冠肺炎疫情防控知识宣传手册》和口罩等。5—11月，助力创建文明城市和文明城区活动，组织干部职工到太平社区开展环境卫生整治工作等志愿服务。为迎接第六届全国文明城市创建考评，针对考评标准，在区图书馆周边及室内做相对应的宣传广告。在区文旅局和区精神文明办的指导下，区图书馆积极开展各项文明创建工作，采取一系列切实可行的措施，认真完成各项创建任务。充分发挥图书馆职能作用，为文明城市创建工作提供深厚的文化浸润和精神文明滋养，营造“书香城厢”的良好氛围。是年，被评为“创城”先进集体。

【文物保护】 2020年，区文旅局做好文物保护工作，明确职责，强化管理，认真落实文物的“四有”（有明显的保护标志、有一定的保护范围、有健全的保护组织、有科学的记录档案）工作。是年，对区内69处文物保护单位全面签订文物安全责任书，每季度随机抽9处以上文保单位，检查各单位的人员岗位分工、文物设施保护以及文物管理制度的贯彻落实，以确保文物安全。配合区住建局、自然资源局对全区50年以上历史建筑、古树、古桥等文化遗产进行普查，在原有的基础上再发掘、再储备、再推荐申报一批文物保护单位、县（区）级文物保护单位和未定级不可移动文物。通过组织专家现场勘察、评估、论证，推选延寿陈云章墓、白马院宫、月峰寺等3处具有较高的历史、艺术和科学价值文物点申报为莆田市第九批文物保护单位。文物修缮方面“东汾五帝庙”安全消防工程投入30万元，投入资金15万元对梅峰寺大殿进行修缮提升。

【文化市场管理】 2020年，区文旅局落实监管工作，全面开展“扫黄打非”、文化、体育、旅游市场专项整治等工作，实行多部门综合执法联动机制，保障文化、体育、旅游市场规范有序。常态开展文化、体育、旅游企业法律法规及安全培训、应急培训及演练；利用寒暑假、“五一”国际劳动节、“十一”国庆节等假期对文化、体育、旅游市场进行全面排查，督促企业落实整改安全隐患，与文化、体育、旅游企业签订守法经营承诺书80余份。充分利用综治宣传月、“3•15”国际消费者权益日、“5•19”中国旅游日和平安建设宣传活动等契机，开展系列宣传活动，发放宣传资料1000多份。是年，开展各类专项行动18次，出动执法人员200多人次，日常巡查出动检查1548人次，检查300多家次，行政处罚立案调查7件，办结案件7件，罚款15500元，没收违法所得8000元，发放停业整顿通知书45份，没收盗版书籍3689本、盗版音像制品（光盘）1350片，取缔地摊12家。

（廖娴娴　吴青青　林　婉）

旅　游

【概况】 2020年，城厢境内共有相对较为成熟的旅游点40多个，其中包括国家AAAA级景区1个（九龙谷生态景区）、AAA级景区4个（御庄园度假村、绶溪公园、马院人家和岭下村旅游景区），以及凤凰山、木兰陂、钟潭景区、东海、灵川等特色旅游景点；规模以上酒店宾馆70多家；五星级酒店1家（希尔顿逸林酒店），四星级酒店4家（东方国际大酒店、阳光假日大酒店、悦莱温泉大酒店、明珠大酒店）、三星级饭店1家（壶兰大酒店）。拥有旅行社13家，占全市旅行社的60%，旅游从业人员3400多名，其中导游员110人。此外，还有国际油画城、春晖艺术馆、庄严苑、百年复茂饼家、万隆古玩城等文化景观资源；南湖公园等城市游憩资源；东岩山“三一教”祖祠、广化寺、梅峰寺、龟山寺、东汾五帝庙、石梯寺等宗教文化资源；东圳水库、凤办坑洋村、林桥村、灵川径里村、下尾村、桂山村、华亭涧口村、后角村、柳园村、东海坪洋等乡村山水田园景观资源和东海、灵川滩涂、码头等滨海旅游资源。

【九龙谷国家森林公园】 位于常太镇溪南村，距莆田市区32千米，海拔717米，森林覆盖率95%以上，景区内负氧离子含量超过人类宜居标准6倍以上，是国家AAAA级旅游景区、国家森林公园、全国农业旅游示范点、全国生态文化教育示范基地、国家级水利风景区、中华诗词协会创作基地、福建省五星级森林人家、福建省休闲农业与乡村旅游示范点、福建省科普教育和艺术研究创作基地、福建省体育产业示范基地、福建省中小学生研学实践教育基地。

【御庄园温泉度假村】 位于莆田市“母亲河”——木兰溪北岸，与壶公山隔水相望，毗邻沈海高速莆田西出口处，与闽东南经济圈厦门、福州、泉州等车程在1.5小时之内，交通便利。由温泉度假中心、酒店会议中心和温泉别墅等项目组成；其中温泉度假中心由五十余个露天园林温泉泡池、温泉木屋、至尊SPA房、特色蒸房、大型露天游泳池、造浪池、儿童水上乐园、室内温泉、中西式餐厅、江南茶艺馆、健身会馆等项目组成，是一家集温泉养生、休闲度假、商务会议、娱乐健身为一体的生态文化型主题温泉度假村，是国家AAA级旅游景区。

（廖娴娴　吴青青　林　婉）

卫生　健康

【概况】　2020年，莆田市城厢区卫生健康局（以下简称“区卫健局”）深入推进“健康城厢”建设，聚力抓重点、补短板、强弱项，持续推进深化医药卫生体制改革，抓紧抓实新型冠状病毒感染的肺炎疫情防控工作，完善公共卫生体系，预防控制重大疾病。全区公立医疗机构总数（不含村卫生所）7个（其中医院1个，镇卫生院3个，街道社区卫生服务中心3个），村卫生所81个，床位354张；全区门急诊疗量215.9083万人次，住院量21163人次。以促进人口均衡发展为主线，贯彻落实全面“二孩”政策，推进生育关怀关爱，积极应对人口老龄化，在持续人口监测和形势分析下，全区人口发展呈现健康态势。年末全区总人口41.9459万人，出生率8.09‰，死亡率4.50‰，自然增长率3.59‰，出生人口政策符合率89.39%，出生人口男女性别比为107.35。

【医药卫生体制改革】　2020年，区卫健局持续深化医药卫生体制改革，进一步完善医疗卫生体制机制。建立健全区公立医疗机构管理委员会工作机制，城厢区公立医疗机构管理委员会（以下简称区医管委）办公室设在区卫健局，负责区医管委日常事务；实行“一归口、三下放”的公立医疗机构管理机制改革，由区医管委统一归口管理全区公立医疗机构的人事、业务、经费等事项，将内部人事管理权、经营权、分配权下放给公立医疗机构自主管理，实行院长负责制。实行绩效考核与院长年薪、职工收入分配“双挂钩”制度，设立院长年薪制区级财政专项资金，院长年薪总额由区医管委每年一核定，依据考核结果确定院长年薪档次、医疗机构绩效工资总额、医保支付、财政补助，引导收入分配向关键岗位、业务骨干和做出突出成绩的医务人员倾斜，推进现代医院管理机制建立。改革编制人事管理机制，以区为单位实行区属医疗机构的人员编制总量控制、统筹安排、动态调整，按常住人口变化情况及时调整核编，采取互补余缺的调整方式，在编制总量的控制总数内，调配机构人员编制数和总量控制数；按区医院、镇卫生院和社区卫生服务中心等级别分类统筹岗位设置管理，在岗位职位的控制总数内调配同类机构的三类岗位各等级岗位数。破除“以药补医”机制，控制医疗费用增长，全区所有公立医疗机构全面实施药品和耗材零差率销售制度，取消药品和耗材加成政策，全面延伸到一体化村卫生所。全区公立医疗机构全面实施国家基本药物制度，实行省级药品统一网上集中采购和网络平台监控工作。全区村卫生所纳入基本药物实施范围，各卫生院通过药品询标形式对辖区内卫生所实行“三统一”（统一药品目录、统一药品价格、统一购药渠道）管理。健全完善分级诊疗体系。区医院与市第一医院医疗集团、厦门大学附属中山医院、省人民医院等三级医院建立合作共建机制，依托三甲医院的技术辐射，通过分级转诊和技术协作，提升区医院的慢性病科、消化内科、老年科、甲乳科及胃肠镜、内镜治疗等专科医疗服务能力。区医院设置“名医工作室”，由上级专家定期驻院开展门诊、手术及技术指导；与市第一医院共建“联合病房”20张病床，缓解三级医院病床紧张问题。区医院与各镇卫生院、社区卫生服务中心签订双向转诊协议。推进城区医疗联合体，构建以城厢区医院为龙头，以城区社区卫生服务机构为基础，组建城区医疗卫生服务联合体，对成员单位的人、财、物实行统一管理，实现“资源配置、人员编制、运行管理、医疗服务、医疗保障”五个一体化管理。

【乡村卫生服务一体化管理】2020年，区卫健局推动乡村卫生服务一体化管理，实行村卫生所建设、人员、业务、药械、财务、信息化、绩效考核等统一归口镇卫生院管理。一体化村卫生所全面纳入医保定点单位，同步落实药品、耗材零差率销售和一般诊疗费政策。是年，全区共完成村卫生所一体化建设65家。

建立农村远程视频诊疗平台。推动“互联网+医疗”在一体化建设的村卫生所应用，由莆田移动公司建设视频诊疗信息平台，实现患者在村卫生所通过信息平台对接区医院专家在线问诊，区医院医生通过信息系统调阅患者既往诊疗记录和影像资料，完成远程就诊活动。辖区内群众可在村卫生所自助查询个人健康诊疗档案。是年，全区远程视频诊疗服务已上线的村卫生所65个，接受远程会诊患者累计12932人次。

乡村医生队伍建设。优化卫生所人员配置，对村医不足的村卫生所由镇卫生院驻派医务人员，或从社会上优先聘用具备执业（助理）医师、中专及以上学历的专业人士。继续采取“订单定向”方式，每年由莆田卫生学校定向培养农村医学专业中专生，定向培养对象取得乡村执业（助理）医师证后进入村卫生所服务。村医可在镇范围内统一调配使用，实行统一管理和调配，提升村卫生所村医队伍专业技术能力。落实村医退岗制度，对年满60周岁的退岗村医，自2017年1月起按城厢城市居民最低生活保障的标准发放退岗养老生活补助，对符合条件的村医，一律组织参加养老保险制度，市区财政给予补助。是年，村医参加城镇职工基本养老保险缴费基数提高到2500元/月标准缴费补助，参加城乡居民养老保险的村医按年人均3000元标准缴费补助，缴费档次补助标准按社保相关规定每年核定一次。

【基层卫生健康】2020年，区卫健局落实国家基本公共卫生服务均等化，推进基本公共卫生服务，结合家庭医生签约服务项目，以建立居民健康档案和免费健康体检为切入点，以专家坐诊、下乡宣传、定点义诊等形式多样的服务方式向城乡居民提供健康教育咨询服务，同步利用网站、微信公众号等开展宣传活动，及时登载国家基本公共卫生服务均等化政策、新闻动态、工作进展、公共卫生风采等，提升群众接受免费服务的知晓率和依从性。是年，全区累计建立居民健康档案34.41万份，电子建档率79.29%，覆盖所有镇（街道）村（居）；人均基本公共卫生服务经费标准提高到的74元/人，实现服务项目覆盖全区常住人口。

落实家庭医生签约服务，以高血压、糖尿病等慢性病为抓手，依托区医院、镇卫生院、街道社区卫生服务中心和乡村医生等组建三级家庭医生管理团队，以社区为单位划分责任片区，实行网格化管理，推行家庭医生契约式服务。是年，全区家庭医生签约覆盖率33.6%，重点人群签约覆盖率76.97%。

【项目建设】2020年，城厢区医院新址病房楼完成基本建设，凤凰山街道社区卫生服务中心与区红十字会联合打造集智慧健康小屋、红十字博爱驿站、市民便民驿站、优生优育中心等为一体的社区医院，改造面积近500平方米。灵川镇中心卫生院东海分院建成，投资460万元，开设内科、外科、儿科等科室。华亭卫生院医养结合中心设置养老床位100张，室内装修阶段。莆田瑞斯康复医院设置床位100张，莆田爱丁堡友好医院设置床位100张，莆田明政医院设置床位40张，均已建成投用。是年，成立以区卫健局为牵头的医疗健康产业招商组，开展“深化莆台融合发展，打造海峡两岸生技和医疗健康产业合作区品牌”主题调研。开辟审批绿色通道，提供多层次多样化服务，放宽准入范围，简化优化行政审批，统一审批服务事项，二级及以下医疗机构取消医疗机构设置审批，实行设置审批与执业登记“两证合一”，加大力度消除社会办医的体制机制障碍。东南康复医院已落地在建，投资1亿元，建设一所二级康复医院，拟设立康复110张床位（康复医学专业）、医养结合90张床位（医养结合专业），占地面积5962平方米，建筑面积11700平方米。

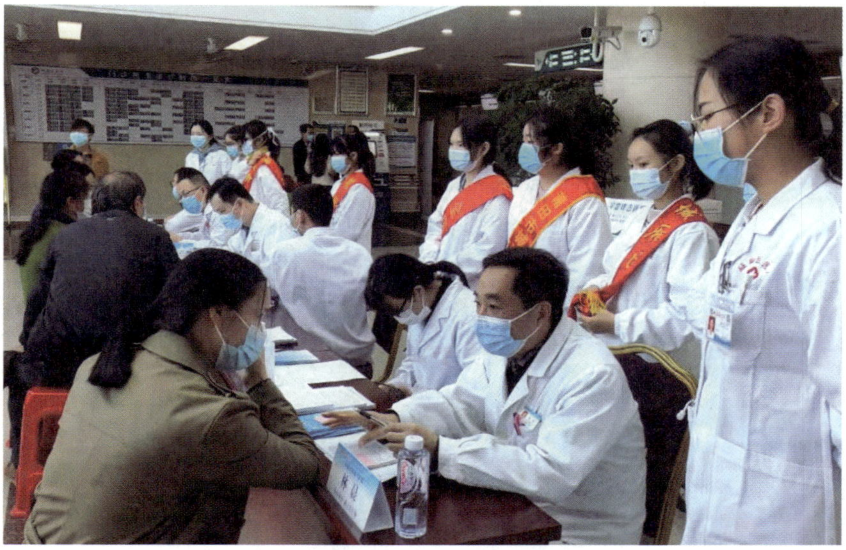

12月5日，福建医科大学校友会主办的“健康福建——福医校友行（莆田城厢站）”大型省级专家义诊活动在城厢区医院举行

（林丽　摄）

【健康扶贫】 2020年，区卫健局为建档立卡贫困人口提供家庭医生签约服务，通过入户随访、健康教育、组织免费体检等形式进行履约服务，并建立个人健康档案。加强建档立卡农村贫困人口大病专项救治工作，建立大病救治分类台账，对建档立卡贫困对象大病人员救治情况进行全面追踪，并实时完善更新台账信息。通过宣传栏、现场义诊、入户分发宣传材料等形式向建档立卡贫困对象宣传健康扶贫相关政策、家庭医生信息等，提高扶贫对象的政策知晓率；为贫困对象更新或新建电子健康档案；各医疗机构均设立综合服务窗口，开通建档立卡贫困人口专用绿色通道，实现“一站式”结算和先诊疗后付费等便民服务。

【妇幼健康保健】 2020年，区卫健局开展孕前优生健康检查、农村妇女“两癌”筛查、地中海贫血防控试点项目、育龄妇女增补叶酸、孕产妇免费产前筛查、艾梅乙母婴阻断等妇幼健康保健项目，成立危重孕产妇和危重新生儿救治中心，畅通救治“绿色通道”，保障母婴安全。开展城厢户籍新生儿耳聋基因免费检测，对全区35～64岁农村妇女进行免费“两癌”（宫颈癌、乳腺癌）筛查。是年，新生儿耳聋基因免费筛查3250人，宫颈癌免费筛查3665例、乳腺癌4044例，落实免费优生健康检查项目1086人次。全区孕产妇、婴儿和5岁以下儿童死亡率分别为0、2.34‰、3.27‰，孕产妇早孕建册率92.1%，产后访视率95.63%，0～6岁儿童健康管理率95.16%；育龄妇女增补叶酸2963人；预防艾滋病、梅毒和乙肝母婴传播工作，孕产妇艾滋病病毒检测4215人，检出

1月5日，区卫健局等部门在城厢区儿童早期发展教育指导中心举办“传播科学育儿理念 民俗文化游园“活动　　（吴莉莉　摄）

艾滋病毒（HIV）阳性0人，孕产妇梅毒检测4215人，检出感染者12人，孕产妇乙肝表面抗原检测4215人，检出阳性人数516人，对乙肝表面抗原阳性孕产妇所生新生儿免费接种乙肝免疫球蛋白。在辖区内人流密集区域建设母婴设施，全区已拥有绶溪公园、南门中学妈妈小屋、万达广场母婴室等18处母婴设施。开展婴幼儿照护服务试点，艾幼尔托育中心省级托育服务试点项目已建成，总投资320万元，增托位120个。联合市妇幼保健院加强高危人群孕育过程的健康指导，举办准妈妈、准爸爸孕期、哺乳期、养育知识班，做好高风险夫妇孕前、孕期跟踪及妊娠结局随访等。

【疾病预防与控制】　2020年，区卫健局坚持“预防为主”的工作方针，健全完善疾病预防控制体系，履行防病工作职能，落实重大疾病防控措施。加强慢性病综合干预与管理，密切监测慢性病发病、患病、死亡及危险因素，巩固结核病“三位一体”综合防治模式，创建省级慢性病综合防控示范区。扩大免疫规划工作，组织疫苗流通和预防接种管理，建立疫苗可追溯体系，落实疫苗冷链全程管理，在疫苗储存、运输的全过程中按要求定时监测、记录温度，保证疫苗质量；加强预防接种信息化管理，探索推进疫苗追溯信息系统建设，完善数字化预防接种门诊建设。加强疾控机构和哨点医院为主的食品安全风险监测体系及其能力建设，提高食源性疾病溯源能力和水平。落实严重精神障碍患者网格化“一历六单”救治管理模式，筑牢严重精神障碍患者管理。不断完善传染病防控及突发公共卫生事件管理。监测和防治重点传染病，建立城厢区防治重大疾病工作局际联席会议制度，严格执行传染病报告制度，有效落实传染病病人、疑似病人流行病学调查、疫点处置和健康宣传。加强突发公共卫生事件应急处置，成立区卫健局突发公共卫生事件紧急医学救援领导小组、传染病疫情监测管理领导小组等应急组织机构。是年，无甲类传染病报告，乙类传染病发病率为400.21/10万，丙类传染病发病率为65.20/10万，法定传染病总发病率为465.42/10万。

2020年，新型冠状病毒感染的肺炎疫情发生，区卫健局成立新冠肺炎疫情防范和应对领导小组、专家组，成立新冠肺炎医疗救治临床专家组，严格执行零报告、日报告制度。严格医疗机构防控，通过健康宝、微信公众号等，推广分时段预约诊疗、预防接种，规范预检分诊设置，加强医院发热门诊管理。组织新冠病毒核酸检测，落实重点人群应检尽检、行业适时抽检，以村（社区）为单位安排130处核酸临时采样点，建成投用医院、区疾控中心PCR（核酸检测）实验室，辖区核酸检测日检测量9000人份，预期日最大检测量13000人份（不含莆田市第一医院）。开展新冠疫苗紧急接种，组织制订接种方案及应急处置方案、技术方案、医疗救治预案、应急救治演练等，调查摸底各行业重点人员。组织爱国卫生运动和卫生消杀，开展以“防疫有我 爱卫同行”为主题的第32个爱国卫生月活动，全面动员综合整治环境卫生；开展三轮统一城乡除“四害”施药活动，消杀面积91.25平方千米，有效降低“四害”密度。

【综合监督】 2020年，区卫健局深化“放管服”改革。优化政务服务，推行“自己批网上办”审批服务新模式，实行综合窗口一窗受理。按照“十个凡是”梳理精简部门事项申请材料，行政审批和公共服务事项66项全部入驻窗口，实现“一趟不用跑”事项49项，“最多跑一趟”事项17项；制定公开区卫生健康局权责清单，权责事项共365项。加强综合监管。全面推进“双随机、一公开”监管，对公共场所、学校卫生、生活饮用水、医疗卫生、消毒产品和传染病防治等专业序时监督；加强执法监督检查，采取专项治理与日常监督相结合方式，重点打击无证行医黑诊所、无行医资格的游医和借助虚假广告招摇行骗的行医者，开展辖区范围内餐饮具集中消毒监督检查、生活饮用水监督检查、食源性疾病监测、“一品一码”、食品安全风险监测及食品安全，严抓医疗卫生机构污水达标排放。是年，对辖区内4家集中式供水单位开展监督检查，进行水质采样检测，全年抽取水源水、出厂水、末梢水样品检测93份，合格率为98.9%；出动执法监督人员9000余人次开展监督巡查，立案查处45起，处罚没款122.8万余元。

【生育关怀】 2020年，区卫健局实施一系列生育关怀关爱活动。落实财政资金1344.18万元，兑现计生家庭奖励扶助、贡献奖励、特别扶助、独生子女奖励、农村二女奖励等13803人。落实财政资金9.28万元用于实施农村计生纯女户家庭房屋修缮资金补助、增加义务教育阶段寄宿生生活补助项目。为计生特扶对象办理城乡居民基本养老保险，落实计生家庭参加城乡居民基本医疗保险财政补助。为辖区60周岁以上农村独生子女、二女户父母提供免费健康体检1202人。推进计划生育特殊家庭联系人制度、就医绿色通道、家庭医生签约服务“三个全覆盖”。结合“两节”等一系列生育关怀救助帮扶活动，与区计生协会联合开展“温情母亲节，为贫困母亲送温暖”活动，现场免费测量血压、发放避孕药具等；为计生户学子减免高中学费365人次8.952万元，为184名农村独女、二女结扎计生家庭中考给予加分照顾。定期组织人员上门对失独或伤残家庭给予慰藉关怀，帮助他们重树生活信心。

【计生管理与服务】 2020年，区卫健局深化计划生育服务管理改革。全面推行生育登记和再生育审批网上办理，全区登记一孩849对、二孩833对、办理再生育审批40对，其中网上登记1215对。清理规范计划生育证明；落实首接负责制，推行承诺制、委托代办，实行限时办结，实现“一次不用跑”“最多跑一次”。开展生殖健康进校园、进课堂活动，为青少年提供性病、艾滋病预防及生殖健康咨询服务，开展生殖健康、避孕节育科普知识普及活动，进企业为务工育龄群众提供生殖保健咨询、避孕药具发放等优质服务。结合世界人口日，妇女节，文化、科技、卫生“三下乡”等开展义诊活动，解读全面两孩政策，宣传卫生保健知识。探索“互联网+药具发放服务”的新型药具服务模式，拓展药具发放渠道，全区药具免费发放网点155个，在人流密集场所安装自动取套机21台，有效提高发放服务可及性、易得性和便捷性。

【职业健康】 2020年，区卫健局组织开展职业健康监督、医疗机构放射性职业病危害控制、重点职业病监测及职业病防治宣传等。推进尘肺病防治攻坚行动，开展重点行业涉尘涉毒工业企业及放射诊疗机构专项执法行动，落实职业性尘肺病患者随访调查、工作场所职业病危害因素监测、职业病危害现状调查等专项监测调查，完成辖区276家企业职业病危害现状调查，20家工作场所职业病危害因素监测。

【老龄健康】 2020年，区卫健局推进老年优待政策，落实全区建立高龄老人补贴制度，申报核实2020年度城厢新增的九旬、百岁老人名单，每季度发放高龄补贴和长寿营养补贴。全区领取高龄补贴1800余人，金额200余万元。南门社区获全国“敬老文明号”称号。落实以龙桥街道下磨社区为试点单位的老年人心理关爱项目，以120名老年人为调查对象。落实“银龄安康工程”，为2019年城厢户籍80周岁以上老年人（含80周岁，不含离退休人员）由政府统一购买人身意外伤害保险，由市、区按3∶7比例承担保费，全区符合条件的7684人，金额15.368万元。开展“敬老月”系列活动。“温暖重阳”走访慰问百岁老人、困难老人，市级慰问困难老人、高龄老人、建档立卡失能老人58人，区级走访慰问百岁老人35人、困难老人240人、老协会会长120人，发放慰问金35万余元。开展百岁老人免费体检和巡诊活动。开展老年健康宣传周活动，利用公众号、海报、传单、新闻媒体，开设线上专家直播间，下乡送义诊、送知识等，向老年人讲解老年相关政策、签约服务等。

【医养结合】 2020年，区卫健局积极应对人口老龄化，推进医疗卫生与养老服务融合发展。医疗卫生与养老机构合作共建，常太镇卫生院与常太镇敬老院签订合作协议，选派专业医护人员开展巡诊，为入住老人提供医疗、护理、健康检查等服务；开通与上级医疗机构、老年康复疗养机构双向转诊。灵川镇中心卫生院原职工宿舍楼与敬老院资产进行置换，按照养老机构标准进行升级改造，建筑面积1000多平方米，设置床位80张，已完成改造并投入使用。华亭镇卫生院建设医养结合中心，建筑面积5000平方米、设置床位100张，2020年完成内部装修。

（林　丽）

疾病预防控制

【概况】 2020年，莆田市城厢区疾病预防控制中心（以下简称“区疾控中心”）认真学习领会中共十九大和习近平新时代中国特色社会主义思想丰富内涵及精神实质，旗帜鲜明讲政治，增强“四个意识”、坚定“四个自信”，始终把增强看齐意识作为第一位的政治要求，始终把政治规矩和政治纪律挺在最前面，坚决维护党中央权威和集中统一领导，站稳立场，把准方向，对党忠诚。面对前所未知、突如其来的新冠疫情，中心高度重视，坚决贯彻落实中央、省、市、区疫情防控的重要决策部署，全力做好疫情防控工作。中心全体干部职工团结一心，顾全大局讲奉献，坚守一线不退缩，取得城厢区新冠肺炎疫情防控工作胜利。

【新冠肺炎疫情防控工作】 2020年，区疾控中心高度重视新冠肺炎疫情的防控工作，成立流调、采样、消杀、后勤保障、宣传等多个新冠肺炎疫情防控工作领导小组，各小组分工明确，职责清晰。对发现的确诊（疑似）患者及密接人员、外地推送密接人员、武汉返乡、境外返回等人员，开展流行病学调查、采样送检、消毒消杀等工作。疫点现场、重点部位环境卫生消毒消杀工作，累计消杀58次，面积35158平方米。其中终末消毒和应急消毒42次，26580平方米。加强学校新冠肺炎疫情防控业务培训，确保按时复学。区疾控中心对全区中小学及校外培训机构进行新冠肺炎疫情防控业务培训12场次，配合教育部门对疫情防控措施落实、防护用品储备、消毒消杀、通风换气情况、饮用水安全等进行现场检查，对发现的问题现场反馈，提出整改意见，确保安全、平稳、按时复学复训。

【计划免疫】 2020年，区疾控中心扎实开展免疫规划与生物制品管理工作。加强疫苗管理，建立疫苗可追溯体系，疫苗冷库配有自动监测、调控、显示、记录温度以及报警的设备，配备发电机组，确保疫苗接种安全有效，继续维持城厢区疫苗高接种率。

【传染病管理】 2020年，区疾控中心加强法定传染病疫情报告管理和免疫规划接种工作管理，严格执行《中华人民共和国传染病防治法》《中华人民共和国疫苗管理法》。全区无甲类传染病报告；报告乙类传染病1802例，发病率为400.21/10万；报告丙类传染病311例，发病率为65.20/10万；甲、乙、丙类传染病2113例，法定传染病总发病率为465.42/10万。与上年相比略有下降。

【艾滋病防治】 2020年，区疾控中心统计辖区医疗机构累计报告病例397例（包括死亡78例），其中男315例，女82例，男女比例3.84∶1，其中莆田市273例（68.77%），外地市29例（7.30%），省外95例（23.93%）。按住址管理病例134例，男105例，女29例，男女比例3.62∶1。病例随访202人次，CD4（艾滋病病毒破坏CD4淋巴细胞，血液中免疫细胞的一种）检测率94.78%（127/134），在治病例128例，停药1例，治疗比例95.52%（128/134）。全年辖区医疗机构新报告病例45例，按住址新增病例27例。

【霍乱防治】 2020年，区疾控中心狠抓以霍乱防治为重点的肠道传染病防治工作。5月起，开展外环境潜在状况肠道门诊粪检、海产品、江河水源、海水、生活水及污水及其他监测工作。各级医疗单位自5月1日起按规定开设肠道门诊，加强疫情检测，做到“有疑必检，有泻必治”“早发现、早诊断、早隔离、早治疗”，做好控制疫情发生的各项准备工作，全区未发生霍乱传染病疫情。

【手足口病防治】 2020年，区疾控中心报告手足口病例78例，均治愈康复，无重症手足口病病例，无死亡病例。

【饮用水与环境卫生监测】 2020年，区疾控中心开展农村饮用水监测、自来水厂水质监测、城市二次供水监测、水源水监测（厂内）和贫困户安全饮水检测。全年共检测水质267份，其中农村饮用水34份、自来水厂水质17份、城市二次供水24份、水源水监测（厂内）27份、学校应急用水10份、贫困户安全饮水检测144份（包括复检16份），其他水质检测11份。集中式餐具检测8家次，共64份。全年共完成公共场所监测27家83份，涉及美容美发业，旅店业、商场、游泳（泳池水质监测12家26份）等场所。

【职业卫生】 2020年，区疾控中心监测工作场所职业病危害因素、监测任务20家，已完成监测20家，并及时进行网络录入上报。区疾控中心认真组织企业危害因素调查培训，并对城厢区华亭镇、灵川镇开展企业职业病危害现状调查，调查企业276家并完成网络录入、审核和上报。是年，全区有15家企业组织接触职业病危害因素职工进行职业健康检查共581人，并通过县（区）、市、省三级审核。

【健康教育】 2020年，区疾控中心与区卫健局及基层各卫生医疗单位联合开展老年健康宣传周、全民健康生活方式行动日、全国高血压日、世界精神卫生日等主题日大型宣传活动，广泛普及各类健康知识，增强群众的防病意识，营造良好的社会氛围。在新冠肺炎疫情发生期间，通过各种形式广泛宣传新型冠状病毒肺炎的相关知识，利用LED电子屏、发布85000条手机短信和网络视频、印发新冠宣传资料2万份、刊登3期宣传栏向居民和学生普及新型冠状病毒的防控知识，提高居民新型冠状病毒肺炎的防控意识和自我保护意识。

【创建省级慢性病综合防控示范区】 2020年，区疾控中心在上级领导的高度重视，多部门密切配合下，经过艰辛努力，成功创建福建省省级慢性病综合防控示范区。

（王永佳）

城厢区医院

【概况】 2020年，莆田市城厢区医院（以下简称“城厢医院”）在区委、区卫健局的正确领导下，坚持以习近平新时代中国特色社会主义思想为指导，以社会效益的提高促进经济效益的发展，使医院迈上新台阶。是年，医院年总收入1.57亿元，实现医疗收入（含疫苗）7152.39万元，增长10.25%，门诊量32.89万人次，门诊收入6228.26万元，增长12.39%。住院人数2128人次，住院收入824.14万元，同比下降2.25%。在疫情防控常态化启动后，医院在积极做好防控工作的同时，提高内涵质量，转变行业作风，在卫生健康工作中作出应有的贡献。

【抗击新冠肺炎疫情】 2020年，城厢医院面对新冠肺炎疫情，以最快的速度响应，以最果敢的行动投身其间。第一时间制定全面有效的防控方案，根据疫情发展情况，召开6次专题会议。集中全院力量建立综合协调组、医疗救治组、专家组、疫情防控组、护理院感组、物资保障组等6个工作组。组织10余场培训、演练，1800多人次参加，提高医护人员疫情防控应急处置和自我防护能力。规范化建设发热门诊、预检分诊，抽调医护人员实行24小时值班。全院170余名医务人员主动请战，其中近100名医护人员在隔离点、发热门诊、预检分诊一线，不计报酬，无论生死，依靠科学精神和专业技能，全力做好疫情应对工作。医院作为全区医疗龙头单位，主动承担起全区各项医疗保障任务，重点保障6个集中医学观察点（用于隔离管控密切接触阳性病例的人群）和1个观察点（用于临时管控可能有密切接触人群），为城厢区疫情防控工作的研判决策做出重要支撑，让区领导决策精准、措施有力，有效防止疫情扩散蔓延。2月9日，城厢医院代表全市接受国务院疫情指导组工作指导并获充分肯定。6月17日，经上级部门批准认证及生物安全和基因扩增专家现场审查，城厢医院核酸检测（PCR）实验室获得批准备案，正式投入运行。检验科主动加班加点，配合做好入莆人员、“应检尽检”人员、“适时抽检”人员核酸检测筛查工作，每日检测人数在300人次以上，进一步落实精准防控。医院后勤也做了大量工作，如调度储备防护用品、采购隔离点物资、保障值班人员餐饮等。为关爱一线人员，组织药剂科调配预防新冠中药代茶饮1000份发送到一线，募集志愿者为抗疫一线医务人员及其家庭解决困难，累计志愿服务60余次。在企业及学校面临全面开工复学之际，医院主动承担社会责任，开展数十场培训班，为全市1000余人提供现场培训。派出医疗队伍100余人次走进学校、企业，进行疫情防控指导和健康情况检测，一手抓防控、一手抓服务，为企业、学校筑起一道道健康防线。为持续做好疫情防控工作，城厢医院多措并举，落实各项疫情防控常态化措施。召开各类新冠肺炎疫情防控专题工作部署会10余次，及时传达上级疫情防控有关文件精神，要求医院全体干部职工要时刻保持清醒头脑，继续保持“战疫”队形，严阵以待。开展新冠肺炎疫情下突发事件应急演练，模拟病房拟收治人员为新冠患者，通过演练加强协作联动，规范疫情处置程序，有效提高医护人员预防和处置突发事件的意识和能力。落实全员核酸检测，持续加压，严格执行“一人一证一陪人”制度，确保院内无感染。设立新冠疫苗接种点，建立专班，确保疫苗接种工作安全有序、迅速平稳。

【组建医疗联合体】 2020年，城厢医院注重内涵建设，促进医院全面发展。医联体工作持续推进。“名医工作室”邀请省人民医院肛肠科、疼痛科专家坐诊，充分发挥高技术人才“传、帮、带”作用，通过名医专家临床带教、师带徒等形式，将个人先进技术和经验转化为团队技术优势，年服务群众近2000人次。在厦门中山医院内镜中心博士团队带领下，内镜室成绩斐然，积极开展内镜下黏膜切除术、胃肠道息肉高频电凝电切术等各种消化内镜新技术、新项目，诊疗量由每月200项左右突破到400项。加入莆田市第一医院医疗集团，成为莆田市第一医院城厢分院，在原来邀请市一医院心血管内科、内分泌科、妇科10余名副主任医师职称以上医师轮流坐诊基础上，邀请儿科、麻醉科、外科、耳鼻咽喉科、中医科、甲乳科、老年科等近30名专家参与坐诊、手术，带领开展宫腔镜、腹腔镜、骨科内固定等多项空白项目，促进人才成长，提升科室整体水平。与市一医院共建“联合病房”，门诊下转患者300余人次，上转患者4000人次，“联合病房”接收患者54人次，引导医疗资源进一步下沉，促进双向转诊。以城厢区医院为主体，联合龙桥、凤凰山、霞林3个街道社区卫生服务中心，组建城厢区医院医疗联合体，对基层医师进行实用业务培训，为群众提供优质、安全、高效、连续的医疗健康服务，极大地方便周边群众尤其是慢性病患者就近看病取药。探索建立紧密型医联体，全面促进与凤凰山分院内部资源流通共享、信息互联互通、人财物统筹管理，真正使医联体成为服务同质、责任共担、利益共享、管理共赢的共同体。

【加入莆田市急救网络医院】 2020年，城厢医院自搬迁以来，作为城厢区内唯一一家二级公立医院，组建急诊科，着力于加大医院急救人员培养力度，并有计划地培养急救技术人才，提高院前急救能力和服务质量。同时，按照莆田市医疗急救机构设置标准，加强医疗急救制度建设，规范医疗急救行为，组织急诊医护人员强化培训急救技术，并配备负压救护车及进口心电监护除颤器、便携式呼吸机等先进的车载装备。7月上旬，经过精心细致的筹备工作，城厢医院急救站顺利通过验收，正式纳入莆田市急救网络医院，改变了城南及周边地区院前急救一直缺乏县级龙头医院参与的局面，承担起辖区内院前急救、突发公共事件医疗救助、大型活动医疗保障、院内外转诊等工作任务，与院内各临床及医技科室建立起快速、顺畅、高效的急诊急救绿色通道。

【成立省内首个儿童健康成长基地】 2020年，城厢医院于10月22日上午在凤凰山分院四楼正式挂牌成立儿童健康成长基地，成为福建省首个“医生＋教师＋媒体”儿童健康成长基地。定期开展线上线下的0～3岁儿童早期发展健康知识宣传，为广大婴幼儿家庭搭建育儿交流平台，开展感统测评训练、亲子互动、健康咨询等公益服务。线上通过与东南网合作采用直播方式，邀请专家进行0～3岁儿童早期发展健康知识讲座13场。公益赠书，助力0～3岁儿童健康成长，为18个家庭带来更专业的教育指导。重点针对早期发育有预警征的儿童，手把手指导家长如何通过一些亲子互动游戏达到纠正目的等教学，指导200多个有预警征的婴幼儿。通过微信群里实时婴幼儿护理存在问题的即时指导，创建按月龄来区分的家长指导群，通过微信群宣传儿童发展健康知识及回答家长育儿咨询，回答咨询每月100次以上。

【医疗管理】 2020年，城厢医院为严格落实医疗质量安全18项核心制度和促进医疗质量持续改进，医务科根据《莆田市二级医院评价标准》，修订《医疗质量安全考核标准》，对相关考核项目权重重新调整，使每月对各科室的考核更合理规范。同时，在上级医院管理专家的指导、帮助下，借助医疗信息化管理平台模块建设，积极探索标准化医疗质量考核，制定标准化考核要点与考核方法，对各科室的医疗质量安全考核更加紧贴核心制度要求，更具操作性、针对性。医务科共进行12次医疗质量大检查，抽查医疗文书400余份，下发整改意见书100余份，统一了疑难病例讨论记录与死亡病例讨论的格式和模板。结合医院正式加入市“120”急救网络体系，医务科组织开展院内应急救治演练、新冠肺炎院内救治演练、预防接种反应应急演练等急救技能大练兵，以及心肺复苏专项培训、常见急救药物药理作用、腹痛的鉴别诊断等一系列应急抢救技能培训，进一步提高医院综合救治能力和应急处置管理水平。燕园云直播课堂组织医务人员观看医疗质量管理办法核心制度要点解析、怎么当好科主任、医院管理语言表达艺术和方法等主题培训36场。通过一系列的培训讲座，先进的医疗管理理念与正确的医疗行为规范深入人心，使我院的医疗管理水平得到极大提升。医院每月按照《医院感染管理质量考核标准》《临床科室医院感染管理手册》的要求，采取科室每月自查、院感科人员定期或不定期每月到各科室督查等方式，对医院的消毒隔离、手卫生、无菌技术、医疗废物管理、职业防护、环境卫生、重点环节、重点人群等进行医院感染管理质控督查，针对存在问题当面给予指导、干预并以书面形式反馈给科室进行整改落实，做到医院感染管理的全院规范统一。全面检查和梳理有关医院感染预防与控制的各方面工作，认真排查安全隐患，切实抓好院感重点部门、重点部位、重点环节的管理，加强对手术室、消毒供应室、口腔科、胃镜室、检验科、急诊科等重点科室的监管，落实每周巡查制度，在科室管理中坚持主动沟通、及时干预，与临床医技科室间形成有效的监督、反馈机制。

【医疗服务】 2020年，城厢医院坚持为人民服务的工作宗旨，根据市卫健委召开的全市改善医疗服务提升群众满意度座谈会会议精神及《关于开展改善医疗服务提升群众满意度专项活动工作方案》等相关文件要求，先后召开院内动员大会、中层干部会等，通过广泛宣传，层层发动，明确分工，落实责任，确保各项措施落到实处。通过在导诊台设立一站式服务中心及搭建电子病历系统、医务及护理管理系统、移动医疗查房管理、掌上医院管理软件、“一卡通”预约诊疗、排队叫号系统等专业信息系统平台，将服务态度纳入医院考核体系，与日常绩效考核挂钩；通过每月满意度调查、电话回访等方式深入患者了解实际需求与建议，并立即分解，着手整改等一系列方式将改善医疗服务作为一项长期的专项工作有条不紊开展下去。在莆田市2020年上半年医疗服务满意度抽样调查中，城厢医院以93.96分的总得分获得第一名。城厢医院对标三甲医院建设标准，引进国际高端设备，同时超声科检查室由莆田市第一医院专家长期坐诊，天眼CT（电子计算机断层扫描）由城厢医院与莆田市第一医院专家主任联合进行“云端读片”，确保一小时内出具报告，解决群众奔波于各大医院检查科室的困难。大大缩短体检时间，确保不出体检中心就能完成体检，就医体验及体检过程更加轻松、愉快、方便、快捷。将PDCA（计划、执行、检查、处理）理论应用于健康服务管理领域，即通过检前、检中、检后、跟踪实施健康干预，经过多位专家学者研讨和实践，形成基本体检、深层次体检、医疗干预、健康保障四步循环，倾力打造全市一流健康体检品牌。

【培养护理人才】 2020年，城厢医院健全护理人才培养体系，做好分层（N1、N2、N3、N4）培训及管理，完善包括岗前培训、继续教育，利用网络直播培训，提升护理人员安全防范意识和应急处理能力，提升护士职业价值感。护士林秋香参加莆田市护理学会静脉输液护理专业委员会举办的“外周静脉输液治疗护理演讲竞赛”，荣获二等奖。鼓励护理人员积极参加护理高等教育自学、函授学习、网络学习等在职继续教育，提高学历结构。对新入职护士安排为期12天的岗前培训课程，通过系统、规范的岗前培训，使新入职护士增强职业使命感、归属感，学员将课堂理论知识与临床实际有机结合，进一步巩固和提升技能操作水平，为更好地进入临床护理工作奠定坚实基础。落实二级质量监督考核体系，加强院科两级管理。医院护理质量管理组织实行二级质控管理模式，即医院护理部质控、护士长交叉质控二级质量监督、考核体系。健全组织管理体系，建立人事、财务、医务、护理、后勤等多部门联动机制，切实保障护士福利待遇、改善护士工作条件。以社会需求为导向，深化优质护理服务。为满足人民群众多层次、多样化的健康服务需求，努力开创护理工作新局面，提供特色优质护理服务，提高护理服务质量和满意率。注重发现和宣传护理先进典型，发挥示范引领作用，广泛学习战“疫”一线先进典型事迹和精神，5 月 12 日下午，一场“抗疫天使”职业感悟分享会在城厢医院举行，通过 3 名护理人员及其团队的战疫故事的分享，在全院范围内营造一种爱岗敬业、积极向上的良好氛围，为进一步提高护理人员昂扬务实，开拓进取，敢当先锋，不负使命的职业精神奠定良好基础。

【队伍建设】 2020 年，城厢医院推进与市一医院科室共建，聘请市一医院学科专家、管理专家，全面提升业务水平及管理能力。主动与厦门中山医院内镜中心建立协作关系，由陈建民主任带领的博士团队每周六在城厢医院坐诊。与福建中医药大学附属人民医院签订医联体合作协议，在医院二楼门诊开设肛肠科“名医工作室”，聘请省人民医院的肛肠科专家教授定期坐诊，以专家门诊、手术示教、教学查房等方式全方位深入合作。围绕学科发展需要，招聘专业对口的医务人员，为实现医院可持续发展奠定基础。

【设备投入】 2020 年，城厢医院引进通用电气公司天眼 CT 机，配有“数字化天眼系统”，可通过病患定位自动扫描，实现医生单人、隔室操作，避免接触传染风险。单个患者可节省 30% 的扫描时间，大幅度提升检查效率，提升患者就诊体验。超低的辐射剂量、超清的图像质量和超人性化的设计，对于不规范不正确的摆位进行实时警示，最大限度避免病人受到损伤。在提升诊疗精准性和工作效率的同时，使得 CT 在医学临床领域的运用再度得到突破，有力提高我院的影像检查水平，助力医学影像诊断中心建设。12 月 31 日，经过精细筹备和周密部署，医技楼 3 层新手术室正式投入使用。建有 5 间高标准层流净化手术间，并设有复苏室、麻醉预备室等辅助用房。每个手术间均配备先进的德国进口麻醉工作站，进口美迪兰无影灯、麻醉吊塔、外科吊塔，先进的手术床和一体化的传呼、联络系统设备，并全新引进德国 KARL STOZE 宫腔镜等医疗设备。

【新址建设】 2020 年，城厢医院病房楼二次装修工程于 12 月开工，完工后可以补齐妇产科等空白科室，落实病房分区，争取引用一批高端大型医疗设备，如高端 DR（数字化 X 射线摄影系统）、移动彩超等，推动医疗科学技术进步，满足患者多层次医疗服务需求。城厢医院应急救治大楼及传染病防治大楼建设项目已纳入城厢区“十四五”规划重大项目表，已完成可研批复。

（陈志军）

体 育

【群众体育】 2020 年，区文旅

2020 年，第三届福建省社区（乡村）体育联赛在城厢区召开，图为象棋比赛现场

2020 年，第三届福建省社区（乡村）体育联赛在城厢区召开

局完善全民健身基础设施建设规划，加强中小型公共体育设施建设，支持足球场地设施、中小型居民健身中心、农民体育健身工程等建设。构建区、镇（街道）、行政村（社区）三级群众身边的全民健身设施网络和城市 15 分钟健身圈。形成与绿道网慢行系统等相互串联的体育设施网络。全区人均场地面积 2.06 平方米。开展全民健身活动，举办不同层次、不同类型、不同人群的全民健身体育活动和健身展示活动。是年，建多功能运动场所 1 个、笼式篮球场 1 个、智慧体育公园 1 个、室内健身房 2 个、室外健身点 12 处。投入 38 万元举办少儿足球、3×3 篮球、围棋、象棋等 15 项全民健身比赛。成功举办福建省第三届社区（乡村）体育联赛，6 个比赛项目，全省九地市 560 余人参赛。

【体育赛事】 2020 年，区文旅局依托区少体校为省市体育赛事做好青少年体育苗子的选拔、输送以及训练工作，鼓励全体教职工参加各类业务培训，努力提高工作能力。是年，区政府为激励优秀运动员教练员分别出台《莆田市城厢区重大体育竞赛奖励办法》《城厢区备战参赛福建省第十七届运动会和莆田市第五届运动会方案》。

2020 年度城厢区籍运动员参加国内外大赛（包括青少年比赛）成绩表

表 1

序号	姓名	性别	出生年月	比赛名称	时间	地点	参赛项目	参赛组别	成绩	名次
1	余岭峰	男	1998 年 10 月	全国射击锦标赛暨奥运会初步队伍选拔赛	2020 年 10 月	山西临汾	飞碟项目	男子双向团体	353.00	第二名
2	曾灏宇	男	2009 年 5 月	全国青少年跳水冠军赛	2020 年 1 月	广西南宁	跳水	甲组双人跳台	108.36	第八名
3	曾灏宇	男	2009 年 5 月	全国青少年跳水冠军赛	2020 年 1 月	广西南宁	跳水	甲 B 组 5 米跳台	220.10	第四名
4	曾灏宇	男	2009 年 5 月	全国青少年跳水冠军赛	2020 年 1 月	广西南宁	跳水	甲 B 组 3 米跳板	153.30	第二名
5	曾灏宇	男	2009 年 5 月	全国青少年跳水冠军赛	2020 年 1 月	广西南宁	跳水	甲 B 组 1 米跳板	257.00	第二名
6	田艺志	男	2004 年 8 月	全国 U16 男子拳击锦标赛	2020 年 12 月	浙江温州	拳击	57 千克	—	第一名
7	方君豪	男	2004 年 9 月	省青少年拳击冠军赛	2020 年 8 月	福建武夷山	拳击	甲组 75 千克	—	第三名

（廖娴娴　吴青青　林　婉）

社会民生

居民生活

【城镇居民收入】 2020年，城厢区城镇居民人均可支配收入47081元，比上年增长2.7%，增速位居全市第三。分季度看：一季度城镇人均可支配收入比上年同期增长1.6%，上半年人均可支配收入比上年同期增长0.7%，前三季度人均可支配收入比上年同期增长1.1%，全年人均可支配收入比上年同期增长2.7%，全年呈现加速上涨的良好态势。

【城镇居民消费支出】 2020年，城厢区城镇居民人均生活消费支出27563元，增速位居全市第二。

【农村居民收入】 2020年，城厢区农村居民人均可支配收入23067元，比上年增长6.3%，增幅居全市第四位。

【农村居民消费支出】 2020年，城厢区农村居民人均生活消费支出16420元，与上年增长持平。

人力资源管理

【概况】 2020年，莆田市城厢区人力资源和社会保障局（以下简称“区人社局”）在区委、区政府的正确领导下，深入学习贯彻中共十九大，中共十九届二中、三中、四中、五中全会精神，认真落实中央和省、市、区决策部署，落实“六稳”“六保”任务，努力克服疫情带来的不利影响，持续补短板、强弱项、防风险、惠民生，超额完成各项目标任务。

【指导技能大师申报工作】 2020年，区人社局成功申报郭继光国家级技能大师工作室、郑春辉“大国工匠”等国家级技能人才项目，全区有国家级技能大师工作室1家、省级5家、市级1家。

【落实人才优惠政策】 2020年，区人社局突出做好人才服务，提供七中山人才公寓、华林园区人才公寓楼，解决引进人才住房问题，吸引更多人才到城厢就业创业，已有31人入住七中山人才公寓。组建第二批在外莆籍大学生组成的联络员队伍，积极宣传市、区有关人才政策，征集有意向回莆就业、创业的莆籍在外大学生信息2287条，收集求职（含见习）简历、成功引导返乡就业（含见习）人数10人。

【提升劳动者职业技能】 2020年，区人社局出台《城厢区民办职业培训学校管理办法》，着力提升劳动者职业技能水平，鼓励兴办各类营利性、非营利性民办职业培训机构，增培训机构2家。将职业技能提升工程列入2020年城厢区委、区政府为民办实事项目，完成各类补贴性职业技能提升培训4208人次，完成年计划的117.87%，发放补贴资金334.81万元。全市首家开展新型学徒制培训，组织莆田市理工技术学校和力奴鞋业进行对接，培训学员208人。是年，全区增取得中级工以上职业资格证书人员421人，其中技师25人。

【强化竞赛选拔培养】 2020年，区人社局积极开展各类职业技能竞赛活动，成功举办职业技能竞赛3场次，组织近300名技能劳动者参与，对竞赛中获得第一名的选手直接颁发高级工证书，并授予“城厢区职业技术能手”称号，对成绩合格的选手颁发相应工种职业资格证书。对成功举办的企业，按《莆田市职业技能竞赛管理办法》规定给予竞赛经费补助。

（徐媛清）

劳动就业

【概况】 2020年，全区城镇增就业人数6537人，完成年计划指标的182.09%；帮助城镇失业人员再就业2465人，完成年计划指标的246.5%，实现就业困难人员再就业123人，完成年计划指标的111.81%；期末全区城镇登记失业率3.5%，控制在市下达指标5%以内。全年新增就业人数3064人，排名全市第二。

【强化政策资金支持】 2020年，区人社局出台《城厢区稳就业保就业十条措施》，进一步加大政策补助力度，扩大政策补助范围，在省、市优惠政策的基础上，从用工服务、岗前培训、新兴行业创业培训项目开发、企业吸纳毕业生就业、高技能人才培养等5个方面予以叠加补助。通过强化政府责任、服务保障和资金投入，扩岗、稳岗和兜岗，确保居民就业局势整体稳定。

【落实援企稳岗政策】 2020年，区人社局建立挂钩联系企业制度，提高主动服务意识，班子成员和部门负责人分别挂钩区内各重点企业，定期走访推送惠企惠民政策，帮助解决企业实际困难，推动“企业找政策”向“政策找企业”转变，全年累计兑现补助资金2422.27万元。

【拓宽高校毕业生就业渠道】 2020年，区人社局征集上报事业单位公开考试招聘岗位77个、高层次及重点紧缺专业人才岗位26个、基层公共管理和社会服务岗位52个。接收市级“三支一扶”高校毕业生18名。结合机关事业单位补充用人需要，提供61个机关事业单位非在编工作岗位，面向城厢籍应届高校毕业生实行公开招聘，并向建档立卡贫困户家庭未就业高校毕业生和退役大学毕业生士兵倾斜。全区2020年离校未就业高校毕业生就业率97.46%，位居全市第一。支持大学生多渠道创业，积极协调城厢区邮储银行、农业银行、农商行、区财政局和担保公司商讨创业担保贷款业务合作协议，推动创业担保贷款政策落地，为符合条件的创业大学生提供资金支持。是年，发放创业担保贷款10

8月2日，“巾帼杯”育婴员职业技能竞赛在金海湾大酒店举行

（徐媛清 摄）

人次156万元。

【就业见习工作】 2020年，区人社局出台《城厢区青年见习基地管理暂行办法》，拓宽青年就业见习基地覆盖面，全区现有见习基地13家，其中新增5家。是年，征集见习岗位334个，145名高校毕业生参加就业见习，累计发放见习补助178.4万元。对接辖区内复茂食品、溢通环保、力奴鞋业3家见习基地，为32名莆田学院大学生预定兵提供就业见习岗位，对见习周期内的毕业生每个月按我市最低工资标准的150%予以见习补助，保障应届大学生离校后到入伍前的临时就业。

【兜底保障困难群体就业】 2020年，区人社局落实"省十九条"措施，结合疫情防控期间各镇街实际情况，增设防疫消杀、生态管护、乡村建设等类型的临时性乡村公益性岗位。是年，开发公益性岗位就业22人，续签合同78人，三年到期续聘37人，全区公益性岗位在岗总人数115人，其中精准扶贫对象77人，兑现公益性岗位补贴182.43万元。落实银发建档立卡贫困人口劳动服务政策，筛选意向从事劳务服务的银发建档立卡贫困人口15人，拓宽到龄贫困劳动力的就业渠道。对149家吸纳跨省贫困劳动力就业的企业给予"吸纳贫困人口跨省务工奖励"，累计发放补助资金294.69万元。

【企业用工指导服务】 2020年，区人社局收集各类用工信息1126条，提供就业岗位22070个；为各类求职人员办理求职登记16120人次，介绍推荐就业10153人，开展职业指导13150人次。举办线上招聘会1次、线下招聘会1次，组织277家企业，提供就业岗位8440个。

【企业用工调度】 2020年，区人社局在四川省南充市、广安市设立劳务协作工作站，属于全市首家，对接联系川渝两地"点对点"劳务输出，开展常态化劳务协作。疫情防控期间，在市级要求20人以上组团返岗的基础上，对在省外返莆人员相对集中的县区，2月29日前由区内不同企业组织单次10人以上联合组团返岗的规上企业，由区级财政予以返岗交通补助，累计为区内20家企业办理"点对点"包机、包车业务30批次，涉及员工960人。

【处置劳资纠纷】 2020年，区人社局坚持底线思维，主动应对和防范各类欠薪隐患风险，成功处置群体性事件的做法在莆田人社公众号、《福建日报》"人社在行动"专栏报道；"协同化"解决欠薪案件的做法在全省人社系统做推广。进一步简化欠薪案件办理程序，缩短办件时间。投诉举报件立案时间由5个工作日压缩至1个工作日，办结时限由60个工作日压缩至10个工作日。劳动争议仲裁案件按照"快立、快审、快结"的要求，将结案时间由45个工作日压缩至30个工作日；涉及10人以上的群体性欠薪案件结案时限压缩至15个工作日。是年，受理投诉举报件156件，为709名工

11月18日，区人社局在市金保大楼开展莆田市"根治欠薪法治宣传"专题活动 （徐媛清 摄）

人追讨工资767.91万元，法定时间内结案率100%。受理劳动仲裁案件242件，办结219件，其中裁决99件，调解120件，结案率90.29%。办结工伤认定案件386件。组织开展疫情防控期间清理整顿人力资源市场秩序专项执法行动，联合市场监管部门检查23家人力资源服务机构和用人单位，促进劳动力市场和谐有序。

【稳定疫情防控期间劳动关系】2020年，区人社局向企业分发《疫情防控期间企业规范用工政策指南》《企业规模裁员合规工作手册》等政策宣传手册，指导受疫情影响企业采取协商薪酬、调整工时、轮岗轮休、在岗培训等措施，保留劳动关系。加强对企业实施特殊工时制度的指导管理。是年，共有4家企业的特殊工时制度得到审批许可，涉及员工286人，其中不定时工作制97人、综合计算工时工作制189人。

【防范重点领域欠薪问题】2020年，区人社局落实《保障农民工工资支付条例》，两次召集全区建筑领域在建项目建设单位、施工单位项目经理、劳资专员开展宣讲，并对“无欠薪项目部”规范化创建进行培训，规范建筑领域用工管理和工资支付行为，全区在建工程项目创建率达100%。

（徐媛清）

社会保障

【实施“全民参保”计划】2020年，区人社局坚持保障民生和服务发展并重，一手抓扩面提标，一手抓降费减负，不断完善社会保障体系。以已参保未缴费人员为重点，推进基本养老保险参保缴费工作，是年，全区基本养老保险参保率95.50%，排名全市第一。

【落实降本减负政策】2020年，区人社局继续实行阶段性减免社保费政策，疫情防控期间采取免填单、免申请的方式对中小微企业已正常缴纳阶段性减免期间失业保险费的，批量发起退费，对大型企业等其他参保单位，按照其意愿和选择，可冲抵以后月份的缴费，也可退回，共批量完成失业保险单位缴费部分退费19.42万元，惠及企业1473家，退费率100%。

【保障疫情防控期间参保人员生活】2020年，区人社局根据物价上涨联动机制，对失业保险待遇申领人员发放物价上涨补贴，累计发放2311人次，金额17.9万元。对在疫情期间失业但未达到失业保险金领取条件的参保贫困劳动力，按照不高于1099元失业保险金标准发放失业补助金。扩大失业保险保障范围，对3—12月，领取失业保险金期满仍未就业的失业人员、不符合领取失业保险金条件的参保失业人员，发放6个月的失业补助金，累计发放2286人次172.2万元。

【落实特殊群体代缴政策】2020年，区人社局完成2020年度符合代缴政策特殊群体的身份认定工作，由财政代缴每人每年200元的城乡居民养老保险费，全年完成代缴6070人，代缴金额121.4万元，代缴名单内人员100%代缴到位，做到应保尽保。

（徐媛清）

人事管理

【建立教师队伍“虚编实岗”机制】2020年，区人社局根据区委编办重新核定的扩容校和新建校专业技术职数基数对23家学校岗位进行重新调整，共增加专业技术职数基数294个，职数增加293个，完成200余人岗位晋升聘任工作，工资月增资额总计38996元，破解教师因编制受限职称无法晋升的问题。

【落实基层倾斜政策】2020年，区人社局对在农村工作满25年且仍在农村工作的专业技术人员，已取得高级职称资格的，可不受岗位职数限制直接聘任专业技术岗位七级。全区已有10名农村工作人员不占职数聘任专技七级。在基层医疗卫生、农村中小学幼儿园等基层单位实行“定向评价、定向使用”的基层专业技术职称评审管理制度，有4名符合条件的基层卫生人员参加全省基层高级卫生专业技术职务任职资格评审；58名农村教师参加中小学幼儿教师高中初级职称评审。

【规范事业单位津补贴发放】 2020年，区人社局持续开展“1+X”专项督查，2020年共检查单位9个，发现问题1个，发出整改通知1份，通过常态化督查，进一步规范事业单位津补贴发放。

【落实事业单位公开招聘制度】 2020年，区人社局发布事业单位公开招聘岗位77个（设专门岗位3个，应届毕业生岗位1个），拟招聘88人，其中卫生系统岗位40个，拟招聘49人。经考试、复审、体检、政审，办理入编65人。发布卫生系统研究生公开招聘岗位8个，拟招聘9人，经过报名资格审核、面试、体检、政审，办理入编1人。

【推进事业单位岗位设置管理工作】 2020年，区人社局按照《关于全市事业单位开展第四轮岗位聘用工作的通知》（莆人社文〔2019〕87号）文件精神，对新设立、增减机构编制等情况的事业单位，审核其变更后的岗位设置方案。是年，完成21家单位新一轮岗位设置审核工作及教育系统扩容校（及新建校）岗位调整事宜。对在一轮岗位聘用期限内的事业单位，原有空缺岗位或人员退休、辞职的，采取对空缺岗位竞聘递补的方式，调整部分人员岗位及等级，调整审批800余人次。

（徐媛清）

民　政

【概况】 2020年，莆田市城厢区民政局（以下简称“区民政局”）认真贯彻落实习近平总书记关于民政工作重要指示精神，以提高困难群众生活保障水平，加快民政公共服务设施建设、提高民政公共服务能力为重点，在区委、区政府的正确领导下，在上级民政部门的具体指导下，不断创新民政工作体制机制，健全多项制度措施，有效推进民政工作持续发展。

【社会保障】 2020年，区民政局狠抓城乡低保保障标准“提标扩面”，保障基本民生，全面提升社会保障水平。加强主动发现和监测预警，及时将符合条件的困难群众纳入低保或特困供养，落实低保标准与最低工资标准挂钩的动态调整机制。是年，发放救助金2497.14万元，农村发放低保金2279.39万元；城市发放低保金217.76万元；发放特困供养金487.35万元，全年增低保对象455人。

【社会救助】 2020年，区民政局阶段性提高临时救助筹资标准，对受疫情影响和因突发性、紧迫性问题导致基本生活陷入困境的群众，直接给予临时救助，做到应救尽救。1—12月，救助3484人次，发放临时救助金379.64万元，使用率110.4%。建档立卡“动态管理”，通过对全区建档立卡贫困户实施低保救助渐退机制，以巩固脱贫成果，有效抑制脱贫户返贫。全区建档立卡2198人，其中，低保兜底1488人，约占比67.7%。面对疫情，联动社会单位及养老服务企业、区级卫健部门以及禾康信息养老服务机构，向困难民政服务对象发放近2000只口罩、55升消毒液和洗洁精等防护用品以及1000公斤大米、油等生活物资；联动区卫健局制定《莆田市城厢区民政局 莆田市城厢区卫生健康局关于莆田市城厢区新型冠状病毒感染的肺炎确诊患者、疑似医学隔离对象困难家庭临时救助办法的通知》（莆城民〔2020〕16号）文件，根据困境家庭的确诊及隔离情况，做到应救尽救。救助受疫情影响困难对象2304人次，发放救助金138.97万元，其中，救助受疫情影响扶贫对象1081人次，发放救助资金66.88

万元、救助困难确诊对象31人，疑似医学隔离困难对象5人次，发放救助资金9.8万元。建立脱贫攻坚社会救助预警监测机制，围绕“红、橙、黄”三级预警监测机制，全面拉网排查，采用入户走访、问卷调查、第三方评估等方式，开展“不漏一户、不落一人”保障建档立卡户社会救助排查和保障工作，确保顺利完成脱贫攻坚目标任务，巩固脱贫成果。

【基层组织建设】 2020年，区民政局持续减负增效，构建城乡治理新格局。一是针对应对疫情中暴露出的社区治理方面的短板和不足，坚持高标准、高质量建设、高效率运行，采取“1+6+X”的推进提高社区治理能力不断提升。选择条件较为成熟的龙桥街道龙桥社区、北磨社区、太平社区，霞林街道霞林社区、肖厝社区，凤凰山街道筱塘社区作为首批社区邻里中心建设试点社区；基础较为完善的华亭镇五云村、常太镇下莒村、灵川镇桂山村、东海镇蔡亭村等作为首批乡村邻里中心建设试点村。突出党建引领，完善6项服务功能（幼有所育、老有所养、病有所医、食有所安、居有所乐、事有所办），拓展X项其他功能，创建“党建+”邻里中心，进一步提升基层治理效能。二是逐步健全基层民主制度，认真总结2019年各试点村（社区）民主协商工作经验，参与研究制定莆田市城乡社区民主协商工作指南（规范），由点到面推进全区民主协商工作，并将此项工作从试点阶段转为常态化、长期性工作，推进城乡社区民主协商制度化、规范化、特色化、常态化发展，营造“有事好商量，遇事多商量，做事常商量”的协商氛围。三是不断完善社区服务设施建设。确定3个村综合服务站建设，每个村给予建设资金补助10万元。

【养老服务】 2020年，区民政局加快谋划养老服务设施项目建设。结合“十四五”规划编制，重点发展养老服务设施项目建设。一是抓农村幸福院建设与服务。年内建成农村幸福院4个，共建成65个，覆盖建制村65%以上，完成“十三五”规划工作目标。为更好地发挥农村幸福院作用，区财政安排每村每年5000元补助用于农村幸福院运营与维护。同时，整合农村幸福院、农家书屋、卫生所、体育器材等多项民生工程，保障农村老年人老有所养所乐所医。二是抓社区居家养老服务建设与服务。逐步建立起以政府主导、社会参与、居民互助、社会化服务为依托的社区养老服务体系，采取公办民营、选址新建、依托社区基础设施、整合社区闲置资源和租用房屋改扩建等方式，分级投入建设资金4000万余元，按照“七个一”标准，建成18个社区居家养老服务站，覆盖所有城市社区。建成4所居家养老服务照料中心，覆盖所有街道办事处和中心城区，同时委托专业第三方组织运营，运营率100%。三是抓养老机构建设与服务。灵川镇利用灵川卫生院资源，兴建灵川镇敬老院，同时结合升级改造工作，打造成农村区域性养老服务中心；华亭镇利用闲置资源走马亭旧小学改造敬老院，打造成农村区域性养老服务中心，改造升级敬老院配备设施及服务人员队伍。四是抓长者食堂建设与服务。建5个农村幸福院长者食堂、1个社区长者食堂和1个社区邻里中心中央食堂，幸福院长者食堂每个安排补助4万元，社区长者食堂每个安排补助5万元。五是抓护理员培训。通过委托第三方开展养老护理员系列“老人照护”专项能力提升技能培训班，提升区内养老服务水平。六是探索居家养老购买服务试点工作。通过公开招投标程序引进禾康养老公司为老年人提供信息化服务和实体服务，已为7类老年群体服务6103人，服务35123人次。

【儿童福利】 2020年，区民政局加大投入帮扶困境儿童群体。阶段性加大社会救助和保障标准与物价上涨挂钩联动机制的价格临时补贴，在原有补贴标准基础上提高1倍发放价格临时补贴，补贴金额与物价涨幅同比例变动。将孤儿和事实无人抚养儿童纳入价格临时补贴联动机制保障范围，3—6月发放孤儿和事实无人抚养儿童价格临时补贴3306元；全年发放孤儿基本生活保障补助资金97200元，事实无人抚养儿童基本生活保障补助资金525556元。加强摸排力度，精准发力帮扶结对。依托网格平台对全区范围内留守（困境）儿童信息进行全面摸底排查、建档造册、定期走访更新留守（困境）儿童学习和生活动态。全区留守（困境）儿童底册和网格平台已录入的留守（困境）儿童信息为：留守儿童109人，困境儿童1358人。实行信息动态化管理及个案干预方法。通过购买社会服务项目的方式，联合社工机构进行入户走访采集留守（困境）儿童信息，掌握家庭情况、监护情况、就学情况等信息，并借助网格平台完善"一人一档案"制度。对符合条件的家庭挨户进行政策宣传，并协助3名事实无人抚养儿童及孤儿入住莆田SOS儿童村生活，为事实无人抚养儿童及孤儿提供健康温暖的成长环境。政策宣讲入村居，关爱保护落实处。积极联合社工组织入华亭镇等七个镇（街）开展儿童关爱保护法规政策宣教活动7个场次，惠及200余人。

【残疾人福利】 2020年，区民政局提高残疾人两项补贴落地见效。根据福建省民政厅等四部门《关于做好残疾人两项补贴提标并建立动态调整机制工作的通知》（闽民事〔2019〕168号）和莆田市民政局等四部门《关于做好残疾人两项补贴提标工作的通知》（莆民〔2020〕14号）文件精神，适时提高残疾人"两项"补贴。累计发放残疾人生活补贴470.619万元、残疾人护理补贴608.222万元。

【慈善事业和收养】 2020年，区民政局在春节期间送温暖，安排主要领导奔赴各镇街、各困难群众家里慰问，送上慰问金和政府关怀。累计走访慰问困难群众400余户，全区向生活方面有困难的群众发放资金40.54万元，其中低保办慰问敬老院生活不能自理的集中供养人员36人，500元/人，共18000元。走访慰问困难群众18户，共2.2万元，困难民政协管员5人，共0.5万元。慰问资金15.05万元（其中老区专项资金2.65万元）。另外，下拨各镇街慰问资金26.5万元，慰问各镇街困难群众、低保户、特困人员等。

根据省市级有关文件精神及市领导的指示批示要求，区民政局共排查出35个宗教活动场所收留抚养孤儿弃婴，其中32个在民宗部门备案，3个未备案，共收留抚养81个孤弃儿童，均为女童，其中已签订代收养协议儿童70人，未签订11人。残疾儿童及重病儿童3人，纳入低保保障20人，纳入残疾人"两项补贴"保障3人，人户分离儿童12人，无户籍儿童7人。81名儿童均在城厢民政建立台账，登记造册。所有儿童正常就学，未发现儿童辍学情况。与公安机关积极配合，全面基因比对，着力解决落户问题。落实场所登记，签订代养协议。加强动态监测管理，从而实现闭环管理、常态管理。

顺利开展"阳光1+1"（社会组织+老区村）牵手行动，实现7个社会组织与7个老区村自主签约，助力乡村振兴、决胜脱贫攻坚。树立1个成功典型示范，实现城厢区枇杷协会与常太镇东青村结对帮扶，巧妙利用当地枇杷资源，助力当地特色枇杷产业发展。巩固老区脱贫攻坚成果全力防止返贫。加强老区水利、公路等基础设施建设，进一步改善老区生产生活环境，推进老区脱贫攻坚。向上争取项目资金支持，53万元补助资金拨付到位，6个补助项目建设有序开展，全部项目已成功验收并投入使用，其中省级老区扶建资金20万元用于灵川镇径里村断头路路基、路面改造等建设，并已成功验收和投入使用；市级革命遗址保护利用专项资金8万元用于管理维护革命遗址、支付工资等；区级老区扶贫发展资金25万元用于常太镇马院村路灯配套建设、金川村自来水建设、南川村自来水建设。

【婚姻家庭】 2020年，区民政局持续提升婚姻登记窗口服务水平。疫情常态化防控及重要节点期间，区婚姻登记处实行电话预约制度，每日限制登记人数，避免登记对象聚集，同时要求登记对象做好安全防护、测量体温以及出示“八闽健康码”入场，有效做到科学有序防控疫情。是年，办理婚姻登记3404件，其中国内结婚登记2089对，补领结婚证370对，国内离婚登记885对，补领离婚证56件，涉外结婚登记3对，涉外离婚登记1对。

【地名与勘界】 2020年，区民政局完善地名牌证信息管理，落实推进街路牌、楼门牌的更新维护工作，做好不规范地名的清理整治工作；做好日常门牌号编排、门牌证发放工作，发放门牌证13820本；检查维修、维护街路牌292块；在全国地名信息政务管理平台上处理43条疑问问题，更新32条小区信息；做好平安边界创建工作，年内有4条乡级界线联检任务顺利完成。

【殡葬管理】 2020年，区民政局纵深推进殡葬改革，制定《关于印发城厢区农村公益性骨灰楼堂建设管理工作实施方案的通知》（莆城政办〔2020〕8号）文件，以文件落实全市首个农村公益性骨灰楼堂建设，区级财政按照省、区1∶2的比例予以配套资金奖补，对财力困难村新建乡村公益骨灰楼堂的每个补助20万～30万元；借助“莆阳云祭扫”平台，倡导新型祭扫方式；首个城市公益性公墓马涨山公墓通过省级验收，于10月份启动使用，进一步满足群众基本的丧葬需求。殡葬普惠性基本服务全面落实。按照《莆田市人民政府办公室关于印发莆田市免除基本殡葬服务费实施办法的通知》（莆政办〔2020〕10号）、《莆田市人民政府办公室关于印发莆田市免除城乡困难群众基本殡葬服务费实施办法的通知》（莆政办〔2012〕241号）等文件要求，向区财政申请下拨减免基本殡葬服务费。全年免除基本殡葬服务费1672210元（其中一般群众减免1295040元，城乡困难群众减免377170元）。制定《关于印发城厢区农村公益性骨灰楼堂建设管理工作实施方案的通知》（莆城政办〔2020〕8号），从制度上规范农村骨灰楼堂建设管理。13个骨灰楼堂项目已通过建设手续审批及完成招标程序，已动工建设。

【社会组织管理】 2020年，区民政局依法登记社会组织，严把审批关口。审批社会组织成立登记6个，变更登记10个，注销登记2个，出具社会组织开设临时账户申请7张，办理延期换届1个。使用福建省社会组织年报系统，开展2019年度全区性社会团体和社会服务机构工作报告，实现全流程网上申报。全区有91家社会组织符合2019年度年报，其中73家社会组织按时申报，剩余18家未按时限参加年报。

（林海滨）

关心下一代工作

【概况】 2020年，莆田市城厢区关心下一代工作委员会（以下简称“区关工委”）坚持以习近平新时代中国特色社会主义思想为指导，全面贯彻中共十九届五中全会精神，深入学习贯彻习近平总书记在纪念中国关心下一代工作委员会成立30周年暨全国关心下一代工作表彰大会上的重要指示精神，坚决落实上级关工委和区委、区政府的各项决策部署，围绕中心，服务大局，发挥优势，主动作为，坚持战疫情、促发展“两手抓、两手硬”，着力做好“基层建设提升年”工作，较好地完成了年初确定的目标任务。

【政治站位】 2020年，区关工委始终把党的领导贯穿于关心下一代工作的全过程，坚持重大事项、重要活动、重要会议主动向区委请示报告，自觉将关工委工作放到全区工作大局中去思考、谋划和推进，不折不扣完成区委安排的工作任务，努力在全方位推动高质量发展超越中发挥“五老”更大作用。立足区委、区政府各项重点任务，全年召开全区关心下一代工作会议2次、主任办公会议11次、现场推进会1次，进一步统一思想、提高站位、凝聚共识，注重发挥“五老”的独特优势和作用，协力推进脱贫攻坚、“双轮”驱动、基层治理等各项工作。特别是疫情防控期间，老同志们迅速响应区委号召，组建“五老”疫情防控队伍，踊跃捐款捐物，自觉参与卡口值班、应急巡逻等工作，充分彰显老同志们的责任和担当。9月7日《福建日报》“莆田观察”栏目刊登《“五老”志愿者：创城中的动人身影》，专题介绍城厢区“五老”人员积极参与全国文明城市创建的典型经验。

【立德树人】 2020年，区关工委采取“线上+线下”宣传模式，志愿开展防疫知识宣传和心理辅导疏导，帮助学生们掌握防疫卫生健康知识，调节心理健康，把“防”字贯穿复学全过程。突出爱国主义教育主题，持续开展“社会主义核心价值观”“扣好人生第一粒扣子”“两史三爱”“关爱明天、普法先行”等主题教育，特别是结合中共十九届五中全会精神宣讲，开展思政课“六进”（进机关、进校园、进社区、进农村、进企业、进家庭）宣讲活动10余场次，受众青少年达2000余人次。11月20日《福建莆田：让全会精神“扎根”民营企业》还作为《福建日报》“十九届五中全会精神宣讲面对面”栏目的开篇之作，刊发区关工委报告团积极宣讲五中全会精神的经验做法，并登上“学习强国”学习平台。霞林街道下黄社区关工委创建“未成年人零犯罪社区”经验做法得到中央、省、市关工委的充分肯定，常务副主任林国栋还获2020年度“全国关心下一代工作先进工作者”称号。3月，全国人大常委会原副委员长、中国关工委主任顾秀莲到下黄社区调研时为他颁奖。

【帮困助学】 2020年，区关工委主动助力脱贫攻坚，积极探索创新帮困帮教助学长效机制，依托“党建+”邻里中心，以“五失”青少年、农村留守儿童、困境儿童等为重点，配合区教育、妇联、工会、团委、司法等单位，大力开展捐资助学、关爱留守儿童、就业帮扶、帮教失足青少年等活动，先后与区文明办、总工会、妇联在灵川镇、常太镇、南门社区、力奴鞋业举办关心关爱、家风家德传承、关爱外来工子女等活动10余场；建立“五失”青少年心理成长档案，开展心理干预和辅导100余人次；结对帮扶兴安社区和逸夫实小、泗华小学、泗华幼儿园3家学校，捐赠爱心图书600余册。特别是把社会力量整合进来，着力帮助解决青少年在学习、生活、心理等方面的困难和问题，受到社会各界的广泛好评。东海镇发动社会各界捐资助学95万元，其中扶贫助学15万元、资助贫困学子31名，莆田珍中工贸每年都向东海学区捐助5万元。灵川镇张边村关工委发动社会各界捐资助学40万元，其中资助贫困学生12人，激励优秀学生22人、优秀教师18人，发放奖学金3万元；与张边村华侨小学共建，添置教学用品、图书及学生文具等共4万余元，现捐赠图书2019册。凤凰山街道南门社区开展“金秋助学”活动，向26名品学兼优的学子发放助学金6.4万元。华亭镇关工委联合濑溪村关工委爱心帮帮团开展“金秋助学”活动，为5名应届大学本科生每人发放2000元助学金，并联合霞皋村关工委对考上北京大学的郑旭给予5万元奖学金，《湄洲日报》9月3日刊发城厢区做法。

【守正创新】 2020年，区关工委坚持守正创新，以点带面不断创新工作方式方法，积极打造具有城厢特色的工作品牌。一是思政课“六进”活动品牌。找准着力点，积极探索思政课建设，做活“思政育人”这篇大文章，全市首家创新开展思政课“六进”活动。9月28日在文献中学启动后，思政课“进校园”先后走进逸夫实小、泗华小学等6所学校，“进农村”先后走进莆田十八中学、东沙中学2所农村学校，“进企业”走进复茂食品有限公司，“进家庭”走进“福建省抗疫最美家庭”城厢区交警大队二中队民警陈瑜一家，“进社区”走进下黄社区“党建 +”邻里中心。二是夏令营活动品牌。以“争当新时代好少年”为活动主题，采取“驻校”“扎村”“体验”等“1+N”多重模式，开展形式多样、内容丰富的公益夏令营活动。凤凰山街道南门学校连续三年举办“少年军校”夏令营，常设军事化训练、红色基因教育项目，已上升为市关工委的工作品牌。创新采取活动进校入村的模式，把夏令营办到留守儿童身边，以华林学校为试点，开展“手拉手”夏令营活动；优化乡村青少年宫、留守儿童之家等资源，发挥“五老”作用，在龙桥街道洋西村、华亭镇后角村举办假期书法、英语培训班等夏令营20余场。三是主题新闻宣传工作品牌。围绕中心工作，及时推广各级关工委工作经验和先进“五老”典型事迹，努力形成综合品牌效应，8 月以来，在各级主流媒体刊登新闻报道 70 余篇次，其中：“学习强国”学习平台 2 篇、《福建日报》10 篇、《湄洲日报》7 篇、“莆田先锋”9 篇、“今日城厢”16 篇。四是传承好家风好家教工作品牌。以“弘扬好家教好家风”为主题，积极配合有关部门，引导有家庭教育专业特长的“五老”进学校、进社区、进农村、进家庭，开展家庭教育讲座 10 余场，受众家长 600 余人次。全区建有华亭镇霞皋村林国华“霞皋新时代文明家长学校”、园头村陈春德（云里风）故居、后角村回乡台胞林念生“俞林学苑”和东海镇蔡襄纪念馆 4 家家风家训教育实践基地。

【队伍建设】 2020 年，区关工委以“基层建设提升年”为载体，大力开展“党建带关建”工作，推动解决理论武装、班子配备、工作运转、经费保障等，不断提升基层关工委的凝聚力、战斗力。采取微信推送、以会代训等线上线下学习方式，把习近平新时代中国特色社会主义思想作为各级关工委教育培训的首要任务和必修课程，举办中共十九届四中、五中全会精神等培训班 10 余场；巩固提升常太镇马院村闽中游击区革命纪念馆、凤凰山街道龙脊山烈士陵园等 4 个现场教学点建设，开创红色教育新模式。通过查阅资料、座谈交流、实地查看等方式，深入全区 7 个镇（街）、23 个村居，开展 2 轮基层关工委调研活动，指导各镇街、村居关工委工作开展；12 月 12 日，在霞林街道下黄社区召开全区关工委“基层建设提升年”工作现场推进会，切实抓好“党建带关建”工作落实。调整充实区关工委领导班子、报告团、关爱工作团成员以及华亭、东海、龙桥、霞林、凤凰山 5 个镇（街）关工委常务副主任，确保领导班子坚强有力；落实镇街、村居办公经费和人头经费，纳入区财政预算，申请追加镇街和村居关工委工作经费；申请追加镇街关工委常务副主任工作经费补贴，从原来的每人每月 100 元提高至每人每月 300 元，有力地推动基层工作提升。龙桥街道兴安社区、北磨社区关工委领导班子建设、“五老”作用发挥、制度健全执行等各具特色，内业资料较齐全，工作人员、经费保障较到位。霞林街道下黄社区关工委被省关工委评为“全省基层五好关工委示范点”。

（蔡朝晖）

龙桥街道

【基本情况】 龙桥街道位于城厢区东部，东北、东南与荔城区西天尾镇、拱辰街道、镇海街道接壤，西北、西南与常太镇、凤凰山街道接壤。辖区面积20.6平方千米，下辖龙桥、太平、北磨、下磨、兴安、万辉6个社区居委会和泗华、延寿、洋西3个村委会，有常住人口6.35万人。

【概述】 2020年，龙桥街道坚持稳中求进的总基调，强化责任、干在实处，从变化中捕捉机遇，在逆境中创造条件，充分打好项目攻坚战，全力推动街道经济平稳增长。全年街道财政收入完成10.6亿元，固定资产完成投资41.54亿元，限额以上批零业累计完成84.9877亿元，同比增长35.2%。限额以上住餐业累计完成0.87亿元。营利性服务业累计完成3.47亿元。是年，龙桥街道打造"党建+"邻里中心让居民享受多种服务，通过整合中心周边的生鲜超市、幼儿教育机构、养老服务机构等资源，让居民不出社区就能轻松享受到集约、开放、共享的"一站式"服务，打造15分钟生活活力圈。

【项目建设】 2020年，龙桥街道紧紧围绕"转作风、提效率，美丽莆田我先行"主题实践活动，加大项目推进力度，突破项目攻坚难点，全力推进项目建设。街道安排项目73个，预计投资额为82亿元，其中在建项目26个，预计投资额为46亿元；预备项目19个，预计投资额为36亿元；前期项目28个。加大力度服务在建项目，京都国际金融中心、莆田学院二期（融侨碧桂园•铂钥府）、洋西地块A、九华学校新建工程等已开工项目。集中力量突破征迁工作，街道列入重点征迁攻坚项目有2个，有延寿整村改造项目及文献北片区改造项目。抓紧抓实突破预备项目，共有前期项目28个，其中市府集资楼地块，进入招投标程序。

【商贸服务】 2020年，龙桥街道紧紧围绕电商小镇总体规划，树立全域电商理念，推动产业转型升级，打造第三产业新业态，做大做强总部和楼宇经济。已成功引进厦门壹零贰陆信息科技有限公司、福建省楚鲸建材贸易有限公司；打造建筑业的总部经济，与凯辉集团有限公司、实地（福建）建设有限公司签订合作协议，年纳税超亿元；与四季华堂商业运营管理有限公司洽谈，引进工美智创文化创意产业总部经济平台，年纳税额不低于3000万元。与福建省百盛大同投资有限公司作为运营主体，跨境全产业链综合生态园落户洋西村，进行资源整合。成功将莆田伦琴健康体检中心、莆田瑞斯康复医院、爱丁堡医院引进联发电商城，实现转型发展。

【社会事业】 2020年，龙桥街道查处“两违”案件123宗、违建面积41708.5平方米。出动人员1000多次，大型执法6次，出动大型工具6台。坚持“疏堵结合”，优化流程，对符合农村建房规定的做到规范审批、应批尽批、及时审批。加强联动执法，持续保持“两违”清理整顿高压态势，以“雷霆手段”打击违建，坚决迅速拆除违建，打消侥幸心理。做好“12345”热线诉求件办理工作，街道受理“12345”投诉件5266件（含办结件、重复件、即办件等），全面办结，即时查阅率100%，及时回复率100%，满意率99%。

【基础设施建设】 2020年，龙桥街道紧紧围绕“稳步扩面，全民参与，着力提质，促进减量”的总体目标，按照全覆盖的原则在既定时间有序推进40座分类屋（亭）建设工作并相应配备专（兼）职督导员40多人，新购或改装21部分类收运车辆，建立51名收运队伍，合理规划垃圾收运线路，并在全街道区域设置1680组四分类垃圾桶，实现分类收容器全覆盖。以街道社区为单位规划7条收运路线，形成可回收物、有害垃圾、厨余垃圾（餐厨垃圾）和其他垃圾四大收运体系。

【民生保障】 2020年，龙桥街道农村低保有33户66人，月保金额31773元；城市低保51户118人，月保金额74866元；特困7户7人，月保金额12096元。对全办未（无）纳入低保兜底保障的建档立卡对象、重疾苦难家庭（人员）、残疾困难家庭（人员）、因学致贫家庭（人员）、困难职工以及其他可能符合低保条件的困难群众开展全面“大起底、大排查”，排查405户785人，录入低保核查系统11户41人，符合条件已纳入低保16户38人。是年，街道主动救助106户，发放临时救助资金14.472万元，提高临时救助资金的使用率。

【安全生产】 2020年，龙桥街道贯彻落实上级安全生产大排查大整治工作精神，积极开展安全生产大检查工作，组织多次以分管安全副主任牵头，包片领导、派出所、安监站、公路站、城建办、宣教办、综治办、农机站配合，组成30多人的机动突击小组，共查出日景小吃、健生菜馆等“三合一”“多合一”经营场所25家，已整改到位。是年，累计出动人员120多人次，检查生产经营单位680家，查出安全隐患824条，已整改712条，安全隐患整改率86.41%以上。

【疫情防控工作】 2020年，龙桥街道面对新冠肺炎疫情，切实发挥健康守门人作用，抓实抓细重点人群、重点场所和机构防控工作，切实维护好辖区人民身体健康和生命安全。成立由书记、主任任组长，党政班子成员为成员的龙桥街道新型冠状病毒感染的肺炎疫情防控工作领导小组，全面协调推进街道防控工作。强化“大数据+网格化”管理，采取社区（村居）分片包干，责任到人。迅速成立40个开放式小区封闭管理出入点，志愿者进行24小时轮流值班，有1553个公共场所的服务人员做过核酸检测。全面推广“八闽健康码”工作，采用“线上+线下”的方式引导群众申领“八闽健康码”，是年，街道常住人口63475人，已申领“八闽健康码”59884人。

【信访工作】 2020年，龙桥街道通过“多心合一”，大力推行“六联”工作法。在疫情防控期间，以辖区内出租房、沿街店铺、用工单位的排查登记为切入点，以楼栋管理为单位，全面排查出租房、外省外地市流动人口、重点人员等数据台账，做到实时动态滚动管理，并建立网格示意图。在社会治安联防方面，执法大队对城区主次干道严格巡查，有效规范占道经营和出店经营行为，年内进行集中清理行动50余次，警告店外店、占道摊贩等700多户次，清理马路流动商贩1000多人次，纠正各类违章行为600多人次，教育训诫300多人次，荔城中大道、荔城北大道、溪北路、绥溪公园周边等重要地段流动摊点违章占道等现象得到明显改观。各学校、医院反映的门前“三乱”问题，强制拆除未办行政许可手续的大型户外广告30余块，并督促保洁人员积极清除主次干道“牛皮癣”。

【生态环保】 2020年，龙桥街道在黑臭水体治理方面，关注龙桥溪及下磨溪，经过整治，氨氮、透明度、氧化还原电位、溶解氧指标均合格。在河道脏乱治理方面，延寿溪、洋西溪、龙桥溪、下磨溪等河道实现常态化保洁管理。依托街道环卫公司成立一支13名河道卫生专职保洁队伍，每天清理河道垃圾；依托河长制，辖区内8名河道专管员每天进行2次巡查，发现问题及时督促整改。在禽畜养殖整治方面，要求每月25日之前进行零报告，街道执法队加强巡查密度，采取定期和不定期相结合进行巡查，对禽畜养殖户进行全面清理。在入河排污口整治方面，街道共排查辖区内有137处199口，完成整改治理137处199口（其中雨水口60处93口），完成整治率100%。

【精神文明建设】 2020年，龙桥街道在创城期间制作“文明健康 有你有我”公益广告用于路灯的刀旗、主干道、村（居）各小区等180多套，大型公益广告牌5块，主干道异形广告牌200多块等。同时，每日与村（社区）对接创城标准，整改落实情况。国庆期间，做好节日氛围布置。街道党工委理论中心组学习24次，意识形态研讨2次。

【党建工作】 2020年，龙桥街道把学习贯彻习近平新时代中国特色社会主义思想与十九届五中全会精神作为主线，组织读书班5场，专题研讨7场，专家辅导1场，集中学习3场，有力推进思想教育往深里走、往实里走。街道征求意见建议四大类共60条。因地制宜，拓展邻里中心服务功能。从“问需于民”的角度出发，根据各个地域不同特色提供“四点半课堂”、老人日间照料中心等服务，让服务从网格、小区、楼宇到各家各户中，让服务延伸到社会的“神经末梢”。通过加强资源整合，全面推进“党建+”模式，开展158项便民服务活动。街道在区委、区政府的领导下已实现辖区内小区党支部的全面覆盖。扎实推进党风廉政建设，街道纪工委共运用监督执纪“第一种形态”处理1人次，其中诫勉谈话1人次。

（陈梅荔）

凤凰山街道

【基本情况】 凤凰山街道办事处（以下简称“凤凰山街道”）位于城厢区西南部，土地总面积21.1平方千米。气候属南亚热带气候；主产水稻、花生、蔬菜等作物；镇（街）政府所在地为莆阳西路。街道辖南门、南园、龙德井、筱塘、月塘、新塘6个居委会及林桥、朱坑、白洋等3个村民委员会，有居民小组34个及11个自然村，24个村民小组。街道常住人口总数为45249人，出生人口数为266人，出生率为8.99‰；死亡人口数为152人，人口自然增长率为5.63‰。

【概述】 2020年，凤凰山街道全年累计产值4.14亿元，完成年计划103.5%，同比增长6.74%。街道粮食产量237吨，水果产量3000吨，蔬菜产量277吨，各项经济指标均超序完成。限上批零业年计划指标85亿元，全年累计完成销售额86.45亿元，完成年计划101.7%，同比增长22.45%。限上住餐业年计划指标5.9亿元，全年累计完成营业额6.06亿元，完成年计划102.7%，同比增长15.78%。规模以上服务业年计划指标9亿元，全年累计完成营业收入13.58亿元，完成年计划150.89%，同比增长34.48%。固定资产投资年计划指标22亿元，全年累计完成20.5亿元，完成年计划93.18%，累计同比增长15.04%。连续3年同比增长超过9%。

【社会事业】 2020年，凤凰山

街道辖区内共有公办九年一贯制学校1所，公办小学1所，民办小学1所，教育部门办幼儿园3所，其他部门办幼儿园1所，民办幼儿园5所。辖区内适龄儿童学前三年教育入园率91.8%。小学学龄人口入学率为99.8%，小学在校生辍学率为0。初中学龄人口入学率98.3%，初中在校生辍学率为0。6～14岁三类残疾人口义务教育入学率为95.9%。街道将扫盲教育与技能培训相结合，广泛开展实用技术培训和劳动力转移培训，加快发展社区教育，努力构建全民学习、终身学习的学习型社会；协调计生、农技、安监等部门的相关业务人员，共同参与文技校讲课，进一步充实文技校的师资力量，丰富教学内容。街道已全面扫除15～50周岁人口的文盲。

计划生育　2020年期末街道常住人口总数为45249人，出生人口数为407人，出生率为8.99‰，其中男孩211人，女孩196人，出生婴儿性别比107.65，政策符合率为97.54%。死亡人口数为152人，人口自然增长率为5.63‰。全年共办理一孩、二孩生育登记314对，其中网上登记158对，再生育审批5对，其中委托3对；累计发放各类计生药具70000余份。2020年度法定奖励及利益导向优惠政策全面兑现，城乡部分计划生育家庭免费居民医疗保险覆盖4200余人，部分计划生育家庭城乡居民基本养老保险补助覆盖1100余人，各类计划生育家庭奖励扶助覆盖800余人。联合街道社区卫生服务中心举办“7•11”世界人口日、“世界母乳喂养周”等主题活动2场，健康讲座2场。

劳动就业　2020年，街道开展一系列劳动政策的宣传和咨询工作。1—12月，为群众办事服务132人次，负责认定就业失业人员登记52人，办理城镇灵活就业人员养老社会保险申请16人，个人社会保障情况咨询服务65人。公益性岗位开发工作有序开展，2020年结合街道实际情况续签7名公益性岗位人员。通过巡查纠正用人单位存在的各类违法侵权行为，提高劳动保障工作的法制化水平，使企业做好劳动争议案件的处理工作，妥善处理用人单位拖欠工资，依法保障职工的合法权益。做好农民工工资清欠工作，协助区劳动监察中队妥善处理劳资纠纷，配合开展企业劳动合同签订方案，开展农民工工资支付专项和是否非法雇用童工检查，在抽查中并无发现拖欠工资和非法雇用童工情况。

社会保障　2020年，街道继续采取以政府主导，以“民生工作”定位居民医保，以“待遇实惠”吸引居民参保，以“舆论导向”推动居民参保，强化基层劳动保障平台建设，为城镇居民医疗保险提供优质服务等做法取得一定的成效。全年街道城镇居民基本医疗保险参保人数20599人，缴费5767720元。截至2020年年底有2965人享受基本养老金，累计发放金额568.86万元。对参保未缴费人员656人进行核查，至年底完成比率89.86%，完成对2020年扩面未参保人员2069人次核实参保登记手续，截至12月缴费人员完成4662人次，缴费金额151.34万元。

社区建设　一是村（居）民自治组织建设取得新成效，围绕“四个民主”的要求，健全村（居）民议事和民主理财小组，民主监督小组，完善“村规民约”“社区工作目标、工作职责”。社区干部和广大居民的民主法制意识进一步提高。二是（村）居务公开工作继续深入开展。按照上级主管局的统一要求，对街道6个社区3个村委会的（村）居务在政府的网站进行全面的公开，各（村）社区有固定的公开栏，有专人管理，并层层落实责任，凡涉及群众切身利益的大事，都按时在公开栏内公布，接受群众监督。此项工作一并纳入年终目标考核。三是以党建引领为核心，探索党建工作与社区邻里中心建设有机统筹、深度融合。当年建设完成的筱塘社区“党建+”邻里服务中心已投入使用，最大限度地为社区居民群众提供多元、便捷、高效、优质、贴心的服务，实现提供服务与居民办理的无缝隙衔接。同时，筱塘社区邻里服务中心将继续构筑“1+6+X”邻里服务中心，整合医疗、养老、家政、托教、家教、便民服务中心等打造舒适生活圈；拥有商超、集贸市场、餐饮服务等打造便利生活圈。通过智慧社区幼儿早教服务、智慧社区养老服务系统、智慧社区“四点半服务课堂”、智慧社区家政服务站，为社区居民提供一个安全、舒适、便利、低碳的现代化生活环境。

生态环保　年内街道完成小“散乱污”及涉VOCs企业污染的全面排查整治，排查28家“散乱污”，其中2家涉VOCs企业，全部完成整治。辖区内涉环保问题的“两无”企业共排查19家（含个体户、不含餐饮业），其中：汽车服务业14家，制鞋业1家，电子加工业1家，洗涤用品加工业1家，硅胶制品加工业1家，服装加工业1家。街道施行“一户一策”方案措施进行整治，按规定全部完成整治，并通过市、区环保查验。同时，街道环保站积极配合区环保监察加强监控，巩固前阶段的整治效果，加强巡查，未发现新“两无”企业。在新一轮的餐饮业污染治理行动中，截至12月31日，共排查餐饮业（经营户）741家，完成安装油烟净化器588家，去除无油烟无须安装的108家、关门停业状态的45家，油烟净化器安装率为100%；经常态化全面排查辖区内“散乱污”问题突出的汽车服务业现有14家，其中涉洗车服务业6家，全部督促完成沉淀池设置，杜绝洗车污水横流，污水全部经沉淀后排入污水管网；涉汽修的，全部完成督促签订《危废回收合同》，防止有毒有害的废油偷排入雨水管或污水管。排查辖区洗涤业21家，全部督促洗涤单位禁用含磷洗涤剂，并把洗涤处理后污水纳管排入市政污水管。

精准扶贫　2020年，街道把打赢脱贫攻坚战作为重大政治任务，积极采取有力措施，加大对精准扶贫的投入力度。一是强化帮扶机制。持续落实“1名科级干部+2名机关党员”挂钩结对帮扶机制，落实扶贫攻坚各项工作，督促及时掌握贫困户动态，细化帮扶措施，实行“一户一策”，加强分类帮扶；全面落实4月17日全区决战决胜脱贫攻坚会议精神，强化帮扶。二是稳定就业帮扶。按照贫困户就业需求，有针对性地多渠道落实用工企业，帮助实现就业，截至年底解决2名贫困人口就业难的问题。三是推进产业发展帮扶。合理利用各级财政专项扶贫发展等资金，支持贫困户进行枇杷嫁接改良，继续推广“贵妃白”“三月白”等枇杷品种嫁接，实现品种改良，帮助拓展销路，促进贫困户增收。2020年，通过爱心企业家、扶贫基金组织及亲戚帮扶等作用发挥，进一步落实推广日有喜线上网店及实体店1家建设使用，切实巩固21户脱贫成效。四是用好政策帮扶。实现贫困户应保尽保（已有17户为低保户），以社会保障兜底方式解决无劳动力贫困家庭脱贫成效问题；做好临时救助政策运用，提高贫困户渡过难关能力。五是突出社会力量帮扶。落实开设朱坑村日有喜线下实体店。六是把好小额信贷风险防控。街道现有扶贫小额信贷存量2户，2020年9月19日到期，如期还款。

【综合治理】　2020年，凤凰山街道完成综治中心、网格中心、行政服务中心等“多心合一”建设，有效推进“9+X”工作服务模式，做好辖区居民的服务工作，集信息采集、流口管理、计生管理、城市管理、矛盾排查、平安宣传、为民服务、党建工作等，及时规范处置平台信息，事件信息处置率、办结率均在80%以上。组织开展“拥抱法治新时代、踏上平安新征程”“千名干部进村户 排忧解难保平安”“扫除恶”专项斗争、“扫黑除恶扬正气、肃清‘黄赌’促和谐”等主题宣传活动，通过整合宣传资源，结合街道实际采取多种形式进行法治宣传，共利用手机彩信、超级短信、微信短视频宣传，发送宣传信息20多万条，分发“平安城厢”、“平安凤办”、“扫黑除恶”、电信诈骗宣传彩页15万多份，发放笔记本、圆珠笔、购物袋、厨裙、平安扇子等宣传品约4万多件，切实提升辖区居民法治观念、法治意识和公共安全、平安创建意识。下半年群众安全感测评，街道安全感率99.6%、扫黑除恶专项斗争活动成效好评率99.6%。积极解决问题化解矛盾，发扬“枫桥经验”，规范村居调解会建设，配备人民调解员及矛盾纠纷信息员47人。健全和完善2个行业调解会，规范筱塘市场调解工作机制，调整充实街道与市医院医患纠纷联动联调工作协调领导小组，在依法处置医患纠纷和惩治“医闹”等方面取得良好效果。是年，接到纠纷调解申请54起，受理54起，成功调解54起，其中邻里纠纷43起，其他纠纷11起，为当事人挽回各类经济损失39.1万元。

【基础设施建设】 2020年，凤凰山街道在村道拓宽及绿化亮化工程项目上，使用市级专项补助资金30万元及市领导挂钩扶贫资金7万元。工程于12月完成验收并投入使用。宫前坑溪溪道整治提升项目，其资金主要来源为市领导挂钩扶贫资金53万元、2019年中央专项扶贫资金及2017—2018年市级领导挂钩帮扶剩余资金，11月完成招投标，工程开始施工。白洋村集体产业发展项目，资金来源为市领导挂钩扶贫资金40万元及区级配套扶贫资金10万元。停车场、展厅基础建设已完成，已支出资金约20万元；第三期菇筒采购已预订6万筒，于2021年1月初运回并投入生产。

【征迁安置】 2020年月塘南片区改造项目进展情况。征迁方面，一期已完成安置房地块民房与企业签约及房屋拆除工作，剩余富邦房地产公司、莆田市经济开发总公司机械基础工程公司（法人代表均为林凤飞）5宗地块。二期民房剩余2户；天妃饭店房地产已完成征收签约及房屋拆除；莆运公司房地产已完成拆除；才子印务房地产评估结果已完成专家复核，正在报区政府研究确认，并正在与业主协商协议签订工作；樟林投资房地产评估结果已报专家复核，在按专家的意见进行修改完善。前期手续办理方面，项目一期、二期均完成国有土地征收手续。原月塘南片区修建性详细规划方案编制完成，基本单元控规通过专家评审，并完成公示。按照市委、市政府工作安排，将采取市政府专家顾问丁峰的建筑方案继续深化，并适当吸收深圳蕾奥、深圳市规划院、厦门市规划院3家设计单位关于该片区的策划方案。12月7日，城厢区组织听取丁峰关于月塘南片区策划方案汇报，并对深化设计方案提出意见。

龙德井片区危旧房改造项目进展情况：征迁方面，截至年底，完成《交房面积确认书》签约2211户，未签约1户，签约率约99.95%；完成单位公产面积确认签约35家，未签约2家（其中，城厢国税房屋已拆除；新华书店征收补偿协议书，该单位正在按程序报省公司审批），签约率约94.59%；累计拆除房屋面积约55.5万平方米，拆除率约95.4%。前期手续办理方面，该项目完成办理国有土地征收法定程序所需的前置审批手续；房屋征收补偿方案完成市住建局备案，并于6月29日发布房屋征收公告。

【民生保障】 2020年，街道保障城市低保对象46户104人；保障农村低保对象47户145人，全护理、半护理、全治理特困户5户5人，其中4户4人安排在涵江幸福养老院，1人在莆田慈康医院。事实无人抚养儿童目前4户5人，全部按规定发放补贴。将城乡低保户、特困户、家庭重病户、重点优抚对象等作为救助的重点，不断加大救助力度，年内发放城乡临时救助资金249644.9元。与此同时，实现与新农合、城镇居民医疗保险等社会保障制度的有效对接。春节期间慰问残疾人6人，每人1000元，慈善救助贫困残疾人15人，其中5人800元，5人1000元，5人1200元；发放一户多残补助资金36户76人86400元，发放残疾人两项补贴6200人次555800元，其中生活补贴2900人次，补贴金额236000元，护理补贴3300人次，补贴金额

319800 元；发放残疾人托养补助区级 15 人，省级 8 人，每人补助资金 2000 元；发放扶助困难残疾人创业就业 1 人，每人补助资金 5000 元；帮助 8 家盲人按摩机构申请获得场租补助，5 家 3000 元，3 家补助 1500 元；组织辖区内 10 名残疾人残疾专场招聘会，推荐 2 名残疾人参加就业培训，开展全国残疾预防日活动。

【精神文明建设】 街道把精神文明建设的成效作为衡量各项工作质量的关键标准，坚持以制度建设推进创建工作的正常化、规范化，制定督促检查等一系列规章制度，明确工作制度和岗位职责，确保各项工作落实到位。街道坚持不懈地以习近平新时代中国特色社会主义思想为指导，全面贯彻落实中共十九大和十九届五中全会精神，立足实际，扎根群众，贯彻落实《公民道德建设实施纲要》，坚持不懈地进行社会公德、家庭美德、职业道德教育，提高群众思想道德素质，为建设文明和谐社会奠定思想理论基础。理论学习主要采取课堂授课、专题讲座、座谈、观看电教片、知识竞赛等灵活多样的形式进行，营造浓厚的学习氛围，教学内容既有国家方针政策、科普知识、社交礼仪规范，也有日常医疗健康知识、法律法规的解答、社会主义核心价值观教育，从而把社会公德、职业道德、家庭美德和文明礼仪融入日常生活中，进一步增强机关干部的学习意识、法律意识、成才意识和自立意识。利用“凤凰卫计”微信公众号平台开展健康宣传教育服务；依托“五大课堂”开展母婴保健、健康科普、常见病防治、早教亲子活动 12 场。街道组织社区、居民召开展道德讲堂活动，并把道德讲堂活动与道德模范相结合，用身边人讲身边事、身边人讲自己事、身边事教身边人，促使道德讲堂活动取得良好成效。各社区深入开展扶贫济困、环境美化、义务检修等形式多样的志愿服务活动，促进志愿服务活动在辖区常态化发展。街道创城工作有很大提升。一是开放式小区整治继续推进。由街道牵头，各社区具体负责实施，持续组织街道干部、社区群众、志愿者、环卫工人等广泛参与至开放式小区整治活动，完善小区内部的各项设施。二是街道社区文化阵地不断完善。进一步完善街道综合文化站、社区未成年人服务中心的建设和配备，对照标准不断完善各功能室的设备。三是环境综合整治有大幅提高。坚持把环境整治作为创建工作的重心，加大资金投入力度，落实“三包”责任制，重点整治背街小巷环境卫生、农贸市场乱摆摊、凤凰路美食一条街烧烤流动摊占道经营等易回潮薄弱区域的治理，全力打造干净有序的城区环境。

（蔡婷婷）

霞林街道

【基本情况】 霞林街道办事处（以下简称“霞林街道”）位于城厢区东南侧，木兰溪畔，东临城笏路，北靠福厦路，西与华亭镇接壤，南与新度镇相邻，总面积 17 平方千米。总耕地面积 161.25 公顷（其中水田 149.66 公顷，水浇地 10.63 公顷，旱地 0.96 公顷）。园地 107.89 公顷，林地 69.95 公顷，人均耕地面积 0.006 公顷。最低海拔 50 米以下，最高海拔 277.9 米，位于云洞山峰。气候属南亚热带海洋性季风气候。年平均气温 20.2℃，年平均降雨量 1200 ～ 1700 毫米。主产蔬菜、水果、食用菌等作物；主要资源有以温泉为代表的地下水。街道办事处所在地沟头社区，距城区 1 千米。街道辖木兰、铁岭 2 个村民委员会，霞林、沟头、棠坡、莆糖、肖厝、坂头、下黄、顶墩、屿上 9 个社区居民委员会，182 个村（居）民小组，22 个自然村。2020 年末，全街道总户数 8283 户，总人口 30935 人，农业人口 15716 人，非农业人口 15219 人。人口自然增长率 5.97‰，人口密度为 1605.82 人 / 平方千米。

【概述】 2020 年，霞林街道全方位推动高质量发展超越，主要经济指标保持稳中求进良好态势，招商工作不断取得新的突破。限上批零业全年任务指标37亿元，1—12月累计完成销售额37.31亿元，增幅27%，完成全年任务的100.8%。限上住餐全年任务指标4.7亿元，1—12月累计完成营业额4.82亿元，增幅14%，完成全年任务的102.55%。规模以上营利性服务业营业额全年任务指标5亿元，1—12月累计完成营业额3.6亿元，完成全年任务的72%。固定资产投资2020年全年任务90亿元，1—12月累计完成94.34亿元，同比增长14.52%，完成年度任务的104.83%，固投排名全区第一。全年工业任务指标21亿元，12月完成销售额1.959亿元，1—12月累计完成销售额20.31亿元，增幅6%。财政收入完成83816万元，完成年预算111080万元的75.46%。推动企业落实项目复工复产21条措施、复工复岗12条措施，助力企业复工复产，复工率100%。坚持“抓主导、重特色、树品牌”，共对接采购宝、花花猫、产业赋等项目11个，签约落地3个，总投资37.19亿元。建筑业总部，已入驻商家25家。西城国际文创园签约入驻6家。

【社会事业】 项目 2020年，霞林街道强化“双轮驱动”，坚持项目支撑，重点突破，主攻片区改造。全年推进攻坚项目6个，按序时开竣工项目10个。沟头片区改造项目拆迁总户数约1519户，人口5000多人，企业2家，总用地面积约33.32公顷，拆迁建筑面积约56.69万平方米。该项目社会关注度高，被列为全省拉练项目。在片区改造中，注重提升城市功能与品质，实行“边征迁、边交房、边拆房、边出让”，累计完成签约认定1519户，完成率100%；拆除房屋56.4万平方米，完成率99.5%，沟头地块一（约4.36公顷）成功拍卖23.2亿元，实现“当年度拆迁、当年度出让、当年度安置建设”的目标。坂头西片区共有769户，面积30万平方米，累计签约认定763户，占比99.22%；拆除房屋面积26.734万平方米，占比89.11%。木兰铁岭片区有1353户，面积72万平方米，签约认定1350户，占比99.8%；拆除房屋面积70.7万平方米，占比98.2%。万达南片区改造项目完成786户民房签约认定及43万平方米房屋拆除工作，剩余1户未签约交房。片区基本单元控规编制确定，一、二期地块完成出让，安置房确定采取划拨方式进行建设。坂头东片区改造累计完成确认签约854户，到位率99.50%，拆除旧房面积约39万平方米，房屋拆除约97.5%。地块二、四安置房建设按序时顺利进行。钟潭片区改造涉及民房全部完成征迁。坂头东地块三目前地下室结构封顶。坂头东一期安置房（地块一）：部分楼层梁板砼浇筑完成至8层。顶墩下黄片区整村改造A1、A4、A5地块完成桩基施工。下黄小学改建目前室内边角修补。荔景幼儿园一层地梁浇筑完成。霞林学校三期扩建工程基坑支护项目完成工程量的60%。

教育 2020年，霞林街道辖区现有高中2所、初中2所、公办小学7所、公办幼儿园7所、民办幼儿园8所、特殊教育班1班。街道坚持把优先发展教育列入街道经济和社会发展总体规划，加大教育投入，每年出资15万元用于教师节奖优励学工作，营造尊师重教良好氛围；多次召

5月1日，在建中的顶墩片区 （易振环 摄）

开专题办公会议、现场调研，研究解决下黄小学、霞林学校、顶墩实验学校等校园建设及扩建工程问题，已建成九年一贯制学校2所，不断改善各学校办学条件，极大缓解街道办学压力，解决街道教育资源不足、适龄儿童入园难、入学难的问题，促进街道的教育事业发展。

文化体育 2020年，霞林街道下属1个综合文化站和11个社区（村）综合文化服务中心每天至少7小时免费开放，并围绕文化宣传、党员教育、科普教育、法治教育等开展多场专题培训讲座，开展丰富多彩的文体活动。其中肖厝社区综合文化站设有健身区、综合培训区、阅读区等多功能区，综合文化站创新服务方式，结合推动“互联网+公共文化服务”发展。为了让居民们有效地增强体质、增进健康、愉悦身心，街道在肖厝佳园、七境、木兰陂公园、北渠、塘里设有晨晚练点。下黄村和荔景花园、肖厝3个室外活动场所配置灯光篮球场和健身器材并免费对外开放。下黄社区举办重阳节敬老爱老晚会，通过文艺会演的形式，努力践行新时代文明实践和文化服务活动、弘扬尊老爱老敬老的中华传统美德，让老年朋友和社区居民欢聚一堂、共度重阳节。组织热爱篮球的居民参加社区举办的篮球赛，通过篮球比赛，丰富社区居民的文化生活，旨在调动更多群众积极参与体育锻炼，倡导快乐健身的生活理念和健康的生活方式，营造良好的社区全民健身氛围。街道拥有车鼓队20支、十音八乐队6支。

精神文明 2020年，霞林街道开展环境卫生综合整治，志愿服务活动，移风易俗（重点禁燃），“八不”行为规范。全年开展志愿服务活动182场（包括村居），其中疫情防控志愿服务活动50场，爱国卫生志愿服务活动21场，平安入户志愿服务活动41场，文化志愿服务活动20场，其他志愿服务活动50场。街道有志愿者360人，其中党员志愿者102人。是年，霞林街道被评为省级文明单位，同时辖区内3个省级文明社区（霞林社区、下黄社区、莆糖社区），1个市级文明社区（沟头社区），3个区级文明社区（肖厝社区、顶墩社区、棠坡社区），2个区级文明村（木兰村、铁岭村）。下黄社区俞美凤家庭荣获莆田市文明家庭。

卫生 霞林街道着力治理城市环境“脏乱差”。采取城管+环卫模式，多部门联合行动等方式，积极整治摊外摊、店外店、占道摆摊、夜市烧烤等现象。严格按照“一规劝、二教育、三暂扣”的原则，督促摊主进行现场整改。共整治摊外摊、店外店、占道摆摊、夜市烧烤等253处，清理生活垃圾和河道垃圾3.7万余吨，做好城市垃圾分类工作，配备垃圾分类保洁收集车120辆，垃圾屋3座，垃圾亭27座；塑料分类垃圾桶1100个。加大公益广告的投放力度，提高市民创建第六届全国文明城市知晓率。深入开展主干道、公共部位和各个小区环境卫生综合整治，清理各类垃圾1200余吨，清理野广告6170处。整治绿化带（地）10000多平方米，清除杂物等600多吨，通过安装车辆识别系统、智能化管理、处罚和拖离不规范乱停放车辆等措施，确保城区车辆有序停放。推进移风易俗，倡导科学健康、文明节俭的新风气。

民生 2020年，霞林街道着力补齐民生短板，解决一批群众关注的焦点难点问题，持续增强群众获得感、幸福感和安全感。顶墩学校一期、下黄小学已建成投入使用并已于9月开学，霞林学校三期扩建工程、荔景小学建设顺利推进，坂头东片区地块一、地块二、地块三、地块四的安置房正在开工建设。做好群众安置房办证工作，转移登记10248套，清缴安置房欠款6167万元。全年发放低保补助270人105.13万元，救助特困人员29人共31.86万元，临时救助249人次共16.31万元。保障性安居工程坂头片区改造项目地块一、地块二、地块三、地块四的安置房正在开工建设。推进乡村振兴。启动木兰、铁岭两个村片区改造项目征迁，加快木兰陂、木兰大道等沿线景观景点创建提升，开起“农家乐”，开办生态游，打造乡村旅游名片，促进木兰、铁岭2个村变美变富变强。

计划生育 2020年，霞林街道年末总人口30935人，总出生299人，其中男163人，女136人；政策内281人，政策外18人；一孩101人（男54、女47人），二孩168人（男90人、女78人）。总性别比119.85，一孩性别比114.89，二孩性别比115.38。政策符合率93.97%。境内育龄妇女7438人，已婚育龄妇女5654人。一孩育龄妇女2363人，一孩育妇比41.79%，二孩育龄妇女2817人，二孩育龄妇女比49.82%。明确工作责任。明确街、村两级干部计生工作的责任、权利、任务。建立完善包干跟踪、督查反馈、考评奖惩等制度、切实把责任落实到人。强化工作力度。实行“三集中、三偏向”政策，即集中人力、物力、财力，在工作中领导主要精力偏向计生工作，评先表彰时偏向计生干部。

维稳工作 2020年，霞林街道没有发生重大的安全生产事故和治安（刑事）案件，历史征迁遗留问题逐步解决，信访总量下降75%，新项目有序推进，社会安定稳定。霞林派出所把“打伞破网”作为主攻重点，坚持执行“两个一律”“一案三查”。在办理的涉黑恶案件均未发现“保护伞”。霞林司法所共排查矛盾纠纷73件，调解73件，调解率100%，调解成功73件，调解成功率100%。街道对信访件均按照“五个一”的要求，进一步细化化解稳控方案，明确并落实包案领导、责任人员及化解时限，建立健全一案一册等档案，确保基础实、情况明。综治办抓好特殊人群服务管理工作，认真抓好严重精神障碍患者肇事肇祸问题专项治理工作、社区戒毒及社区康复工作、反邪教、社区矫正、刑满释放人员的稳控工作等。

安全生产 2020年，霞林街道调整充实安全生产工作领导小组，下设安全生产工作办公室和11个专项整治领导小组，进一步明确安全生产“党政同责”“一岗双责”工作职责，认真开展安全生产大检查和重点整治百日行动。开展消防安全大检查。街道联合派出所、工商所、“三合一”办、安办等部门对辖区内11个村（居）全面开展消防安全大排查、大整治专项行动，出动执法人员583人次，共排查消防安全隐患256家，发出整改通知书152份，查封13家。加强夏季消防安全与专项检查相结合，坚持严查严防严打，对“三合一”沿街店铺经营与住宿合用场所、劳动密集型企业、彩钢板建筑安全隐患，开展专项整治活动，共出动执法人员115人次，排查“三合一”35家，沿街店铺经营与住宿合用场所42家，劳动密集型企业7家，彩钢板21家，发出整改通知书86份，查封28家。开展危险化学品安全大检查。检查辖区内28家油漆店，联合区安监局查封1家无证涂料加工点，2家油漆仓库，有效打击非法生产经营活动。雪津啤酒二厂、恒源制冰厂、龙升农副产品深加工冷冻库等3家涉氨企业继续跟踪，督促整改，先后配合市、区安监局、质监局执法多次。对辖区内的3家气体供应站、1家爱

6月9日，省安全生产服务指导组到霞林街道安全检查（李强 摄）

迪斯精细化工、4家加油站进行联合检查，发现安全隐患6条，下发限期整改单2份，已复查，基本整改到位。开展道路交通安全大检查。街道把道路交通专项整治工作作为安全生产工作的重点工作，认真制定道路交通安全重点整治工作方案，向各村（居）下达街道道路交通安全工作责任状，配备村（居）及企业专兼职道路交通安全宣传教育人员，建立健全安全信息网络。运用多种宣传手段，在主要路段悬挂宣传横幅标语，广泛开展送法进村进社区进校园进单位。开展道路交通安全隐患大摸排清查，同时依托干部进村入户等活动，摸排出事故多发路段数量3处、道路危险路段数量12处、道路低标路段数量8处、道路临水临崖路段数量1处。街道对排查出18处隐患路段进行分类整治，7处事故多发路段由区交警大队整治、危险路段11处由区住建局整治，对低标隐患路段21处，通过设立警示标志、树立广角反光镜、封闭偏僻危险路段等方式整改到位。排查整治车辆隐患，由街道综治委牵头，各有关部门、各村（居）委会负责，全面排查，不留死角，逐车逐人建立台账，填"低速货车、拖拉机、三轮车等车辆安全管理信息采集表"和"柴三机、拼组装等车辆登记表"形成档案资料。在此次重点整治行动中，在辖区内共排查出低速货车64辆、拖拉机26辆、三轮车38辆；签订安全承诺书51份，送达整改通知书29份。

【助残工作】 2020年，霞林街道针对一户多残贫困残疾人家庭救助共救助170700元，其中第一季度66户138人，救助金41400元；第二季度67户140人，救助金41600元；第三季度70户146人，救助金43400元；第四季度71户149人，救助金44300元。慈善救助共救助17400元，其中一级救助5人，每人1200元；二级救助5人，每人1000元；三级8人，每人800元。无障碍改造共救助24000元，共计6人，每人皆获省、市救助，其中省级1000元、市级3000元。两节慰问共救助11000元，其中区级10人，每人1000元；市级1人，每人1000元。辅助器具补贴35人，共救助25517.6元。为民办实事项目之居家托养救助，共救助46000元，其中省级8人，每人2000元；区级15人，每人2000元。为民办实事项目之扶持农村困难残疾人就业创业1人，共计5000元。

【党建工作】 2020年，霞林街道党工委积极构建城市"+党建"体系，推动区域内党组织各类资源的全面整合、积极磨合和有效融合，建立共驻共建共享机制，打造城市基层党建共同体，全面推进小区党支部建设，共成立小区党支部60个，覆盖率94%，推行"近邻"党建模式，由党员担任楼栋长，亮明身份，紧密联系服务居民，推进党建引领下的社区居民委员会、业主委员会、物业服务企业协调运行机制，用"红色引擎"驱动社区治理活力。在肖厝佳园小区建设党建文化园的基础上，新建九龙小区党建文化园，营造浓厚的小区党建氛围。结合邻里中心建设，进一步深化社区"大党委"机制，霞林社区、下黄社区分别与市城市执法管理局、市人社局等单位挂钩联系，通过组织共建、活动共联、资源共享、机制共创等方式，构建城市基层党建共同体，社区先后与30个市、区级部门共同组织，以邻里中心为依托，采取"你点单、我配送"形式，开展各项公益活动，全年共有500名居住在社区的在职党员、挂钩联系单位党员到社区小区党支部报到，在矛盾调解、文明创城，特别是在新冠疫情防控等岗位上开展志愿服务，协调解决社区各类问题，共同参与社区治理，社区党组织凝聚力明显得到提升，干事创业氛围越来越浓厚，党建"红色引擎"汇聚成为民服务的"红色动能"。初步建立金海湾楼宇党建，以莆田市劳动关系协会党支部为依托，在原来的基础上再投资15万元，打造金海湾楼宇党群服务中心，为驻莆商会党员及驻外流动党员提供全新的学习和服务场所，促进"两新"组织党建与社区党建的"互补互强"。

【队伍建设】 2020年，霞林街道党工委认真贯彻执行区委和区委组织部的统一部署和工作要求，加强组织领导，研究细化措施、明确工作任务，着力推进社区工作者职业化改革，摸清120名社区聘用工作者底数，逐一登记备案，根据社区总户数全面核定9个社区聘用工作者总职数66人。树立程序意识、效率意识，规矩意识、责任意识，有序稳妥推动资格审查、套转招考、考察公示等一系列工作，做到任务明确、措施到位、责任到人，顺利完成57名的社区聘用工作者任职资格认证和履职能力评定，构建一支规模足、结构优、能力强、适应中心城区发展要求的社区工作者队伍，有效破解基层治理力量薄弱、能力不足等难题。

【疫情防控】 2020年，霞林街道成立应对新型冠状病毒感染的肺炎疫情工作指挥部，先后召开新冠肺炎疫情防控工作相关会议17次，坚决落实各项有效措施。全办上下快速响应，奋勇向前，织密防疫之网，辖区没有发生1例传染病例。采取LED电子屏滚动、张贴宣传告示、出动宣传车、发送短信等多种形式开展疫情防控宣传，累计悬挂横幅1000多条，张贴通告、告知令20000多份，发放各类宣传材料50000多份、发送防控宣传短信32万条、设置宣传气拱门62座，营造强大疫情防控氛围。认真落实分区分级精准施策10个“不放松”，对外来人员实行健康管理，建立健康档案，落实集中观察、居家观察、自我观察和医学随访等措施。设立集中医学观察点2个，累计隔离182人，接送莆田动车站返莆人员206人。严格做好出租房和外来人口排查，不漏一户一人，对44个开放式小区落实封闭式管理。持续推进疫情防控常态化管理，全面落实“八闽健康码”使用和核酸检测，“八闽健康码”使用率和核酸检测率均为100%。做好应急物资储备和公共突发事项应急演练和处置工作，对农贸市场、聚集场所、卫生死角等重点部位进行卫生消杀消毒。累计为防控一线工作人员配发口罩112038只，体温枪160支，消毒药品3844千克，帐篷63个，落实上级下拨各类防疫资金587万元。为辖区居民配发口罩60000只，帮助88家企业购买口罩146800只。成立疫情防控临时党支部29个，发动街道机关、各村（社区）党员干部和市、区、街、村居400多名志愿者投入社区开展疫情防控工作，用行动谱写新时代为人民服务新篇章。

【精准脱贫】 2020年，霞林街道共有建档立卡贫困户26户66人（原27户73人，其中5人去世，6人剔除，4人新增），涉及6个行政村（居），分别为木兰村14户37人，铁岭村5户11人，顶墩社区3户7人，坂头社区2户6人，下黄社区1户2人，肖厝社区1户3人。全年落实各类扶贫资金202.87万元，其中中央扶贫资金42.7万元，省级专项扶贫资金6.5万元，市级配套资金0.38万元，区级配套资金0.38万元。街道扶贫资金0.2万元，企业帮扶资金14.06万元，红十字会捐赠款3.1万元，宏峰教育基金3.5万元，雨露计划3.3万元，用水补助0.52万元，产业奖励金0.15万元，小额信贷固定收益55万元，春节慰问金7.78万元，“破壳消薄”资金160万元，贫困户危房修缮和保障性住房补障稳定脱贫，提高脱贫质量，通过提供支持就业创业、提供公益性岗位、小额信贷等渠道，保障贫困户收入，增强造血功能。累计安排公益性岗位4个，为24户申请小额贷款120万元。关注贫困户生产生活。为26户67人免费办理医保和意外险，为26户全部签约家庭医生。让12名贫困户家庭学生享受到教育补助。为每个贫困户投资1万元到日有喜村联超市，增加收入。街道建档立卡贫困户家庭人年均收入15802元，高于全区平均水平。

【社会治理】 2020年，霞林街道扎实推进“六清”行动，多措并举“打伞破网”。强化电信诈骗、“套路贷”等问题整治，依托日常监管、“12345”投诉平台、信访件等渠道，持续开展涉黑涉恶线索排查，未发现有涉黑涉恶线索。扎实推进社会治安问题专项治理。深化信访积案大排查大化解，落实四门四访措施。全年街道共受理初信初访102件，已办结101件，按期办结率为100%，息访92件，息访率为91.09%。满意度测评满意率90%以上，化解历史积案16件。在全国“两会”等期间成功实现零进京上访、零进京非正常访、零进京群体访。着力构建法治霞林，开展《中华人民共和国民法典》宣讲等普法宣传活动6场。以开通固话“平安彩铃”和发送平安短信等形式，着力提升平安知晓率。深入开展安全生产大排查大整治，共检查生产经营单位75家，沿街店铺2000多家，发现安全隐患62处，发现生产性经营场所及沿街店铺“三合一”场所13家，配合市、区政府对2家存在重大火灾隐患单位进行挂牌督办。排查摸底房屋数量3058栋，系统录入率100%；发现重大安全隐患26栋，整治26栋，整治率100%。全年辖区没有发生安全责任事故和伤亡事件。

【邻里中心建设】 2020年，霞林街道党工委着力提升党建引领基层治理水平，按照“1+6+X”的模式，结合社区的实际，坚持高标准谋划，采取计划统筹、分步实施的办法，打造“一刻钟”便民利民生活圈。分期建成肖厝、霞林、下黄社区三个试点并投入使用，建设面积约4000平方米，总投资约500万元，设置便民服务中心、“四点半学校”、长者之家、多功能培训室、邻里调解室、文化驿站、健康小屋、室内健身、义工之家、生鲜超市等近邻“微空间”，引入金善堂、蓝风铃文化艺术、北尚教育、日有喜扶贫超市等第三方运营机构，并与20个部门、单位进行共驻共建，先后举办中共十九届五中全会精神宣讲、普法宣传、暑期关爱青少年、全民健身、情暖重阳、共建美满家庭、健康讲座、体检义诊、“文脉如缕”摄影图片展、“寻找最美红团”等接地气、公益性的主题活动30场次，中心长者之家为社区老人提供食堂服务，便民代办点每月服务群众办事1500件，做实六大服务功能，最大限度地为居民群众提供多元、便捷、高效、优质、贴心的服务，不断增强人民群众的获得感、幸福感和安全感。霞林社区、下黄社区分别被评为五星级、四星级邻里中心。

【生态文明建设】 2020年，霞林街道齐抓共管，污染防治精准施策。持续推进六水共治。落实河长制，河长、河段长全年巡河421人次，河道专管员巡河2394人次，累计发现和整改问题71个；累计投资447万元，实施北渠及钟潭溪等处污水管道修复及水毁修复工程7个，下游清淤、护岸修复及污水收集工程5个，建设污水泵站2个。排查入河排污口141个，完成整治率100%，投入资金127万元。重拳整治生态污染。建立“村周巡查、街月检查”制度，巩固畜禽养殖污染整治成效，防止“反弹复建”。对80家“小散乱污”落实“一月二核查”长效管理，防止反弹回潮。狠抓突出问题整改，通过“新建市场、引摊入位、规范管理”等方式，从根本上解决顶墩村与荔城区天九湾市场交界处石板桥长期存在的污水横流、垃圾乱排等现象。采取“撤除垃圾堆放点、增加清运频次”等办法，最大限度解决幸福家园入口处粉尘扰民现象。围绕中央、省、市通报反馈的突出生态环境问题。持续推进餐饮业整治，累计排查餐饮店404家，完成整治率100%。改善农村人居环境。深入开展以村庄卫生清洁行动、农村“厕所革命”、农村污水治理和禽畜养殖整治为主要内容的农村人居环境整治，不断提升村容村貌，完成3处公厕建设并投入使用。

（邹俊杰）

华亭镇

【基本情况】 华亭镇位于城厢区西部，面积135平方千米，下辖32个村民委员会，3个社区居委会，全镇总户数32886户，总人口112850人，是城厢区的人口大镇、工业重镇、重点侨乡、水果之乡，是省级经济开发区、农民创业园所在地、莆田市小城镇综合改革、“幸福家园”建设的试点镇，是一个以半山区为主的乡镇。拥有龟山寺，西冲岩、酒池寨、将军岩、钱碑故址等名胜近20处，横贯莆田市的母亲河木兰溪中段全境通过，沿途遍布新石器时代、汉唐之前的古迹遗址10处，是莆田四大名果之一龙眼（桂圆）的全国乃至东南亚地区的干果集散地。自古为陆路通往岭南地区的咽喉要道。著名的白石港码头、盐仓巷码头直接诠释3000多年前的木兰溪中段地区的文明盛况。又是莆田市数一数二的侨乡，侨乡文化在本地区熠熠生辉，是发展闽台文化的较佳区域。福厦324国道全境通过，莆永高速路通车，木兰溪全流域系统治理正在开展。

【概述】 2020年，华亭镇党委、政府在区委、区政府的坚强领导下，坚持以习近平新时代中国特色社会主义思想为指导，全面贯彻落实中共十九大和中共十九届二中、三中、四中、五中全会精神及习近平总书记对福建工作的重要讲话、指示批示精神，紧盯高质量发展，砥砺奋进，落实赶超，全力以赴强产业、兴城市、惠民生、优生态、保稳定、重党建，建设富美华亭，打造幸福城镇，为美丽莆田建设贡献力量。坚持建设先行，强化筑巢引凤，主动融入城市总体规划，大力推进片区改造，为产业发展提供物理空间，为便民惠民提供设施保障，力促产城融合，为“双轮”驱动注入新动力。在新冠肺炎疫情防控常态化的新经济环境下，坚持疫情防控与复工复产并重，创新发展与稳控调节并行，对标“六稳”“六保”政策要求，摸清全镇经济发展实绩，优化三次产业结构，保持经济平稳有序发展。2020年，财政收入33961万元，完成规模以上其他营利性服务业营业收入4.15亿元，同比增长161.4%，完成全年任务2亿元的207.5%；完成限额以上批发零售业销售额39.26亿元，同比增长16.09%，完成全年任务39亿元的100.7%；完成限上商贸业零售额29.67亿元，同比增长11.82%，完成全年任务28.5亿元的104.1%；完成固定资产总投资41.03亿元，同比增长12.72%，完成全年任务41亿元的100.07%。

【农业】 2020年，华亭镇通过乡村旅游建设、投资分红、土地流转、场地租赁等多种创收方式，35个村（居）年集体经济收入均超10万元；长岭、郊尾高标准农田项目完成验收，埔柳高标准农田项目完成60%。9月22日，莆田市2020年中国农民丰收节庆祝活动在华亭镇五云村成功举办。全年开展7次松材线虫病防治工作，清理松枯死木4457株，以菌治虫、药物防治、诱捕完成率均100%，有效保障林业安全。

【工业商贸】 2020年，华亭镇共完成规模以上工业总产值11.6亿元，同比增长12.6%，完成全年任务11.6亿元的100%。全镇紧抓全市实施“双轮”驱动契机，充分发挥东临主城区、西连仙游、南傍木兰溪的优越地理优势，以高新电子信息产业引进“强产业”，以示范园区建设支撑产城融合“兴城市”。全年落地中电科创城、西许电子信息产业园等2个高新产业园区；落地并动工大唐5G一期、三利谱等2个重点电子信息企业项目；新腾挪建设用地超53.33公顷，有可建设用地超453.33公顷，较好完成“三看两评”目标任务，是全市唯一省级乡镇国土空间总体规划编制示范镇。

【社会事业】 2020年，华亭镇城乡差距不断缩小。着力提升农村“三资”管理科学化水平，深入推进土地确权工作，有效提升农村集体资产和土地的收益，贯彻落实乡村振兴战略。持续实施精准脱贫，有效促进全镇贫困户稳定脱贫，顺利通过省级验收工作。科教文卫协调发展。合理配置教育资源，加大教育资源供给，妥善解决农民工随迁子女入学难等问题。医疗卫生服务水平进一步提高，全力推进视频远程诊疗卫生所改造，共完成19个村的改造工作，全面落实药品、耗材零差率销售和医保门诊定点报销。持续办好区青少年校外体育活动中心、镇综合文化站，提升各村“春风文化中心”建设，村级组织活动场所、老年人活动中心、老年教育学校建设成效显著。人居环境持续向好。以第六届全国文明城市创建为契机，组织村镇干部、发动广大群众开展市场秩序、基础设施、禁烟控烟等重点领域专项治理行动，有效美化人居环境；开展木兰溪沿线垃圾清理行动，重点对濑榜路、福厦路、三紫路、溪滨路环境卫生整治，清理河道约1500米、水塘6个，清理生活垃圾约9000吨，有效提升全镇村庄的环境面貌，获评“福建省卫生乡镇”、2018—2020年度省级文明镇。水质提升成效明显。34个村（居）农村污水项目建设已全部完成，累计建管网600多千米，建成10立方米以上收集池143个并已全部投入使用，建三格式化粪池8983个、完成入户接管8983个，接管率100%，实现农村污水零直排，有效提升人居环境，相关经验得到全省、全市的复制推广，全市、全区农村污水现场会多次在华亭镇召开。以持续开展“清四乱”、占道耕种专项整治、排污口整治等专项行动为抓手，齐心守护好水环境。全年排查、整治入河排污口840个，累计清理占道耕种23.33公顷，拆除占道违章建筑面积8300多平方米。专项整治更加有力。切实抓好中央督查发现问题整改工作，第一时间解决各类信访举报件4件。全面开展“两无”企业和餐饮业油烟、油水排查整治工作，累计整治“两无”企业74家、餐饮业140家。在前柳溪后山段成功取缔反弹的芡实加工坊23家，及时组织执法队对沙里溪后角段排查出来的牛蛙场和五云生猪畜场反弹进行取缔。

【基础设施建设】 2020年，华亭镇持续推进环保、养老、教育、道路等多个民生工程及村居基础设施建设，包括相继完成西湖溪、长岭溪生态安全水系一期项目建设，实现河畅、水清、岸绿、景美；完成走马亭农村区域性养老服务中心建设；完成园头口袋公园建设、五云农家书屋示范点建设；完成五云村“党建+”乡村邻里中心建设并投入使用，服务辐射本村及隆兴村，覆盖人口6300人；持续推进“厕所革命”，35个村（居）共建设有65座为民办实事公厕，做到全镇范围全覆盖，各个村（居）至少保证有1座水冲式公共厕所；持续强化城镇路网建设，建成全市首条沥青路面的乡道华五线，助力城厢区获评省级“四好农村路”示范县，为华亭镇乡村道路建设提供示范，同时华亭镇获得2020年度全区农村公路养护考评第一名。

【小城镇建设】 2020年，华亭镇以5个省级、1个市级乡村振兴试点村为抓手，创新发展模式，因地制宜培育品牌亮点。乡村振兴试点项目初显成效，乡村振兴省级试点村5个，申报2020—2022年乡村振兴省级试点村规划建设项目44个，全年建设乡村振兴项目20个，完工15个，总投资967万元。

【拆迁安置】 2020年，华亭镇加速西许片区征迁和项目建设。西许片区项目完成征地丈量44.28公顷，其中，5G项目完成征地丈量13.47公顷，完成农转用规划条件、勘测定界技术报告书、土地分类，在办理征收土地启动公告。“三所一中心”、驾训场等项目动工建设。加快樟塘片区项目动工。樟塘村全村有1074户，土地总面积约400公顷，实现“零强制、零上访、百分百签约认定”。中电科创城核心区项目启动前期规划；建工木兰府项目进场施工。推进安置区建设。为保障住有所居，助力乡村振兴建设，对辖区安置区进行全面统筹，有力推进全镇7个安置区扫尾工作，保障群众尽早回迁安置。万坂、前柳两个幸福家园试点村完成选房回迁，惠及村民162户。

【民生保障】 2020年，华亭镇从严从紧抓好安全。严厉打击“三合一”、劳动密集型企业和“九小”企业的消防违规违法行为，全年查处整改关闭违规企业68家；开展房屋安全隐患专项排查工作，排查房屋25351栋，面积约893.4万平方米，排查出重大危险房屋23栋，其中拆除22栋，面积约5680平方米，封房（断水断电）1栋，迁移居住群众70余人，面积约1000平方米；联合交警部门出动道路交通执法警力830多人次，查处各类交通违法行为2650余起。从细从深推进社会治理。深入开展“三大行动”，综合群众安全感率测评，积极动员全镇干部职工、村居干部、平安志愿者、挂钩村居区直单位领导和派出所民警等开展“进村入户”大走访，发放“平安华亭”月刊40000余份；积极推行“综治+”社区治理中心建设，初步建立全程化服务、信息化支撑的基层社会管理服务体系，确保“人在网中走，事在网中办”。是年，采集部门隐患项5850件，办结5850件，办结率100%，社情民意采集4534件，处置4534件。

【精神文明建设】 2020年，华亭镇持续推进精神文明建设工作。坚持落实习近平总书记关于精神文明建设的重要论述，以培育和践行社会主义核心价值观为根本，扎实开展精神文明创建活动，争优创先。是年，华亭镇被评为省级文明镇，华亭镇涧口村、云峰村、五云村被评为省级文明村，华亭镇南湖村、万坂村、后塘村、隆兴村、长岭村、霞皋村、走马亭村、埔柳村、顶宅村、后角村、西许村、兴沙村、郊尾村、濑溪村14个村居为市级文明村。持续推进新时代文明实践所建设。投入50万元建设华亭镇新时代文明实践所，建成科技室、图书室、多媒体教室等，并安排专人进行管理，全天免费对外开放。加强对村（社区）文明实践站建设的指导，整合基层综合文化中心、文化礼堂、农家书屋等阵地设施，因地制宜建立文明实践站。全镇辖区内35个文明实践站全部挂牌。全年文明实践所开展活动40余次，受惠群众2.8万人。

【基层党建】 2020年，华亭镇塑造华亭党建品牌。率先在全市探索建设五云村“党建+”乡村邻里中心，按照“办公场所趋零化、社会服务最大化”的原则，以便民惠民为宗旨，打造乡镇一级的“党建+邻里中心”，建成服务改革、发展、民生、群众、党员的综合窗口，为村民提供一站式生产生活服务支持。该邻里中心总建筑面积1200平方米，四层，辐射范围涉及本村及邻村隆兴村，覆盖人口6300人。强化基层党组织堡垒作用。全年调整长岭、后山等5个村级党组织负责人8人，进一步强化基层党组织队伍建设；慰问抗疫一线人员、社区工作者318人，发放慰问金18.7万元；推进软弱涣散党组织整顿工作、组织村党支部换届自查，多渠道壮大村集体经济，进而规范党支部建设，实现基层党组织建设提质提效。夯实民主协商议事基础。坚持以基层党建为引领，将组织建设和党员管理向各村党支部拓展，深入推进村民民主协商议事工作机制，拓宽议题收集渠道，规范议事规程，不断推进协商民主法制化、制度化、规范化发展，不断巩固党在基层的执政基础和群众基础。

【新冠肺炎疫情防控】 2020年，华亭镇坚持全镇统筹，村（居）主导，重点监控，全面预防。迅速部署防控工作。第一时间成立应对新型冠状病毒感染的肺炎疫情工作指挥部，组建疫情防控工作专班，召开多次全镇疫情防控大会，及时传达省、市、区防控工作要求，强调疫情防控的重要性、复杂性和严峻性，落实落细防控责任。考虑到新冠肺炎具有高度传染性，在农历正月初一时，率先通知各村（居）取消祝寿、婚庆等聚集、聚餐活动。严格落实摸排管控。组织全镇党员志愿者36支队伍计482人奋战在疫情防控一线；组织镇村干部、工商所、食药监所等部门联合检查，提升“应检尽检”率；各村（居）全面布置开展在外人员摸排，与派出所密切配合，运用“大数据+网格”模式，做到“一线索双核查”，对境外返回人员、中高风险地区返回人员，严格落实居家医学观察措施，每日登记健康监测情况，按规定进行核酸检测。全年累计摸排返乡人员6647人，累计实施集中医学观察、居家医学观察、自我观察等管控措施2345人（其中境外返莆人员173人），确保人员摸排无遗漏。大力宣传营造氛围。以广播、LED屏滚动播放、大字报等方式进行宣传，共制作宣传横幅2000余条，印制宣传材料10万余份，发送短信30万条。制作大量大字报、传单、LED屏标语、宣传音频等，通过广播、微信群等媒介大力宣传新型冠状病毒感染性肺炎相关知识及防控措施；印发《致全镇人民倡议书》，在市场、宫庙等重点场所张贴有关疫情通告，引导群众注重个人健康防护，持续强化群众疫情防控安全意识。加强常态化疫情防控。常态化核酸检测方面摸排“应检尽检”“适时抽检”人员1500余人，对“应检尽检”人员实施首次全覆盖，并按每15天10%的比例，持续推进核酸检测工作；加强冷链环节进口食品疫情防控、爱国卫生运动，不定期对各村（居）的疫情防控工作情况进行督导检查，发现问题立即整改，确保疫情防控、复工复产各项措施落实落细。

【脱贫攻坚】 2020年，华亭镇常态化挂钩帮扶。华亭镇“两委”全员参与贫困户挂钩帮扶，以每月17日为扶贫日，落实“一月一帮扶”制度。同时，重点摸排疫情影响户、返贫风险户，并给予每人3000元的临时救助，补助62户18.6万元，防止返贫致贫。多元化保障帮扶。围绕“三保障（饮水安全）”，多次开展贫困户住房安全鉴定工作，确保贫困户居住房屋安全等级全部B级以上；组织房屋修缮17户，解决贫困户房屋透风漏水问题；全面排查贫困户户厕情况，完成贫困户户厕改造12户；全面摸排饮水用水安全，完成自来水立户6户，确保贫困户饮水安全；全面入户宣传医保定点政策，组织排查贫困户医疗费用开支情况，对年自费超过2000元的贫困户给予临时救助。搭建爱心平台，筹集善款89万余元，向265户贫困户发放米油盐等慰问品31批次、发放慰问金11批次94户、发放重大疾病家庭临时救助26户等；启动隆兴村枫庄自然村道路提升工程、五云村垃圾分类收集站工程等扶贫工程17个，投资资金379.4万元，提升贫困村基础设施。全方位助推帮扶。积极培育产业扶贫基地，与绿丰园艺、遇花缘园艺等市级农业龙头企业协商，培育产业扶贫基地，通过代种代养代售、优先聘用、吸收小额信贷资金等模式帮助贫困户发展产业，促脱贫；推动就业扶贫，共开发公益性岗位53人；组织贫困人口参加“雨露计划”就业培训；与福州大学至诚学院的外国语系达成校地共建协议，在五云小学建立乡村教学实践基地，通过“线上+线下”的新型教学模式，打破传统的讲台教育方式，为贫困村的孩子提供优质的教育资源，助力教育扶贫；与“日有喜·云连锁”等电商企业对接，探索“日有喜网+店”模式。开办9家农村便利店、1家日有喜超市，增加贫困户收入。

（林　敏）

常太镇

【基本情况】 常太镇，位于城厢区西北部，南北长18千米，东西宽16.3千米，总面积201平方千米。土地总面积16186.67公顷，人均耕地面积0.012公顷，复种指数100%；人均山地0.39公顷，森林覆盖率87.3%。最低海拔80米，最高海拔832.6米，位于古山尾。主产枇杷、龙眼、橄榄、香蕉等作物。气候属南亚热带海洋性季风气候，年平均气温17℃～20℃，年平均降雨量1446毫米。主要矿产资源有铁、镍、蛇纹岩、滑石等，镇政府所在地为常太村利洋1号，距城区14千米。常太镇有光荣的革命历史，早在20世纪30年代中期即为闽中革命根据地之一（有老区基点村27个）。其境内山峦起伏，著名的东圳水库（莆田新二十四景为圳湖映碧）横卧境内，还有国家级森林公园九龙谷AAAA级旅游风景区（莆田新二十四景为龙谷奔泉）。全镇共辖松峰、利车、照车、东太、东青、山门、汀洋、侯山、常太、坑洋、霞山、渡里、金川、马院、党城、顶坑、外东坪、内东坪、南川、过溪、下莒、埔头、溪南、溪北、山坑、洋边、长基、岭下等28个村（居）民委员会，320个村（居）民小组，246个自然村。2020年末，全镇总户数11089户，总人口40028人，其中，男20458人，女19570人；少数民族人口929人（畲族732），占总人口的2.32%。人口密度为199.1人/平方千米。

【概述】 2020年，常太镇全镇生产总值完成4.1亿元，农林牧渔业总产值完成1.88亿元，财政收入完成1920万元，固定资产投资完成7亿元，全体居民年人均可支配收入完成17100元。

【农业】 2020年，常太镇全年农作物总播种面积232.6公顷，其中粮食播种面积162.33公顷，产量1054吨。蔬菜83.47公顷，产量1668吨。全镇水果种植面积2026.53公顷，其中枇杷面积1760公顷（品种有“解放钟”“早钟6号”“长红”“白梨”“贵妃白梨”“三月白”“亚舜本”“白雪早”“香妃”），产量8258吨；龙眼面积169.67公顷，产量1543吨；橄榄面积29公顷，产量538吨；香蕉面积40.07公顷，产量443吨；其他水果1.87公顷，产量16吨。

为应对疫情对枇杷产业的影响，解决果农枇杷滞销问题，在果园、采购点、深加工点和活动现场进行沉浸式、立体式和互动式直播带货，并与文旅产业相结合，4月举办两场枇杷节直播带货活动，帮助果农销售枇杷10万公斤，为常太镇枇杷销售开辟一个全新的渠道，促进常太镇“一颗枇杷”的发展。积极谋划“九大篇章”促进枇杷产业振兴，为重新打响中国枇杷第一乡奠定坚实基础。深入贯彻落实习近平总书记关于新型农民合作社要求，全镇28个村枇杷种植农户均加入专业合作社，由村干部、大户和采购商构成，收益由合作社和村集体在保底收益基础上3∶7分成，并组建完成常太镇联合社。重拾“常太枇杷”地理标志，同步注册“圳湖”商标，实行品牌化管理，统一设计常太枇杷包装箱，统一授权经销商使用“常太枇杷”地理标志，联合区市场监督管理局加强管理，禁止侵权行为。与省农科院合作，启动枇杷改良“万亩计划”，完成“白雪早”“香妃”等白肉枇杷三代品种换种66.67公顷；创建枇杷品种优势区域中心暨枇杷果树科技成果转化中心，建设全国最大品种最多的枇杷品种“5G”智慧果园；实施测土配方科学施肥、水肥一体化、农业病虫害预告等专业技术指导服务。成立枇杷办具体负责品控，挑选符合要求的好果方可使用常太枇杷标识包装，打好常太枇杷品牌；推行枇杷食品安全的“一社一码”，强化源头追溯；与省农科院果树研究所对接，进行红肉枇杷的品种优化对接。开展测土配方施肥，推行农资购销一体化，发动合作社社员前往与农资公司合作的9家门店优先选购有机肥，实行购销实名登记，享受购肥补贴；推广水肥一体化，组织农技专家优化施肥的种类、配比，引导科学施肥。农商行为果农量身定制低息贷款方案，以联合社社员为范围，以社内资产为基底，助力农户生产发展；与平安保险对接，专门研究设立白肉枇杷保险，触底价格定在30元/公斤，该保险品种报平安福建总公司审批。国企牵头统购（不打药、不打膨大剂，外观无损害等）枇杷，统一使用“常太枇杷”标识销售；拓展销售渠道，丰富电商、直播、平台等多模式销售；合理布设物流点，结合物流量与快递商讨折扣，提高时效性，缩短邮寄时间。由镇属国有企业圳湖实业为主体，统一收购辖区内的野果，引入天喔食品公司制作成果干、果酱；选定辖区内3个合作社申请枇杷干、罐头、枇杷叶、枇杷花茶、枇杷酒、枇杷膏等小作坊，运用“圳湖”品牌，导入“来一份”食品供应链平台。对接省农科院果树研究所，拟定在常太社区、松峰、溪南建设溪南智慧枇杷树种基地，争取打造全国枇杷树种种植基地；

引导28个合作社各自建设一个示范果园。

【社会事业】 科技 2020年，常太镇在渡里等村发展早、中、晚配套优质大果白肉枇杷新品种5个，完成枇杷品种高接换种66.67公顷；延伸枇杷产业链，与天喔等企业合作，研发枇杷干、枇杷酱等产品并上市；与布谷信田农业科技有限公司达成投资协议，总投资3000万元建设数字农业生态产业园。

教育 2020年，常太镇有5所完全小学，5所公办幼儿园，2个幼儿园教学点；2020—2021学年，全镇适龄儿童入园率100%，小学学龄入学率为100%，初中学龄儿童入学率为100%，初中年辍学率0；6～14周岁三类残入学率100%；教育资金到位率为100%。开展金秋助学活动，召开庆祝第36个教师节表彰大会，表彰奖励优秀教师12人、优秀班主任13人、优秀教育工作者5人；推进常太学校扩容建设，提升教育教学水平，补齐教育短板。

文化体育 2020年，常太镇有1个镇级农民文化广场和6个村级农民文化广场，农家书屋28个；在常太社区、南川村、霞山村开展“我们的节日”重阳节联欢表演、敬老孝老庆祝活动；全镇有省级文物保护单位1个、市级文物保护单位3个、区级文物保护单位1个、文物点1个，市级非物质文化遗产（常太山歌——俚歌、方氏家酿）2个。

卫生 2020年，常太镇持续推进“除四害”活动，集中统一开展“3+2”施药消杀；合理优化公厕布局，全镇现有公厕81座，落实“一长两员”制度，纳入村庄日常保洁，并定期进行消杀；完成农村户用厕所无害化改造100户；大力创建国家卫生乡镇并通过专家组验收。环卫工作实现企业化、市场化运作，每年平均支出环卫资金800多万元，全镇建设压缩中转站1座，配备密闭式垃圾清运车7辆、公路清扫车3辆，聘用环卫工作人员143名，生活垃圾实现日产日清；以松峰、岭下等16个环库公路的村为试点开展垃圾分类，建设分类垃圾亭30座，投放分类垃圾桶1000多组；开展餐厨垃圾二级收运体系宣传，餐饮单位100%签订二级收运协议，实现餐厨垃圾收集全覆盖。1月26日，金川村金山组发生聚集性新冠肺炎疫情，累计确诊病例24例。常太镇积极按照上级党委、政府的统一部署和决策，迅速落实突发公共卫生事件一级响应，坚决打赢疫情防控阻击战，严格落实居家隔离、集中隔离、整村封锁、健康管理及常态化防控措施，充分发动群众筑牢疫情防控新长城，同舟共济、万众一心、全民发动、联防联控，取得新型冠状病毒感染的肺炎疫情防控阶段性胜利。

广播电视 2020年，常太镇投资505万元，完成全镇所有行政村自然村光缆覆盖，完成全镇应急广播420个，完成长基村整村广电网络全业务入户。

计划生育 2020年，常太镇全面落实“二孩”政策，依法落实各类奖扶2539人，独生、二女免费参加医保8847人，养老和伤残保险缴费补贴3661人，发放养老金915人，政策落实率100%。开展“生育关怀计生家庭意外伤害保险”活动，缴纳1600户24万元。

社会治安综合治理 2020年，常太镇深化扫黑除恶斗争，强化“一核心两机制”，坚决推进“六清”“六建”工作，整治学校交通安全、九龙谷景区摆摊等乱点乱象问题18个，摸排核查线索18条，受理涉黑涉恶类信访件6件，进一步巩固扫黑除恶成果。切实保障安定稳定，深入开展信访治重化积和评理室建设，化解曾祖贤、林金华等信访积案，有效维护社会安定稳定；排查整治重大隐患房屋202幢，拆除160幢、修缮42幢，安全生产形势持续向好。用时5天完成九龙谷27幢3510平方米违建木屋别墅拆除及植树复绿，取得九龙谷景区拆违工作的阶段性胜利。

安全生产工作 2020年，常太镇认真贯彻落实“安全第一，预防为主，综合治理”的方针，以安全发展为指导，以治理消防、食品安全、道路交通、危化品、烟花爆竹及特种设备安全隐患为重点，以防范和遏制重大事故为目标，严格落实“党政同责，一岗双责，齐抓共管，失职追责”，全面开展各领域安全隐患大排查大整治专项行动，排查安全隐患26处，整改26处，消除消防隐患（未配备灭火器、线路老化、人员聚集地安全通道堵塞等）9处，防范化解重大风险，体制机制不断健全，突发公共事件应急能力显著增强，自然灾害防御水平明显提升，安全生产保障更加有力。

武装工作 2020年，常太镇全面坚持党管武装工作的光荣传统；加强教育培训，提高武装干部队伍和民兵队伍的素质；全面完成年度民兵预备役组织整顿、国防潜力调查工作，提高国防后备力量建设水平；抓实民兵预备役训练，抓好武装机构规划建设；高标准抓好兵员征集工作，优先征集大学生士兵，保质保量完成新兵征集任务。

旅游 2020年，常太镇推动九龙谷景区与溪南村合作开发移动民宿项目，入选全国森林康养基地试点单位；莒溪片区借力九龙谷AAAA级旅游景区流量优势，提炼祈梦、龙凤等IP（知识产权），策划并建设智慧观光果园、民俗一条街等10多个项目，在全省近30个县区的竞争中获评省级移民示范区，并争取上级和社会资金拼盘超1亿元，联合打造栖梦小镇；马院村作为南方三年游击战时期闽中游击区的核心区，结合习近平总书记对英模的特征定义，提炼出“坚守是最朴实的忠诚”这一主题，并围绕该主题实施党建研学、露营基地、红军路、烈士故居修缮等一系列红色项目，辐射带动周边金川、渡里等村，积极对接莆旅文化等研学机构进驻，整合研学资源，开发红色主题研学基地；利用库区自然优势，打造民宅合作社，实施“四个一”规范管理提升，提升整合半浮生、又见一炊烟等网红打卡点，环库区打造集文创、茶室、餐饮不同业态的“慢生活带”。

【民生保障】 *民政优抚* 2020年，常太镇提升改造镇敬老院，持续推进镇敬老院公建民营，完成21个村农村幸福院的建设；城乡居民基本医疗保险参保率97.5%，养老保险申报率为86.98%；为农村老人提供养老平台；镇政府免费为农村籍90周岁以上老年人统一缴纳基本医疗保险费；全面落实低保提标扩面，全年发放低保、特困补助187户406人211多万元、临时救助51户164人26多万元，发放残疾两费合计98.78万元、优抚金205.9万元。

社会保障 2020年，常太镇切实保障饮水安全。短期实施应急饮水工程，完成19个村43口机井建设；长期实施城乡供水一体化工程，涉及全镇28个村（居），新建集中式供水厂4座、村庄简易供水站17座、中途加压泵2座、配水主管网56.38千米，项目推进中。精准脱贫成果巩固。落实“两不愁、三保障”，实施易地搬迁和危房改造28户79人，补助资金173.96万元；夯实挂钩帮扶，强化产业、教育、医疗等扶贫，开发5个公益性岗位，推荐就业53户66人，铺设扶贫超市10个，枇杷补助62户34.8万元，产业补助71户10.65万元。发放残疾两费合计98.78万元。

生态环境保护 2020年，常太镇污水管网实现全覆盖。5月底污水管网工程全面完工，实现全镇污水收集全覆盖，总投资1.2亿元，建有污水泵站6座，主干管网231千米，支干管224千米，三格式化粪池9108座，日污水收集400吨以上。持续做好河长制工作。以“六水共治”为抓手，严格落实区、镇、村三级河长制，重点开展河道保洁、清淤清障、经常性巡河护河和问题整改，基本完成溪北溪、莒溪安全生态水系建设，东圳库区水质稳定在二类之上。整治畜禽养殖反弹。环库路周边禁养鸡鸭，其他区域圈养20只以内并做好污水粪便处理，严格执法拆除违规鸡（鸭）舍、捕杀散养鸡鸭。严格一级保护区管护。成立镇环保执法队每天巡逻，查处违规进入一级保护区垂钓、捕鱼、游玩等192余人，处罚67人，修复

被破坏的隔离网300余次，清除违规农业种植32处2004平方米，污水管网收集情况随机入户调查551户。综合整治面源污染。对接省科研机构开展果园土壤系统性治理研究，完成果园生态化综合整治、生态果园与农业面源污染监测点建设方案等；成立枇杷办开展农残检测、禁打膨大剂宣传；实行农药供销社统购统销实名登记，设卡查处违规车辆46辆次，劝阻运送化肥、鸡屎、鸭屎等车辆200余辆；建立枇杷专业合作社及龙头企业引领，挑选宏耕、凯集等先进果农代表，改进运营模式，实行果园集约化管理。

城乡一体化　2020年，常太镇在做好3个省级乡村振兴示范村（溪南村、马院村及岭下村）及2个市级乡村振兴示范村（东青村、渡里村）规划编制的基础上，围绕“两点一带”做好片区规划，其中，莒溪片区内7个村以省级移民示范区实施方案为基础，生成具体可实施项目，确保科学规划，逐步推进；马院片区以红色文化为底色，连接金川、渡里成片规划发展。相继邀请乡伴集团、红耀文化、大唐电信等优质企业实地考察，洽谈合作，并为全镇发展出谋划策，进一步明晰发展定位和实现路径。实施城乡供水一体化工程，涉及全镇28个村（居），新建集中式供水厂4座、村庄简易供水站17座、中途加压泵2座、配水主管网56.38千米。

【基础设施建设】　2020年，常太镇大力实施生态河道整治、环境综合整治、道路设施建设、教育文化建设等各类重点项目；实施库区移民项目19个，补助资金2386.56万元；发放移民贷款178户1712万元，贴息82.18万元；发放移民后期扶持补助资金14789人887.34万元；开展下莒、溪南、东太等移民村环境综合整治，进一步优化移民群众的人居环境。

【精神文明建设】　2020年，常太镇深化群众性文明创建活动，马院村复查保留第五届“全国文明村”称号，积极创建镇机关和东青、下莒、岭下、洋边等4个村第十四届省级文明镇村；常态化开展全国文明城市和省级文明城区创建活动；提升镇文化站建设，开展群众性文娱活动，举办“我们的节日”中秋、重阳等传统节日庆祝活动，表彰第36个教师节及创城“最美家庭”“最美商户”。

【共建美丽乡村】　2020年，常太镇围绕“四美”“五清楚”“六重点”目标任务，集中开展环境卫生大扫除。结合库区移民村环境综合整治，推进洋边、坑洋等省级美丽乡村和马院、岭下、东青、下莒等16个美丽乡村建设。

（刘嘉鑫）

灵川镇

【基本情况】　灵川镇地处城厢区南部，东与秀屿区笏石镇、东庄镇接壤，南濒湄洲湾内海，西与东海镇相邻，北与华亭镇毗连。该镇属于亚热带季风海洋性气候，总面积56平方千米，全镇有山地32平方千米，耕地15.47平方千米，盛产甘薯、花生、大豆、四季蔬菜等。海岸线长13.71千米，海堤总长12.01千米，滩涂浅海面积8.2平方千米，淡水域面积0.91平方千米，海域资源丰富，盛产花蛤、牡蛎、对虾等海产品。全镇辖14个行政村、1个社区。截至2020年底，该镇先后被评为“全国亿万农民健身先进镇”“莆田市农业产业化先进乡镇”“福建省级生态镇”，灵川镇下尾村被评为“中国花蛤之村”，灵川镇下尾村党委被评为“省级先进基层党组织”。

【概述】　2020年，灵川镇全镇上下深入学习贯彻中共十九届四中、五中全会精神和习近平新时代中国特色社会主义思想以及省、市、区一系列决策部署，围绕年初确定的目标任务开展各项工作。2020年，该镇规模以上工业产值完成12.53亿元，完成年度计划的101.8%，比上年增长8.9%；限额以上批发零售业销售额完成11.49亿元；固定资产投资完成 14.78 亿元；财政总收入完成 8023 万元。

【工业】 2020 年，灵川镇除太湖工业园区外，辖区有康华饲料有限公司、振兴旅游用品有限公司、蛤老大(福建)食品有限公司、福建省中伟体育用品有限公司、华锦纺织有限公司等 5 个规上企业及易太食品、富隆达、天喔实业等 3 家限上商贸企业。

【农业】 2020 年，灵川镇充分发挥辖区背山靠海的独特区位优势，大力发展特色种植业、海产品养殖业。以生产基地化为目标，以发展集约型农业为重点，扶持和培育一批农业产业化龙头企业，真正把灵川镇建设成为现代农业示范镇。发挥农产品基地的优势，因地制宜发展农贸市场、超市，实现农超对接。积极引进食品工程新技术，培育发展以天喔、台兴、金山辣木等一批龙头企业为主的食品产业集群，带动名优果品、水产品精深加工，延长产业链，增加附加值。实施桂山现代农业种植园、温氏生态养殖、径里观光农业种植等项目。扶持农民创业园，加快蛤老大、金山辣木、威利思等龙头企业实施技术改革，提升农业龙头企业发展水平。坚持和完善农村土地基本经营制度，全面完成农村土地承包经营权确权登记颁证，实施农村土地连片经营，推广公司 + 农户模式，提高土地亩产效益。

【商贸服务业】 2020 年，灵川镇党委、政府主动融入湄洲湾港口城市中心城区核心区建设大局，着力建设乡村休闲旅游度假基地，以径里休闲垂钓、桂山农业观光、下尾特色海鲜餐饮、书峰海边宿营、五帝庙两岸宗教文化体验、台兴现代食品园参观等“四村一庙一园”为主题的旅游圈，围绕“三横三纵”（滨海大道城厢段、笏枫路、通村农业观光道；联十一线、灵华线、新桂路）的路网格局和产业布局，结合区位优势促进第三产业发展，初步形成乡村旅游、生态休闲旅游业，向“打造生态宜居新灵川，建设美丽城厢示范镇”目标迈进。

【社会事业】 2020 年，灵川镇继续推进“教育强镇”，不断完善校园安全配套工程，实现全镇 19 所中小学操场全部塑胶化，完成西墩小学教师周转房建设，继续推进桂山独立幼儿园建设。年内，桂山村、书峰村通过召开新春茶话会筹集到 120 多万元资金用于公益事业，云庄村、桂山村等 6 个村设立教育基金，通过社会捐款，提升农村教育硬件水平。积极倡导志愿服务，全镇干部职工中有 93% 报名参加志愿服务。镇团委创建志愿服务站，开展各类志愿服务 30 多次，帮扶孤寡老人、留守儿童 100 多人次。抓好新型农村合作医疗和农村养老保险工作，群众参合率和参保率分别达 98%、95% 以上。解决 15 个村 7 万多群众安全饮用水问题。台兴食品、华源工贸等一批重点项目增资扩产，就业机会增加。

【基础设施建设】 2020 年，灵川镇投入使用的农村公厕有 25 座，集镇公厕 5 座，为切实加强已建公厕的日常管理，对已建公厕进行制度上墙（公厕管理监督台、公共卫生间管理制度），落实专人管理、保洁，将公厕保洁员与公益性岗位人员、保洁员兼职相结合；同时，强化督查考核，切实将公厕面向社会免费开放政策落到实处，有效提升基本公共服务水平。2020 年投入资金 60 万元左右，新建农村公厕 3 座，年内全部竣工完成验收并投入使用。年内，福厦客专项目完成约 1 万平方米征迁难点房屋扫尾拆除，全市唯一提前 115 天完成净地交地任务；太湖工业园征迁项目完成征地 720000 平方米；灵华线完成何寨段征地 467000 平方米、完成云庄、东进 12 户约 4500 平方米房屋拆除；苏山取土点项目完成施工临时运输便道、临时堆场征迁工作和路面平整，于 7 月开始开采供土，截至年底向滨海大道供土 18 万立方米，填土长度达 3 千多米；福建省新兴达 50 万只蛋鸡存栏项目完成 33300 平方米场地平整，围墙在建中。完成村级主干道水泥硬化，实现全镇村村通公路。笏枫路拓宽、联十一线项目征迁工作扫尾。桂山村人行道景观工程完成道路扩宽、铺石、绿化排洪沟等工程并实现亮灯。水系景观工程完成80%，乔木种植、建筑工程、园路铺设、水电工程相继完成。桂山村科技发展中心工程、桂山白岭老人活动中心完成全部工程，初步验收申请中；径里村盘活集体闲置资源，发展美丽乡村生态休闲旅游项目，打造“党建+产业+旅游+人文”融合发展的绿色和谐径里品牌，走出一条“山美、水美、人更美”的党建强村富民之路。建设径里休闲广场、库区移民活动中心、多功能运动场，栽种1000多棵景观树，村庄绿化600多平方米、墙体美化500多平方米。

【民生保障】 2020年，灵川镇着重围绕产业发展，促进贫困户增收。全镇有贫困户179户498人，国定贫困户47户134人，省定贫困户132户364人，重点贫困户6户20人。利用中央财政专项扶贫资金为13户贫困户开办日有喜扶贫超市，每户补助1万元计13万元，为54户贫困户提供产业补助计12万元，为40户贫困户办理入股日有喜扶贫超市，每户补助5000元计20万元。2020年省级财政专项扶贫资金14.69万元全部用于113户贫困户产业发展补助。为166户贫困户发放2020年市级产业资金8.3万元。为促进贫困户产业发展，2020年该镇为111户贫困户办理产业保险，覆盖率62%，贫困户均享受国家医疗报销补助和精准扶贫医疗叠加补助政策。年内贫困人员进行报销补助计84万元，为131名贫困对象提供4.1万医疗临时救助，2020年度179户建档立卡贫困户全部签订意外伤害保险，为贫困户增加一份保障。当年6月，全镇贫困户稳定脱贫，退出重点监测对象。年内，该镇拨付20万元给径里村用于旅游服务中心配套及停车场建设。以治水、拆违为突破口，拆除关停散乱污企业26家，拆除养殖场23家，提升全镇生态颜值。落实河长制，桂山溪、径里溪水质不断提升。完成新建二期污水管网工程507.6千米，完成新建管网任务483千米的105.1%，扎实推进污水管网建设。新建三格化粪池1905个，完成率116.2%，15个村居全部完成建设，市政主干管网完成清淤。

【精神文明建设】 2020年，灵川镇结合宣传贯彻习近平新时代中国特色社会主义思想、中共十九届五中全会精神，深入各村（居）委会、学校、田间地头、进村入户、老人活动中心、海滩等开展基层一线宣讲，讲好灵川故事，传播道德典范、汇聚道德力量。开展“身边好人”“道德模范”“最美家庭”等评选活动。积极宣传“我推荐、我评议身边好人”活动，发动群众寻找身边好人，广泛宣传好人的先进事迹，在全镇营造良好的活动氛围。开展“我们的节日”主题活动。在春节、端午、中秋、重阳等节日期间，对老党员、敬老院、退休老干部，困难群众、留守儿童开展系列走访慰问、座谈会等活动。移风易俗工作成效明显，群众从赌场酒场走向文化广场，群众文体文化生活丰富，15个村居建有36支文艺队；从热衷捐建庙堂变成热心捐建学堂，设立教育基金会投入教育事业，大大提升农村教育硬件水平。

（吴　欣　林伟清）

东海镇

【基本情况】 东海镇地处城厢区南部，位于北纬25° 16′ 2″～25° 17′ 1″，东经118° 54′ 20″～118° 57′ 1″。东与灵川镇相邻，南临湄洲湾内海，与秀屿港隔海相望，西至仙游县枫亭镇交界；北与华亭镇毗连。人民政府驻地为东海镇海头社区1号，距城厢城区23千米，莆田市区25千米。下辖海头1个社区，东沙、大埔、东海、上亭、上图、利角、坪洋、蔡厝、东朱、西厝、西黄、蔡亭12个村民委员会，下设118个村（居）民小组，51个自然村。镇辖区东西最大距离6.4千米，南北最大距离8.9千米，总面积96平方千米，其中陆地面积47平方千米，水域面积49平方千米。人口密度为每平方千米574人。

2020 年末，总人口 61065 人，其中常住人口 58368 人。男性 30991 人，占 50.75%；女性 30074 人，占 49.25%。14 岁以下 14216 人，占 23.28%；15～64 岁 41169 人，占 67.42%；65 岁以上 5680 人，占 9.3%。总人口中，以汉族为主。是年，人口自然增长率为 6.76‰。

东海镇地处湄洲湾畔，地形依山面海，地势自北向南倾斜。海堤总长度 7.2 千米。境内最高处位于西北部的西柳山太子峰山峰，海拔 660 米；最低处多为平地，海拔 5 米。境内属南亚热带气候；年平均气温 21.8℃，年平均降雨量 1663 毫米。境内河道属自然流域，主要河道有板溪、海头溪、蔡厝溪、东坑溪、大埔溪等 5 条，河流总长度 20 千米。境内最大的河流为板溪从团结水库至海头溪流经境内上图、东海、枫亭，长 3 千米，流域面积 0.025 平方千米，年均流量每秒 30 立方米。境内主要矿产资源有铝、铁、锰、黄铁矿等金属矿，但储量较少；有高岭土、蛇纹石、滑石、叶蜡石、花岗石、钾长石、硅线石、铝土、石油、明矾等非金属矿藏；主产水稻、地瓜、花生、大豆等作物。

【概述】 2020 年，东海镇在区委、区政府的坚强领导下，坚持以新发展理念为统领，以脱贫攻坚为统揽，以稳中求进为总基调，大力实施“农业稳镇、工业富镇、商贸活镇、生态美镇”战略，重点在工业发展、乡村振兴等方面求突破，加快补齐产业发展、民生改善、生态文明建设短板，确保高质量脱贫摘帽，做好常态化疫情防控，全面实现全镇经济社会平稳持续健康发展。全年经济社会发展主要目标任务圆满完成，全镇经济和社会各项事业继续保持持续、稳定、健康发展的良好势头。受新冠肺炎疫情影响，2020 年度财税收入 0.98 亿元，同比减少 5.5%。

【工业商贸】 2020 年，东海镇共有规模以上工业 31 家，受疫情影响，部分企业产能恢复困难，1—12 月累计完成 50.44 亿元，同比增长 8.78%，完成年度计划的 96.08%，缺口 2.06 亿元。限上批零业有限额以上批零 8 家，1—12 月累计完成 6.58 亿元，同比增长 9.81%，完成年度计划的 101.23%，超额完成。规模以上营利性服务业有规模以上营利性企业 3 家，1—12 月累计完成 0.4 亿元，完成年度计划的 131.67%，超额完成。

【农业发展】 2020 年，东海镇全年蔬菜产量 3579 吨、水果 587 吨、粮食产量 2425 吨；生猪存栏 779 只、家禽存栏 11 万羽。

【社会事业】 科技 2020 年，东海镇全面落实科教兴镇的战略，开展多次培训，开办农村实用人才带头人培训班，为群众提供技能培训；深入村委会，为村民提供免费义诊；在全国科普日在学校开展科普活动，提高在校学生科普意识。截至 12 月底，拥有各类科技人才 4102 人，其中专业技术人才 113 人，经营管理人才 925 人，技能人才 261 人，农村实用人才 2803 人。

教育 2020 年，东海镇有幼儿园 6 所（其中 3 所公办独立幼儿园、3 所民办幼儿园），在园人数 1672 人，学前教育入园率 99.5%，各级示范幼儿园就读幼儿与在园人数比率 92.9%，公办幼儿园在园幼儿比率 78.13%；就读特殊学校有 6 人。辖区内共有 11 所完全小学，在校小学生 4252 人，小学适龄儿童入学率 100%，6～14 周岁三类残入学率 96.77%；小升初升学率 100%，九年义务教育覆盖率 100%。小学教职工 232 人，幼儿教师 80 人。专任教师实行持证上岗，持证率 100%，学历达标率 100%。各类学校均有较规范的运动场、篮球场，小学有 60 米的直跑道，中学有 250 米的环形跑道、100 米的直跑道。全镇各中小学接收到来自振兴旅游、珍中工贸等 20 多家爱心企业奖教助学金共 80 多万元，奖励优秀师生，改善办学条件。

文化体育 2020 年，东海镇大力发展文化事业，不断完善文体基础设施建设，辖区有市级非物质文化遗产项目 3 个；市级文物保护单位 3 个，县级文物保护单位5个；市级爱国主义教育基地1个；省级民间信仰活动场所2个；仿古戏台4个；扩建文化广场3个，新建文化广场1个；国家级农民健身公园1个；国家一级乡镇综合文化站1个；增蔡襄文体公园1个、村级文化服务中心3个、笼式篮球场1个。

卫生 2020年，东海镇以“三清一改”为工作重点，精心组织开展农村人居环境整治，持续推进村庄清洁行动，切实做好农村生活垃圾治理工作。一是常态化保洁。按照500人配置一名保洁员的要求，配备环卫保洁员130人，明确责任区域，落实奖惩制度。配置垃圾运输车14辆，其中垃圾压缩车3部、扫路王3部、农用车1部、钩臂车6部、铲车1部；全镇配置2立方米垃圾箱100个，小桶12173个，实行一户2桶分类收集和集中定点收集投放；东海垃圾转运站建成并投入使用，每天清运垃圾30多吨，确保垃圾日产日清，生活垃圾无害化处理99.3%，形成“户分类、村收集、镇转运”的农村生活垃圾收集转运网格化、自动化运作体系。二是专项整治行动。全年开展集镇区环境卫生专项整治、滨海大道临时建筑垃圾专项整治、河道沿线垃圾专项清理、“文明莆田”常态化创建暨集镇区环境卫生综合整治行动、大埔鞋服基地环境卫生专项整治、“镇容环境大扫除 干净净迎国庆”活动、铁路沿线综合环境整治等专项治理工作，实现整治效果全域化全覆盖。三是完善餐厨垃圾管理机制。制定《东海镇餐厨垃圾管理工作实施方案》，将全镇72家餐厨垃圾产生单位纳入管理，签订二级收运协议，督促落实日登记台账和“二联单”管理制度，实现餐厨垃圾产生、收运、处置体系化运作。四是做好垃圾分类工作。投入5万元资金。在集镇区全段配置30升“一蓝一绿”干湿分类桶300桶。以2020年生活垃圾干湿分离试点村上亭村为示范点，切实推动生活垃圾分类工作。五是推进“厕所革命”。新建农村公厕2座（蔡亭1座、东朱1座），集镇公厕2座（蔡厝村清溪宫公厕、蔡襄文体公园公厕），完工并投入使用。加强公厕管理，对已建公厕（农村公厕28座，集镇公厕7座）进行制度上墙（公厕管理监督台、农村公厕管理制度、公厕质量管理标准），统一安装公厕标识牌，落实专人管理、保洁，保障公厕管理资金（农村公厕每年6000元/座，集镇公厕每年50000元/座），强化督查考核，切实将公厕面向社会免费开放政策落实到实处。六是强化资金保障。省、市、区配套资金，镇财政加大对各村环境卫生整治的投入统筹并列入全镇年度财政预算，每月对各村给予1000元补贴，同时按每户60～120元征收2020年度农村生活垃圾处理费，征收1611906元。

计划生育 2020年，东海镇紧紧围绕年度人口计生责任工作目标，认真清理出生人口，及时录入人口数据系统。全镇出生503人，自然增长率4.89‰；政策内生育377人，政策符合率74.95%；出生男孩270人，女孩233人，出生性别比为115.87（女孩为100）。全年开展5次宣传教育服务活动，发放宣传品3500多份、宣传资料6800多份。

社会治安综合治理 2020年东海镇接待来访群众325批325人次，其中初信初访262件，重复上访63件，受理信访事项274件，办理答复274件，化解初信初访250件，有效维护社会安定稳定。接处警1354起（其中治安警情605起，刑事接警91起，其他纠纷、求助类警情658起）；受理案件369起，其中治安案件260起，查结218起；立刑事案件109起，破45起。深入开展安全生产大排查大整治工作，组织大型联合执法11次，职能部门执法106次，按照安全生产25个专项整治领导小组的分工，开展安全生产大检查、大整治、大排查工作，检查各类企业236家，查出安全隐患124处，发出整改通知书176家，全部整改到位124处。发出整治、整改提醒单86份。对生产企业存在“二合一”“三合一”场所及人员密集场所等开展大排查大整治工作。组织检查企业单位366家，排查出安全隐患186条，发出整改通知书118份，即查即改68条，整改到位117条。督促各学校每月对校舍安全、寄宿制学校安全管理、食品卫生、消防、教学设备安全、交通安全、门卫值班情况、校园及周边社会治安综合治理情况等8个重点项目进行自我排查整改，共检查学校、幼儿园16所，查出一般安全隐患6处，全部整改到位。全年排查社会矛盾纠纷134件，其中婚姻家庭纠纷35件，邻里纠纷34件，损害赔偿纠纷3件，房屋宅基地纠纷2件，其他纠纷60件，调处成功134件，调处成功率100%。其中无民事案件提请法院司法确认事件。综治网格化中心已录入基础信息：群防群治组织76条、群防群治队伍2863条、常住人口52981条、流动人口2172条、实有房屋18221条、非公有制经济组织731条、宗教信息98条；常态化信息：单位组织管理890条、环保工单300条、工商工单1648条、食药工单741条、消防工单1836条、燃气安全工单18条、城管工单1967条、质监工单58条；一历五单信息：刑满释放人员182条、社区矫正人员14条、精神病障碍患者251条、吸毒人员26条；专项工作：矛盾纠纷135条、烟草店138条、残疾人员1404条；民生诉求及网格大走访信息：社情民意753条、平安宣传15744条。

【民生保障】 2020年，东海镇新型农村合作医疗参缴人数49687人，参保金额每人250元，参缴率88%。提高社会救助福利水平，落实优抚政策，全镇共有农村低保户352户861人，月保障金额近40万元；特困户24户，月保障金额4万多元；临时救助使用金额51.526万元。新型农村养老保险60周岁以上领取人数8534人，45～59周岁参保人数11007人，16～44周岁已参保人数13536人，参保率100%，完成缴费383.88万元，发放养老金1470.19万元。全面落实就业促进政策，增就业岗位193个，社会就业率97%，处置化解劳资纠纷16起。全面实施“二孩”政策，并为7590位妇女进行免费健康检查。深化残疾人和老龄工作，开展各类慈善救助，关爱妇女儿童，重点节日发放慰问金2万余元，让弱势群体过一个愉快的佳节。加强对社会福利中心（农村敬老院）的管理。东海镇社会福利中心（农村敬老院）建筑总面积1100平方米，总投资200万元，有居住室20间，每间均有单独卫生间，可供80位老人居住。发放60周岁农村籍退役士兵、重点优抚对象［三属、在乡老复员军人、带病回乡退伍军人、参战退役人员、在乡(职)残疾军人、抗美援越铁道兵］优抚金、精退定补及遗属补助145万余元，保障国家对退伍军人的抚恤优待。整顿全镇基干民兵155人，应急分队（排）60人。举行全镇应急分队点验，人员和装备点验率95%以上。

【残疾人帮扶】 2020年，东海镇办残疾人证305本；残疾人参加区残联组织举办的实用技术和职业技能培训53人次；残疾人两项补贴（生活补贴和护理补贴）发放资金约152万元；居家托养40人（省级15人，区级25人），每人2000元，发放资金8万元；发放一户多残资金37.62万元；辅助器具共申请普通轮椅5辆，护理床7架，助听器5副；残疾人创业就业补助5人，每人5000元，发放资金2.5万元；残疾人无障碍改造6户，每户4000元，发放资金2.4万元；春节慰问18人次，慰问金额1.9万元；为重度残疾人提供入户评残，计34人，其中肢体残疾25人，精神残疾9人（含精准扶贫对象6人）。

【精准扶贫】 2020年，东海镇有精准扶贫建档立卡贫困户146户491人，全部实现脱贫。全年完成18户贫困户住房修缮及1户租住保障性住房。提供公益性岗位17户20人，纳入低保保障101户299人，特困户1人，残疾补助保障76户115人。小额信贷69户264人，完成到期还款还贷。依托中央扶贫资金，加强与“日有喜”扶贫平台合作，实施产业扶贫，增加贫困户经营收入，投入使用中央第一批、第二批扶贫资金52万元。为98户产业发展贫困户补助中央和省级财政专项产业扶贫资金18.15万元。拨付30万元用于蔡亭村老人活动中心建设和西黄村道硬化工程建设。坪洋村是全镇唯一一个贫困村，继续用好各项扶贫资金，不断壮大产业经济，完善基础设施建设。村集体经济提升方面，与百草堂公司合作种植金丝皇菊1.33公顷，并完成9.33公顷茶场工程建设，计划出租，预计年收益5万元；基础设施建设方面，一是新建蔡片、朱片2个片区自来水厂，改造完成西头、东岭、铁炉及东林4个自然村的饮水净化系统项目。二是坪洋村集体活动中心。完成建设集村部、老人幸福院和妇女儿童活动中心为一体的坪洋村集体活动中心场所。三是坪洋小学食堂及教师宿舍改造修缮工程。四是在西头复垦土地上游建设小型拦水坝一座，用于农田灌溉。五是对村内老旧路灯改造成太阳能路灯。

【基础设施建设】 2020年，东海镇交通框架形成“五横四纵”路网格局，“五横”即福厦铁路和福厦高速公路、笏枫公路、滨海大道（联十一线）、新建福厦铁路客运专线横穿境内。“五横”路网方面：新建福厦铁路客运专线东海段总长4.486千米，为跨海大桥段，共112根桥墩桥台全部完工；滨海大道（联十一线城厢东海段）土路基完成，路面工程在财审中；笏枫公路、福厦铁路、福厦高速公路均已建成通车。“四纵”路网方面：即金沙路、金桥路、忠惠路、洋滨路。其中金桥路、洋滨路土路基已完成，规划路幅宽度均为24米，其中金桥路已列入笏枫路改扩建工程海头段连接线建设资金拼盘，已完成施工图设计、论证、规划预审选址和征地启动公告。忠惠路、金沙路在办理前期规划手续。“四纵”路网与“五横”路网相互交织，形成东海镇的交通大路网，利角至石梯道路拓宽改造安保工程完成省林业局用地审批，拓宽路基刷坡在施工，拓宽后路幅宽度增至7.5米。海防路建设已完成东朱海防路建设，路幅宽度7.5米。

【“两高”沿线环境整治】 2020年，东海镇涉及“两高”（高速铁路、高速公路）沿线环境整治工程可视段长度6.4千米，涉及6个村，可视裸房整治91幢91户，裸山治理2处，铁皮搭盖房3家，裸坟墓47座，均在第一时间宣传发动进行整治，采用统一斜屋面、统一外墙涂料颜色对裸房进行整治，拆除铁皮搭盖房3000多平方米，拆除养殖场14家，整治裸露坟墓47座等，累计完成投资1500多万元，高效完成，形成特色，全面提升东海镇建筑风貌形象。

【重点项目投资建设】 *东海集中地项目* 2020年，东海镇规划占地面积66.67公顷，由东海鞋服辅料生产基地和东海村海田地块组成，是落实市委、市政府提出强产业、兴城市“双轮”驱动，推动全方位高质量发展超越的重点攻坚项目，也是区委、区政府的重点攻坚项目，已全面并超额完成预征迁任务。东海集中地片区也是东海镇实施“十四五”规划项目建设的主战场，紧邻仙游县省级枫亭经济开发区，依托东沙幸福家园建设、浮山岭片区开发、海头商业城、蔡襄文化园等建设，形成以金桥路为中心、笏枫路为纽带的新集镇区。

东海鞋服辅料生产基地 2020年，东海镇规划占地面积33.65公顷，为填海造陆项目，涉及该地块控制性详细规划成果在上报市自然资源局审批。涉及海域使用权证换发国有土地使用权证在以收储方式进行换发。拟规划建设标准化厂房4.13公顷，在申请区政府予以列入和资金支持，项目招商工作有序展开，招大商、招好商成为主流。

“天誉首府”房地产 2020年，东海镇由莆田市滨城城镇建设发展有限公司进行开发建设的“天誉首府”房地产，总占地面积9.67公顷，规划总建筑面积23万平方米，规划总住户1180户，总投资6.5亿元。分三期开发，一、二期工程全部完工并交付使用，已引进凤凰超市、农业

银行等商业服务网点，形成新集镇效应，三期工程总占地面积约2.67公顷，规划建设商品住宅，总建筑面积11万平方米，将建设4幢高层建筑和1栋幼儿园，计划总投资约2亿元。已完成2幢高层建筑封顶建设，其余3幢有序推进施工。

莆田坪洋风电场工程建设 2020年，总装机容量30兆瓦，拟安装20台1.5兆瓦风力发电组，总投资5亿元。福能电力发电有限公司作为业主，2013年动工建设，2018年已全部建成投产，累计已投入运营并网发电2年多，经济效益可观，已形成东海镇周边旅游的又一个风景点。

大埔山兜造福工程新村建设 2020年，大埔山兜造福工程总规划占地面积4.48公顷，规划建设联排式住宅143幢，总占地面积1.57万平方米，总建筑面积5.22万平方米，总投资8000万元。一期约3.07公顷120幢联排式住宅已全部完工，形成错落有致的农村版别墅区，市政管网工程施工全部完成，水泥路面工程全部竣工。建民俗文化场所（崇德堂）成为群众茶余饭后休闲运动的好去处，累计已完成投资7000多万元。

新建福厦铁路客运专线（东海段） 2020年，省重点建设项目，途经东海镇西黄、西厝、蔡厝、东海、大埔、东沙6个村海域，东海段总长4.45千米，为湄洲湾跨海特大桥之一，共112根桥柱，涉及征收红线内海域面积14.58公顷全部完成，承建单位中铁十一局，已完成大部分桥墩、桥柱及部分桥梁架设。

笏枫公路改扩建工程（东海段） 2020年，市重点建设项目，涉及东海镇总长6.667千米，扩宽后路基宽度35米，其中主车道宽度27米，两边人行道各4米。需拆除旧房360户，拆除房屋总建筑面积6.4万平方米，已拆除旧房359户，剩余1户未拆除，拟予以甩项处理，主车道27米全面贯通，并顺利实现通车，人行道在推进铺砖。

【幸福家园建设项目】 坪洋西头幸福家园建设 2020年，安置区占地面积0.86公顷，规划建设安置房6幢，6层框架结构，每幢建筑占地面积250多平方米，每层2套，每套建筑面积约130平方米，建成后有60套，已动工建设安置房6幢，其中3幢主体工程已封顶，另外3幢分别已建成3层、4层、4层主体框架，因项目资金未到位，暂停。坪洋西头幸福家园需拆除旧房115户，已拆除到位112户，剩余3户未拆除；已置换复垦耕地指标1.74公顷，上级已拨付建设资金1100万元，安置房工程款在协调支付。

东沙幸福家园建设 2020年，东沙村幸福家园（旧村改造）建设项目于2014年列入市、区重点民生工程建设项目，是莆田市2015年第三批幸福家园试点项目。先后完成旧房改造区的选定、征迁方案的讨论商定，规划设计方案的出台，2017年4月16日启动本项目的拆迁工作，涉及征迁拆除旧房286户109幢，人口2776人，总用地面积83.27亩，总拆迁建筑面积约6.74万平方米。新区规划建设17幢多层、3幢9层小高层，容积率1.2，拟建总建筑面积6.67万平方米，总投资1亿元。截至年底，签约拆除房屋和空地户177户，未签约78户，签约未拆除31户。拆除区域场地已平整，建设两户型联排式安置房24幢计48套，基础圈梁统一建设施工，涉及征地拆迁方案已通过区政府办公会议研究。其余正在稳步推进中。

【蔡襄文化园建设】 2020年，蔡襄文化园位于东海镇浮山岭，规划占地面积3.53公顷，总投资5000多万元，主要建设蔡襄文化活动中心、蔡襄公园及蔡襄文化宣传室及配套设施等，其中蔡襄文化活动中心建筑占地面积2776平方米，总建筑面积2901平方米，由泉州博文古建筑设计有限公司设计，建设单位为莆田蔡襄文化活动中心筹建委员会，工程预决算价1560万元，中标价1328万元，已竣工。蔡襄文化活动中心分主殿、前殿、回廊三个部分，主殿总建筑面积1293平方米，框架二层，重檐歇山式屋顶建筑，正脊高度20.46米。前殿总建筑面积368平方米，框架一层，重檐歇山式屋顶建筑，正脊高度12.64米。回廊总建筑面积1240平方米，框架一层，蔡襄文化活动中心将设有蔡襄政绩展厅、廉政教育展厅、书画展厅、接待室等。蔡襄休闲广场占地面积1万平方米，已完成铺砖和灯光施工，成为群众休闲活动场所。蔡襄公园占地面积1.52公顷，已完成蔡襄石像竖立，踏步长廊和绿化施工等，累计已完成投资4000多万元。

【精神文明建设】 2020年，东海镇积极协助上亭村开展精神文明创建，完成全国文明村总评申报材料和实地布置，促使上亭村荣获“全国文明村镇”首冠。牵头各个部门收集东海文明镇相关动态申报的材料，并由宣教办汇总修改；收集整理东海、蔡厝、海头社区等3个村省级文明村和大埔、上图等2个市级文明村材料，由宣教办汇总上传，并布置实地考评要素。深入开展移风易俗，倡树文明婚嫁新风，积极组织开展我们的节日，“移风易俗三率调查”“71周年红色电影展播”“71周年宣讲报告与观摩学习”系列活动等，满足和丰富人民群众文体生活，掀起全民健身热潮，传播开放、文明、包容、大气的东海新风尚。10月举办1场移风易俗“我们的节日·重阳节”主题晚会，扎实推动移风易俗工作向纵深开展，营造浓厚的文明过节氛围，积极汇聚乡村发展动力，形成“文化成果全民共享”的良好共创局面。组织工作队、志愿者入户宣传，分发移风易俗倡议书，并利用微信、美丽东海公众号、村村响转发移风易俗相关视频、文件、倡议书、音频，线上线下同步进行，不断拓展宣传渠道，扩大宣传范围，加大宣传力度，逐步引导村（居）民树立文明新风尚。分发《做文明人，过文明节倡议书》《元宵公告》等移风易俗倡议书近10000份，分发《文明过节》宣传海报50余份，设置移风易俗公益广告3块。在中秋、国庆、重阳节等传统节日开展“我们的节日”庆祝活动，得到群众好评。成立微信公众号“美丽东海”，已刊登和转载56篇文章。宣教办撰写的多篇信息在多个媒体上刊登，其中《福建日报》3篇、《湄洲日报》7篇、“城厢新闻”26篇、“今日城厢”30篇。

（蔡建文　秦　拓）

2020年城厢区好人好事人物名表

表2

姓名	工作单位	荣誉称号	授予单位	表彰级别	授予时间
欧文利	城厢区城市管理行政执法局霞林中队	中国好人	中央文明办	国家级	2020年11月
		福建好人	省委文明办	省　级	2020年10月
王永文	自主创业	勤劳致富“三新”代表	市委文明办	市　级	2020年12月

2020年城厢区百岁以上老人名表

表3

序号	姓名	性别	出生年月	民族	居住地
1	魏他妹	女	1912年12月	汉族	龙桥街道泗华村
2	蔡亚秀	女	1920年1月	汉族	霞林街道木兰村
3	宋启宁	男	1917年12月	汉族	凤凰山街道龙德井社区
4	翁淑兰	女	1919年7月	汉族	凤凰山街道南园社区
5	程亚幼	女	1916年8月	汉族	华亭镇濑溪村
6	林亚水	男	1917年1月	汉族	华亭镇后枫村
7	卓大张厝	女	1917年1月	汉族	华亭镇后塘村
8	郑吓阻	女	1917年12月	汉族	华亭镇霞皋村
9	石尾厝	女	1920年6月	汉族	华亭镇霞皋村
10	林云加	男	1920年1月	汉族	华亭镇霞皋村
11	刘天松	男	1919年4月	汉族	华亭镇樟塘村
12	张福清	男	1919年11月	汉族	华亭镇长岭村
13	许南门申	女	1920年6月	汉族	华亭镇兴沙村
14	刘瑞英	女	1920年6月	汉族	华亭镇西许村

续表 3

序号	姓名	性别	出生年月	民族	居住地
15	王尾张厝	女	1920 年 5 月	汉族	华亭镇华亭社区
16	卢玉连	女	1920 年 4 月	汉族	华亭镇濑厝村
17	童古错	女	1920 年 5 月	汉族	华亭镇隆兴村
18	刘冬厝	女	1920 年 2 月	汉族	华亭镇西湖村
19	陈乌亮	男	1920 年 7 月	汉族	华亭镇圆头村
20	刘　世	女	1917 年 5 月	汉族	常太镇溪北村
21	陈金通	男	1918 年 1 月	汉族	常太镇山门村
22	陈兰妹	女	1919 年 8 月	汉族	常太镇南川村
23	刘　省	女	1920 年 6 月	汉族	常太镇东太村
24	王吓金	女	1920 年 7 月	汉族	常太镇侯山村
25	曾秋兰	女	1920 年 8 月	汉族	常太镇外东坪村
26	李亚贞	女	1917 年 3 月	汉族	灵川镇下尾村
27	黄亚香	女	1915 年 4 月	汉族	灵川镇桂山村
28	杨秋妹	女	1918 年 9 月	汉族	灵川镇桂山村
29	林玉梅	女	1919 年 1 月	汉族	灵川镇硋灶村
30	沈四妹	女	1919 年 5 月	汉族	灵川镇柯朱村
31	詹金玉	男	1918 年 8 月	汉族	灵川镇东进村
32	詹珍妹	女	1920 年 12 月	汉族	灵川镇东进村
33	黄茂洪	男	1920 年 8 月	汉族	灵川镇东进村
34	黄文全	男	1920 年 11 月	汉族	灵川镇西墩村
35	蔡桂清	男	1919 年 11 月	汉族	东海镇利角村
36	朱阿尾	女	1919 年 11 月	汉族	东海镇蔡厝村
37	朱红有	女	1915 年 6 月	汉族	东海镇东海村
38	朱瑞姐	女	1920 年 12 月	汉族	东海镇东海村
39	郝吉仔	女	1918 年 8 月	汉族	东海镇西黄村
40	蔡姐治	女	1920 年 6 月	汉族	东海镇西黄村
41	蔡亚幼	女	1920 年 11 月	汉族	东海镇大埔村
42	朱吓尾	女	1920 年 6 月	汉族	东海镇上图村
43	蔡吓拾	女	1920 年 12 月	汉族	东海镇蔡亭村
44	陈金烟	女	1920 年 10 月	汉族	东海镇坪洋村

（区卫健局供稿）

2020 年城厢区在职副科级及以上领导干部名录表

表 4

姓名	现单位及职务	民族	籍贯	出生年月	参加工作时间	任现职务时间
区　委						
王文才	书记	汉族	秀屿东庄	1972 年 6 月	1991 年 9 月	2016 年 6 月起
吴文恩	副书记 区政府区长 区政府党组书记	汉族	秀屿埭头	1970 年 10 月	1990 年 8 月	2016 年 6 月起 2016 年 12 月起 2016 年 7 月起
郑松青	副书记（正处长级） 党校校长	汉族	仙游榜头	1977 年 5 月	1997 年 8 月	2016 年 3 月起 2016 年 7 月起
陈洪武	常委 统战部部长	汉族	秀屿山亭	1963 年 6 月	1982 年 8 月	2011 年 7 月起
余丽红（女）	常委 纪委书记 监察委主任	汉族	荔城黄石	1975 年 8 月	1997 年 9 月	2016 年 7 月起 2016 年 7 月起 2017 年 12 月起
陆建琪	区委常委、区委组织部部长、 区直机关党工委书记 总工会主席	汉族	仙游鲤城	1969 年 2 月	1991 年 8 月	2012 年 5 月至 2020 年 12 月
吴建銮	常委 区委宣传部部长	汉族	秀屿东庄	1973 年 6 月	1997 年 8 月	2013 年 5 月至 2020 年 12 月
陈庆王	常委 政法委书记	汉族	秀屿埭头	1965 年 12 月	1989 年 7 月	2016 年 7 月起
肖志雄	常委 副区长、党组副书记、 三级调研员	汉族	涵江国欢	1964 年 7 月	1987 年 8 月	2016 年 7 月起 2013 年 5 月起 2020 年 12 月起
黄美光	常委 区政府党组成员	汉族	荔城镇海	1965 年 2 月	1986 年 8 月	2018 年 12 月起
吴彦继	常委 区人武部政委	汉族	海南临高	1975 年 10 月	1998 年 7 月	2019 年 12 月至 2020 年 11 月
邵长平	常委 区人武部部长	汉族	山东枣庄	1975 年 9 月	1993 年 12 月	2020 年 11 月起 2019 年 3 月起
人大常委会						
王国太	主任、党组书记 一级调研员	汉族	仙游鲤南	1962 年 6 月	1982 年 8 月	2007 年 2 月起 2010 年 3 月起
黄光明	副主任 党组副书记	汉族	城厢凤凰山	1962 年 5 月	1984 年 8 月	2014 年 1 月起 2017 年 6 月起
王乌妹（女）	副主任（兼）	汉族	秀屿平海	1967 年 9 月	1986 年 8 月	2011 年 12 月起
林少敏	副主任 党组成员	汉族	城厢霞林	1969 年 10 月	1993 年 9 月	2015 年 1 月起

续表 4

姓名	现单位及职务	民族	籍贯	出生年月	参加工作时间	任现职务时间
林晋居	副主任 党组成员	汉族	荔城西天尾	1964 年 4 月	1980 年 9 月	2016 年 12 月起 2020 年 8 月起
政　府						
吴文恩	区委副书记 区长 党组书记	汉族	秀屿埭头	1970 年 10 月	1990 年 8 月	2016 年 6 月起 2016 年 12 月起 2016 年 7 月起
肖志雄	区委常委 副区长、党组副书记 三级调研员	汉族	涵江国欢	1964 年 7 月	1987 年 8 月	2016 年 7 月起 2013 年 5 月起 2020 年 12 月起
黄美光	区委常委 区政府党组成员	汉族	荔城镇海	1965 年 2 月	1986 年 8 月	2018 年 12 月起
施清芳	副区长	汉族	涵江国欢	1965 年 12 月	1988 年 7 月	2016 年 7 月起
李文杰	副区长 党组成员	汉族	仙游盖尾	1979 年 4 月	2000 年 11 月	2016 年 7 月起
谢长征	副区长 党组成员	汉族	莆田城厢	1974 年 11 月	1993 年 10 月	2016 年 7 月至 2020 年 3 月
杨碧静（女）	副区长 党组成员	汉族	仙游榜头	1973 年 8 月	1991 年 8 月	2016 年 6 月起
郭国辉	副区长 党组成员	汉族	秀屿月塘	1966 年 8 月	1991 年 8 月	2017 年 4 月起
莫彩华	科技副区长（挂职） 党组成员 常太镇党委书记	汉族	浙江长兴	1990 年 9 月	2018 年 8 月	2018 年 8 月起 2018 年 8 月起 2020 年 2 月起
陈国忠	副区长、党组成员	汉族	秀屿东庄	1974 年 10 月	1997 年 11 月	2019 年 2 月起
田爱珍	挂职副区长	土家族	湖南永顺	1979 年 8 月	2003 年 7 月	2019 年 4 月至 2020 年 1 月
林福全	副区长、党组成员 区公安分局局长、党委书记	汉族	秀屿平海	1969 年 7 月	1991 年 11 月	2020 年 4 月起
张伟国	党组成员 华林经济开发区党工委书记 （副处级）	汉族	荔城黄石	1971 年 12 月	1990 年 8 月	2011 年 11 月起 2011 年 9 月起
陈丽萍（女）	党组成员 华林经济开发区管委会主任 党工委副书记（副处级）	汉族	秀屿山亭	1965 年 11 月	1987 年 8 月	2012 年 12 月起 2012 年 3 月起 2012 年 4 月起
政　协						
黄志强	区政协党组书记、主席 二级巡视员	汉族	涵江涵东	1961 年 1 月	1981 年 9 月	2007 年 2 月至 2020 年 12 月 2020 年 12 月起
肖志雄	区政协党组书记、主席	汉族	涵江国欢	1964 年 7 月	1987 年 8 月	2020 年 12 月起

续表 4

姓名	现单位及职务	民族	籍贯	出生年月	参加工作时间	任现职务时间
林素香（女）	副主席 党组副书记	汉族	城厢凤凰山	1964 年 10 月	1984 年 8 月	2016 年 12 月起 2019 年 3 月起
郑尚庆	副主席（兼） 司法局主任科员	汉族	涵江梧塘	1965 年 2 月	1988 年 9 月	2011 年 12 月起 2012 年 2 月起
黄斌华	副主席 党组成员	汉族	城厢灵川	1966 年 9 月	1989 年 9 月	2016 年 12 月起 2016 年 7 月起
何剑锋（女）	副主席	汉族	福州福清	1966 年 1 月	1987 年 8 月	2016 年 12 月起
华林经济开发区						
张伟国	党组成员 华林经济开发区党工委书记 （副处级）	汉族	荔城黄石	1971 年 12 月	1990 年 8 月	2011 年 11 月起 2011 年 9 月起
陈丽萍（女）	党组成员 华林经济开发区管委会主任 党工委副书记（副处级）	汉族	秀屿山亭	1965 年 11 月	1987 年 8 月	2012 年 12 月起 2012 年 3 月起 2012 年 4 月起
公安局、检察院、法院						
陈志权	区法院党组书记 院长、三级高级法官	汉族	秀屿平海	1973 年 4 月	1994 年 12 月	2016 年 12 月至 2020 年 12 月
曾奋乐	区法院党组书记、院长 区委政法委员会委员 区法院审判委员会委员、四级高级法官	汉族	涵江三江口	1969 年 10 月	1989 年 9 月	2020 年 12 月起
林秀冰（女）	区检察院党组书记 检察长、三级高级检察官	汉族	秀屿东峤	1974 年 10 月	1990 年 9 月	2013 年 8 月至 2020 年 12 月
林少雄	区检察院党组书记，检察长 区委政法委员会委员 区检察院检察委员会委员、四级高级检察官	汉族	秀屿东峤	1967 年 7 月	1989 年 8 月	2020 年 12 月起
林一虎	区公安分局局长、党委书记	汉族	荔城镇海	1970 年 8 月	1993 年 9 月	2015 年 4 月至 2020 年 4 月
林福全	区政府副区长、党组成员 区公安分局局长、党委书记	汉族	秀屿平海	1969 年 7 月	1991 年 11 月	2020 年 4 月起
陈朝辉	区公安分局政委、党委副书记 （副处级）	汉族	仙游龙华	1974 年 1 月	1996 年 8 月	2019 年 6 月起
人大内设机构						
陈庆中	办公室主任、四级调研员 党组成员	汉族	城厢龙桥	1966 年 1 月	1988 年 8 月	2010 年 4 月起
林德龙	财政经济工作委员会主任、一级主任科员	汉族	秀屿埭头	1965 年 12 月	1985 年 8 月	2020 年 8 月起

续表 4

姓名	现单位及职务	民族	籍贯	出生年月	参加工作时间	任现职务时间
刘祖耀	华侨工作委员会主任、四级调研员	汉族	涵江江口	1962 年 5 月	1985 年 8 月	2020 年 9 月起
陈铁山	人事代表工作室主任、一级主任科员	汉族	城厢常太	1971 年 11 月	1995 年 9 月	2012 年 4 月起
孙曙文	监察和司法工作委员会主任	汉族	山东寿光	1967 年 10 月	1989 年 9 月	2020 年 8 月起
何福水	环境与城乡建设工作委员会主任、四级调研员	汉族	荔城新度	1963 年 3 月	1988 年 8 月	2020 年 8 月起
卓永安	农业与农村工作委员会主任、四级调研员	汉族	仙游园庄	1963 年 10 月	1984 年 8 月	2020 年 8 月起
黄建山（女）	教育科学文化卫生工作委员会主任	汉族	荔城镇海	1971 年 5 月	1990 年 8 月	2020 年 8 月起
林　丽（女）	社会建设工作委员会主任	汉族	荔城镇海	1977 年 3 月	1995 年 8 月	2020 年 8 月起
翁福铭	区人大常委（正科长级）	汉族	城厢灵川	1965 年 7 月	1988 年 9 月	2019 年 6 月起
陈建国	办公室副主任	汉族	城厢霞林	1969 年 7 月	1996 年 9 月	2013 年 3 月起
郭凤祥	办公室副主任	汉族	秀屿东峤	1986 年 5 月	2010 年 8 月	2019 年 9 月起
陈文桂	区人大常委、区委办二级主任科员	汉族	荔城拱辰	1963 年 3 月	1981 年 9 月	2017 年 3 月起
政协内设机构						
蔡玉坤	办公室主任	汉族	城厢霞林	1966 年 9 月	1989 年 8 月	2015 年 3 月起
陈剑冰	提案委员会主任、一级主任科员	汉族	荔城拱辰	1976 年 10 月	1995 年 10 月	2015 年 3 月起
章建平	农业农村委主任、四级调研员	汉族	涵江梧塘	1969 年 11 月	1992 年 9 月	2019 年 6 月起
黄黎明	常委、四级调研员	汉族	涵江涵西	1964 年 12 月	1984 年 8 月	2019 年 6 月起
詹雄志	四级调研员（编制在政协）、华林经济开发区党工委副书记（挂职）	汉族	秀屿平海	1971 年 2 月	1990 年 8 月	2019 年 6 月起
黄志汉	社会法制民族宗教和港澳台侨外事委员会主任	汉族	荔城西天尾	1969 年 8 月	1991 年 9 月	2020 年 7 月起
陈德胜	经济科技和人口资源环境委员会副主任（科技和人口资源环境委员会副主任）	汉族	秀屿月塘	1972 年 5 月	1994 年 9 月	2015 年 3 月起
龚金忠	办公室二级主任科员	汉族	城厢凤凰山	1973 年 12 月	1994 年 9 月	2006 年 5 月起
区纪委监委						
余丽红（女）	区委常委 纪委书记 监察委主任	汉族	荔城黄石	1975 年 8 月	1997 年 9 月	2016 年 7 月起 2016 年 7 月起 2017 年 12 月起
吴智杰	副书记 监察委副主任 一级主任科员	汉族	城厢龙桥	1974 年 12 月	1996 年 10 月	2016 年 7 月起 2017 年 12 月起

续表 4

姓名	现单位及职务	民族	籍贯	出生年月	参加工作时间	任现职务时间
林建华	副书记 监察委副主任	汉族	秀屿东峤	1982 年 8 月	2007 年 9 月	2020 年 12 月起
陈颖珊（女）	常委 区委巡察办主任	汉族	秀屿平海	1971 年 4 月	1991 年 8 月	2019 年 7 月起
林清华	常委（正科长级） 监察委委员	汉族	秀屿埭头	1973 年 12 月	1995 年 10 月	2016 年 7 月起 2017 年 12 月起
陈宜宓	常委（正科长级） 监察委委员	汉族	涵江白沙	1972 年 8 月	1992 年 9 月	2017 年 12 月起
黄晨宇	常委（正科长级）	汉族	荔城黄石	1982 年 10 月	2005 年 8 月	2020 年 8 月起
林国煌	监察委委员（正科长级）	汉族	秀屿埭头	1986 年 6 月	2008 年 2 月	2020 年 8 月起
陈碧金（女）	监察委委员（正科长级）、区纪委监委案件审理室主任	汉族	秀屿平海	1976 年 4 月	2006 年 1 月	2020 年 8 月起
柯　立	组织和宣传部部长	汉族	城厢灵川	1981 年 8 月	2000 年 8 月	2017 年 8 月起
吴海婷（女）	纪检监察干部监督室主任	汉族	涵江涵东	1985 年 3 月	2012 年 3 月	2019 年 9 月起
余　晨	党风政风监督室主任	汉族	城厢凤凰山	1992 年 6 月	2015 年 7 月	2019 年 9 月起
林　航	信访室主任	汉族	仙游鲤城	1984 年 5 月	2007 年 1 月	2020 年 7 月起
刘武生	第一纪检监察室主任	汉族	龙岩武平	1973 年 7 月	1992 年 12 月	2019 年 9 月起
戴智宇	第二纪检监察室主任	汉族	城厢凤凰山	1988 年 11 月	2010 年 9 月	2018 年 7 月起
傅建彬	第三纪检监察室主任	汉族	仙游赖店	1965 年 11 月	1980 年 8 月	2018 年 7 月起
吴俊熹	第四纪检监察室主任	汉族	秀屿东庄	1990 年 2 月	2012 年 9 月	2020 年 8 月起
李　健	第五纪检监察室主任	汉族	荔城西天尾	1988 年 4 月	2010 年 11 月	2018 年 7 月起
陈金凤	二级主任科员	汉族	荔城拱辰	1963 年 9 月	1984 年 8 月	2017 年 8 月起
吴朝阳	二级主任科员	汉族	涵江涵西	1968 年 12 月	1991 年 9 月	2016 年 1 月起
林云英（女）	二级主任科员	汉族	荔城新度	1966 年 11 月	1990 年 8 月	2015 年 3 月起
唐金辉	二级主任科员	汉族	秀屿东峤	1963 年 9 月	1984 年 8 月	2012 年 1 月起
郑仁泉	二级主任科员	汉族	城厢凤凰山	1960 年 6 月	1979 年 11 月	2018 年 7 月起
林世忠	驻区委办公室纪检组副组长	汉族	城厢龙桥	1969 年 8 月	1991 年 11 月	2017 年 8 月起
潘建生	驻区人大常委会机关纪检组组长（正科长级）	汉族	城厢霞林	1970 年 11 月	1993 年 9 月	2019 年 9 月起
陈　杰	驻区人大常委会机关纪检组副组长	汉族	浙江萧山	1972 年 7 月	1991 年 12 月	2017 年 8 月起
郑冠群	驻区政府办公室纪检组组长（正科长级）	汉族	城厢凤凰山	1973 年 3 月	1996 年 10 月	2019 年 9 月起
黄青锋	驻区政府办公室纪检组副组长	汉族	荔城镇海	1971 年 1 月	1993 年 12 月	2017 年 8 月起
苏新添	驻区政协机关纪检组组长（正科长级）	汉族	秀屿东庄	1974 年 4 月	1998 年 12 月	2019 年 9 月起
许丽莉（女）	驻区政协机关纪检组副组长	汉族	秀屿东峤	1976 年 8 月	1994 年 10 月	2017 年 8 月起

续表 4

姓名	现单位及职务	民族	籍贯	出生年月	参加工作时间	任现职务时间
欧许晖	驻区委宣传部纪检组组长 （正科长级）	汉族	荔城镇海	1982 年 2 月	2007 年 2 月	2019 年 9 月起
			区委巡察办			
陈颖珊（女）	主任 区纪委常委 一级主任科员	汉族	秀屿平海	1971 年 4 月	1991 年 8 月	2019 年 7 月起
陈天疆	副主任	汉族	秀屿埭头	1975 年 7 月	1996 年 10 月	2017 年 4 月起
			区委巡察组			
田林华	巡察一组组长、一级主任科员	汉族	涵江涵西	1965 年 7 月	1985 年 7 月	2018 年 7 月起
吴立锋	巡察二组组长	汉族	荔城黄石	1968 年 6 月	1991 年 11 月	2018 年 7 月起
何震宇	巡察三组组长	汉族	城厢灵川	1977 年 12 月	1997 年 8 月	2018 年 7 月起
陈贤仁	巡察一组副组长	汉族	涵江新县	1970 年 9 月	1991 年 8 月	2018 年 7 月起
叶晨曦（女）	巡察二组副组长	汉族	荔城北高	1988 年 5 月	2008 年 9 月	2018 年 7 月起
陈文林	巡察三组副组长	汉族	安溪桃舟	1976 年 2 月	1996 年 11 月	2018 年 7 月起
			法　院			
曾奋乐	院长、党组书记 区委政法委员会委员 审判委员会委员、四级高级法官	汉族	涵江三江口	1969 年 10 月	1989 年 9 月	2020 年 12 月起
林文兴	党组副书记、四级高级法官	汉族	秀屿平海	1962 年 3 月	1981 年 6 月	2020 年 6 月起
郑炳素（女）	副院长 党组成员、四级高级法官	汉族	仙游鲤城	1971 年 2 月	1995 年 8 月	2007 年 11 月起 2009 年 7 月起
余金灿	副院长 党组成员、四级高级法官	汉族	秀屿东峤	1978 年 12 月	2000 年 6 月	2013 年 9 月起 2015 年 5 月起
陈　静（女）	副院长 党组成员、四级高级法官	汉族	荔城镇海	1973 年 3 月	1990 年 7 月	2020 年 6 月起 2016 年 1 月起
钟丽华（女）	专职审委会委员 党组成员 四级高级法官	汉族	涵江国欢	1964 年 12 月	1985 年 12 月	2012 年 3 月起 2009 年 7 月起 2003 年 3 月起
林少斌	专职审委会委员 四级高级法官	汉族	秀屿平海	1970 年 7 月	1989 年 3 月	2010 年 9 月起 2013 年 1 月起
曾可嘉	区法院执行局局长、审判委员会委员 四级高级法官	汉族	城厢凤凰山	1984 年 10 月	2006 年 7 月	2016 年 3 月起 2015 年 10 月起
陈建郭	刑事审判庭庭长、四级高级法官	汉族	荔城镇海	1965 年 10 月	1988 年 8 月	2013 年 1 月起
方新福	民事审判庭（家事少年审判庭） 庭长、审判委员会委员 四级高级法官	汉族	仙游榜头	1967 年 1 月	1990 年 9 月	2019 年 6 月起 2012 年 3 月起
陈俊武	灵川人民法庭庭长 四级高级法官	汉族	秀屿东庄	1968 年 5 月	1989 年 9 月	2016 年 1 月起 2015 年 10 月起

续表 4

姓名	现单位及职务	民族	籍贯	出生年月	参加工作时间	任现职务时间
宋立强	综合办公室（司法警察大队）副主任（司法警察大队副大队长）四级高级警长	汉族	荔城拱辰	1962 年 4 月	1980 年 1 月	2020 年 10 月起 2019 年 4 月起
徐　荃（女）	监察室主任 二级主任科员	汉族	涵江国欢	1970 年 12 月	1990 年 8 月	2019 年 6 月起 2017 年 7 月起
魏新华	法警大队政委 二级警长	汉族	仙游鲤城	1971 年 11 月	1989 年 3 月	2012 年 3 月起 2017 年 7 月起
陈玲亚（女）	政治处主任（副科长级、职级未定）	汉族	仙游龙华	1977 年 5 月	1996 年 8 月	2020 年 12 月起
吴　晨	刑事审判庭副庭长、四级法官助理	汉族	荔城黄石	1972 年 9 月	1991 年 9 月	2013 年 1 月起
许国珍	民事审判第一庭副庭长 一级法官	汉族	涵江三江口	1965 年 10 月	1988 年 9 月	2011 年 5 月起 2015 年 5 月起
陈颖盈（女）	综合办公室（司法警察大队）主任、四级主任科员	汉族	秀屿平海	1984 年 10 月	2006 年 7 月	2019 年 6 月起
林吉辉	立案庭（诉讼服务中心）庭长、一级法官	汉族	泉州安溪	1983 年 5 月	2009 年 9 月	2019 年 6 月起
何冠荔（女）	行政审判庭（综合审判庭）庭长、一级法官	汉族	荔城新度	1985 年 8 月	2005 年 8 月	2019 年 6 月起
戴爱富（女）	一级法官	汉族	城厢灵川	1965 年 5 月	1985 年 8 月	2015 年 12 月起
王少甫	一级法官	汉族	荔城镇海	1967 年 9 月	1991 年 9 月	2014 年 1 月起
宋国仁	二级法官助理	汉族	荔城新度	1961 年 8 月	1979 年 9 月	2009 年 7 月起
程省立	二级法官助理	汉族	荔城黄石	1960 年 4 月	1983 年 9 月	2012 年 5 月起
			检察院			
林少雄	党组书记、检察长 区委政法委员会委员 区检察院检察委员会委员、四级高级检察官	汉族	秀屿东峤	1967 年 7 月	1989 年 8 月	2020 年 12 月起
康青永	副检察长、党组成员 四级高级检察官	汉族	涵江梧塘	1964 年 12 月	1987 年 8 月	2005 年 11 月起 1999 年 9 月起
张丽琼（女）	副检察长、党组成员 四级高级检察官	汉族	荔城新度	1973 年 12 月	1995 年 8 月	2010 年 8 月起 2008 年 2 月起
沈　威	副检察长、党组成员 四级高级检察官	汉族	秀屿笏石	1978 年 9 月	2000 年 11 月	2015 年 10 月起 2014 年 5 月起
杨金春	纪检组组长 党组成员、四级调研员	汉族	秀屿东埔	1967 年 8 月	1990 年 9 月	2015 年 10 月起 1999 年 9 月起
陈予方（女）	政治部主任（正科级）党组成员	汉族	涵江涵西	1974 年 3 月	1996 年 5 月	2020 年 3 月起 2015 年 10 月起
林国华	专职检委会委员、党组成员、四级高级检察官	汉族	城厢龙桥	1965 年 3 月	1985 年 9 月	2020 年 3 月起
徐金模	专职检委会委员、四级高级检察官	汉族	荔城黄石	1973 年 2 月	1997 年 12 月	2017 年 7 月起 2015 年 5 月起

续表 4

姓名	现单位及职务	民族	籍贯	出生年月	参加工作时间	任现职务时间
吴智群	第二检察部主任 一级检察官	汉族	荔城黄石	1970 年 5 月	1991 年 8 月	2012 年 1 月起 2015 年 10 月起
刘国富	第四检察部主任 一级检察官	汉族	城厢凤凰山	1973 年 6 月	1996 年 1 月	2012 年 1 月起 2015 年 10 月起
张春阳	司法警察大队大队长 一级警长	汉族	城厢凤凰山	1968 年 7 月	1985 年 10 月	2006 年 5 月起 2019 年 4 月起
张纪英（女）	综合业务部副主任、一级检察官	汉族	荔城黄石	1973 年 1 月	1994 年 12 月	2014 年 1 月起
游龙熙	办公室主任、四级主任科员	汉族	宁德古田	1983 年 8 月	2003 年 4 月	2017 年 7 月起
佘晓冬（女）	第一检察部主任、一级检察官	汉族	涵江江口	1985 年 9 月	2006 年 7 月	2016 年 1 月起
区委办						
陈福平	主任、一级主任科员	汉族	仙游榜头	1977 年 12 月	2001 年 1 月	2014 年 6 月起
林平凡	副主任（保留正科长级待遇）、台港澳办主任、四级调研员	汉族	城厢常太	1965 年 10 月	1988 年 9 月	2019 年 6 月起
郭雪寒	副主任	汉族	秀屿平海	1984 年 4 月	2007 年 3 月	2015 年 1 月起
许　震	副主任	汉族	城厢华亭	1986 年 12 月	2012 年 8 月	2020 年 7 月起
陈士忠	副主任（兼） 区政府信访局局长	汉族	城厢凤凰山	1977 年 1 月	2000 年 1 月	2018 年 10 月起
陈文桂	二级主任科员 区人大常委会委员	汉族	荔城拱辰	1963 年 3 月	1981 年 9 月	2017 年 3 月起
林凤棋	室务会成员（正科长级） 督查室主任 区国家保密局局长	汉族	荔城新度	1968 年 2 月	1991 年 10 月	2013 年 5 月起 2015 年 1 月起 2015 年 1 月起
黄敢力	二级主任科员 区机要局局长	汉族	仙游榜头	1973 年 6 月	1995 年 9 月	2015 年 3 月起
雷碧霞（女，畲）	室务会成员 区档案馆馆长、四级调研员	畲族	城厢常太	1965 年 3 月	1983 年 8 月	2019 年 6 月起 2019 年 3 月起
信访局						
陈士忠	局长 党组书记 区委办公室副主任（兼）	汉族	城厢凤凰山	1977 年 1 月	2000 年 1 月	2018 年 10 月起 2019 年 3 月起 2019 年 6 月起
陈丽娟（女）	副局长、党组成员	汉族	涵江新县	1969 年 2 月	1990 年 8 月	2016 年 1 月起 2019 年 3 月起
连益斌	副局长	汉族	涵江白沙	1970 年 11 月	1992 年 11 月	2017 年 2 月起
蔡剑鸣	四级主任科员 党组成员	汉族	仙游枫亭	1970 年 8 月	1994 年 12 月	2015 年 12 月起 2019 年 3 月起
组织部						
林祖宪	常务副部长、一级主任科员	汉族	秀屿笏石	1973 年 11 月	1996 年 10 月	2019 年 6 月起

续表 4

姓名	现单位及职务	民族	籍贯	出生年月	参加工作时间	任现职务时间
林鸿伟	副部长（正科长级） 团区委书记	汉族	城厢灵川	1987 年 12 月	2008 年 7 月	2019 年 7 月起 2017 年 7 月起
陈珊珊（女）	部务会成员、四级调研员	汉族	涵江涵西	1965 年 5 月	1985 年 7 月	2019 年 4 月起
郑碧樊（女）	部务会议专职成员		城厢龙桥	1982 年 4 月	2000 年 8 月	2020 年 7 月起
吴凌燕（女）	二级主任科员	汉族	城厢龙桥	1978 年 10 月	1995 年 10 月	2019 年 3 月起
陈秀模（女）	四级主任科员	汉族	秀屿平海	1971 年 1 月	1993 年 9 月	2019 年 3 月起
区委非公有制企业和社会组织工作委员会服务中心						
胡　宏	区委非公有制企业和社会组织工作委员会服务中心副主任	汉族	城厢凤凰山	1983 年 11 月	2005 年 9 月	2020 年 8 月起
关工委						
蔡朝晖	秘书长、二级主任科员	汉族	城厢灵川	1969 年 9 月	1991 年 8 月	2013 年 2 月起
宣传部						
吴建銮	区委常委 部长	汉族	秀屿东庄	1973 年 6 月	1997 年 8 月	2013 年 5 月起 2013 年 5 月起
郑国树	常务副部长、一级主任科员	汉族	秀屿月塘	1972 年 12 月	1995 年 10 月	2019 年 6 月起
许国清	副部长 文明办主任、四级调研员	汉族	涵江秋芦	1970 年 10 月	1992 年 9 月	2012 年 4 月起 2012 年 4 月起
许燕桢（女）	副部长	汉族	荔城拱辰	1985 年 6 月	2006 年 8 月	2020 年 8 月起
陈　斌	二级主任科员	汉族	荔城西天尾	1968 年 5 月	1991 年 8 月	2017 年 7 月起
陈俊奇	二级主任科员 宣传系统党委专职副书记	汉族	城厢华亭	1968 年 7 月	1991 年 8 月	2015 年 5 月起 2012 年 1 月起
林少勇	部务会成员 文明办二级主任科员	汉族	城厢凤凰山	1970 年 1 月	1992 年 10 月	2013 年 5 月起 2012 年 4 月起
宣传系统党委						
陈俊奇	专职副书记 区委宣传部二级主任科员	汉族	城厢华亭	1968 年 7 月	1991 年 8 月	2012 年 1 月起 2015 年 5 月起
文明办						
许国清	主任、四级调研员 宣传部副部长	汉族	涵江秋芦	1970 年 10 月	1992 年 9 月	2012 年 4 月起 2012 年 4 月起
李晓忠	副主任	汉族	涵江江口	1970 年 10 月	1991 年 9 月	2020 年 7 月起
林少勇	二级主任科员 宣传部部务会成员 市民素质教育办主任	汉族	城厢凤凰山	1970 年 1 月	1992 年 10 月	2012 年 4 月起 2013 年 5 月起 2013 年 5 月起

续表 4

姓名	现单位及职务	民族	籍贯	出生年月	参加工作时间	任现职务时间
许秋兰（女）	二级主任科员	汉族	秀屿月塘	1972 年 10 月	1992 年 8 月	2013 年 12 月起
社科联						
林其委	主席	汉族	仙游榜头	1976 年 12 月	1996 年 10 月	2017 年 4 月起
林琦媛（女）	副主席、二级主任科员	汉族	秀屿笏石	1968 年 4 月	1990 年 9 月	2020 年 7 月起
吴金世	二级主任科员	汉族	秀屿埭头	1970 年 12 月	1991 年 9 月	2019 年 6 月起
文　联						
林宗哲	主席、四级调研员	汉族	荔城镇海	1964 年 8 月	1984 年 8 月	2009 年 1 月起
张珍发	副主席、二级主任科员	汉族	秀屿南日	1966 年 6 月	1983 年 10 月	2013 年 1 月起
统战部						
陈洪武	区委常委、统战部部长	汉族	秀屿山亭	1963 年 6 月	1982 年 8 月	2011 年 7 月起
黄锦南	常务副部长、四级调研员 民宗局局长	汉族	荔城镇海	1966 年 5 月	1988 年 9 月	2019 年 6 月起
叶建平	副部长（正科长级）、四级调研员	汉族	荔城黄石	1965 年 7 月	1989 年 9 月	2017 年 3 月起
宋超英（女）	副部长、四级调研员 工商联党组书记、常务副会长	汉族	荔城黄石	1964 年 7 月	1986 年 8 月	2017 年 3 月起 2017 年 3 月起 2015 年 3 月起
黄国祥	部务会成员（正科长级）、四级调研员	汉族	城厢龙桥	1970 年 10 月	1990 年 8 月	2019 年 3 月起
程文革	部务会成员（副科长级）	汉族	荔城黄石	1967 年 12 月	1992 年 11 月	2019 年 3 月起
林文桃	四级调研员	汉族	秀屿东峤	1965 年 10 月	1989 年 8 月	2017 年 3 月起
林素玉（女）	二级主任科员	汉族	秀屿埭头	1969 年 9 月	1989 年 8 月	2019 年 9 月起
工商联						
宋超英（女）	党组书记、常务副会长 区委统战部副部长、四级调研员	汉族	荔城黄石	1964 年 7 月	1986 年 8 月	2017 年 3 月起 2015 年 3 月起 2017 年 3 月起
谢金灿	二级主任科员、党组成员	汉族	仙游游洋	1964 年 9 月	1984 年 8 月	2017 年 2 月起 2017 年 7 月起
吴　迈（女）	四级主任科员	汉族	荔城拱辰	1978 年 11 月	1996 年 10 月	2013 年 6 月起
侨　联						
陈玉萍（女）	主席、一级主任科员	汉族	涵江江口	1968 年 7 月	1990 年 8 月	2012 年 4 月起
李永鑫	副主席	汉族	涵江江口	1974 年 3 月	1995 年 10 月	2019 年 9 月起
政法委						
陈庆王	区委常委 政法委书记	汉族	秀屿埭头	1965 年 12 月	1989 年 7 月	2016 年 7 月起

续表 4

姓名	现单位及职务	民族	籍贯	出生年月	参加工作时间	任现职务时间
俞学军	常务副书记、一级主任科员、区法学会党组书记	汉族	荔城镇海	1970 年 2 月	1993 年 9 月	2020 年 7 月起
蔡爱国	委务会成员（正科长级）	汉族	荔城黄石	1965 年 11 月	1985 年 9 月	2019 年 3 月起
柯锦扬	政法系统党委专职副书记	汉族	城厢霞林	1970 年 6 月	1995 年 10 月	2017 年 6 月起
黄永国	委务会成员（副科长级）	汉族	城厢东海	1975 年 1 月	1997 年 8 月	2019 年 3 月起
陈丽丽（女）	政治处主任、区法学会党组成员	汉族	秀屿东埔	1984 年 10 月	2007 年 7 月	2020 年 7 月起
林清发	四级调研员	汉族	秀屿东埔	1965 年 10 月	1987 年 8 月	2015 年 12 月起
林　伟	二级主任科员	汉族	荔城镇海	1971 年 3 月	1991 年 8 月	2014 年 8 月起
王岩清	四级主任科员	汉族	仙游盖尾	1971 年 10 月	1992 年 10 月	2013 年 2 月起
政法系统党委						
柯锦扬	专职副书记	汉族	城厢霞林	1970 年 6 月	1995 年 10 月	2017 年 6 月起
大调解工作办公室（股级）						
陈　洄（女）	九龙谷管委会主任 区大调解工作办公室专职副主任	汉族	荔城镇海	1978 年 4 月	2002 年 2 月	2018 年 7 月起
编　办						
阮剑文	主任、一级主任科员	汉族	秀屿平海	1970 年 6 月	1993 年 9 月	2012 年 4 月起
郑开荣	副主任	汉族	荔城新度	1976 年 8 月	1996 年 9 月	2015 年 12 月起
事业单位登记管理局						
陈俊洪	局长	汉族	荔城西天尾	1974 年 10 月	1996 年 9 月	2009 年 8 月起
区直机关党工委						
傅元泉	常务副书记、四级调研员	汉族	城厢凤凰山	1965 年 9 月	1984 年 8 月	2015 年 3 月起
孙　翠（女）	党工委委员、二级主任科员	汉族	荔城拱辰	1973 年 8 月	1992 年 8 月	2013 年 2 月起
吴国晖	党工委委员	汉族	仙游鲤城	1979 年 12 月	2003 年 3 月	2013 年 1 月起
林　德	二级调研员	汉族	城厢凤凰山	1962 年 7 月	1980 年 1 月	2017 年 2 月起
党　校						
郑松青	区委副书记（正处长级） 党校校长	汉族	仙游榜头	1977 年 5 月	1997 年 8 月	2016 年 3 月起 2016 年 7 月起
林晓伟	常务副校长	汉族	秀屿东峤	1973 年 10 月	1997 年 10 月	2019 年 9 月起
陈建辉	副校长	汉族	秀屿埭头	1966 年 10 月	1992 年 12 月	2009 年 1 月起
林志勇	四级主任科员	汉族	仙游郊尾	1973 年 11 月	1995 年 12 月	2013 年 12 月起
档案馆						
雷碧霞（女，畲）	馆长、四级调研员 区委办室务会成员	畲族	城厢常太	1965 年 3 月	1983 年 8 月	2019 年 3 月起 2019 年 6 月起
黄淑霞（女）	副馆长	汉族	北岸山亭	1980 年 10 月	2000 年 1 月	2019 年 1 月起

续表 4

姓名	现单位及职务	民族	籍贯	出生年月	参加工作时间	任现职务时间
陈夏莉（女）	副馆长	汉族	荔城镇海	1978 年 12 月	1996 年 12 月	2019 年 3 月起
马炳臻	四级调研员	汉族	涵江新县	1963 年 7 月	1986 年 8 月	2019 年 3 月起
	总工会					
陈开水	常务副主席、党组书记、一级主任科员	汉族	荔城新度	1967 年 1 月	1992 年 9 月	2013 年 6 月起
庞丽香（女）	副主席、二级主任科员、党组成员	汉族	荔城拱辰	1968 年 11 月	1991 年 8 月	2015 年 1 月起 2017 年 7 月起
连炳辉	二级主任科员、党组成员	汉族	涵江梧塘	1964 年 5 月	1987 年 8 月	2007 年 1 月起 2017 年 7 月起
翁文理	二级主任科员、党组成员	汉族	荔城北高	1966 年 3 月	1989 年 8 月	2017 年 6 月起 2017 年 7 月起
	团区委					
林鸿伟	书记 区委组织部副部长（正科长级）	汉族	城厢灵川	1987 年 12 月	2008 年 7 月	2017 年 7 月起 2019 年 7 月起
林　琳（女）	副书记	汉族	城厢龙桥	1990 年 6 月	2013 年 7 月	2019 年 1 月起
	妇　联					
谢芳菁（女）	主席 党组书记	汉族	荔城镇海	1972 年 12 月	1991 年 9 月	2019 年 6 月起
林　琳（女）	副主席、二级主任科员 党组成员	汉族	秀屿月塘	1967 年 6 月	1988 年 8 月	2015 年 5 月起 2017 年 12 月起
陈丽琴（女）	二级主任科员 党组成员	汉族	秀屿埭头	1968 年 3 月	1991 年 8 月	2009 年 1 月起 2017 年 12 月起
林丽洪（女）	区委史志室副主任 区妇联副主席（挂职）	汉族	涵江梧塘	1974 年 10 月	1992 年 8 月	2019 年 9 月起 2020 年 8 月起
	科　协					
林荣聪	主席 党组书记	汉族	涵江新县	1969 年 11 月	1994 年 10 月	2015 年 5 月起 2017 年 12 月起
范弦歌	四级调研员 党组成员	汉族	涵江庄边	1962 年 9 月	1984 年 8 月	2019 年 5 月起 2017 年 12 月起
王　伟	二级主任科员 党组成员	汉族	荔城镇海	1965 年 12 月	1987 年 7 月	2005 年 11 月起 2017 年 12 月起
	残　联					
欧奇翔	副理事长 党组成员	汉族	城厢霞林	1982 年 8 月	2004 年 1 月	2017 年 12 月起
	政府办					
蔡建志	主任、四级调研员 政府办公室党组书记 政府党组成员	汉族	城厢东海	1972 年 12 月	1995 年 12 月	2010 年 8 月起 2017 年 12 月起 2010 年 12 月起
吴胜飞	副主任 二级主任科员、党组成员 外事侨务办主任	汉族	荔城镇海	1974 年 10 月	1996 年 8 月	2005 年 11 月起 2010 年 9 月起 2017 年 12 月起

续表 4

姓名	现单位及职务	民族	籍贯	出生年月	参加工作时间	任现职务时间
陈敬阳	副主任、二级主任科员 党组成员	汉族	荔城拱辰	1980 年 4 月	2001 年 10 月	2010 年 9 月起 2016 年 1 月起 2017 年 12 月起
郑英杰	副主任	汉族	仙游榜头	1983 年 5 月	2007 年 9 月	2019 年 9 月起
陈爱媛（女）	区政府党组成员（挂职）、区政府办副主任（挂职）	汉族	仙游	1973 年 2 月	1996 年 2 月	2020 年 7 月起
肖超雄	二级主任科员 党组成员	汉族	仙游盖尾	1973 年 12 月	1996 年 10 月	2015 年 5 月起 2017 年 12 月起
姚子镰	二级主任科员 党组成员	汉族	湄洲岛	1968 年 10 月	1991 年 9 月	2017 年 6 月起 2017 年 12 月起
林金维	党组成员、三级主任科员 法制办主任	汉族	涵江新县	1972 年 12 月	1995 年 8 月	2017 年 12 月起 2015 年 5 月起
徐志群	四级主任科员 党组成员	汉族	城厢常太	1976 年 12 月	1998 年 8 月	2016 年 1 月起 2017 年 12 月起
政府系统党委						
沈　军	专职副书记、区府办党组成员 二级主任科员	汉族	秀屿埭头	1972 年 10 月	1994 年 8 月	2012 年 4 月起 2017 年 12 月起
审计局						
涂铁军	局长、党组书记 一级主任科员	汉族	城厢常太	1968 年 7 月	1989 年 9 月	2017 年 2 月起 2019 年 3 月起
孙　倩（女）	副局长、党组成员	汉族	荔城拱辰	1976 年 6 月	1996 年 9 月	2020 年 7 月起
九龙谷管委会						
陈　洄（女）	主任 区大调解工作办公室专职副主任	汉族	荔城镇海	1978 年 4 月	2002 年 2 月	2018 年 7 月起
发展和改革局						
陈志军	局长、党组书记、一级主任科员	汉族	荔城拱辰	1978 年 2 月	1997 年 11 月	2019 年 6 月起
郑灵辉	党组副书记（正科长级）	汉族	仙游园庄	1965 年 11 月	1983 年 8 月	2019 年 5 月起
程秀莲（女）	副局长、二级主任科员 党组成员	汉族	荔城黄石	1971 年 12 月	1993 年 8 月	2013 年 7 月起 2017 年 12 月起
蔡庆明	副局长 党组成员	汉族	城厢东海	1987 年 3 月	2009 年 8 月	2019 年 9 月起
林梅红（女）	副局长	汉族	仙游盖尾	1983 年 9 月	2008 年 9 月	2020 年 7 月起
蔡东明	党组成员 二级主任科员	汉族	城厢灵川	1966 年 10 月	1988 年 8 月	2015 年 5 月起 2017 年 12 月起
陈成瑞	党组成员 二级主任科员	汉族	仙游郊尾	1973 年 11 月	1995 年 11 月	2019 年 9 月起
郑宪星	二级主任科员	汉族	涵江	1962 年 2 月	1976 年 12 月	2019 年 5 月起
刘德新	局务会成员（副科长级）	汉族	仙游	1962 年 4 月	1981 年 8 月	2019 年 5 月起

续表 4

姓名	现单位及职务	民族	籍贯	出生年月	参加工作时间	任现职务时间
城乡一体化办公室（股级）						
郑圣柏	区发改局党组成员、广化寺佛教名胜区管委会副主任、区城乡一体化办公室副主任	汉族	仙游游洋	1973 年 9 月	1996 年 9 月	2017 年 12 月起 2018 年 7 月起
人力资源和社会保障局						
沈国发	局长、党组书记 一级主任科员	汉族	秀屿埭头	1975 年 10 月	1996 年 8 月	2018 年 12 月起 2019 年 3 月起
林思壮	副局长 党组成员	汉族	荔城镇海	1973 年 9 月	1994 年 10 月	2015 年 5 月起 2017 年 12 月起
胡晨耀	二级主任科员 党组成员	汉族	秀屿埭头	1973 年 7 月	1994 年 9 月	2015 年 5 月起 2017 年 12 月起
蔡玉美（女）	四级主任科员	汉族	秀屿南日	1981 年 9 月	2000 年 8 月	2020 年 8 月起
机关事业单位社会保险中心						
彭尚智	区机关事业单位社会保险中心主任	汉族	荔城黄石	1985 年 1 月	2006 年 9 月	2020 年 12 月起
统计局						
曾　锋	局长 党组书记	汉族	城厢凤凰山	1980 年 1 月	2001 年 10 月	2019 年 6 月起
蔡金铭	副局长 党组成员	汉族	城厢灵川	1968 年 6 月	1990 年 8 月	2013 年 7 月起 2017 年 12 月起
陈光豹	二级主任科员 党组成员	汉族	秀屿平海	1968 年 4 月	1988 年 9 月	2013 年 1 月起 2017 年 12 月起
蔡国珍	二级主任科员 党组成员	汉族	城厢灵川	1966 年 7 月	1988 年 9 月	2013 年 7 月起 2017 年 12 月起
经调队						
吴俊勇	区经济综合调查队队长	汉族	仙游郊尾	1984 年 9 月	2008 年 8 月	2020 年 7 月起
工业和信息化局						
林春生	局长、四级调研员 党组书记	汉族	秀屿东峤	1970 年 7 月	1991 年 8 月	2018 年 12 月起 2019 年 3 月起
谢铁群	副局长 党组成员	汉族	仙游郊尾	1971 年 8 月	1994 年 8 月	2019 年 3 月起
吴碧娟（女）	副局长 党组成员	汉族	城厢常太	1981 年 9 月	2004 年 7 月	2019 年 3 月起
方碧娴（女）	副局长	汉族	城厢华亭	1979 年 9 月	2001 年 1 月	2019 年 3 月起
林国春	二级主任科员、党组成员 经贸系统党委专职副书记	汉族	秀屿埭头	1971 年 9 月	1994 年 10 月	2019 年 3 月起 2013 年 2 月起
潘宏程	二级主任科员 党组成员	汉族	涵江秋芦	1966 年 8 月	1987 年 8 月	2019 年 3 月起

续表 4

姓名	现单位及职务	民族	籍贯	出生年月	参加工作时间	任现职务时间
吴建荣	四级主任科员 党组成员	汉族	荔城新度	1971 年 11 月	1996 年 10 月	2019 年 3 月起
王益敏	四级主任科员	汉族	仙游郊尾	1978 年 3 月	1997 年 10 月	2020 年 8 月起
经贸系统党委						
林国春	专职副书记 工业和信息化局二级主任科员、 党组成员	汉族	秀屿埭头	1971 年 9 月	1994 年 10 月	2013 年 2 月起 2019 年 3 月起
商务局						
汤国恩	副局长 党组成员	汉族	荔城新度	1969 年 5 月	1990 年 9 月	2015 年 5 月起 2017 年 12 月起
林　君（女）	副局长 党组成员	汉族	荔城镇海	1985 年 11 月	2007 年 9 月	2015 年 5 月起 2017 年 12 月起
黄元清	二级主任科员 党组成员	汉族	荔城新度	1972 年 11 月	1994 年 10 月	2017 年 3 月起 2017 年 12 月起
安福电子商务城管委会						
杜子雄	党工委书记、管委会主任（聘任） 莆田国际油画城管委会负责人	汉族	湄洲岛	1977 年 8 月	1997 年 12 月	2017 年 7 月起 2017 年 12 月起 2013 年 5 月起
许文泉	党工委专职副书记	汉族	城厢常太	1976 年 8 月	1997 年 8 月	2019 年 1 月起
郑颖瑛（女）	副主任 党工委委员	汉族	涵江涵西	1983 年 11 月	2005 年 7 月	2013 年 12 月起
陈慕珊（女）	副主任 党工委委员	汉族	城厢龙桥	1993 年 7 月	2018 年 8 月	2019 年 10 月起
应急管理局						
刘国文	局长 党组书记	汉族	秀屿埭头	1971 年 7 月	1996 年 12 月	2018 年 12 月起 2019 年 3 月起
戴志朋	副局长 党组成员	汉族	秀屿东埔	1974 年 10 月	1997 年 10 月	2019 年 9 月起
庄且静（女）	副局长 党组成员	汉族	涵江梧塘	1983 年 7 月	2005 年 11 月	2020 年 7 月起
郑国庆	二级主任科员 党组成员	汉族	荔城北高	1966 年 11 月	1990 年 9 月	2019 年 3 月起
潘金珍	二级主任科员 党组成员	汉族	湄洲岛	1972 年 7 月	1993 年 3 月	2019 年 9 月起
黄俊飞	二级主任科员 党组成员	汉族	城厢灵川	1972 年 8 月	1995 年 10 月	2020 年 7 月起
防汛抗旱指挥部办公室						
吴洪云	防汛办主任（副科级）	汉族	秀屿埭头	1977 年 10 月	1996 年 11 月	2013 年 1 月起

续表 4

姓名	现单位及职务	民族	籍贯	出生年月	参加工作时间	任现职务时间
			地震办			
黄国武	主任 区应急管理局党组成员	汉族	秀屿东庄	1971 年 10 月	1995 年 9 月	2019 年 9 月起
易振环	二级主任科员 报道组组长 区应急管理局党组成员	汉族	涵江庄边	1973 年 3 月	1995 年 8 月	2016 年 1 月起 2009 年 1 月起 2019 年 3 月起
郭玉章	二级主任科员 区应急管理局党组成员	回族	涵江大洋	1968 年 3 月	1988 年 8 月	2012 年 4 月起 2019 年 3 月起
黄慧娟（女）	三级主任科员 区应急管理局党组成员	汉族	荔城镇海	1974 年 5 月	1999 年 12 月	2017 年 3 月起 2019 年 3 月起
			贸促会			
郭　樱（女）	会长	汉族	涵江涵西	1978 年 6 月	2000 年 8 月	2020 年 7 月起
茅良杰	副会长	汉族	仙游鲤南	1971 年 10 月	1997 年 12 月	2017 年 2 月起
朱金焰	二级主任科员	汉族	荔城镇海	1963 年 6 月	1988 年 10 月	2014 年 1 月起
			财政局			
许玉树	局长、党组书记、一级主任科员	汉族	秀屿东峤	1977 年 3 月	1995 年 10 月	2017 年 6 月起 2017 年 12 月起
陈屹楠	副局长 党组成员	汉族	北岸山亭	1988 年 7 月	2009 年 12 月	2019 年 9 月起
张茂元	二级主任科员 党组成员	汉族	仙游郊尾	1964 年 11 月	1986 年 8 月	2014 年 8 月起 2017 年 12 月起
周东明	四级主任科员 党组成员	汉族	荔城新度	1977 年 5 月	1996 年 10 月	2019 年 9 月起
			交通运输局			
郑黎明	局长、党组书记、一级主任科员	汉族	荔城新度	1968 年 4 月	1990 年 8 月	2012 年 2 月起 2017 年 12 月起
林建兴	副局长 党组成员	汉族	秀屿埭头	1976 年 4 月	1997 年 2 月	2009 年 11 月起 2017 年 12 月起
苏启泰	副局长 党组成员	汉族	涵江萩芦	1969 年 7 月	1992 年 11 月	2015 年 2 月起 2017 年 12 月起
陈志杰	二级主任科员、党组成员 华亭镇党委委员（挂职）	汉族	城厢龙桥	1971 年 12 月	1996 年 7 月	2017 年 12 月起 2019 年 3 月起
郭妙桑（女）	总工程师（副科级） 项目前期办副主任	汉族	荔城北高	1972 年 12 月	1994 年 10 月	2015 年 10 月起 2013 年 1 月起
			交通运输管理所			
吴正兴	所长 区交通运输局党组成员	汉族	仙游大济	1965 年 6 月	1983 年 10 月	2015 年 2 月起 2017 年 12 月起
			市场监督管理局			
李德奋	局长、党组书记、一级主任科员	汉族	涵江白塘	1971 年 12 月	1993 年 8 月	2019 年 6 月起

续表 4

姓名	现单位及职务	民族	籍贯	出生年月	参加工作时间	任现职务时间
胡志海	党组副书记（正科长级）、四级调研员	汉族	秀屿平海	1965 年 1 月	1986 年 8 月	2019 年 5 月起
陈凤英（女）	党组成员、四级调研员	汉族	秀屿笏石	1965 年 10 月	1984 年 8 月	2019 年 5 月起
戴建雄	党组成员、副局长、二级主任科员	汉族	城厢龙桥	1969 年 12 月	1991 年 9 月	2019 年 5 月起
林美华（女）	党组成员（副科级，负责纪检工作）	汉族	秀屿东庄	1972 年 2 月	1996 年 6 月	2019 年 5 月起
陈育飞	党组成员、副局长	汉族	城厢霞林	1973 年 1 月	1996 年 9 月	2019 年 5 月起
魏金发	党组成员、二级主任科员	汉族	湄洲岛	1973 年 11 月	1994 年 10 月	2019 年 5 月起
宋仁洪	副局长	汉族	荔城新度	1973 年 4 月	1995 年 8 月	2019 年 5 月起
王金辉	二级调研员	汉族	涵江白沙	1961 年 2 月	1979 年 11 月	2019 年 5 月起
张国胜	二级主任科员	汉族	秀屿东峤	1962 年 9 月	1979 年 11 月	2019 年 5 月起
黄志良	二级主任科员	汉族	荔城黄石	1971 年 12 月	1990 年 12 月	2019 年 5 月起
曹金中	副局长	汉族	江苏通州	1974 年 4 月	1993 年 9 月	2019 年 5 月起
柯福星	副局长	汉族	城厢常太	1981 年 12 月	1903 年 6 月	2019 年 5 月起
林锦煌	四级调研员	汉族	荔城黄石	1964 年 3 月	1984 年 8 月	2019 年 5 月起
陈金树	四级调研员	汉族	秀屿南日	1965 年 7 月	1983 年 1 月	2019 年 5 月起
唐顺英	四级调研员	汉族	荔城新度	1962 年 6 月	1980 年 11 月	2019 年 5 月起
林建英（女）	副局长	汉族	秀屿埭头	1974 年 4 月	1994 年 1 月	2019 年 5 月起
陈军峰	食品药品安全总监	汉族	城厢华亭	1971 年 5 月	1989 年 3 月	2019 年 5 月起
林东波	副局长	汉族	秀屿埭头	1981 年 4 月	2002 年 11 月	2019 年 5 月起
杨佳嘉	四级主任科员	汉族	仙游榜头	1982 年 12 月	2005 年 11 月	2019 年 5 月起
卢朝阳	凤凰山工商所所长	汉族	城厢华亭	1973 年 2 月	1996 年 4 月	2012 年 11 月起
唐淑婷（女）	凤凰山工商所政治指导员	汉族	秀屿月塘	1982 年 3 月	2004 年 12 月	2014 年 7 月起
吴礼敏	龙桥工商所所长	汉族	仙游榜头	1977 年 9 月	1996 年 12 月	2017 年 4 月起
叶榕霞（女）	龙桥工商所政治指导员	汉族	城厢龙桥	1972 年 10 月	1992 年 11 月	2012 年 11 月起
曾叶峰	龙桥工商所四级主任科员	汉族	城厢龙桥	1961 年 12 月	1979 年 9 月	2013 年 1 月起
欧建武	霞林工商所所长	汉族	秀屿平海	1976 年 3 月	1996 年 8 月	2017 年 5 月起
陈建平	霞林工商所政治指导员	汉族	秀屿笏石	1962 年 10 月	1979 年 11 月	2012 年 11 月起
黄莉莉（女）	霞林工商所四级主任科员	汉族	仙游社硎	1972 年 6 月	1992 年 10 月	2013 年 1 月起
陈盛字	华亭工商所所长	汉族	仙游赖店	1979 年 2 月	2002 年 12 月	2017 年 4 月起
陈建锋	华亭工商所政治指导员	汉族	仙游盖尾	1979 年 11 月	2004 年 1 月	2017 年 5 月起
吴文才	华亭工商所四级主任科员	汉族	荔城新度	1976 年 9 月	2003 年 11 月	2015 年 9 月起
李清雄	灵川工商所所长	汉族	涵江三江口	1985 年 10 月	2008 年 2 月	2017 年 5 月起

续表 4

姓名	现单位及职务	民族	籍贯	出生年月	参加工作时间	任现职务时间
吴继胜	灵川工商所政治指导员	汉族	荔城拱辰	1970 年 12 月	1992 年 9 月	2015 年 7 月起
刘天盘	灵川工商所四级主任科员	汉族	仙游榜头	1971 年 1 月	1992 年 12 月	2012 年 12 月起
舒易刚	龙桥食药监所所长、二级主任科员	汉族	湖南溆浦	1970 年 10 月	1990 年 3 月	2017 年 10 月起
蔡冠清	凤凰山食药监所所长	汉族	城厢东海	1974 年 12 月	1998 年 9 月	2017 年 10 月起
黄继华	华亭食药监所所长	汉族	建宁黄坊	1980 年 9 月	2005 年 1 月	2017 年 10 月起
教育局						
刘永贤	局长、党组书记 一级主任科员	汉族	涵江江口	1967 年 12 月	1989 年 8 月	2014 年 7 月起 2017 年 12 月起
佘智敏	副局长、二级主任科员 党组成员	汉族	荔城拱辰	1972 年 12 月	1990 年 8 月	2010 年 9 月起 2017 年 12 月起
陈　进	副局长、二级主任科员 党组成员	汉族	城厢华亭	1976 年 7 月	1998 年 8 月	2015 年 2 月起 2017 年 12 月起
张宁建	局务会成员、党组成员 教师进修学校校长、党支部书记	汉族	城厢龙桥	1977 年 12 月	1999 年 9 月	2014 年 6 月起 2017 年 12 月起 2013 年 12 月起
黄玉成	二级主任科员 党组成员	汉族	荔城拱辰	1963 年 10 月	1984 年 8 月	2014 年 1 月起 2017 年 12 月起
教育督导室						
胡洪九	主任 区教育系统党委委员	汉族	秀屿埭头	1977 年 10 月	2001 年 2 月	2019 年 6 月起 2020 年 7 月起
柯金芳	副主任	汉族	城厢灵川	1969 年 1 月	1989 年 10 月	2019 年 9 月起
陈洪元	保留原职级干部	汉族	秀屿埭头	1965 年 2 月	1989 年 8 月	2014 年 9 月起
教师进修学校						
张宁建	校长、 党支部书记 教育局局务会成员、党组成员	汉族	城厢龙桥	1977 年 12 月	1999 年 8 月	2013 年 12 月起 2014 年 6 月起 2017 年 12 月起
陈金荣	党支部副书记	汉族	荔城新度	1973 年 11 月	1995 年 8 月	2019 年 1 月起
俞聪妹（女）	副校长	汉族	城厢霞林	1972 年 12 月	1994 年 9 月	2019 年 1 月起
赖翩京（女）	副校长	汉族	涵江大洋	1970 年 12 月	1988 年 8 月	2019 年 1 月起
莆田五中						
吴志明	校长	汉族	涵江涵西	1962 年 4 月	1982 年 8 月	2002 年 10 月起
黄家红（女）	党委书记	汉族	涵江涵西	1971 年 8 月	1992 年 8 月	2003 年 2 月起
郑毓青	副校长	汉族	城厢华亭	1965 年 10 月	1985 年 8 月	2000 年 11 月起
陈国勇	副校长 文献中学校长	汉族	荔城新度	1971 年 1 月	1994 年 8 月	2011 年 2 月起 2013 年 8 月起
梁宏晖	副校长	汉族	荔城镇海	1969 年 1 月	2000 年 19 月	2014 年 8 月起
傅锦国	党委副书记	汉族	城厢凤办	1971 年 12 月	1995 年 9 月	2014 年 8 月起

续表 4

姓名	现单位及职务	民族	籍贯	出生年月	参加工作时间	任现职务时间
			莆田三中			
丁彬彬	校长（副科级）	汉族	湖北广水	1983 年 4 月	2005 年 8 月	2017 年 9 月起
荣秀庆	党支部书记	汉族	城厢华亭	1969 年 12 月	1990 年 8 月	2014 年 8 月起
陈　彬	副校长（副科级）	汉族	仙游游洋	1980 年 1 月	2003 年 8 月	2017 年 9 月起
韩志勇	副校长	汉族	城厢霞林	1968 年 10 月	1991 年 8 月	2010 年 10 月起
俞为民	副校长	汉族	荔城西天尾	1969 年 6 月	1992 年 8 月	2012 年 3 月起
			文化体育和旅游局			
许淑珍（女）	局长 党组书记	汉族	秀屿平海	1972 年 5 月	1993 年 9 月	2018 年 12 月起 2019 年 3 月起
程正中	副局长 党组成员	汉族	仙游枫亭	1962 年 10 月	1985 年 9 月	2019 年 3 月起
姚正扬	二级主任科员 党组成员	汉族	涵江国欢	1966 年 12 月	1988 年 8 月	2019 年 3 月起
许建平	二级主任科员	汉族	荔城镇海	1963 年 8 月	1984 年 8 月	2019 年 3 月起
林劲松	二级主任科员 党组成员	汉族	城厢华亭	1969 年 3 月	1987 年 9 月	2019 年 3 月起
			旅游事业局			
林双法	局长 区文化体育和旅游局党组成员	汉族	仙游园庄	1973 年 5 月	1997 年 12 月	2016 年 1 月起 2019 年 3 月起
黄荔民（女）	副局长 区文化体育和旅游局党组成员	汉族	荔城镇海	1976 年 10 月	1996 年 9 月	2014 年 1 月起 2019 年 3 月起
蒋荔明（女）	二级主任科员 区文化体育和旅游局党组成员	汉族	秀屿笏石	1967 年 10 月	1991 年 8 月	2009 年 2 月起 2019 年 3 月起
曾景德	二级主任科员 区文化体育和旅游局党组成员	汉族	荔城拱辰	1963 年 5 月	1988 年 8 月	2010 年 9 月起 2019 年 3 月起
			卫生健康局			
陈清汉	局长、四级调研员 党组书记	汉族	秀屿平海	1969 年 12 月	1992 年 9 月	2018 年 12 月起 2019 年 3 月起
林的华	副局长 党组成员	汉族	秀屿埭头	1978 年 4 月	1995 年 10 月	2019 年 3 月起
黄顺华	副局长、霞林街道党工委副书记（挂职）	汉族	城厢龙桥	1971 年 12 月	1995 年 10 月	2019 年 3 月起
张建峰	党组成员（副科长级）、二级主任科员	汉族	涵江涵东	1967 年 9 月	1989 年 8 月	2019 年 3 月起
林文富	四级主任科员 党组成员	汉族	荔城黄石	1966 年 11 月	1989 年 12 月	2019 年 3 月起
郑友山	四级主任科员 党组成员	汉族	城厢灵川	1971 年 7 月	1992 年 12 月	2019 年 3 月起

续表 4

姓名	现单位及职务	民族	籍贯	出生年月	参加工作时间	任现职务时间
计生协会						
许文龙	常务专职副会长、党组书记	汉族	秀屿笏石	1970 年 1 月	1991 年 8 月	2019 年 9 月起
郑友洪	专职副会长、党组成员、二级主任科员	汉族	荔城拱辰	1971 年 7 月	1990 年 12 月	2017 年 2 月起
吴元开	党组成员、二级主任科员	汉族	城厢灵川	1971 年 11 月	1995 年 9 月	2017 年 6 月起
陈玉爱（女）	党组成员、四级主任科员	汉族	荔城新度	1972 年 11 月	1997 年 3 月	2013 年 12 月起
区医院						
刘华山	院长	汉族	涵江国欢	1976 年 3 月	1998 年 4 月	2013 年 7 月起
吴武中	党支部书记	汉族	秀屿埭头	1971 年 9 月	1991 年 9 月	2010 年 10 月起
疾控中心						
郭　伟	主任	汉族	城厢凤凰山	1970 年 11 月	1991 年 11 月	2010 年 9 月起
红十字会						
科学技术局						
孙桂芳	局长、四级调研员 党组书记	汉族	城厢灵川	1965 年 2 月	1988 年 8 月	2015 年 3 月起 2017 年 12 月起
陈平越	副局长、二级主任科员 党组成员	汉族	城厢华亭	1966 年 11 月	1989 年 8 月	2013 年 1 月起 2017 年 12 月起
陈宝卫	二级主任科员 党组成员	汉族	荔城拱辰	1966 年 7 月	1990 年 12 月	2015 年 5 月起 2017 年 12 月起
苏美金（女）	二级主任科员 党组成员	汉族	仙游度尾	1966 年 8 月	1991 年 8 月	2014 年 8 月起 2017 年 12 月起
民政局						
石志坤	局长 党组书记	汉族	城厢华亭	1977 年 12 月	1999 年 6 月	2019 年 6 月起
黄国生	副局长、二级主任科员 党组成员	汉族	城厢常太	1970 年 7 月	1993 年 8 月	2015 年 5 月起 2017 年 12 月起
陈毓卿（女）	副局长 党组成员	汉族	秀屿平海	1987 年 6 月	2011 年 8 月	2019 年 9 月起
陈金华	二级主任科员 党组成员	汉族	秀屿平海	1967 年 6 月	1992 年 12 月	2010 年 9 月起 2017 年 12 月起
司法局						
陈志平	局长、党组书记 一级主任科员	汉族	荔城拱辰	1969 年 11 月	1989 年 8 月	2012 年 2 月起 2017 年 12 月起
林长春	副局长 党组成员	汉族	城厢灵川	1975 年 2 月	1993 年 12 月	2015 年 2 月起 2017 年 12 月起
施荔红（女）	四级调研员 党组成员	汉族	秀屿笏石	1966 年 5 月	1988 年 8 月	2013 年 2 月起 2017 年 12 月起
柯子鹏	二级主任科员 党组成员	汉族	涵江白沙	1969 年 10 月	1994 年 8 月	2019 年 9 月起

续表 4

姓名	现单位及职务	民族	籍贯	出生年月	参加工作时间	任现职务时间
林　毅	四级主任科员 党组成员	汉族	城厢华亭	1968 年 8 月	1991 年 11 月	2013 年 2 月起 2017 年 12 月起
吴章福	法律援助中心一级主任科员	汉族	荔城拱辰	1963 年 12 月	1981 年 10 月	2019 年 10 月起
住建局（人防办）						
陈　攀	局长、党组书记、人防办主任	汉族	城厢霞林	1981 年 9 月	2004 年 2 月	2020 年 7 月起
林建东	副局长 党组成员	汉族	秀屿埭头	1972 年 8 月	1997 年 2 月	2015 年 3 月起 2017 年 12 月起
许晋芳	二级主任科员、党组成员	汉族	城厢华亭	1979 年 3 月	2000 年 12 月	2020 年 7 月起
建设系统党委						
陈臻华	专职副书记 区住建局党组成员	汉族	荔城镇海	1974 年 10 月	1996 年 8 月	2017 年 6 月起 2017 年 12 月起
退役军人事务局						
黄鹏远	局长 党组书记	汉族	城厢龙桥	1970 年 8 月	1996 年 10 月	2018 年 12 月起 2019 年 3 月起
杨　勇	副局长、党组成员	汉族	江苏海安	1974 年 12 月	1991 年 12 月	2020 年 7 月起
林丽清（女）	四级主任科员 党组成员	汉族	秀屿平海	1971 年 7 月	1993 年 9 月	2019 年 9 月起 2017 年 12 月起
城市管理行政执法局						
蔡智勇	局长 党组书记	汉族	城厢东海	1977 年 10 月	2000 年 11 月	2019 年 6 月起
陈　翔	副局长 党组成员	汉族	城厢东海	1975 年 1 月	1996 年 8 月	2007 年 12 月起 2017 年 12 月起
陈志辉	副局长 党组成员	汉族	仙游郊尾	1972 年 12 月	1990 年 3 月	2013 年 9 月起 2017 年 12 月起
杨春锦	副局长 党组成员	汉族	仙游榜头	1981 年 3 月	2001 年 11 月	2019 年 1 月起
何国文	二级主任科员 党组成员	汉族	城厢华亭	1969 年 3 月	1987 年 11 月	2011 年 12 月起 2017 年 12 月起
环卫处（城管办）						
陈志锋	主任（聘任）	汉族	仙游榜头	1975 年 8 月	1996 年 12 月	2019 年 9 月起
欧宗辉	环卫处党支部书记	汉族	涵江庄边	1972 年 4 月	1999 年 6 月	2015 年 5 月起
水利局						
许庆明	局长、党组书记	汉族	秀屿东峤	1978 年 9	1996 年 10 月	2020 年 7 月起
龚　勇	副局长、二级主任科员 党组成员	汉族	荔城新度	1972 年 9	1996 年 9 月	2019 年 3 月起
吴清松	副局长	汉族	城厢霞林	1976 年 11 月	1999 年 12 月	2019 年 9 月起
林密腾	二级主任科员 党组成员	汉族	城厢华亭	1968 年 7 月	1992 年 9 月	2019 年 3 月起

续表 4

姓名	现单位及职务	民族	籍贯	出生年月	参加工作时间	任现职务时间
谢玉仙	总工程师（聘任，副科级） 党组成员	汉族	荔城拱辰	1977 年 6 月	1997 年 3 月	2019 年 3 月起
移民局（水电站库区移民局）						
陈　婷（女）	局长	汉族	荔城镇海	1986 年 11 月	2006 年 9 月	2020 年 7 月起
农业农村局						
肖建耀	局长 党组书记	汉族	秀屿东庄	1971 年 11 月	1995 年 5 月	2019 年 6 月起
陈玉华	副局长 党组成员	汉族	城厢霞林	1966 年 5 月	1989 年 9 月	2019 年 3 月起
胡元良	副局长 党组成员	汉族	仙游枫亭	1971 年 8 月	1996 年 11 月	2019 年 9 月起
吴国良	二级主任科员 党组成员	汉族	秀屿埭头	1971 年 9 月	1991 年 9 月	2019 年 3 月起
农业系统党委						
自然资源局						
林宇家	局长、党组副书记、一级主任科员	汉族	秀屿月塘	1973 年 8 月	1995 年 10 月	2019 年 6 月起
高奇峰	党组书记、四级调研员	汉族	涵江涵西	1963 年 5 月	1983 年 8 月	2019 年 6 月起
黄雪峰	副局长、党组成员	汉族	荔城拱辰	1974 年 3 月	1997 年 5 月	2020 年 7 月起
郑向高	二级主任科员、党组成员	汉族	秀屿山亭	1977 年 8 月	1998 年 10 月	2019 年 6 月起
陈志敏	二级主任科员、党组成员	汉族	秀屿笏石	1978 年 2 月	2001 年 1 月	2020 年 7 月起
黄世高	党组成员 国土资源监察大队大队长	汉族	荔城西天尾	1971 年 11 月	1995 年 8 月	2019 年 6 月起 2016 年 1 月起
海洋与渔业执法大队						
戴剑晗	大队长 区自然资源局党组成员	汉族	涵江江口	1984 年 6 月	2007 年 3 月	2013 年 7 月起 2019 年 6 月起
供销社						
林基立	主任	汉族	仙游鲤城	1975 年 1 月	1996 年 9 月	2016 年 1 月起
刘开贵	党支部书记	汉族	仙游度尾	1976 年 7 月	1996 年 11 月	2019 年 9 月起
林垒镕（女）	副主任	汉族	涵江三江口	1986 年 7 月	2006 年 2 月	2013 年 7 月起
王　晶（女）	副主任	汉族	仙游鲤城	1987 年 10 月	2007 年 8 月	2019 年 1 月起
蔡腾达	四级主任科员	汉族	城厢东海	1976 年 6 月	1997 年 9 月	2019 年 9 月起
区委党史和地方志研究室						
林建如	主任、一级主任科员	汉族	仙游游洋	1967 年 2 月	1988 年 8 月	2019 年 9 月起

续表 4

姓名	现单位及职务	民族	籍贯	出生年月	参加工作时间	任现职务时间
林丽洪（女）	副主任 区妇联副主席（挂职）	汉族	涵江梧塘	1974 年 10 月	1992 年 8 月	2019 年 9 月起 2020 年 8 月起
谢　彬	四级主任科员	汉族	城厢霞林	1977 年 12 月	1997 年 11 月	2019 年 9 月起
行政服务中心管委会						
林清飞	主任	汉族	仙游社硎	1971 年 5 月	1996 年 5 月	2019 年 6 月起
林雄峰	副主任（聘任）	汉族	荔城镇海	1976 年 6 月	1994 年 8 月	2010 年 8 月起
郑秋焕（女）	副主任	汉族	秀屿东庄	1977 年 9 月	1999 年 6 月	2019 年 9 月起
颜颖频	党支部专职副书记（聘任）	汉族	荔城拱辰	1970 年 2 月	1988 年 1 月	2015 年 10 月起
广化寺佛教名胜区管委会						
郑圣柏	副主任 区城乡一体化办公室副主任 发改局党组成员	汉族	仙游游洋	1973 年 9 月	1996 年 9 月	2018 年 7 月起
陈永光	副主任	汉族	城厢龙桥	1985 年 2 月	2008 年 9 月	2018 年 8 月起
华林经济开发区						
张伟国	党工委书记（副处级） 区政府党组成员	汉族	荔城黄石	1971 年 12 月	1990 年 9 月	2011 年 9 月起 2011 年 11 月起
陈丽萍（女）	党工委副书记 管委会主任（副处级） 区政府党组成员	汉族	秀屿山亭	1966 年 11 月	1987 年 7 月	2012 年 4 月起 2012 年 3 月起 2012 年 12 月起
詹雄志	党工委副书记（挂职）、区政协四级调研员（编制在政协）	汉族	秀屿平海	1971 年 2 月	1990 年 8 月	2019 年 6 月起
陈国霖	管委会副主任	汉族	秀屿笏石	1966 年 5 月	1989 年 8 月	2013 年 1 月起
蔡国贤	管委会副主任 华林工业园党委委员兼副主任	汉族	城厢东海	1965 年 11 月	1988 年 9 月	2013 年 1 月起
陈光青	管委会副主任	汉族	秀屿平海	1982 年 3 月	2005 年 8 月	2013 年 12 月起
吴海东	管委会副主任（聘任）	汉族	荔城新度	1973 年 1 月	1991 年 8 月	2016 年 1 月起
陈金明	管委会副主任	汉族	荔城黄石	1983 年 1 月	2008 年 10 月	2019 年 1 月起
柳军英（女）	保留副科级待遇	汉族	北岸山亭	1972 年 5 月	1994 年 8 月	2020 年 8 月起
太湖工业园						
郑　雄	党委书记兼管委会主任（聘任）	汉族	仙游榜头	1976 年 5 月	1996 年 12 月	2017 年 7 月起
吴奇伟	党委委员兼副主任	汉族	荔城镇海	1985 年 12 月	2007 年 9 月	2018 年 8 月起
华林工业园						
张朝阳	党委委员兼副主任 （聘任，副科级）	汉族	仙游榜头	1973 年 11 月	1995 年 12 月	2013 年 1 月起
蔡国贤	党委委员兼副主任 华林经济开发区管委会副主任	汉族	城厢东海	1965 年 11 月	1988 年 9 月	2013 年 1 月起

续表 4

姓名	现单位及职务	民族	籍贯	出生年月	参加工作时间	任现职务时间
			华亭镇			
蒋万顺	书记、一级主任科员	汉族	城厢灵川	1977 年 6 月	1999 年 12 月	2018 年 7 月起
苏顺琪	副书记 镇长	汉族	城厢东海	1979 年 11 月	2000 年 12 月	2018 年 7 月起
徐振海	二级主任科员	汉族	城厢霞林	1974 年 11 月	1996 年 8 月	2019 年 3 月起
陈志杰	党委委员（挂职） 区交通局二级主任科员	汉族	城厢龙桥	1971 年 12 月	1996 年 7 月	2019 年 3 月起
陈　伟	副书记 政法委员	汉族	城厢凤凰山	1985 年 9 月	2006 年 10 月	2019 年 9 月起 2019 年 12 月起
杨少龙	副书记	汉族	城厢常太	1985 年 5 月	2009 年 7 月	2020 年 7 月起
陈　森	委员、纪委书记、监察组组长	汉族	城厢常太	1989 年 6 月	2012 年 7 月	2020 年 8 月起
林明钟	组织委员	汉族	涵江新县	1982 年 5 月	2004 年 4 月	2019 年 7 月起
陈扬鑫	宣传委员	汉族	南平延平	1987 年 2 月	2009 年 4 月	2020 年 7 月起
王谟兵	委员 武装部部长	汉族	江苏赣榆	1979 年 1 月	1998 年 12 月	2018 年 12 月起
林俊嘉	副镇长	汉族	秀屿埭头	1987 年 9 月	2008 年 1 月	2018 年 8 月起
杨　黎（女）	副镇长	汉族	荔城镇海	1989 年 6 月	2013 年 10 月	2020 年 9 月起
翁高武	司法所所长	汉族	城厢华亭	1986 年 11 月	2010 年 7 月	2019 年 9 月起
宋　锋	综治办专职副主任	汉族	城厢凤凰山	1989 年 12 月	2012 年 8 月	2019 年 9 月起
			常太镇			
莫彩华	书记 区政府科技副区长（挂职） 区政府党组成员	汉族	浙江长兴	1990 年 9 月	2018 年 8 月	2020 年 2 月起 2018 年 8 月起 2018 年 8 月起
沈海霞（女）	副书记 镇长	汉族	城厢东海	1979 年 4 月	2004 年 7 月	2016 年 5 月起 2016 年 12 月起
林志伟	委员 人大主席	汉族	城厢龙桥	1986 年 7 月	2009 年 7 月	2018 年 12 月起
刘剑萍（女）	二级主任科员	汉族	秀屿南日	1978 年 2 月	1997 年 12 月	2019 年 3 月起
林朝阳	二级主任科员	汉族	秀屿埭头	1971 年 10 月	2003 年 10 月	2019 年 3 月起
许宇宙	副书记 政法委员	汉族	秀屿笏石	1988 年 12 月	2012 年 8 月	2019 年 9 月起
方　智	委员、纪委书记、监察组组长	汉族	荔城西天尾	1988 年 3 月	2009 年 9 月	2019 年 9 月起
张少俊	组织委员	汉族	荔城新度	1981 年 10 月	1999 年 4 月	2016 年 5 月起
贾　昱	委员 武装部部长	汉族	江西萍乡	1976 年 2 月	1997 年 12 月	2010 年 8 月起
许　羡（女）	宣传委员	汉族	华亭后山	1989 年 11 月	2011 年 7 月	2020 年 7 月起

续表 4

姓名	现单位及职务	民族	籍贯	出生年月	参加工作时间	任现职务时间
戴玉腾	委员 副镇长	汉族	城厢华亭	1967 年 4 月	1987 年 8 月	2016 年 5 月起 2016 年 12 月起
黄志聪	统战委员、副镇长	汉族	城厢凤凰山	1982 年 12 月	2005 年 8 月	2020 年 8 月起
蔡莉娜（女）	综治办专职副主任	汉族	城厢常太	1983 年 7 月	2009 年 4 月	2016 年 5 月起
			灵川镇			
林俊杰	书记、一级主任科员	汉族	城厢凤凰山	1974 年 9 月	1995 年 12 月	2018 年 7 月起
林　根	副书记 镇长	汉族	仙游榜头	1981 年 10 月	1998 年 8 月	2016 年 5 月起 2016 年 12 月起
黄智强	委员、人大主席	汉族	仙游榜头	1982 年 10 月	2005 年 6 月	2019 年 9 月起
黄超群	副书记、政法委员	汉族	秀屿平海	1985 年 9 月	2009 年 12 月	2019 年 9 月起
姚剑雄	委员、纪委书记、监察组组长	汉族	荔城拱辰	1984 年 6 月	2008 年 10 月	2019 年 9 月起
林窕婧（女）	组织委员	汉族	仙游鲤城	1989 年 9 月	2011 年 10 月	2018 年 8 月起
张与望	宣传委员	汉族	仙游鲤南	1991 年 2 月	2012 年 9 月	2020 年 8 月起
张印忠	委员、武装部部长	汉族	河北巨鹿	1973 年 1 月	1991 年 12 月	2016 年 1 月起
江　波	委员、副镇长	汉族	城厢龙桥	1981 年 5 月	2004 年 7 月	2019 年 7 月起
林斌斌	统战委员、副镇长	汉族	仙游大济	1989 年 2 月	2013 年 10 月	2020 年 8 月起
郑宜立	副镇长	汉族	仙游榜头	1984 年 12 月	2007 年 9 月	2020 年 8 月起
许志勇	副镇长	汉族	秀屿东峤	1989 年 6 月	2012 年 3 月	2018 年 11 月起
蔡明华	司法所所长	汉族	城厢东海	1974 年 3 月	1996 年 7 月	2013 年 7 月起
蔡赛梅（女）	综治办专职副主任	汉族	城厢霞林	1991 年 2 月	2016 年 7 月	2019 年 9 月起
林海斌	（职务待定）	汉族	城厢霞林	1976 年 3 月	1995 年 9 月	2016 年 5 月起
王春树	（职务待定）	汉族	北岸山亭	1978 年 10 月	1997 年 12 月	2014 年 3 月起
			东海镇			
张飞虎	书记、一级主任科员	汉族	仙游盖尾	1977 年 12 月	2000 年 1 月	2020 年 3 月起
刘都峰	副书记、镇长	汉族	秀屿笏石	1983 年 1 月	2006 年 8 月	2019 年 6 月起
陈俊成	政法委员、人大主席	汉族	秀屿埭头	1980 年 12 月	2004 年 8 月	2018 年 12 月起
林　宇	副书记	汉族	荔城黄石	1988 年 6 月	2011 年 4 月	2020 年 7 月起
罗　斌	委员、纪委书记、监察组组长	汉族	江西赣州	1987 年 6 月	2012 年 8 月	2020 年 8 月起
徐　炜	组织委员	汉族	城厢霞林	1989 年 1 月	2010 年 7 月	2020 年 8 月起
黄东胜	宣传委员	汉族	荔城黄石	1990 年 7 月	2013 年 7 月	2020 年 7 月起
沈庆海	委员、武装部部长	汉族	城厢东海	1976 年 8 月	1995 年 12 月	2019 年 9 月起
卢劲展	委员 副镇长	汉族	涵江梧塘	1978 年 11 月	1996 年 6 月	2020 年 8 月 起 2020 年 10 月起
阮成伟	副镇长	汉族	仙游郊尾	1975 年 11 月	2000 年 8 月	2019 年 7 月起
林　凡	副镇长	汉族	仙游榜头	1984 年 4 月	2007 年 9 月	2020 年 8 月起

续表 4

姓名	现单位及职务	民族	籍贯	出生年月	参加工作时间	任现职务时间
黄剑恒	综治办专职副主任	汉族	涵江白塘	1974 年 4 月	1995 年 10 月	2015 年 1 月起
蔡金敏	司法所所长	汉族	城厢东海	1986 年 3 月	2008 年 8 月	2019 年 9 月起
			龙桥街道			
张洪宾	书记、一级主任科员	汉族	仙游榜头	1970 年 3 月	1990 年 8 月	2016 年 6 月起
宋朝阳	副书记、主任	汉族	秀屿平海	1976 年 2 月	1996 年 10 月	2016 年 6 月起
柳军勇	委员、人大主任	汉族	北岸山亭	1980 年 11 月	2000 年 1 月	2018 年 12 月起
蔡金平	副书记、政法委员	汉族	城厢霞林	1971 年 11 月	1996 年 10 月	2019 年 9 月起
吴少敏	委员、纪工委书记、监察组组长	汉族	秀屿东庄	1984 年 11 月	2008 年 7 月	2020 年 7 月起
陈志伟	组织委员	汉族	秀屿平海	1990 年 9 月	2012 年 8 月	2020 年 7 月起
翁朝晖	宣传、统战委员	汉族	荔城镇海	1970 年 12 月	1994 年 9 月	2015 年 1 月起
陈建华	委员 武装部部长	汉族	城厢灵川	1975 年 5 月	1993 年 12 月	2016 年 6 月起
陈清龙	委员 副主任	汉族	城厢凤凰山	1968 年 9 月	2010 年 6 月	2020 年 7 月起
谢雨林	副主任	汉族	城厢凤凰山	1991 年 1 月	2012 年 8 月	2019 年 9 月起
方海英（女）	司法所所长	汉族	荔城拱辰	1974 年 5 月	1994 年 10 月	2016 年 6 月起
曾秋泉	综治办专职副主任	汉族	秀屿湄洲	1968 年 7 月	1992 年 9 月	2013 年 1 月起
			霞林街道			
陈元兴	书记、一级主任科员	汉族	荔城新度	1976 年 7 月	1997 年 10 月	2020 年 3 月起
胡彬伟	副书记、主任	汉族	荔城黄石	1982 年 10 月	2004 年 9 月	2020 年 3 月起
陈旭清	委员、人大主任	汉族	仙游赖店	1977 年 6 月	2001 年 12 月	2020 年 8 月起
黄顺华	副书记（挂职） 区卫生健康局副局长	汉族	城厢龙桥	1971 年 12 月	1995 年 10 月	2015 年 10 月起 2015 年 10 月起
刘清伟	副书记、政法委员	汉族	仙游榜头	1978 年 12 月	2002 年 7 月	2019 年 3 月起
姜大银	委员、纪工委书记、监察组组长	汉族	重庆开县	1975 年 10 月	1996 年 9 月	2016 年 6 月起
林天虎	组织委员	汉族	荔城西天尾	1976 年 11 月	1999 年 4 月	2016 年 6 月起
吴敏红（女）	宣传委员、统战委员	汉族	荔城黄石	1971 年 9 月	1995 年 10 月	2014 年 1 月起
黄志伟	委员 副主任	汉族	城厢龙桥	1972 年 5 月	1993 年 10 月	2019 年 3 月起 2013 年 1 月起
郑婷婷（女）	副主任	汉族	城厢龙桥	1986 年 2 月	2009 年 12 月	2016 年 6 月起
沈剑芳（女）	副主任	汉族	城厢龙桥	1988 年 12 月	2012 年 8 月	2019 年 9 月起
郑荔涵（女）	司法所所长	汉族	涵江涵西	1987 年 5 月	2009 年 7 月	2019 年 9 月起
黄伟泓	综治办专职副主任	汉族	城厢常太	1990 年 9 月	2013 年 7 月	2019 年 9 月起

续表 4

姓名	现单位及职务	民族	籍贯	出生年月	参加工作时间	任现职务时间
凤凰山街道						
徐达威	书记、一级主任科员（已提拔调离、未免职）	汉族	秀屿笏石	1985 年 9 月	2010 年 7 月	2019 年 6 月起
蔡辉彬	副书记、主任、一级主任科员	汉族	城厢东海	1976 年 8 月	1998 年 11 月	2016 年 6 月起
杨智伟	委员、人大主任	汉族	仙游榜头	1981 年 3 月	2003 年 2 月	2019 年 9 月起
方　晖	副书记、政法委员	汉族	城厢灵川	1979 年 7 月	2000 年 12 月	2019 年 9 月起
陈鹏远	委员、纪工委书记、监察组组长	汉族	涵江涵东	1982 年 8 月	2009 年 8 月	2016 年 6 月起
黄　敏（女）	组织委员	汉族	城厢灵川	1985 年 9 月	2008 年 9 月	2016 年 6 月起
林罕英（女）	宣传委员	汉族	城厢龙桥	1982 年 5 月	2004 年 10 月	2020 年 7 月起
沈耀森	委员、武装部部长	汉族	漳州诏安	1973 年 12 月	1990 年 12 月	2018 年 12 月起
陈　扬	委员、副主任	汉族	涵江国欢	1985 年 4 月	2010 年 2 月	2020 年 7 月起
蔡妹玉（女）	副主任	汉族	荔城镇海	1967 年 10 月	1989 年 4 月	2013 年 7 月起
周荔山	副主任	汉族	城厢霞林	1972 年 11 月	1996 年 10 月	2013 年 5 月起
崔建行	司法所所长	汉族	秀屿月塘	1988 年 2 月	2011 年 3 月	2018 年 12 月起
苏剑炜	综治办专职副主任	汉族	城厢龙桥	1975 年 10 月	1995 年 10 月	2016 年 6 月起
黄智深	四级主任科员	汉族	秀屿平海	1977 年 11 月	1996 年 10 月	2015 年 1 月起

（区委组织部供稿）

2020 年城厢区获得市级以上表彰先进集体一览表

表 5

序号	单位	奖项名称	表彰时间	表彰级别
1	城厢区	被水利部评为“节水型社会建设达标县（区）”	2020 年 11 月	国家级
2	城厢区	被中国国际电子商务中心授予“莆田工匠杯”第五届中国电商讲师大赛“优秀组织奖”	2020 年 12 月	国家级
3	区检察院	被中央文明委评为“第六届全国文明单位”	2020 年 11 月	国家级
4	区生态环境局	被生态环境部评为“2019 年全国生态环境保护执法大练兵表现突出集体”	2020 年 3 月	国家级
5	区生态环境局	被国务院第二次全国污染源普查领导小组办公室评为“第二次全国污染源普查表现突出集体”	2020 年 9 月	国家级
6	华亭派出所	被公安部评为“全国公安机关执法示范单位”	2020 年 12 月	国家级
7	九龙谷森林公园	被中国林业产业联合会评为“全国森林康养基地试点建设单位”	2020 年 10 月	国家级
8	常太镇马院村	被中央文明委评为“全国文明村镇”	2020 年 11 月	国家级
9	东海镇上亭村	被中央文明委评为“全国文明村镇”	2020 年 11 月	国家级
1	城厢区	被省委、省政府评为“第四轮第一批平安县（市、区）”	2020 年 12 月	省级
2	城厢区	农村污水治理工作全省推广	2020 年 5 月	省级
3	区公安分局	被省委、省政府评为“福建省抗击新冠肺炎疫情先进集体”	2020 年 1 月	省级
4	凤凰山街道办事处、区住建局	龙德井片区危旧房改造项目被省住建厅评为“2020 年度全省和谐征收示范项目”	2020 年 12 月	省级
5	区住建局	沟头片区城市更新项目被省住建厅评为“2020 年度全省和谐征收示范项目”	2020 年 12 月	省级
6	区公安分局	被省公安厅评为“现场勘查工作优秀县级公安机关”	2020 年 1 月	省级
7	区公安分局	被省公安厅评为“全省公安机关执法质量优秀单位”	2020 年 2 月	省级
8	区海防办	被省军民融合办、省海防办授予“海防工作优秀集体”	2020 年 1 月	省级
9	区档案馆	被省人社厅、省档案局评为“全省档案系统先进集体”	2020 年 12 月	省级
10	区消防救援大队	被省消防救援总队评为“全省消防监督管理工作优秀单位”	2020 年 1 月	省级
11	区财政局	被省财政厅评为“2019 年度省级财政信息工作成效优秀单位”	2020 年 3 月	省级
12	区住建局	“积极查处串通投标投标行为”被省住建厅通报表扬	2020 年 1 月	省级
13	区住建局	“积极开展专项整治、严肃查处串通投标行为”被省住建厅通报表扬	2020 年 7 月	省级
14	凤凰山妈祖义工志愿服务驿站	被省学雷锋志愿服务“四个最美”暨疫情防控最美志愿者宣传活动组委会评为“2020 年全省学雷锋志愿服务‘最佳志愿服务组织’”	2020 年 12 月	省级

2020 年城厢区获得市级以上表彰先进人物一览表

表 6

序号	单位	姓名	奖项名称	表彰时间	表彰级别
1	区执法局	欧文利	被中央文明办授予“中国好人榜‘见义勇为’”称号	2020 年 12 月	国家级
2	区检察院	徐晋雄家庭	被全国妇联授予“2020 年全国最美家庭”称号	2020 年 12 月	国家级
3	区检察院	范剑萍	被检察日报社评为“2019 年度全国检察宣传先进个人”	2020 年 7 月	国家级
4	区检察院	梁一鸣	被方圆杂志社评为“2020 年度优秀通讯员”	2020 年 12 月	国家级
5	区生态环境局	陈德仁	被生态环境部评为“污染防治攻坚战强化监督表现突出人员”	2020 年 1 月	国家级
6	区生态环境局	陈德仁	被生态环境部评为“2019 年生态环境保护执法大练兵表现突出个人”	2020 年 3 月	国家级
7	区生态环境局	陈珊珊	被生态环境部办公厅评为“2020 年全国固定污染源排污许可全覆盖工作中表现突出个人”	2020 年 12 月	国家级
8	常太镇	林志伟	被中央水利部评为“2020 年全国优秀河湖长候选人”	2020 年 6 月	国家级
9	区公安分局	陈　冰	被公安部五局评为 2019 年 12 月优秀指纹对比人员	2020 年 1 月	国家级
1	常太镇	林志伟	被省总工会授予 2020 年度福建省五一劳动奖章	2020 年 5 月	省级
2	区公安分局	郭秋桥 吴荔苹	被省妇联、省卫健委评为“福建省抗疫最美家庭”	2020 年 5 月	省级
3	区教育局	刘永贤	被省教育厅评为省优秀教育工作者	2020 年 9 月	省级
4	区生态环境局	郑育顺	被省生态环境厅评为“2019 年福建省生态环境保护执法大练兵表现突出个人”	2020 年 9 月	省级
5	区农业农村局	陈玉华	被省农业农村厅评为“全省农业农村系统先进工作者”	2020 年 1 月	省级
6	区检察院	徐晋雄	被省检察院评为“福建省检察业务专家”	2020 年 2 月	省级
7	区检察院	沈莉莉	被省检察院评为“2020 年度全省优秀公诉人业务竞赛活动‘优秀公诉人’”	2020 年 6 月	省级
8	区检察院	胡秀红	被省检察院评为“第二届全省检察机关案件管理业务竞赛‘案件管理业务能手’”	2020 年 9 月	省级
9	区公安分局	吴瑞珊	被省公安厅评为“全省公安机关‘标兵个人’”	2020 年 8 月	省级
10	区公安分局	陈朝辉 黄宇锋	被省公安厅、省总工会授予全省县级公安机关领导干部警务实战能力比武三等奖	2020 年 4 月	省级
11	区公安分局	陈剑煌	被省公安厅、省总工会授予全省公安机关警务实战教官教学比武三等奖	2020 年 4 月	省级
12	区住建局	尤少武	被省人社厅评为“全省人防系统先进工作者”	2020 年 10 月	省级
13	龙桥消防救援站	陈志兴	被省消防救援总队授予个人三等功	2020 年 4 月	省级
14	龙桥消防救援站	卢如亮	被省消防救援总队授予个人三等功	2020 年 4 月	省级

2020 年 1—12 月全市及各县（区）主要经济指标

表 7

指标名称	单位	全市	城厢区	涵江区	荔城区	秀屿区	北岸	湄洲岛	仙游县
1. 地区生产总值	亿元	2643.97	485.85	595.12	548.01	381.78	93.15	18.57	521.49
比上年同期增长	%	3.3	3.8	5.4	2.2	1.3	0.3	3.6	3.8
2. 农林牧渔业总产值	亿元	237.41	22.52	32.72	30.49	77.23	25.48	6.88	42.08
比上年同期增长	%	1.7	3.9	6.6	-2.7	0.2	3.5	-3.2	4.0
3. 规模以上工业增加值	亿元								
比上年同期增长	%	2.2	4.2	3.3	3.3	2.3	-9.2	—	-0.3
4. 建筑业总产值	亿元	780.74	139.39	182.99	200.08	56.21	78.71	3.05	120.31
比上年同期增长	%	-2.9	-15.0	13.6	-7.0	-18.1	-2.9	29.0	8.0
5. 固定资产投资	亿元								
比上年同期增长	%	-2.3	10.6	3.6	2.9	-2.9	4.7	5.7	-26.7
6. 财政总收入	亿元	231.27	34.25	40.19	46.24	22.85	16.52	1.50	40.84
比上年同期增长	%	2.2	-2.0	0.3	-2.8	1.1	83.3	-25.6	1.7
# 地方级收入	亿元	147.10	25.02	23.60	27.55	14.61	8.94	0.98	27.24
比上年同期增长	%	2.8	2.7	0.7	-2.9	5.9	63.8	-42.8	4.0
7. 社会消费品零售总额	亿元	1612.26	545.14	163.02	438.61	91.78	21.18	3.61	348.92
比上年同期增长	%	-0.8	5.2	-5.9	-2.5	-5.4	-1.6	-0.2	-3.6
限上批零业销售额	亿元	2573.33	530.31	522.29	587.86	286.77	222.71	0.11	423.30
比上年同期增长	%	27.1	14.7	55.8	3.5	9.6	26.6	—	91.9

续表 7

指标名称	单位	全市	城厢区	涵江区	荔城区	秀屿区	北岸	湄洲岛	仙游县
限上住餐业营业额	亿元	27.10	11.71	4.02	5.21	1.97	0.50	0.19	3.50
比上年同期增长	%	0.0	4.3	3.6	9.3	-12.4	-1.5	-36.5	-16.0
8. 实际利用外资	万元	96158	3189	55837	26354	10500	0	178	100
比上年同期增长	%	6.8	-74.2	329.5	-59.2	—	—	33.8	—
9. 规模以上其他营利性服务业营业收入（错月值）	亿元	67.53	25.22	8.13	16.14	4.64	3.00	1.34	9.05
比上年同期增长	%	14.7	31.8	18.0	23.2	-27.2	-32.1	28.4	14.4

注：1. 除地区生产总值、农林牧渔业总产值、规模以上工业增加值增幅按照可比价格计算外，其他指标均按照现价计算。

2. 由于统计制度改革，规模以上工业增加值、固定资产投资总量不对外公布。

3. 城厢区括弧内为 5 个县区排名。

莆田市城厢区 2020 年国民经济社会发展统计公报

城厢区统计局

2020 年是全面建成小康社会和“十三五”规划收官之年，面对新冠肺炎疫情防控及社会经济发展双重压力，全区上下齐心协力，扎实做好“六稳”工作、全面落实“六保”任务，到年终收官各项经济指标平稳恢复，居民生活水平稳步提高。

一、综合

初步核算，全年全区生产总值 485.85 亿元，比上年增长 3.8%，其中：第一产业增加值 11.16 亿元，增长 2.1%；第二产业增加值 170.70 亿元，下降 0.8%；第三产业增加值 303.99 亿元，增长 6.7%。三次产业比重从去年同期的 2.1 ∶ 38.0 ∶ 59.9 调整为 2.3 ∶ 35.1 ∶ 62.6，二产比重下降，三产占比提高，三产比重突破六成，产业结构更趋合理。

二、农业

全年农林牧渔总产值 22.52 亿元，增长 3.9%，其中：农业产值 3.76 亿元，增长 3.0%；林业产值 0.75 亿元，下降 2.1%；牧业产值 14.41 亿元，增长 2.9%；渔业产值 3.70 亿元，增长 1.8%。

全年粮食产量 12171 吨，增长 2.3%；肉类产量 33570 吨，增长 3.6%，生猪出栏 14.22 万头，增长 11.3%，活家禽出栏 1539.11 万只，增长 0.9%，存栏 303.68 万只，下降 14.2%；水产品产量 57879 吨，增长 1.5%。

三、工业和建筑业

全年规模以上工业企业 164 家，规上工业增加值增长 4.2%。分轻重看，轻工业企业产值占全部规上工业产值 84.8%，比上年增长 4.7%；重工业占全部规上工业产值 15.2%，比上年增长 3.7%。从产业集群看，四大产业产值占全部规上工业产值 70.8%，其中：鞋服业占比 41.6%，增长 3.4%；食品医药业占比 18.8%，增长 4.8%；工艺美术业和电子信息业分别下降 2.6%、4.0%。

按注册地算，107家资质内建筑企业完成产值139.39亿元，比上年下降15.0%。

四、固定资产投资

全年固定资产投资（不含农户）增长10.6%，其中：项目投资增长15.0%；房地产投资完成94.27亿元，增长3.6%。28个工业项目投资额比上年增长11.8%。

五、国内贸易

全年社会消费品零售总额545.14亿元，增长5.2%。414家限上批零业企业实现销售额530.31亿元，增长14.7%；33家限上住餐业企业实现营业额11.71亿元，增长4.3%。

六、对外经济

全年实际利用外资总额3189万元，比上年下降74.2。

七、服务业

全年规模以上服务业企业，实现营业收入40.20亿元，比上年增长17.2%。租赁和商务服务业、软件和信息技术服务业、居民服务业等3大行业稳步发展。84家其他营利性服务业企业实现营业收入28.51亿元，增长27.2%。其中，租赁和商务服务业，实现营业收入22.75亿元，增长54.8%。

八、交通、仓储和邮政业

公路运输总周转量完成83552万吨公里，增长5.0%，其中：客运总周转量完成17616万人公里；货运总周转量完成81790万吨公里，增长7.9%。

九、居民生活

全年全区居民人均可支配收入40405元，增长5.7%；按常住地分，农村居民人均可支配收入23067元，增长6.3%；城镇居民人均可支配收入47081元，增长2.7%。

全年全区居民人均消费支出24312元，下降0.1%；按常住地分，农村居民人均消费支出16420元，与上年持平；城镇居民人均消费支出27563元，下降2.2%。

十、教育

2020年，全区有各级各类学校176所，其中：幼儿园66所，小学90所，中学19所。全区各级各类学校在校生91710人，其中：小学42498人，初中17948人，高中7266人。

注：1. 本公报所列数据为初步统计数；

2. 本公报地区生产总值、各产业增加值、农林牧渔业总产值增长速度按可比价格计算。

2020年全市及各县（区）居民人均可支配收入情况一览表

表8

单位名称	全体居民		城镇居民		农村居民	
	累计（元）	增幅（%）	累计（元）	增幅（%）	累计（元）	增幅（%）
莆田市	32106	5.2	41007	2.4	20823	5.8
城厢区	40405	5.7	47081	2.7	23067	6.3
涵江区	36116	5.2	39059	2.6	20055	5.7
荔城区	40076	6.0	46074	2.9	23567	6.4
秀屿区	24976	4.7	34060	1.4	21735	5.7
仙游县	25485	4.5	35338	2.4	18792	4.9

区统计局 供稿

莆田市城厢区第七次全国人口普查公报[1]

莆田市城厢区第七次全国人口普查领导小组办公室
莆田市城厢区统计局

根据《中华人民共和国统计法》《全国人口普查条例》规定和《国务院关于开展第七次全国人口普查的通知》（国发〔2019〕24号）、《福建省人民政府关于开展福建省第七次全国人口普查的通知》（闽政〔2019〕11号）、《莆田市人民政府关于开展莆田市第七次全国人口普查的通知》（莆政综〔2019〕80号）、《莆田市城厢区人民政府关于开展莆田市城厢区第七次全国人口普查的通知》（莆城政〔2020〕7号）要求，我区认真组织开展了第七次全国人口普查[2]，普查标准时点为2020年11月1日零时。一年多以来，我区各级普查机构坚持以习近平新时代中国特色社会主义思想为指导，按照党中央、国务院、省委、省政府和市委、市政府的统一部署，在区委、区政府和各级党委、政府的高度重视下，在参与普查工作的相关部门的大力支持下，经过广大普查人员的艰辛努力和普查对象的积极配合，圆满完成了普查现场登记工作，取得重要阶段性成果。现将2020年11月1日零时我区常住人口[3]的基本情况公布如下：

一、常住人口

全区常住人口为547422人，与2010年第六次全国人口普查的413853人相比，十年共增加133569人，增长32.27%，年平均增长率为2.84%。

二、户别人口

全区共有家庭户[4]178415户，集体户14469户；家庭户人口为499981人，集体户人口为47441人。平均每个家庭户的人口为2.80人，比2010年第六次全国人口普查的3.15人减少0.35人。

三、性别构成

全区常住人口中，男性人口为277887人，占50.76%；女性人口为269535人，占49.24%。常住人口性别比（以女性为100，男性对女性的比例）为103.10，与2010年第六次全国人口普查相比提高3.98。

四、年龄构成

全区常住人口中，0～14岁[5]人口为109095人，占19.93%；15～59岁人口为357224人，占65.26%；60岁及以上人口为81103人，占14.82%，其中65岁及以上人口为55441人，占10.13%。与2010年第六次全国人口普查相比，0～14岁人口的比重提高3.17个百分点，15～59岁人口的比重降低6.77个百分点，60岁及以上人口的比重提高3.60个百分点，65岁及以上人口的比重提高2.42个百分点。

五、受教育情况

全区常住人口中，拥有大学（指大专及以上）文化程度的人口为94175人；拥有高中（含中专）文化程度的人口为99114人；拥有初中文化程度的人口为170542人；拥有小学文化程度的人口为122672人（以上各种受教育程度的人包括各类学校的毕业生、肄业生和在校生）。与2010年第六次全国人口普查相比，每10万人中拥有大学文化程度的由12111人上升为17203人；拥有高中文化程度的由15924人上升为18106人；拥有初中文化程度的由36490人下降为31154人；拥有小学文化程度的由24018人下降为22409人。

全区常住人口中，15岁及以上人口的平均受教育年限[6]为10.31年。

六、城乡[7]人口

全区常住人口中，居住在城镇的人口为

393743 人，占 71.93%；居住在乡村的人口为 153679 人，占 28.07%。与 2010 年第六次全国人口普查相比，城镇人口增加 117230 人，乡村人口增加 16339 人，城镇人口比重提高 5.12 个百分点。

七、人户分离人口[8]

全区常住人口中，人户分离人口为 251704 人，比 2010 年第六次全国人口普查的增加 109266 人。

注释：

[1] 本公报数据均为初步汇总数据，部分数据因四舍五入的原因，存在总计与分项合计不等的情况。

[2] 普查标准时点为 2020 年 11 月 1 日零时，普查对象是普查标准时点在中华人民共和国境内的自然人以及在中华人民共和国境外但未定居的中国公民，不包括在中华人民共和国境内短期停留的境外人员。

[3] 常住人口包括：居住在本乡镇街道且户口在本乡镇街道或户口待定的人；居住在本乡镇街道且离开户口登记地所在的乡镇街道半年以上的人；户口在本乡镇街道且外出不满半年或在境外工作学习的人。

[4] 家庭户是指以家庭成员关系为主、居住一处共同生活的人组成的户。

[5] 0 ~ 15 岁人口为 115635 人，16 ~ 59 岁人口为 350684 人。

[6] 平均受教育年限是将各种受教育程度折算成受教育年限计算平均数得出的，具体的折算标准是：小学 =6 年，初中 =9 年，高中 =12 年，大专及以上 =16 年。

[7] 城镇、乡村是按国家统计局《统计上划分城乡的规定》划分的。

[8] 人户分离人口是指居住地与户口登记地所在的乡镇街道不一致且离开户口登记地半年以上的人口。

2020 年城厢区市级及以上新闻媒体报道题录

国家级媒体报道

新华社

2020.2.6　福建莆田：加紧复工生产 确保防疫物资供应 ［新华社客户端（城厢才子 5 张图）］
2020.2.7　福建莆田：群防群治 构筑战“疫”严密防线（新华社客户端）
2020.2.11　千方百计提高产能——福建多地防护物资企业生产见闻（新华网）
2020.2.11　“从 0 到 100 万” 中国鞋都莆田口罩生产攻坚记 新华网（城厢双联鞋业图片 2 张）
2020.3.6　疫情下的探索：一辆“餐巴”上的产业转型（新华社中国网事）
2020.4.26　莆田城厢区：发展月季产业 助力脱贫致富（新华网 App）
2020.4.26　图：村民在农场打工（新华网 App）
2020.4.26　图：月季花（新华网 App）
2020.4.28　福建莆田：稳就业 保就业 ［新华社 App（组图：6 张）］
2020.5.1　福建莆田：“云上枇杷文化节”引“吃货”抢购（新华网）
2020.5.1　图：4 月 30 日，城厢区区长吴文恩走进直播间（新华网）
2020.5.1　图：4 月 30 日，城厢区常太镇过溪村，一场直播活动正举行，订单当场发货（新华网）

2020.5.1	图：4 月 30 日，城厢区常太镇过溪村，一美食达人现场展示枇杷美食（新华网）
2020.5.1	4 月 30 日，城厢区常太镇过溪村，一名主播向网友展示花样枇杷美食（新华网）
2020.5.1	图：4 月 30 日，城厢区常太镇过溪村，一名主播在枇杷园中试吃枇杷，直播“带货”（新华网）
2020.5.8	福建莆田：促进电商产业转型升级实现产业逆势增长 （新华网）
2020.5.8	图：5 月 7 日，工作人员在莆田市零伍玖肆电子商务有限公司仓库直播（新华网）
2020.5.8	图：5 月 7 日，工作人员在直播间向客户直播（新华网）
2020.5.8	图：5 月 6 日，莆田青春之家体育用品有限公司工作人员在联系业务（新华网）
2020.5.8	图：5 月 7 日，工作人员在直播间向客户直播（新华网）
2020.7.21	[“飞阅”中国] 福建莆田：荔城无处不荔枝（新华网）
2020.8.30	福建传统工艺展亮相国博（《闽乡多锦绣》）（新华社客户端）
2020.9.11	视频 | 250 微米，萌翻了！显微镜下花蛤幼苗原来是这样（新华网）
2020.12.31	校园向空中生长、闲置资源变学校、拓宽普惠面——福建莆田“扩学位”观察（新华社客户端）

《人民日报》

2020.3.6	“餐巴”开到家门口 餐饮企业“动起来”（7 版）
2020.7.20	提升生活品质、突出本地特色、添彩城市风貌——“口袋公园”，出门见绿 [《人民日报》（海外版）]

中央电视台

2020.3.23	福建：包车返岗！莆田接返首批湖北籍务工人员（CCTV-4《今日环球》）
2020.7.5	暖心现场：两女子被车撞倒 众人合力护卫伤者（微现场 央视网）
2020.7.30	新建福厦铁路湄洲湾跨海大桥首个连续梁合龙（CCTV-4 中文国际频道《中国舆论场》）
2020.8.31	福建莆田 嫌疑人重返作案现场 民警实施抓捕（CCTV-13《新闻直播间》）
2020.9.11	福建莆田：2 岁女孩深夜离家热心市民“捡”回（《今日环球》）
2020.9.25	突然蹿出的大火（CCTV-12）

中新社

2020.2.24	福建企业“云开工” 云网融合应用多样（华骏鞋厂）（中国新闻网）
2020.5.19	福建一少年为车流中骑车摔倒男子撑伞守护（中国新闻网）
2020.8.7	战士路遇车祸伸出援手 离开不忘收拾地上纸巾（中国新闻网）

《经济日报》

2020.3.3	福建莆田：创新线上线下互动模式 跨界打造新餐饮（《经济日报》新闻客户端）
2020.3.22	包车返岗！福建省首批接返的湖北籍员工已抵达莆田（《经济日报》新闻客户端）
2020.3.27	“莆田餐巴”巧解餐饮门店复产难（10 版头条图文）
2020.3.27	图：日前，停在福建莆田市城厢区太平小区的“莆田餐巴”移动篷车，吸引了众多市民来购买美食（10 版头条图文）

《光明日报》

2020.9.8　　郑春辉：用木雕为抗疫胜利喝彩（光明网客户端）

2020.10.28　　文化遗产活起来 百姓生活更精彩（郑春晖）（8版）

《中国纪检监察报》

2020.2.17　　福建莆田开展生态治理专项监督 让木兰溪更秀美（8版）

2020.2.28　　阳光不锈（8版）

省级媒体报道

福建日报

2020.1.9	11版头条	一份“幸福答卷”
2020.1.9	11版头条	图：去年新建的文献小学，为农民工子女解决就学难题
2020.1.9	11版	83名“黑户”拿到户口本
2020.1.9	10版	大唐5G产业东南基地落户城厢 计划投资102.5亿元
2020.1.16	10版头条	城厢：精准招商 引群凤来栖
2020.1.16	10版头条	图：正在崛起的联发莆田电商城，是莆田电商小镇的重要组成部分
2020.1.16	10版	台湾牛樟芝产业落户城厢
2020.1.16	10版	城厢南门社区坚持分红20年
2020.1.16	11版	城厢投放130万元文化器材
2020.2.3	新福建客户端	你复产，我补助！莆田多家企业转产口罩和防护服
2020.2.6	3版头条	向防控一线集结
2020.2.7	2版	“你转产 我补贴”
2020.2.9	2版	图片新闻：城厢区灵川镇太湖防疫分指挥部组织干部、志愿者为近日解除医学观察返家的村民送去汤圆
2020.2.10	3版	全力服务隔离人员
2020.2.13	2版头条	防控疫情中的“隐形战士”
2020.2.15	新福建客户端	城厢：开足马力！43家工业企业复工复产
2020.3.14	3版	按下“快进键”
2020.3.16	3版	战“疫”42天 他倒在车间
2020.3.18	4版	莆田：爱心企业27吨食品驰援湖北
2020.3.22	2版	莆田：湖北籍员工昨返岗
2020.3.24	10版	打通鄂籍人员复工返岗“最后一公里”
2020.3.24	8版	汲取榜样的力量 勠力同心勇担当
2020.3.24	3版	莆田：为企业复工复产“把脉开方”
2020.4.2	9版 莆田观察	众志成城“疫”战到底 ——莆田抗击新冠肺炎疫情实录

2020.4.2	10 版 莆田观察	木兰春涨声声急——莆田战“疫”复工复产侧记
2020.4.2	11 版 莆田观察	木兰春涨声声急——莆田战“疫”复工复产侧记
2020.4.2	12 版 莆田观察	木兰春涨声声急——莆田战“疫”复工复产侧记
2020.4.2	12 版 莆田观察	网格员龚名扬：自我隔离上“疫”线
2020.4.13	3 版	电商直播，油画行业找到新商机
2020.4.16	9 版 莆田观察	莆田鞋业，扛住！
2020.4.16	10 版 莆田观察	城厢重点项目建设“开门红”
2020.4.16	11 版 莆田观察	城厢区紧盯农资供应关键环节
2020.4.24	5 版	城厢区 发力平台 打造新格局
2020.4.30	9 版 莆田观察头条	党建领航 奏响强村三部曲
2020.4.30	9 版 莆田观察	图：城厢区常太镇村民喜迎“致富果”——枇杷丰收
2020.4.30	9 版 莆田观察	城厢一季度 GDP 逆势“飘红”
2020.4.30	10 版 莆田观察	城厢筑牢海上防疫屏障建立立体化防控体系
2020.4.30	11 版 莆田观察头条	“阳光厨房”，守护舌尖上的安全
2020.4.30	11 版 莆田观察	① 在莆田第三中学的食堂里，厨师正在炒菜
2020.4.30	11 版 莆田观察	② 通过电子监管平台，工作人员可以清楚地看到学校后厨的操作过程
2020.4.30	11 版 莆田观察	在一家饮品店里，顾客透过开放式的矮墙，可以看到服务员制作饮料的全过程
2020.4.30	11 版 莆田观察	扶贫农场持续“造血”脱贫致富
2020.4.30	11 版 莆田观察	从心入手 从容备考
2020.4.30	12 版 莆田观察	线上分享家庭亲子阅读体验
2020.5.14	11 版 莆田观察	垃圾分类再上新台阶
2020.5.14	9 版 莆田观察头条	城厢：施良方破解“入学难”
2020.5.25	7 版 专题	城厢“金融活水”提振企业发展信心
2020.5.28	10 版 莆田观察	思政课堂来一场生态文明直播
2020.5.28	9 版 莆田观察头条	跨境电商，为莆田外贸发展赋新能
2020.5.28	9 版 莆田观察头条	图：城厢区跨境电商生态园大门
2020.5.28	9 版 莆田观察头条	打造公共仓是电商发展必行之路
2020.5.28	11 版 莆田观察	互联网 + 调解 处理纠纷不断线
2020.6.11	莆田观察头条	不仅给信心，还要给“黄金”
2020.6.11	莆田观察头条	图：华林鞋艺小镇
2020.6.11	莆田观察头条	图：明扬纸品生产可折叠 U 型纸吸管
2020.6.11	莆田观察头条	图：工人在杰讯光电车间内作业
2020.6.11	莆田观察头条	图：华源工贸公司采用智能化机器替代人工操作
2020.6.11	莆田观察头条	图：才子服饰转产防护服
2020.6.11	莆田观察	台胞张玲惠：种下千亩牛樟芝 生态经济盼双赢
2020.6.25	莆田观察头条	城厢：开好重点项目这个“火车头”

2020.6.25	莆田观察头条	图：溢通环保新厂房进入装修阶段
2020.6.25	莆田观察头条	图：由大唐智创公司建设的 5G 新基建示范创新中心展厅正在布展中
2020.6.25	莆田观察	城厢“合侦快破”新机制 获全国推广
2020.6.25	莆田观察	图片新闻：城厢区建新校、扩大楼……优化教育生态环境
2020.6.25	莆田观察	两岸新文创产业服务平台雏形初现
2020.7.9	10 版 莆田观察	城厢 3 项目入选 参照省重点项目管理清单
2020.7.9	12 版 莆田观察	城厢区融媒体中心上线
2020.7.9	10 版 莆田观察	银企对接 10 家企业融资超 2 亿元
2020.7.13	5 版	莆田城厢区大力推进片区改造 让“忧居”变“宜居”
2020.7.13	5 版	图：挖掘机正在对老旧房屋进行破拆
2020.7.23	11 版 莆田观察	城厢固定资产投资逆势上扬 居全市第一位
2020.7.24	2 版 要闻	生态治水 建设美丽莆田
2020.8.6	10 版 莆田观察	城厢区率先启动城区交通管理新机制
2020.8.6	11 版 莆田观察	华林经济开发区设立职业技能人才培养基地
2020.8.17	3 版 头条	莆田鞋企：逆风中寻得“风口”
2020.8.19	5 版	莆田：普法进社区 解读民法典
2020.8.20	10 版 莆田观察	绶溪公园续建项目 月底前开园
2020.8.20	12 版 莆田观察	城厢区新增幼儿学位 2160 个
2020.8.20	12 版	图片新闻：共青团莆田城厢区委组织“创新放飞梦想科普点燃光明”主题科普宣传活动
2020.8.31	2 版头条	建管并重，治理城市停车难
2020.9.3	10 版	城厢区整治违规户外广告牌
2020.9.3	10 版 莆田观察头条	城厢：跑出城市建设“加速度”
2020.9.3	10 版 莆田观察头条	图：莆田版“中央公园”——绶溪公园俯瞰
2020.9.3	10 版 莆田观察头条	图：莆田中心城区——城厢区全景鸟瞰
2020.9.3	10 版 莆田观察头条	图：万达广场段人行过街天桥正在进行桥梁装修
2020.9.6	1 版	莆田：小分队基层“说理”
2020.9.17	09 版 莆田观察	借力城市更新 提升城市能级
2020.9.17	10 版 莆田观察头条	城厢：补齐短板 教育扩容提质
2020.9.17	10 版 莆田观察头条	图：被绿色拥抱的城厢区泗华小学
2020.9.17	10 版 莆田观察头条	图：下黄小学学生在新教室上课
2020.9.17	10 版 莆田观察头条	图：九华学校七年级新生在军训中
2020.9.17	10 版 莆田观察头条	图：下黄小学新校区
2020.9.17	10 版 莆田观察	城厢推进信访积案解决
2020.10.15	10 版	城厢 4 个区级惠企政策 兑现 2600 多万元
2020.10.15	12 版	图片新闻：城厢区学校美育“戏曲进校园”
2020.10.15	12 版	“美丽莆田”书画艺术 作品展举行

2020.10.15	11 版	头条	秋色如画里 入目皆“丰”景
2020.10.15	11 版	头条	图：如今的五云村是当地百姓的“幸福家园”
2020.10.21	9 版		莆田：双轮驱动 强产兴城
2020.10.21	9 版		图：木兰溪从木兰陂潺潺流过
2020.10.21	9 版		图：莆田城市新面貌
2020.10.21	10 版		城，应有我期
2020.10.28	10 版		图片新闻：城厢区华林消防救援站联合莆田市公安局华亭派出所、莆田市蓝天救援队，开展水域救援应急演练
2020.10.28	9 版		莆田首家养教结合实践基地挂牌
2020.10.28	10 版		城厢重点项目 完成投资 65 亿元
2020.10.28	9 版		担当作为 比学赶超——访城厢区委书记王文才
2020.10.28	10 版	头条	强产兴城 金鼓齐鸣 城厢区实施“双轮”驱动谋划新一轮发展
2020.10.28	10 版	头条	图：“一溪两岸、连片发展”是城厢区发展的主攻方向
2020.11.9	12 版	头条	波斯献宝，侏儒负重， 再现“海丝”魔幻
2020.11.9	12 版	头条	图：塔身浮雕
2020.11.9	12 版	头条	图：须弥基座上的海上卷云纹
2020.11.9	12 版	头条	图：须弥基座上的狮子
2020.11.9	12 版	头条	图：须弥基座上的花卉
2020.11.9	12 版	头条	图：释迦文佛塔
2020.11.9	12 版		南宋宝塔：不惧“雷神”而患“水伯”
2020.11.11	10 版	头条	中国（莆田）跨境电子商务综合试验区城厢园区揭牌
2020.11.18	11 版		城厢启用 违停自动抓拍新系统
2020.11.18	10 版		城厢区推广建设“长者食堂”
2020.11.18	11 版	头条	埔柳村：民主协商“议”出美丽乡村
2020.11.18	11 版	头条	图：埔柳村发动村民建言献策，建设乡愁记忆馆，推动美丽乡村建设
2020.11.18	11 版	头条	图：协商一般程序流程图
2020.11.18	10 版	头条	项目聚势 赋能发展
2020.11.18	10 版	头条	图：城厢区沿木兰溪打造“一溪两岸、连片发展”城市格局
2020.11.18	10 版	头条	图：大唐 5G 新基建创新示范中心
2020.11.20	2 版		十九届五中全会精神宣讲面对面　莆田：让全会精神“扎根”民营企业
2020.11.25	9 版	头条	用“土”有方　“动”力十足
2020.11.25	10 版		城厢创新“黑财”处置模式
2020.11.25	11 版		城厢垃圾收运车统一换“新装”
2020.11.25	11 版		城厢区南门社区荣获第三届全国“敬老文明号”
2020.11.25	11 版	头条	莆田老旧小区变形记
2020.11.25	11 版	头条	图：福兴小区里增设的电梯
2020.11.25	11 版	头条	图：21 日，工人进行下水管网改造

2020.11.25	11版	头条	图：福兴小区内，地面被刷出彩色道路
2020.12.2	10版	莆田观察头条	为谁风露穿山中
2020.12.2	10版	莆田观察	城厢区整治交通运输乱象
2020.12.2	10版	莆田观察	九龙谷国家森林公园入选全国森林康养基地试点
2020.12.2	11版	莆田观察	图片新闻：莆田首条大型车辆“右转弯盲区警示带”在城厢区灵川镇G228国道与笏枫路交叉路口亮相
2020.12.9	09版	莆田观察	跨境电商综合试验区建设发展高峰论坛举行
2020.12.9	10版	莆田观察头条	梧高凤至花香蝶来——城厢区倾力打造人才集聚新高地
2020.12.9	10版	莆田观察	图：华林鞋艺省级特色小镇聚拢了大量顶尖设计人才和复合型运营人才
2020.12.9	10版	莆田观察	图：郑春辉指导学生进行木雕创作
2020.12.9	10版	莆田观察	图片新闻：以“华彩青春 与法同行”为主题的城厢区2020年法治游园活动在泗华小学举行
2020.12.9	10版	莆田观察	城厢区成功创建县域节水型社会
2020.12.9	10版	莆田观察	城厢区举办高素质农民培训班
2020.12.9	12版	莆田观察	九龙谷国家森林公园可移动民宿项目落地
2020.12.16	12版	莆田观察头条	一泓清水润泽莆田
2020.12.16	12版	莆田观察头条	图：常太镇建设生态文明示范镇
2020.12.16	12版	莆田观察头条	图：水库大坝巍峨挺立，两岸绿树环荫，形成一幅生态画卷
2020.12.16	12版	莆田观察头条	图：学生们学习东圳精神
2020.12.16	12版	莆田观察头条	图：位于水库边上的长基村建成了风景如画的湿地公园
2020.12.16	12版	莆田观察头条	图：莆田版“千岛湖”
2020.12.16	10版	莆田观察头条	跨境，莆田电商新路径
2020.12.16	10版	莆田观察头条	图：城厢区跨境电商生态园
2020.12.16	10版	莆田观察头条	图：在高峰论坛上，专家学者和企业代表分享跨境电商发展经验
2020.12.16	10版	莆田观察	城厢区科特派创业和技术服务全覆盖
2020.12.30	12版	莆田观察	城厢区：传承保护发力云上招商

福建电视台

2020.3.8	习近平总书记在决战决胜脱贫攻坚座谈会上的重要讲话激发福建干部群众昂扬斗志（卫视）
2020.3.11	福建：推行现代农业生产方式 助力春耕春种（莆田：农资农技齐下乡 防疫春耕两不误）（联播）
2020.3.15	莆田：爱心企业捐赠27吨食品支援湖北（卫视联播）
2020.3.16	莆田：“早钟”枇杷熟 政府搭台找销路（午间）
2020.3.20	莆田：百花争艳春意浓（早间）
2020.3.22	福厦高铁湄州湾跨海大桥：全面复工 开足马力抢进度（晚报）
2020.3.22	莆田：油菜花盛开 为铁路沿线田园风景添彩（现场）
2020.3.23	莆田：火焰树花开正艳（午间）

2020.4.1　莆田：格桑花（午间）

2020.4.4　莆田：网上直播队课 缅怀家乡英烈（卫视）

2020.4.7　卫视综合：福建：20.8万名高三学子今天开学复课（开学第一课：致敬英雄 不负韶华）（午间卫视联播）

2020.4.10　莆田：发行抗疫题材交通卡（卫视联播）

2020.4.21　莆田东海：常态化“实地+视频”巡查 严堵海上偷私渡入境渠道（午间）

市级媒体报道

湄洲日报

2020.1.1	4	敢闯新路径 引来“金凤凰”——城厢区招商引资成效显现
2020.1.1	A1	木兰溪畔健走迎新年
2020.1.2	A2	图文新闻
2020.1.2	A4	开展反诈骗及涉税宣传工作
2020.1.2	A4	多部门整治校园周边环境
2020.1.3	A3	加快推进垃圾分类
2020.1.3	A3	举办主题晚会迎新
2020.1.4	A1	大招商 招大商 大唐5G产业东南基地落户城厢
2020.1.4	B5 B8	牢记初心砥砺逐梦 攻坚克难稳中提质
2020.1.13	B3	寻觅“钟潭噌响”
2020.1.14	A1	创新举措紧抓进度 城厢推动重点项目加快建设
2020.1.14	B3	城厢区成立河长办法官工作室
2020.1.15	B2	打造现代化产城融合示范区——华林工业园区全力推进“十个一”标准建设
2020.1.16	B	台湾牛樟芝产业示范基地落户城厢
2020.1.16	B3	忠诚铸警魂 担当护平安——城厢公安分局牢记重托不断提升人民群众幸福感
2020.1.20	A2	加强春节期间社区矫正检察监督
2020.1.20	B	检查节前食品安全
2020.1.21	B3	编排小戏 倡导新风
2020.1.21	B	教农技员 研判虫情
2020.1.23	A2	布置主题花坛迎新春
2020.1.23	A2	整治11家非法经营娱乐场所
2020.1.25	A2	齐心修建环村公路
2020.1.30	A1	防控一线“过大年”
2020.2.2	1文图	防控一线党旗红
2020.2.3	1	人隔离 情不断
2020.2.3	2	妥善安置滞留人员

2020.2.4	2 头条	生产车间赶制防护服
2020.2.8	2	酒后报假警还无端谩骂 涉疫情寻衅滋事被追责
2020.2.9	1 图文	隔离不隔爱 关怀暖人心
2020.2.10	2	心念群众 全力以赴
2020.2.11	1	先锋力量集结作战
2020.2.11	3 文图头条	筑牢防线 敢打硬仗
2020.2.17	3	落实主体责任 做好疫情防控
2020.2.19	2	规范废弃口罩收集处理
2020.2.19	3 文图头条	跨越风雪迎春来
2020.2.19	3 头条	在驾驶证考试中使用接收器材作弊
2020.2.20	2	户政业务线上办理
2020.2.21	2	外卖成为主要送餐方式
2020.2.24	2	加强疫情防控期间药械监管
2020.2.25	2 图文	陈培清 易振环
2020.2.25	2 图	抓好春耕 备耕
2020.2.26	2	太湖工业园区 38 家企业全部复工
2020.2.26	2	吃到“安心饭”
2020.2.26	3 文图头条	守牢主阵地 打好主动仗
2020.2.27	3	市民为防疫一线民警送温暖
2020.2.27	3	群众急需身份证采取寄递服务
2020.2.27	3	骗来货款拿去赌博被抓
2020.2.28	1 文图	6 个教育类项目复工
2020.2.28	2	入企走访强化指导
2020.2.29	2 头条	爱心捐赠万只口罩
2020.2.29	2	社矫对象助力抗“疫”
2020.3.1	1	扶持加码 精准施策
2020.3.2	B1	成立帮扶小组 协调解决问题
2020.3.2	B2	以安全服务大局促发展
2020.3.4	B1	一企一警 精准施策
2020.3.4	B2 图文头条 3	多方筹措物资 做好后勤保障
2020.3.4	B2	微信平台推送安全防护知识
2020.3.4	B4	挑重担当好“贴心人”
2020.3.5	A2 头条 1	春耕生产服务先行
2020.3.5	A2	商事登记不打烊
2020.3.5	B1 头条 1	科学精准 破除梗阻
2020.3.5	B3	运用 AI 播报新闻
2020.3.6	A4	挂钩联系开展服务

2020.3.6	A4	复垦土地抢抓农时耕种
2020.3.6	A4 图	是学雷锋纪念日
2020.3.6	B1	定制包车 助力返岗
2020.3.8	2	离休老干部 捐款献爱心
2020.3.9	A2	13 家鞋企转产 日产口罩 35 万只
2020.3.9	B1	深入排查登记 强化流动人口管理
2020.3.10	B2 头条 1	为疫情防控和复工复产提供司法保障
2020.3.11	B2 图文头条 3	奏响春天建设乐章
2020.3.11	B3 图文	全力保障燃气生产安全
2020.3.11	B4	冲锋在前展风采
2020.3.12	A2	慰问坚守一线女同胞
2020.3.12	B1	破解中小企业融资难题
2020.3.12	B3	敬业履职守护平安
2020.3.12	B3	多举措协助企业顺利完成复工复产
2020.3.13	A2 头条 1	筑牢红色防线 争当红色先锋
2020.3.13	A2 头条 1	环保业务网上办
2020.3.13	A2 图文头条 2	“父女兵”雨夜坚守抗疫一线
2020.3.13	B1 头条 1	山林突发大火 村民自发救火
2020.3.13	B1 图文	雨水篦子不见了 及时处置除隐患
2020.3.16	B1	加强排查整改 让贫困户住得安心
2020.3.16	B1	抓好小餐饮服务管理
2020.3.17	B1	集中整治乱停车
2020.3.17	B3	打造绶溪月季园
2020.3.18	B1	强化公厕卫生管理
2020.3.18	B1	“卖”额温枪 骗了 200 多万元
2020.3.18	B1 图文头条 3	追赶春天脚步
2020.3.25	A2	抢抓农时推广新品种
2020.3.25	B1	织密园区防护网
2020.3.25	B1 图	枇杷正陆续采摘 上市
2020.3.25	B2 图文头条 4	“疫”往无前的蓝色铁军
2020.3.25	B4 图文	坚守疫情防控“前沿哨所”
2020.3.26	A2	广开销路推广农产品
2020.3.26	B1	村企携手共建桂圆基地
2020.3.26	B3 头条 1	开设“绿色通道” 解决实际问题
2020.3.30	A1	为旅苏侨胞捐赠物资
2020.3.30	A2 头条 1	设惠企窗口 服务不断档
2020.3.30	A2	下乡指导科学种植

2020.3.30	B1 头条 1	深入排查 消除隐患 助力复产
2020.3.31	A2	协助企业做好复工复产
2020.3.31	B1	全面督查 消除隐患
2020.3.31	B3	生态修复裸露地块
2020.4.1	B1	筑牢电信网络诈骗“防火墙”
2020.4.1	B1	让渣土车有序跑起来
2020.4.1	B2 图文头条 3	不负春光振兴乡村
2020.4.1	B3 头条 1	司法保障 暖企助企
2020.4.2	A2	精准施策助力脱贫攻坚
2020.4.2	B1	研学项目落户城厢
2020.4.3	A2 头条 1	云端祭扫 寄托哀思
2020.4.7	A1 头条 1	科技信息服务 企业技术创新
2020.4.7	A2	高三学生开学第一天
2020.4.7	B1	获赠“战疫爱心保”
2020.4.8	B2 图文头条 3	担当防疫使命 坚守教育初心
2020.4.9	B3 头条 1	全力保障人民群众财产安全
2020.4.10	A1	未雨绸缪确保安全度汛
2020.4.10	B1	一村一队 一线排查
2020.4.12	1 头条 1	重点项目建设实现“开门红”
2020.4.13	A2 头条 1	线上统一服务 线下便利办事
2020.4.13	B1	扫黑除恶不松劲
2020.4.13	B1	组建技术服务组 整治房屋安全隐患
2020.4.14	B1 头条 1	紧盯重点领域 确保工作成效
2020.4.14	B1	绘出脱贫攻坚 “点、线、面”
2020.4.15	A1 头条 1	努力确保 如期完工
2020.4.15	A2 头条 1	情系教育捐赠防疫物资
2020.4.15	B1 图文	女工戒指卡手 消防员巧拆解
2020.4.15	B2 图文头条 3	让居者皆安
2020.4.16	A2 头条 1	建立长效机制 实行“一房一档”
2020.4.16	A2	建立农机排查登记台账
2020.4.16	A2	科技特派员 助企业研发技术
2020.4.22	B2 图文头条 3	小枇杷撬动乡村振兴大希望
2020.4.22	B2 图文	举行春季复学开学典礼
2020.4.22	B4 图文	疼痛患者的福音
2020.4.29	B2 图文头条 3	化危为机赋新能
2020.4.30	A4 头条 1	逆势增长 38.86%
2020.5.1	A3	推进生猪产业发展

2020.5.1	B1	净化道路通行秩序
2020.5.6	A1	云端枇杷节助农
2020.5.6	A2	驻点保障景区食安
2020.5.21	B1	“科特派”为产业升级添动能
2020.5.27	B2	守护“舌尖上的安全”
2020.6.1	A1	筑就好巢引凤来
2020.6.1	A2	开展“献爱心，送温暖”活动
2020.6.4	A2	多举措解决学生办证难
2020.6.10	B2	党旗飘扬在攻坚一线
2020.6.30	A1	党员冲一线征迁“加速度”
2020.7.14	A4	汇聚力量激情扬
2020.7.17	A2	助力创城工作常态化开展
2020.7.20	B1	坂头东片区安置房建设有序推进
2020.7.23	A2	送清凉关爱一线职工
2020.7.23	B1	第三产业再提速
2020.7.29	B2	把思政课和研学活动相结合
2020.7.31	A1	项目带动效应显
2020.7.31	A2	快速清理路面渣土
2020.8.3	A1	30 年老小区换新颜
2020.8.6	A2	扎实推进“莆仙戏曲进校园”活动
2020.8.6	A2	开展育婴员技能竞赛
2020.8.7	A2	开展海洋渔业普通船员培训
2020.8.8	1	呼应民意 助力创城
2020.8.9	1	使真劲 出实招 见实效
2020.8.10	A1	打通项目建设“快车道”
2020.8.10	A1	进企业宣讲民法典
2020.8.10	A2	基层治理“同心圆”邻里服务“零距离”
2020.8.10	A2	开展社区矫正专项检察
2020.8.13	B3	探索公安工作融入“党建+”社区邻里中心建设
2020.8.26	B2	文明路上奋战忙
2020.8.26	B2	开展创城流动红旗评比，调动全体民警、辅警工作积极性
2020.8.26	B2	勤务中队对接社区邻里中心
2020.8.31	A1	攻坚有力度 征迁加速度
2020.9.8	A1	退役军人乐奉献展风采
2020.9.8	A2	宣传指导消毒灭源
2020.9.13	1	争当表率 形成示范
2020.9.15	A2	一居民楼突发火灾 城管队员帮助灭火

2020.9.15	B1	督导农村道路安全工作
2020.9.16	A1	形成旧城更新连片规模效益
2020.9.16	A2	组建退役军人志愿服务队
2020.9.23	B2	产业转型升级 城市品质提升
2020.9.23	B2	华源纺织城生产车间
2020.9.23	B2	坂头东片区改造施工现场
2020.9.30	A4	让文明永不止步
2020.10.14	B2	打造油画产业集散地
2020.10.14		莆田国际油画城外观
2020.10.14		学生们在油画城展厅参观
2020.10.15	A2	培育良好家风 带动乡风文明
2020.10.16	A2	“美丽莆田”书画艺术作品开展
2020.10.16	A2	做好社区矫正检察工作
2020.10.18	2	凝聚家校力量 引领社会“食”尚
2020.10.20	A2	精准扶贫 健康同行
2020.10.21	A2	齐心打造廉洁工程
2020.10.21	B1	调查监测耕地质量
2020.10.21	B2	“双轮”驱动战犹酣
2020.10.21	B2	灵华线云庄村施工段建设现场
2020.10.21	B2	征迁小组在丈量田地
2020.10.22	B3	把服务群众放在第一位
2020.10.23	A2	夜谈征迁焦点 逐一破解瓶颈
2020.10.26	A2	消费扶贫助力增收
2020.10.26	A2	南门社区连续30年为寿星集体祝寿
2020.10.28	A2	宣传入人心
2020.10.28	B2	打造营商环境标杆
2020.10.28	B2	大唐产业东南总部基地项目建设抓紧推进
2020.10.30	B3	让群众吃得放心
2020.10.30	B4	强化两类特殊人员管理
2020.10.30	B4	织密困难群众基本生活安全网
2020.11.2	B1	拓展空间格局 提升城市品质
2020.11.3	B1	夜查酒驾闯关 逃离40小时自首
2020.11.4	B3	扫出平安天地
2020.11.4	B3	执法人员进行非法传销知识普及
2020.11.4	B4	执法人员检查箱包经营情况
2020.11.5	A3	从严从快审理涉黑恶案
2020.11.5	B3	提高站位 筑牢警魂

2020.11.5	B3	普及食品安全科学知识
2020.11.5	B4	开展秋冬季疫情防控应急演练
2020.11.6	A2	净化校园及周边治安环境
2020.11.6	A2	城厢区转业士官公开择岗
2020.11.6	B1	灵川镇何寨路口 启用交通信号灯
2020.11.8	1	践行初心 奉献余热
2020.11.9	A1	学用结合 加压奋进
2020.11.9	A2	齐心保护野生动植物
2020.11.10	B3	联合检查非道路移动机械污染排放
2020.11.11	A1	重点整治四大领域
2020.11.11	A2	加强心理教育 防范校园欺凌
2020.11.11	A2	幼儿体验消防器材操作
2020.11.11	B1	法治护航青春成长
2020.11.11	B1	共享文明守法美好生活
2020.11.11	B2	共享共治 和谐共生
2020.11.11	B2	义工在学校周边进行交通导护
2020.11.11	B2	义工开展编织教学
2020.11.11	B2	义工们为老人爱心剪发
2020.11.11	B2	讲解员宣讲禁毒知识
2020.11.11	B4	做好核酸检测
2020.11.12	A2	共享书香 爱心传递
2020.11.12	A2	直面问题 彻查深挖
2020.11.12	A2	入户帮助老年人认证
2020.11.13	A2	专业美术老师对参赛作品进行甄选
2020.11.13	B1	自动抓拍全天候整治违停
2020.11.13	B1	整治泗华溪污水源头
2020.11.14	1	创新推出诉前鉴定 交通事故解纷提速
2020.11.17	A2	监督抽检产品质量
2020.11.17	A2	开展校园防骗宣传
2020.11.17	B1	“田管家”送来 “技术指导+免费肥料”
2020.11.18	A2	培训森林防火灭火技能
2020.11.18	B1	多措整治货车违法行为
2020.11.18	B1	荣膺第三届全国“敬老文明号”
2020.11.18	B2	汇聚筑梦力量
2020.11.18	B2	将思政课堂搬到户外，青少年们在现场体验中，更深刻体会到爱国情怀
2020.11.18	B2	城厢区关工委巡回演讲现场
2020.11.18	B3	跨洋“云”调解 助企暖民心
2020.11.18	B4	到城厢区医院坐诊

2020.11.19	A2	智能抓拍机动车不礼让斑马线
2020.11.19	A4	回应民生诉求 拉近警民关系
2020.11.20	A1	众人合力及时救助
2020.11.20	A2	保障群众饮食用药安全
2020.11.20	A2	扩充馆藏档案 留住乡愁记忆
2020.11.23	B1	创建“无欠薪项目部”
2020.11.23	B1	创新载体 共治共享
2020.11.23	B2	开展森林防灭火安全培训
2020.11.24	A2	46 名出租车驾驶员“不适岗”
2020.11.24	B1	培训提升退役军人职业技能
2020.11.24	B3	强化园区污水管网管控
2020.11.25	A2	水稻种植户喜领肥料
2020.11.25	B1	合力保护“大水缸”
2020.11.25	B1	我们都是油画家
2020.11.25	B2	木兰溪畔筑新区
2020.11.25	B2	航拍下的坂头西片区
2020.11.25	B2	以签促拆，以拆促签，图为拆迁现场
2020.11.25	B2	11 月 23 日，区领导在坂头西指挥部听取项目签约进度工作汇报
2020.11.25	B3	一言不合砸酒瓶 寻衅滋事被逮捕
2020.11.25	B4	提供“一站式”健康管理服务
2020.11.26	A2	涉黑团伙亿元财产悉数没收
2020.11.26	A2	市儿童健康成长基地成立
2020.11.26	A2	农村综合文化站受欢迎
2020.11.26	B4	筑巢引凤壮大建筑业
2020.11.27	A2	梳理下放 350 个便民服务事项
2020.11.27	B1	警医联动速救援
2020.11.29	3	快乐运动 健康生活
2020.11.30	A1	带头领学暖民心
2020.11.30	A2	靠前服务群众安置房办证
2020.12.1	B3	网约上门收废品
2020.12.2	A1	力量沉下去 进度提上来
2020.12.2	A2	行人夜间过斑马线 地上警示灯带亮起
2020.12.2	A4	站风口高歌猛进
2020.12.2	A4	个性化定制成为趋势，万维定制负责人正向商家介绍商品
2020.12.2	A4	主播王在进行直播，介绍产品
2020.12.2	B1	山村“赶集” 助力增收
2020.12.2	B1	一 幢民房突发火情
2020.12.2	B4	举办大型省级专家义诊活动

2020.12.3	B4	重拳利剑筑平安
2020.12.3	B4	角色转换找差距
2020.12.3	B4	向市民精准普法
2020.12.4	A2	专题讲座走进校园
2020.12.4	B2	让老艺术在“新土壤”“落地开花”
2020.12.5	1	深刻领会担当作为
2020.12.6	1	海拔 600 米山村的“新生”
2020.12.6	4	培养优良习惯 增强爱国情怀
2020.12.8	A2	法治宣讲进乡村
2020.12.8	B4	为残疾人上门宣告解矫
2020.12.8	B4	让群众吃上安全草莓
2020.12.9	A2	交警进校园，安全伴我行
2020.12.9	A2	强化医疗器械监管
2020.12.9	A2	“宪法宣传周”活动进校园
2020.12.9	B1	深入重点企业 检查安全生产
2020.12.9	B2	凝聚奋进强大力量
2020.12.9	B2	结合农技知识向群众宣讲全会精神
2020.12.9	B2	向群众进行现场宣讲
2020.12.9	B4	凝聚奋进强大力量——城厢区掀起学习贯彻党的十九届五中全会精神热潮
2020.12.10	A1	挖潜扩容提质增效
2020.12.10	B1	“双轮”驱动促提升
2020.12.10	B1	田间地头学习充电
2020.12.11	B2	青春有为 凝聚力量
2020.12.14	A1	开展“六进”活动深入解读
2020.12.14	B1	守牢“米袋子”
2020.12.15	A2	爱护牙齿从小做起
2020.12.15	A2	打造“慢生活”文创园
2020.12.15	A2	开展志愿服务宣传
2020.12.15	B1	无人机巡查护水源
2020.12.15	B1	4 小时找回走失孩子
2020.12.15	B1	深化创建平安乡镇
2020.12.15	B3	城厢区获评节水型社会建设达标县（区）
2020.12.16	A1	让征迁群众尽快住上新房
2020.12.16	A1	坂头东片区改造安置房项目施工现场
2020.12.16	B2	激活基层治理“红色引擎”
2020.12.16	B2	下黄社区“党建 +”邻里中心举行宣讲会
2020.12.16	B2	筱塘社区“党建 +”邻里中心开展书法公益课堂
2020.12.16	B2	感受“孝”文化 传播正能量 田间当“农夫” 劳作话节俭

2020.12.16	B3	运用“合侦快破”机制1天内连破3起盗窃案
2020.12.16	B3	机砖厂污染环境被查处
2020.12.17	A2	社区老年人心理健康服务项目启动
2020.12.17	B1	只需承诺 即可营业
2020.12.17	B3	不忘初心 修身齐家
2020.12.17	B3	流动人口动态管理
2020.12.18	A2	全市首个企业新型 学徒制培训班开班
2020.12.18	B1	排查道路安全隐患
2020.12.20	2	“周末课堂”丰富文化生活
2020.12.21	B4	督促整改噪声问题
2020.12.22	A2	严查火种 消除隐患
2020.12.22	A2	共度平安冬至
2020.12.22	B1	鲜花祭祀倡文明
2020.12.22	B3	内河水质达标率99.1%
2020.12.23	B1	综合整治道路交通安全
2020.12.23	B1	拥军优属送上温暖
2020.12.23	B2	跑出发展“加速度”
2020.12.23	B2	富力鞋业生产制造项目研发中心
2020.12.23	B2	科里思特（福建）生物科技有限公司车间一角
2020.12.23	B2	活跃课堂氛围
2020.12.24	B1	提高财政保障能力
2020.12.25	A1	创新带来降本提效
2020.12.25	A2	守护好东圳水库“大水缸”
2020.12.27	1	下黄安置房建设现场
2020.12.27	4	城厢区发放残疾人证三代证
2020.12.27	4	文化站丰富村民生活
2020.12.28	A1	深入贯彻乘势而上
2020.12.28	A1	保供稳价惠民生
2020.12.28	A2	稳步推进网格化服务管理
2020.12.28	B1	源头管控 治理“两违”
2020.12.28	B1	开展无证经营燃气联合 整治行动
2020.12.29	A2	巧用大数据 智慧护平安
2020.12.30	A2	添置保暖设施
2020.12.30	A4	春风化雨润幼苗
2020.12.30	A4	乡村孩子表演的群舞《千年之约》
2020.12.30	A4	乡村学校少年宫学生们在训练篮球

（区融媒体中心）

索引

说 明

一、本索引采用主题词分析法，按主题词首字汉语拼音字母顺序排列。

二、栏目、分目标题用黑体。“特载”“专记”“大事记”“人物”“名录”“附录”内容不作索引。

三、索引主题词后的数字表示页码。

四、空一字起排的款目为上一主题的“附见”。

A

B

C

D

H

J

K

L

P

Q

R

S

Z